U0552770

总 主 编　丁伟志　郭永才　张椿年
执行主编　刘培育　杲文川

中国哲学社会科学发展历程回忆

马克思主义卷

主　　编　程恩富　傅青元
副 主 编　樊建新

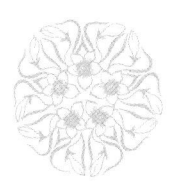

中国社会科学出版社

图书在版编目(CIP)数据

中国哲学社会科学发展历程回忆·马克思主义卷/程恩富、傅青元主编，樊建新副主编．—北京：中国社会科学出版社，2014.4
ISBN 978-7-5161-2932-6

Ⅰ.①中… Ⅱ.①程… ②傅… ③樊… Ⅲ.①哲学社会科学—发展—概况—中国②马克思主义—发展—概况—中国 Ⅳ.①C12

中国版本图书馆 CIP 数据核字（2013）第 155730 号

出 版 人	赵剑英
选题策划	黄燕生
责任编辑	赵 丽
责任校对	王雪梅
责任印制	戴 宽

出　　版	中国社会科学出版社
社　　址	北京鼓楼西大街甲 158 号（邮编 100720）
网　　址	http://www.csspw.cn
	中文域名：中国社科网　　010-64070619
发 行 部	010-84083685
门 市 部	010-84029450
经　　销	新华书店及其他书店

印　　刷	北京君升印刷有限公司
装　　订	廊坊市广阳区广增装订厂
版　　次	2014 年 4 月第 1 版
印　　次	2014 年 4 月第 1 次印刷

开　　本	710×1000　1/16
印　　张	31.5
插　　页	2
字　　数	516 千字
定　　价	78.00 元

凡购买中国社会科学出版社图书，如有质量问题请与本社联系调换
电话：010-64009791
版权所有　侵权必究

中国哲学社会科学发展历程回忆

编委会

主　　编　丁伟志　郭永才　张椿年
执行主编　刘培育　杲文川
编　　委　（按姓氏笔画为序）

于本源	冯昭奎	左玉河	刘　红	刘国平
刘楠来	江太新	李毓芳	陈启能	陈家勤
吴家骏	沈蕴芳	杜晓山	张　森	杨匡汉
杨雅彬	林连通	周　方	周志宽	周用宜
周明俊	郎　樱	孟宪范	胡广翔	殷玮璋
郭家申	徐世澄	徐耀魁	顾俊礼	陶文钊
赵剑英	章丽君	商　传	黄燕生	崔勤之
程恩富	曾　军	温伯友	傅青元	董谊思
蔡曼华	樊建新	薛克翘		

本卷编委会

主　　编　程恩富　傅青元
副 主 编　樊建新
编　　委　程恩富　傅青元　樊建新
　　　　　龚　云　谭扬芳　李国麟
　　　　　李晓勇　何冬梅　仲河滨

中国哲学社会科学发展历程回忆
前　　言

　　本书是由中国社会科学院老专家协会组织的回忆录式的文集，本书的宗旨是通过专家学者的回忆，记录中国哲学社会科学的发展历程，旨在留存，为有志于梳理和研究中国哲学社会科学历史的学者提供第一手的资料。

　　在中国共产党的领导下，新中国的哲学社会科学已走过了61个春秋。在这段极不平凡的岁月中，广大哲学社会科学工作者创作的大批科研成果为我国社会主义经济建设、政治建设、文化建设、社会建设和生态文明制度建设提供了扎实的理论根据，在我国的社会主义建设中发挥了重要作用，成绩辉煌。同时也不要忘记，中国哲学社会科学在发展过程中，受极"左"思潮的影响和"四人帮"的干扰，也付出了沉痛的代价。

　　今天，我国已成为世界第二大经济体，正处在大调整、大发展的时期，为在错综复杂的国际环境下建设我们伟大的祖国，为在国际上发挥更大的作用，必须有强大的"软实力"，也就是要有强大的思想理论和文化武器，须臾离不开科学发展观。创新和发展以马克思主义为指导的中国哲学社会科学是一件极其艰巨和复杂的伟大工程，它需要借鉴历史经验。

　　我国有一大批至今仍健在的，当年曾在哲学社会科学的百花园中，默默耕耘，辛勤播种的老领导、老专家、老学者。他们参与了有关哲学社会科学的重要决策，包括哲学社会科学各个学科的创建、研究体制的变革、干部的培养、刊物出版的筹划、重要理论问题的争论，等等。他们的亲身经历，不仅使我们看到中国哲学社会科学各学科建设的具体图景，发展轨迹，也为中国哲学社会科学今后的发展，提供了宝贵的经验教训。他们的回忆录极具史料的价值，值得永久保存。现在这些老领导、老专家、老学者大都已进入暮年，若不把他们在哲学社会科学战线上奋斗的、又鲜为人知的故事记录下来，将造成无可挽回的损失。

这些回忆录的价值远不止上述这些，它们还是前辈们留给我们的一笔宝贵的精神财富。从回忆录中，我们看到这些前辈为推进中国哲学社会科学的繁荣发展所表现出的无私无畏、披荆斩棘、求真务实、开拓创新、忠于党、忠于人民的高尚品德，永远是我们汲取精神力量的源泉。

本书的编辑方针是，不苛求体例的一致，不拘文章的长短，以亲身经历，再现当年事实为重，在编辑过程中，除个别文字和语句外，不随意更改文章，如遇编者看不准的地方，也一定要征求作者的意见，获得作者的同意后再作处理。

本书组稿范围限在中国社会科学院之内，由编委会每位成员分别组审，共汇集文章数百篇，约500万字，分马克思主义、文学、史学、哲学宗教学、经济学、政法社会、国际问题和综合等八卷。本书自始至终得到中国社会科学院老干部局和许多学者的支持，并承蒙中国社会科学出版社出版，在此深致谢意！

《中国哲学社会科学发展历程回忆》编委会　谨识

卷 首 语

《中国哲学社会科学发展历程回忆》是中国社科院老年专家协会组织全院专家、学者回顾各专业学科发展历程的文章合集，分八卷出版，《马克思主义卷》是其中的一卷。

《马克思主义卷》所收集的主要是马克思列宁主义毛泽东思想研究所和继而成立的马克思主义研究院的专家学者以及所聘请的顾问、特聘研究员的回忆文章。根据学术界普遍看法，马克思主义理论研究工作，从中华人民共和国成立到现在经历了四个阶段，即奠基起步阶段、僵化停滞阶段、复兴发展阶段和繁荣创新阶段。本书记录的虽然涉及前两个阶段的一些研究状况，但主要反映的是从 1978 年开始的后两个阶段马克思主义研究的历程。

《马克思主义卷》最初是由马克思主义研究院离退休党支部从中国社会科学院老专家协会那里接受的任务。当按照以马克思主义理论学科发展为中心策划课题的时候，由于种种原因，只靠离退休老干部是完不成任务的。马研院领导听了离退休党支部汇报之后，对编写《马克思主义卷》十分重视，重新组成了本卷的编委会，并指定学部委员、马研学部主任、马研院院长程恩富和时任离退党支部书记傅青元共同担任主编，主持本书的编写工作。本书能够成书并顺利出版，正是马研院领导下编辑部共同努力的结果。

本书收录的文章绝大部分是专家学者接到任务后新近撰写的。但也有少数文章是从近两年马研院为纪念马克思主义研究院成立五周年出版的文集《创建国际一流的马克思主义研究机构》，为纪念建党 90 周年出版的文集《36 位著名学者纵论中国共产党建党 90 周年》等书中选来的，这几篇文章符合我们编写回忆录的要求，同其他文章的风格是相一致的，这些文章都是马克思主义理论研究的著名学者精雕细刻的作品，大大提升了本书的学术质量。

本书把中国社会科学院两位院领导的文章作为代序言。一篇是时任全国政协副主席、我院党组书记、院长陈奎元在 2011 年 3 月 6 日在中国社会科学院马克思主义理论学科和理论研究 2011 年工作会议上的讲话，后经过修改后，以《信仰马克思主义，做坚定的马克思主义者》为题发表在 2011 年马研院办的《马克思主义研究》第四期上。文章根据我国现实的情况，有针对性地论述了对马克思主义的态度问题，即信仰马克思主义、学习马克思主义、坚持和发展马克思主义。这些要求对马克思主义理论研究者，是首先要做到的，也是本书的指导思想。另一篇是时任我院党组副书记、常务副院长王伟光于 2010 年 12 月 24 日在中国社科院马克思主义研究院成立庆祝大会上的讲话，后以《努力建设一流的马克思主义研究阵地》为题收录在马研院成立五周年文集里。这篇文章总结了马研院成立五年来取得的成绩及其经验，指出了今后的努力方向，特别提出了今后要着重研究的重点领域和重点问题，把马研院办成国际一流的马克思主义研究阵地应采取的措施。这些意见，为马研院继续前进设计了路线图，同时也为即将出版的本书绘制了编写大纲。

为了读者阅读方便，我们将所有文章编排为三个板块：一是对当代国内外重大现实问题马克思主义研究的历史回顾；二是对马克思主义理论一级学科和二级学科构建和研究的回顾；三是从马列所到马研院重大活动和学术事件的回顾。下面分别简单介绍一下三个板块的编辑意图和编辑情况。

用马克思主义理论的立场、观点和方法研究当代国内外重大现实问题，是马克思主义理论研究的最高境界，也是马克思主义中国化、时代化、大众化的必然要求。从国内说，我国已经进入全面建成小康社会、加快推进中国特色社会主义事业的新阶段，经济建设、政治建设、文化建设、社会建设、生态文明建设和党的建设等各个领域，硕果累累、成绩辉煌。与此同时，我国的改革发展又面临一系列新任务、新情况、新课题，思想理论与意识形态领域又面临一系列新挑战。如何科学总结中国特色社会主义事业发展中的新经验，深刻剖析经济社会发展过程中不可回避的矛盾和问题，形成有深度、有价值的思想观点、理论成果和政策建议，以发展着的马克思主义指导新的实践，是当代马克思主义理论研究者的历史责任和政治使命。从国际看，当代世界正处在大发展大变革大调整时期，问题更多。20世纪80年代以后，经济全球化的发展、政治多极化的推进、新自由主义泛滥、苏联及东欧社会主义的改旗易帜、21世纪初叶资本主义国际性的金融经济危机的大爆发，都是世界性的重大事件。作为马克思主义理论研究者，就必须用马克思主义的科学精神因时制宜、因地制宜，面对这情况，通过研究破解时代问题、把握时代变化、提示时代规律，指明时代方向，不断拓展马克思主义发展的新视野，以马克思主义引领时代前进，这同样是马克思主义理论研究工作者义不容辞的历史责任和政治任务。应该说，中国的马克思主义理论工作者在国内外的重大现实问题的研究上作了大量的工作。为了彰显马克思主义的认识力、穿透力和生命力，为了展示理论界在研究国内外重大现实问题的风采，同时也为了给青年马克思主义理论研究者树立榜样，代表着马克思主义研究最高境界的对现实重大问题的研究放在第一板块，辑录了在我国理论界享有盛誉的马克思主义理论家，如王伟光、冷溶、李慎明、程恩富、靳辉明、李崇富、何秉孟、侯惠勤等人的文章。这些同志的研究成果在现实中国已经或正在发挥着资政育人的巨大作用。他们在马克思主义理论研究中建立的功绩，是应该永远铭记的。

关于马克思主义理论学科建设问题，既是个老问题，也是个新问题。所谓老问题，中华人民共和国成立之后，我们在高校和研究机构根据列宁的关于马克思主义三个组成部分的论述，逐步形成了马克思主义哲学、马克思主义政治经济学和科学社会主义三个学科，后来又加上中共党史。高校开设的四门政治课就是依据四个学科设置的。尽管后来高校政治课内容多次变化，但在人们心目中马克思主义理论的几个学科并没有什么变化。在研究机构里，马克思主义各学科也分别放在各个研究所进行研究。马克思主义哲学放在哲学所进行研究，马克思主义政治经济学放在经济所进行研究，中共党史却放在中共中央党史研究室研究，而1979年成立的马列主义毛泽东思想研究所，主要研究科学社会主义学说。这样的学科设置尽管有它的优点，但也有弊病，最根本的缺点是不利于对马克思主义整体性的研究，不能给人们以马克思主义整体性的概念，容易造成马克思主义革命性和科学性、理论和实践的分裂。这种学科建设格局，基本上一直延续到中共中央启动和实施马克思主义理论研究和建设工程之时。马工程实施之后，国务院学位委员会和教育部于2005年12月下发《关于调整增设马克思主义理论一级学科及所属二级学科的通知》，加之2008年又增加一个二级学科，这样马克思主义理论研究的学科才有新的规定，即马克思主义理论为一级学科，下设六个二级学科，即马克思主义基本原理研究、马克思主义中国化研究、马克思主义发展史研究、国外马克思主义研究、思想政治教育、中国近现代史基本问题研究。2009年8月，中国社科院又制定颁发了《加强马克思主义理论学科建设与理论研究实施方案（2009—2014）》（以下简称《实施方案》），根据这个《实施方案》，马克思主义理论学科建设和理论研究分为三个层次。第一个层次是国务院学位委员会和教育部颁布的马克思主义理论的一级学科和下属的六个二级学科，这是从总体上研究马克思主义理论的基本学科。第二个层次是马克思主义哲学、政治经济学、科学社会主义、马克思主义政治学、法学、新闻学、历史学、社会学、民族学、宗教学、国际问题、文艺理论等学科建设。第三个层次是作为与马克思主义相关联的学科而提出的学科建设任务，如马克思主义与人类学、考古学、语言学以及自然科学等。我们认为，中国社会科学院对马克思主义理论学科的分解是正确的，也是符合哲学社会科学创新和发展需要的。马克思主义理论学科应该是包括马克思主义一级学科、二级学科和三级学科的学科群。我们这里指出马克思主义理论学科的变动史，其目的在于说明两个意思：一是马克思主义理论研究的各个学科，包括一级、二级、三级学科明确提出来，长者也不过六七年的时间，短者才两三年的时间，通过理论研究构建出每个学科体系，尚不成熟，想从《马研卷》第二个板块中看到一个规范的学科体系建设过程是不实际的，看到的只能是为构建学科体系而做的一些研究工作。二是想说明《马研卷》所反映的是马研院所担负的学科建设任务，即马克思主义理论一级学科和二级学科的建设任务。所以马克思主义理论一、二级学科的构建工作都只能请马研院在职的四个研究部的部主任或研究室主任专门写回忆文章。对于学科建设，我们编发了对江流同志的采访文章《江流与科学社会主义学科建设》，展示了江流同志在开拓科学社会主义学科建设上做出的独特贡献。我们转载了程恩富的《改革开放与马克思主义经济学创新》回忆论述性的文章。这是篇内容很厚重的文章，对建立中国的马克思主义政治经济学有着重大意义。同时也刊载了学术界公认的"西马"研究第一人徐崇温同志研究西方马克思主义的情况和观点的文章，目的想使读者看到徐是如何在中国大地上开创了研究国外马克思主义先河的。为了让大家了解马克思主义理论研究与建设工程在中国社会科学院的实施情况，我们还特请马研院科研处处长秦益成撰写了一篇《马克思主义理论研究和建设工程在中国社会科学院实施的述评》的文章，全面介绍了我院社会科学工作者参与"马工程"的情况、"马工程"的进展情况，以及"马工程"在我院的实施的情况，这对于了解中央马工程指导下中国社科院推进马克思主义理论一、二、三级学科的建设工作是有益处的。

第三个板块主要反映和记录中国社会科学院马克思主义理论研究机构前后变化的情况，以及这些机构和研究人员在马列所和马研院前后两个时段中重大学术活动和学术成果。但由于马列所时段里前后人员变动较大，健在的几位老人已入耄耋之秋，不能操笔写作，故这方面的内容略显单薄。但我们还是组织了几篇离退休老同志的回忆文章：如韩荣璋对毛泽东思想研究的回顾，李成斌对编写《科学社会主义百科全书》的回忆和思考，等等。另外，对马列所成立、马研院和马克思主义研究学部成立的情况和意义的回顾，《"中国特色社会主义年鉴"创办和发展》是程恩富在马研院成立五周年庆祝大会上的讲话，内容还是丰富的，为大家了解和研究马列所和马研院的创建和发展的历史提供了宝贵的第一手材料。

通过这次组织编写《中国哲学社会科学发展历程回忆·马克思主义卷》，我们深深感到，中共中央启动和实施马克思主义理论研究和建设工程是个英明的决策，马克思主义理论研究在逐步进入最佳境界，马克思主义的中国化、时代化、大众化将会大大提速。中国社会科学院一定能够建成马克思主义坚强阵地。对此，我们看到了希望，增强了信心。我们殷切地企盼，各位读者读过本书之后，也能有同样的感受。但也不能不指出，由于时间紧迫和客观条件的限制，应该组织的文章还没有全部到位，不能把马列所和马研院全部学术成果和成就展示在读者面前。这是最大的遗憾。另外，编辑工作疏漏之处也在所难免，还望读者批评、指正。

本卷编委会

目 录

代序一　信仰马克思主义　做坚定的马克思主义者 ………… 陈奎元(1)
代序二　努力建设一流的马克思主义研究阵地 ……………… 王伟光(11)

对国内外重大现实问题马克思主义研究的回顾

马克思主义在中国的伟大胜利 …………………………………… 王伟光(21)
新中国的成立与中国特色社会主义道路的探索、开辟和发展 … 冷溶(33)
对国际金融危机研究的回顾
　　——访中国社会科学院党组副书记、副院长
　　　李慎明研究员 ………………………………… 谭扬芳　杨莘(57)
改革开放30年中国马克思主义理论发展最具影响力的
　　30件大事 …………… 中国社会科学院马克思主义研究学部课题组(69)
中国马克思主义理论研究60年 ………………………… 程恩富　胡乐明(91)
在坚持与发展马克思主义的道路上探索前进 ……………… 靳辉明(112)
在改革开放的伟大实践中创造性运用和发展深化历史唯物
　　主义 ……………………………………………………… 李崇富(124)
新中国主流意识形态建设的基本经验 ……………………… 侯惠勤(140)
研究和批判新自由主义　坚持和发展马克思主义
　　——关于研究批判新自由主义的对话 ………………… 何秉孟(163)
拓展与深化当代资本主义理论研究 ………………… 罗文东　刘海霞(194)

马克思主义理论研究各学科建设的历史回顾

江流与科学社会主义学科 …………………………… 龚云(207)
改革开放与马克思主义经济学创新 ………………… 程恩富(217)
"西方马克思主义"研究在我国的开展 ……………… 徐崇温(237)
马克思主义理论研究与建设工程在中国社会科学院实施的
　述评 …………………………………………………… 秦益成(253)
马克思主义理论一级学科的建立及意义 …………… 秦益成(268)
马克思主义基本原理学科建设历程回顾 ……… 胡乐明　张建云(278)
马克思主义发展史学科建设的回顾与展望 ………… 辛向阳(292)
马克思主义中国化重点学科建设的回忆和新进展 … 赵智奎(302)
国外马克思主义研究的历程、热点问题与述评 …… 冯颜利(316)
国际共运研究再起步 ………………………………… 刘淑春(332)
思想政治教育学科发展历程回顾 ……………… 余斌　李春华(351)
中国近现代史基本问题研究学科的建立 …………… 龚云(368)

从马列所到马研院重大活动及学术研究部分成果的回顾

传承、创新与弘扬、建设马克思主义的坚强阵地 … 程恩富(385)
马列所成立的前前后后 ……………………………… 龚云(396)
马克思主义研究院的成立及其影响意义 …………… 胡乐明(410)
毛泽东思想研究的回顾与思考 ……………………… 韩荣璋(413)
编辑出版《科学社会主义百科全书》的回忆与思考 … 李成斌(425)
《中国特色社会主义年鉴》的创办与发展 …………… 傅青元(437)
《中国特色社会主义理论体系研究》(1998年版)的创作过程
　及其开创性的意义 …………………………………… 王煜(450)

《中国社会主义六十年》出版前后 …………………… 赵智奎(458)
回顾社会主义市场经济的研究
　　——兼论社会主义市场经济与资本主义市场经济的
　　　差异性 ……………………………………………… 吕薇洲(463)
开拓创新进取,又好又快发展
　　——在中国社会科学院马克思主义研究院成立五周年
　　　庆祝大会上的讲话(2010年12月26日) ………… 程恩富(477)

代序一

信仰马克思主义　做坚定的马克思主义者[*]

陈奎元

中国共产党是以马克思主义作为指导思想的工人阶级政党。在党的领导下，我国各族人民正在以中国特色社会主义理论为指导建设伟大的社会主义国家。

我们立党立国始终重视思想政治建设，重视用科学理论武装党和人民。我们提倡解放思想，不搞教条主义，但是不能丢掉社会主义意识形态，不能在学习借鉴的名义下否定马克思主义的指导地位，搞指导思想多元化。不搞多元化并不是我们的发明，一向标榜信仰自由的美国，在思想文化上就是反对多元化的，他们的主流文化、他们崇尚的美国精神是不容置疑的。美国国会曾多次讨论双语教学的问题，但时至今日始终没有通过把西班牙语作为第二种全国通用语言的议案。

最近，德国、法国、英国、荷兰等国的领导人宣布，在他们的国家"多元化已经结束"，甚至说"多元化已经死亡"。德国政府要求加入本国的移民要讲德语，融入德国的主流文化，接受他们的价值观。英国、法国、荷兰等国也提出了差不多同样的要求。这个现象反映出西方发达国家反对多元化的立场及其政策。

我国在思想文化领域坚持以马克思主义，特别是以中国特色社会主义理论体系为指导，同时主张尊重差异、包容多样。这种尊重和包容的内涵和外延有没有边际？哪些是必须坚持的，哪些是可以包容的，哪些是必须

---

[*] 本文是作者 2011 年 3 月 6 日在中国社会科学院马克思主义理论学科研究和建设工程 2011 年工作会议上的讲话，后经修改发表在《马克思主义研究》2011 年第 4 期。

反对的，应当有明确的界限，有所界定。包容多样是为了促进和实现社会主义文化事业的大发展、大繁荣。"包容"的含义一个是"包涵"，一个是"容纳"。包容的精义是发扬民主，博采众长，但不能允许挑战党和国家的基本理论和根本制度。"包容"不能变成被"调包"，如果马克思主义被调了包，偷换成"民主社会主义"、"新自由主义"等资产阶级思想体系，我们党和国家的性质就会改变。

因此，"包容"无论如何不能变成掉包，不能在不知不觉中丢掉自己的灵魂。我们常用以美国为首的西方世界这个语言，这主要是指国际政治和社会制度而言。其实美国与西方的其他国家特别是与法、德等欧洲大陆国家并非是浑然一体的，美国文化也并不等同于西方文化。我们提防西化的侵蚀，着眼点并不是西方自古希腊以来的文化传承，而是图谋重建世界秩序的当代美国的政治文化。用马克思主义占领思想阵地，是抵御西化图谋的根本保障，是关系党和国家前途命运的关键所在。如何对待马克思主义始终是思想理论战线的首要问题。

一　信仰马克思主义

从发表《共产党宣言》到现在，马克思主义光照人间一百六十多年。当今世界与马克思在世时已有很大的变化，马克思主义的思想理论过时了还是没有过时？我们党是否依然信仰、坚持和奉行马克思主义的理想信念及其理论体系？

我认为这是毫无疑义的！我们信仰马克思主义，是因为相信马克思主义是科学真理。马克思主义是探索资本主义制度发生、发展、灭亡基本规律的科学，是研究在资本主义制度下工人阶级如何实现自身解放，进而解放全人类规律的科学。只要还存在资本主义制度，只要还存在资本和劳动的关系，马克思主义的剩余价值理论就不会过时。马克思主义政治经济学不仅是认识当代资本主义世界内在矛盾的思想武器和工具，也是认识当前中国经济社会矛盾的理论指南和方法。剩余价值理论、唯物史观以及马克思主义其他基本原理，并没有过时，它仍然是工人阶级和其他先进分子认识世界、改造世界的科学真理。

马克思主义又叫科学社会主义、共产主义，只要社会主义还没有完成历史使命，还没有实现真正公平合理的共产主义社会，马克思主义的历史使命就没有完结。目前，在世界上资本主义制度和社会主义制度俱在，马克思主义是认识这两种社会制度本质的理论指南。中国实行社会主义制度，社会的基本矛盾仍然是社会主义生产力和生产关系之间的矛盾、经济基础和上层建筑之间的矛盾。如何认识社会主义国家基本矛盾，如何解决基本矛盾中的对立面既互相适应又互相矛盾的问题，如何不断发展完善我国的社会主义制度，需要正确的理论指导，需要正确的路线、方针和政策。如果放弃唯物史观的指导，就不能清楚地认识我国当前的社会矛盾，也解决不好反映基本矛盾的各种经济问题、社会问题以及人与人之间的关系问题。对于基本矛盾的认识和把握，应当注意矛盾的运动和变化，防止认识的停顿和偏于一隅。

例如：关于发展生产力是第一要务，是硬道理，这个观点在新的历史时期贡献极大，但不能认为发展生产力是唯一需要关心和致力的事业。发展生产力与建立、完善生产关系是不能分割的。发展生产力与关怀生产者、劳动者的利益都是须臾不可松懈、不可脱节的要务。

又如：关于上层建筑和经济基础的关系，有一种意见认为，中国只要管好上层建筑，只要保持党的领导地位和社会主义政治制度，经济方面无论发生何种变化，出现什么偏差，只要下个决心就可以纠正。实践证明这是办不到的。靠行政命令只能解决有限的问题，不可能改变市场经济某些固有的规则、关系及其后果，经济基础归根结底是起决定性作用的。我国的经济基础三十多年来发生了巨变，从所有制、劳动和资本的关系到分配关系，都发生了甚大的变化。辩证法告诉我们，事物的发展，量的积累达到一定的界限就会发生质的变化。看不清这种变化，就难以了解和坚持我国的基本经济制度。

第二种说法：上层建筑要顺其自然、被动地随着经济基础的变化而变化。唯物史观认为，上层建筑和经济基础是矛盾的统一体，既相互适应又有不适应。一般地说，经济基础决定上层建筑的性质，同时上层建筑具有相对独立的反作用，它不但在与经济基础相一致的时候具有巩固和保护经济基础的属性，还有对经济基础中不相适应的部分、不相适应的状况进行修正和改善的功能。这就是国家政权、政府通过制定和实行适当的经济制度和政策，保护和扩展自己的经济基础的职能。在发生社会革命的时期，上层建筑还有扫除旧的经济基础、确立新经济基础主导地位的使命和作用。我们必须客观地看待中国的经济基础发生了什么变化，面对经济基础发生的变化，上层建筑应当如何与经济基础相适应，如何维护社会主义基本经济制度，是命运攸关的重大问题。如果只讲随着基础的变化而变化，漠视上层建筑的能动作用，甚至于转弯抹角地削弱它，社会主义的事业只能落败而不可能成功。哲学社会科学工作者要站在忧党忧国的立场上，认真研究上述问题。

当代资本主义的理论及其社会制度压不倒马克思主义，也压不倒社会主义。为什么有人对马克思主义，对社会主义、共产主义的信仰发生了动摇？

一个重要的历史原因是，冷战结束后，一些人觉得世界趋同的时代已经到来，资本主义特别是美国式的资本主义已经成了"历史的终点"，即人类最后一个社会形态，这种思想回到了黑格尔、杜林、欧洲启蒙思想家曾经宣扬的"历史终点"、"终极社会"、"理性王国"的窠臼，说来说去都是历史唯心主义的产物。历史车轮没有在20世纪停止转动，美苏冷战结束不过10年的时间，美国便从单边霸权的高峰跌落。曾经发表"历史终结论"的美国学者弗朗西斯·福山幡然省悟，声明历史并没有走到终点，美国制度并不是世界上最好的制度。

前不久，福山发表文章指出，美国没有什么可以教中国的。中国的马克思主义者应当坚信马克思主义是科学真理，社会主义是前程无量的事业，没有哪一种资产阶级理论和资产阶级学派能像马克思主义这样历经一百五六十年仍然有旺盛的生命力。马克思主义之所以能在哲学、政治经济学、社会主义和历史理论等各个领域都站在时代的高峰，就在于它的科学性。当初，马克思主义的两位创始人没有任何权力强制别人信仰自己的思想，就是靠真理的力量，他们的声音才传播到全世界，极大地影响了人类世界一个多世纪的历史进程。

我们信奉马克思主义，首先是相信马克思主义的科学性。马克思主义站在了社会科学的制高点上，虽然这个制高点并非不可逾越，但是迄今为止它依然是社会科学的高峰。同时，马克思主义也站在道义的制高点上。资产阶级的学者在科学上扳不倒马克思主义，就在道义上做文章，诋毁马克思主义只讲斗争不讲人道主义，而他们自诩是不加区别地爱天下所有的人。马克思主义是为劳动人民谋解放的道理，马克思主义关于阶级斗争的学说是光明正大的理论，是启迪工人阶级认识自己历史地位，寻求社会公平的思想武器，它反对用空洞的"博爱"、"人道"掩饰一个阶级对另一个阶级的剥削与压迫，追求最终实现全人类的共同解放。这种理论与那些粉饰剥削制度、麻痹劳动人民自觉意识的理论究竟孰善孰恶，是一目了然的。

马克思主义不讲抽象的人权，主张建立实现人人权利平等的现实基础。没有这个基础，所谓"人权"就不可能是公正、平等的权利。我们党进行革命斗争就是为在三座大山压迫之下的中国劳动人民争人权，在全世界为中国人民争人权。正因为我们党的理想和信仰站在道义的制高点上，成千上万的革命先烈才能心甘情愿地为革命事业奉献出自己的一切，包括生命和家庭。许多人知道自己没有机会看到共产主义实现的那一天。但是，他们相信人类最终会实现共产主义，甘愿牺牲自己的生命为之奋斗。共产党的执政地位是他们用鲜血和生命换取的，今天的共产党员要继承他们未竟的事业，全心全意为人民谋利益，就必须坚定地信仰马克思主义。

二 学习马克思主义

马克思主义是系统的科学理论，是先进的世界观和方法论，只有下工夫学习才能理解它的真谛，才能应用它的原理解决实际问题。

19世纪欧洲工人阶级进行反对资产阶级的斗争，是马克思主义产生的阶级基础，也是马克思主义理论诞生的实践基础。但是，工人阶级不能自发地产生马克思主义，也不能自发地运用马克思主义理论克敌制胜，只有在工人阶级的先进分子掌握了马克思主义理论之后，科学社会主义的理论才能成为实践。我国是以马克思主义作为指导思想的国家，但这并不意味着我国的广大党员、知识分子和人民群众不用学习就能够自发地掌握马克思主义。只有真正学好马克思主义著作，掌握马克思主义基本理论，才能成为一个自觉的马克思主义者。

毛泽东同志在抗日战争时期领导全党开展学习运动，提出如果我们党有一百个至二百个系统地而不是零碎地、实际地而不是空洞地学会了马克思列宁主义的同志，就会大大提高我们党的战斗力。

现在我们党执政了几十年，光是研究马克思主义的专业人员就有成千上万人。按常理来说，马克思主义在思想、理论领域应当具有崇高的地位和强大的影响力，但在事实上并不乐观，在世纪之交，当社会主义在全世界陷入低潮之时,马克思主义在我国被淡化、边缘化的情景是不容否认的客观事实。现在突出的问题是许多党员、干部和理论工作者不下工夫读马克思主义的书。

我们的党是执政六十多年的党,大量的党员既没有经过革命斗争的考验,又不读马列著作,说对马克思主义有坚定的信仰,就没有根据。自己不知道马克思主义讲些什么道理,听到否定马克思主义的声音,心里没有底,就可能随声附和;当别人说马克思主义过时的时候,你不知道它有没有过时;当有人搬用西方当代的某些理论观点,说是发展马克思主义的时候,你也分不清楚它是篡改了马克思主义,还是发展了马克思主义。这些问题怎样解决?只有学习马克思主义基本理论,才能分清真假马克思主义。我们有时听到一些干部、学者做关于马克思主义的发言或报告,感觉似是而非,追根溯源就在于讲话者自身底气不足。要做一个马克思主义者,必须下工夫学习马克思主义的基本理论,打下扎实的理论根基。只有这样,才能同非马克思主义思想划清界限,才能打退反马克思主义思潮的进攻,展示出马克思主义的精髓和魅力,让真理的力量战胜谬误。

中国人接受马克思主义比欧洲晚了半个多世纪,十月革命一声炮响,给中国送来马克思列宁主义。从《共产党宣言》发表到中国共产党建立,间隔73年时间。中国共产党建党的时候,全国掌握马克思主义基本观点并立志为之奋斗的人,不过几十人,正是在那几十个先知先觉的革命家带领下,中国共产党掌握了先进的思想武器,从中国的实际出发,用马克思主义理论武装革命队伍,在短短几十年中领导中国人民取得新民主主义革命的胜利。并且在取得全国政权以后立即转入社会主义革命,接着又转入社会主义建设。中国革命和新中国发展的历史说明:不学习、不运用马克思主义指导中国的革命和建设,就没有新中国,也没有改革开放和中国特色社会主义。

吴邦国同志在十一届人大四次会议上作人大常委会工作报告时强调,"坚持中国特色社会主义道路,最重要的是坚持正确的政治方向,在涉及国家根本制度等重大原则问题上不动摇。动摇了,不仅社会主义现代化建设无从谈起,已经取得的发展成果也会失去,甚至国家可能陷入内乱的深渊"。他还郑重表明,"中国不搞多党轮流执政,不搞指导思想多元化,不搞三权鼎立和两院制,不搞联邦制,不搞私有化"。他还讲了"六个确保"。吴邦国同志的讲话,体现了中国特色社会主义理论的本质要求,体现了坚持党的基本路线的鲜明立场，大家应当认真学习研究。

社会主义中国经常面临西方敌对势力西化、分化的威胁，必须常怀忧患意识。2008年7月31日，美国国防部发表的《国防战略》中讲到，"美国将继续对中国施压"，"制定一项全面的战略来影响中国的选择"。美国针对中国的全面战略从来没有间断。我国改革、发展、安全各个领域遇到的坎坷和麻烦，背后常常都有美国的影子。中国要走几代人选择的社会主义发展道路，必须坚持马克思主义的理论、党的基本路线，必须坚持国家的根本制度，只有这样才能保持社会主义国家的稳定与繁荣，才能确保中华民族的复兴和中国人民的根本利益。

马克思主义是科学的理论，是工人阶级维护自身权利的思想武器，同时又是社会主义国家在意识形态领域保护自己、抵制敌对势力"西化""分化"的理论武器。在冷战后期和冷战结束后的一段时间内，马克思主义差一点儿被挤出世界舞台。在我国的思想理论界，马克思主义也受到前所未有的贬低与排斥。在各种讲坛、媒介和出版、刊物中，颂扬西方理论体系、排斥马克思主义理论体系的暗流非常强劲。中央适时地决定实施"马克思主义理论研究和建设工程"，对于巩固和发展马克思主义理论阵地，坚持马克思主义的指导地位是一项英明的决策，扭转了马克思主义在一定程度上被边缘化的趋势。为什么马克思主义在20世纪末21世纪初遭受严重的挫折与厄运，关键在于原来集合在马克思主义旗帜下的队伍发生了极大的分化。苏联是第一个社会主义大国，苏共中央总书记带头宣扬非马克思主义的"新思维"，丧失了共产主义的理想和信念，导致苏共在组织上瓦解，在思想上放下武器，丧失了凝聚党心、人心的精神力量，最终失去执政的基础和能力，走到任人宰割的地步。

中国共产党始终坚持马克思主义，但我们党的队伍已经不是经过革命战争洗礼的原班人马。我们党有近8000万党员，他们中的大多数都是各行各业的优秀分子，但是真正受到马克思主义基本原理的教育，牢固地树立马克思主义世界观、价值观的党员，并不占很大的比例。很长时期内，各级基层党组织对党员或者要求入党的积极分子没有下工夫进行马克思主义基本理论教育。许多共产党员，包括思想理论战线的工作者，没有认真研究什么是马克思主义哲学的基本观点，什么是马克思主义的世界观和方法论，什么是资本主义，资本主义什么地方不好，什么是社会主义，社会主义的本质特点是什么。中央提出建设学习型政党，有些同志将着眼点放在与业务相关的知识上。我认为，对于共产党的领导干部，着重点应当是学习马克思主义的基本理论，树立正确的世界观、人生观和价值观。马克思主义理论工作者，要在宣传、普及、推广马克思主义理论上下工夫。在新的历史环境中，我们这样庞大的执政党，如果不用先进的理论统一思想、确立共同的信仰，很难经得起西方文化、宗教和价值观的冲击。

现在西方文化、宗教在我国城乡广泛地传播，对我们的冲击极大。前不久在全国政协分组讨论会上，一些文艺界委员的发言观点鲜明，体现出很强的政治敏锐性和社会责任感，他们对中国文化被西方庸俗文化冲击，传统文化遭到败坏，非常担忧。利用西方主流文化冲击我国的意识形态和传统文化，是对中国特色社会主义的重大威胁，我们要用马克思主义观点来抵制它、批判它。中央领导同志要求全党学习、学习、再学习，我认为，这抓住了党自身建设的关键。

我们信仰马克思主义，首先要学习马克思主义，学好马克思主义。中央编译局新近翻译出版了《马克思恩格斯文集》和《列宁专题文集》，两套文集是精心选编、精心翻译的最优版本，翻译的水平很高，书也很好看，希望大家认真地读。

三　坚持马克思主义　发展马克思主义

党章和宪法都明确规定，马克思主义理论是我们党和国家指导思想的理论基础。我们学习中国特色社会主义理论体系，要同学习马克思主义、列宁主义、毛泽东思想结合起来。中国特色社会主义理论体系与马克思主义一脉相承，是建立在马克思列宁主义、毛泽东思想基础之上的，而不是改弦更张、另起炉灶，这一点一定要搞清楚。新中国成立以来以及改革开放以来我们取得的成就，都是在马克思主义指导下取得的。我们的不足或者失误，都是因为没有按照马克思主义的基本原理来认识和解决实际问题，没有把马克思主义基本原理同我国的实践有机结合起来所造成的。

我国在发展中出现了较多的社会矛盾，这并不奇怪，也不可怕，重要的是，要有正确的思路和有力的措施去及时解决。当前一个涉及全局的矛盾是分配不公，居民收入在国民经济中的比重偏低、劳动收入在各种要素中的回报率过低，穷人和富人收入和生活水平的差距超过发达资本主义国家。这个问题归根结底是对马克思主义经济理论、社会公平的理论，对在社会主义时期实行按劳分配制度没有足够的重视。在向市场经济转轨的过程中，较长时期强调效率优先，将公平放在次要的位置上，发展经济和改善人民生活没有同步，贫富差距不断拉大，这是当前产生诸多矛盾的主要根源。有一部分劳动人民在改革发展中获益较少，被称为弱势群体，在思想上有失落感，再加上时而发生侵害群众利益的行为，人民群众中易于滋生不满情绪。在国内外有人质疑中国共产党的性质和国家的性质是否发生了改变，绝不能认为这样的问题是无需关注的议论。

我们常说要有忧患意识，忧患在哪里？除了来自外国政治、文化、经济、军事上的威胁，社会主义中国自身的危险在哪里？用什么思想、理论、政策去应对社会主义的经济、政治、社会、文化、道德等各个领域所面临的挑战？党中央适时地强调缩小收入分配差距、提高普通人民群众的生活和保障水平，把努力解决社会公平问题放在首要的位置，这个着重点至关重要，如果忽视这个问题，就会发生吴邦国同志报告中指出的情况：已有的成果会丧失，而且国家也可能陷入混乱的泥潭。

坚持和发展马克思主义不能脱离党和国家正在进行的伟大事业。要坚持党的基本路线和大政方针，坚决贯彻党的十七大和十七届三中、四中、五中全会精神。在思想领域，要毫不动摇地坚持马克思主义基本理论、毛泽东思想、中国特色社会主义理论体系，坚持走中国特色社会主义道路。只有坚持马克思主义，才能发展马克思主义。有的理论工作者没有掌握好马克思主义的基本理论，听到社会上对马克思主义有一些非议，想用一点附加的东西、时髦的语言给马克思主义挣面子，这是不可取的。应该首先还马克思主义的本来面目，并在实践中推进马克思主义中国化的进程，这才是真正捍卫马克思主义。只有学好马克思主义，才能坚持马克思主义、发展马克思主义。在社会主义现代化的实践中发展马克思主义，才是对马克思主义最有力的坚持。

当前，世界正在发生深刻的变化，资本主义世界深陷严重的经济危机，美国的帝国霸权衰落，是一个不争的事实。2010年12月18日，亨利·基辛格发表一篇文章，题目是《美国的衰落》，他在文中写到，"最后一个剩余的超级大国——不久前欧洲政治家还这样形容美国，今天已经不能这样说了。美国已经不再占据统治地位，它不能再单独进行政治领导，它只是一个复杂世界的一部分。世界引力的中心已经转移到太平洋和印度洋地区"。美国现在还是世界第一强国，并且会继续在全世界推行霸权主义和强权政治。但是它已经从冷战时期的高峰跌落,不可逆转地失去了独领世界潮流的能力。世界多极化不会一帆风顺,但是由多极化取代单极世界的潮流不可阻挡。

当前的经济危机和美国霸权的衰落,世界格局的变动和调整非常明显、非常深刻。中国的马克思主义学者要抓住机会,展示马克思主义真理的光辉。现在是对马克思主义加深认识、加强传播的一个非常有利的时机,也是被世界人民瞩目的时期。希望中国的广大马克思主义学者,敢为人先,敢为天下先,为坚持和发展马克思主义做出更大的贡献。

(陈奎元,全国政协原副主席,中国社会科学院原院长、党组书记)

代序二

努力建设一流的马克思主义研究阵地[*]

王伟光

5年前，中国社科院成立马克思主义研究院。5年来，在中国社科院党组的领导和陈奎元院长的指导下，马克思主义研究院得以顺利发展，现已成为中国社科院努力发挥"三个定位"作用的一支重要力量，在推进马克思主义中国化、时代化、大众化方面作出了自己应有的贡献。下面，就马克思主义研究院的工作，我讲几点意见。

一 组建马克思主义研究院，是实现中央要求努力把中国社科院建设成马克思主义坚强阵地的重要战略举措

组建马克思主义研究院，是经中央政治局常委会批准的，是中国社科院党组基于我国马克思主义理论研究和理论创新事业需要，基于党的思想理论战线工作大局做出的一项重要战略决策，也是实现中央要求努力把中国社科院建设成马克思主义坚强阵地的重要战略举措。院党组和陈奎元院长对马研院建设和发展一直十分重视、关心和支持。总体来看，马研院坚持正确的政治方向和理论导向，注意人才队伍建设，注重开拓创新，取得了可喜的成绩。

一是坚持明确的办院方针，理论方向正确。方针明确不明确，方向正

---

[*] 本文系作者2010年12月24日在中国社会科学院马克思主义研究院成立5周年庆祝大会上的讲话，后收录在马克思主义研究院成立5周年纪念文集里。

确不正确，能不能始终坚持明确的办院方针和正确的理论导向，对马研院这样的研究单位尤为重要。马研院的办院方针，就是要高举马列主义、毛泽东思想、邓小平理论和"三个代表"重要思想伟大旗帜，牢固树立和贯彻落实科学发展观，坚持正确政治方向和理论导向，努力建设坚强的马克思主义研究阵地，推进马克思主义理论创新，服务中国特色社会主义伟大事业。5年来，马研院努力站在马克思主义理论研究和党的思想理论战线的前沿，努力站在中国特色社会主义理论创新的前沿，努力站在马克思主义国际理论交流的前沿，可以说，办院方针明确，理论导向正确，理论地位逐步显见，学术影响不断扩大，正在向成为马克思主义的坚强研究阵地迈进。

二是以党和国家重大理论和现实问题为主攻方向，科研成果显著。5年来，马研院围绕中心，服务大局，以中国特色社会主义理论和现实问题为科研主攻点，科研成果突出，共立项课题260项，其中社科院重大和重点课题47项，国家社科基金各类课题25项，还承担了不少省部级单位和领导委托研究课题；共出版各类著作127部，发表论文1432篇、译文82篇、研究报告128篇，马克思主义研究学部学部委员选集陆续出版。先后创办了"全国马克思主义院长论坛"、"全国马克思主义青年论坛"、"思想家论坛"、"中国经济社会发展智库高层论坛"、"中外马克思主义报告会"、"马克思主义系列研讨会"等论坛性平台，扩大了马克思主义的影响力和话语权。《马克思主义研究》增期扩容，创办了《马克思主义文摘》，今年又创刊《马克思主义理论研究与学科建设年鉴》，明年初将推出《国际思想评论》英文国际期刊创刊号。组建了马克思主义期刊网络中心。这些研究成果和创新平台，在推进马克思主义理论研究、理论宣传和理论创新方面，发挥了应有的作用。

三是实施人才强院战略，马克思主义研究人才队伍初步形成。马研院现有人员已经达到140多人，其中具有高级职称的研究人员达到60人，拥有一批知名学者，一批中青年骨干正在成长起来。马研院特别注重马克思主义外语人才引进，现已拥有英语、俄语、日语、法语、德语、西班牙语、越南语等10国语种的能够交传口译的马克思主义研究人员。马研院的学科齐全，拥有马克思主义理论一级学科下的全部二级学科，一些学科还超出了这个范围。可以预测，用不了几年，马研院人才队伍不仅会更加活跃于国内理论舞台上，而且会更加活跃于国际马克思主义理论研究和交流舞台上，将为推进马克思主义中国化的理论创新、为扩大中国化马克思主义在国际上的话语权作出更多的成绩。

四是加强管理，注重制度创新，推动马研院全面建设。实践证明，院党组和陈奎元院长提出的管理强院战略是科研强院、人才强院的重要保证。马研院对落实管理强院工作很重视，注重从制度建设着手，不断深化改革。例如，主动进行岗位设置和聘任制改革试点，改革用人机制；实行研究一室主任竞争上岗，改革专业干部选聘制度；实行科研工作质和量的考核，重点在质量的提升；实行职称评审科研成果起点制度，努力做到职称评审公开公平；改进课题管理，提高课题论证和结项质量；完善人才引进制度，防止学术近亲繁殖，提高人才引进质量；形成决策协商机制，重大事项领导班子集体讨论决定，具体工作按分工各司其职等。在敢于管理和善于管理方面，马研院取得一些经验，为实现马研院的进一步发展注入了制度动力。

二　进一步明确使命，为推进马克思主义时代化、中国化和大众化事业作出新贡献

马克思主义理论工作者使命光荣，责任重大。马研院的同志要始终坚持马克思主义基本立场，牢固树立理论联系实际学风，深刻把握世情国情党情民情，努力推进马克思主义理论创新。

第一，努力适应中国特色社会主义发展的新要求，为推进马克思主义中国化、时代化、大众化作出新成绩。

我国已经进入全面建设小康社会、加快推进中国特色社会主义事业的新阶段，经济建设、政治建设、文化建设、社会建设、生态建设和党的建设等各个领域都取得了辉煌成就，经济社会发展和综合国力再上新台阶的历史时期已经到来。与此同时，我国的改革发展又面临一系列新任务、新情况、新课题，思想理论和意识形态领域面临很多新挑战，社会上对马克思主义理论的需求越来越旺盛，迫切需要突进理论创新，做出马克思主义的回答。如何科学总结中国特色社会主义发展的新鲜经验，深刻剖析经济社会发展过程中不可回避的矛盾和问题，形成有深度、有价值的思想观点、理论成果和政策建议，积极推进马克思主义中国化、时代化、大众化，以发展着的马克思主义指导新的实践，是当代中国马克思主义理论工

作者义不容辞的历史责任，也是马研院义不容辞的政治使命。

第二，深刻洞察国际金融危机所引发的世界格局变化，努力运用马克思主义立场、观点、方法加以解答，以彰显马克思主义的旺盛生命力。

现在全球性问题很多，需要运用马克思主义立场、观点、方法加以观察、分析和说明，马克思主义通过展示自己科学的解释力来彰显自身的旺盛生命。就拿这次国际金融危机来说，现在已可以看得很清楚，这次危机实质上就是从金融领域开始引发的一场资本主义制度的全面危机。这场危机的爆发、发展过程到资本主义世界的应对措施及其挑起的国际事端，都证明了马克思主义关于资本主义必然灭亡、社会主义必然胜利的科学判断没有过时，证明了马恩的《共产党宣言》《资本论》没有过时，证明了列宁的《帝国主义论》没有过时。一句话，证明了马克思主义没有过时，它以其对世界大趋势的深刻把握、对社会发展规律的深刻揭示，显示了强大的解释力和旺盛的创新力。

当前，这场危机虽有所缓和，但是其影响却远未结束。世界经济增长速度减缓，全球需求结构出现明显变化，围绕市场、资源、人才、技术等的竞争更加激烈，各类全球性问题越愈突出，我国发展的外部环境日趋复杂。如何科学解释国际国内的一些重大理论和实践问题，做出马克思主义的回答，马克思主义理论工作者完全可以大有作为，也希望马研院在这方面做出更奋进的工作，有更出色的表现。

第三，深刻把握思想理论领域的总体态势，在党和国家应对意识形态斗争的复杂局面中积极发挥作用。

当前，国际、国内意识形态领域的斗争很尖锐。国际上，世界政治、经济、文化、科技、军事等领域呈现出一系列新变化、新问题，各种思想文化相互交锋，意识形态领域斗争尖锐复杂，渗透和反渗透的斗争依然尖锐复杂。各种敌对势力对我国实施西化、分化的活动愈演愈烈，渗透的手法和策略呈现出许多新特点新变化，马克思主义正受到来自各方面的严峻挑战。近年来，随着我国国际地位不断提升，中国的发展道路、发展经验和发展模式引起越来越多的关注，我国承载的国际期待、国际责任越发加重。同时，国际上存在着不利于我的因素，国家安全面临严峻挑战，"中国威胁论""中国崩溃论""中国责任论"等言论不绝于耳。国际领域的问题必然要反映到国内来。国内影响中国特色社会主义发展的错误思想理论观点时有出现，极少数人不时发出噪声、杂音，企图否定马克思主义的指导，否定党的领导，否定社会主义制度。党和国家引导社会思潮、社会舆论的难度不断加大。马研院应当自觉地站在思想理论斗争的前沿，既反对对马克思主义的教条主义理解和僵化思想，也反对新自由主义、民主社会主义、历史虚无主义和西方普世价值观等错误思潮和理论观点，积极发展和创新马克思主义。这项工作依然任重道远。马研院的理论工作者，必须深刻总结我国的成就和经验，正确阐释和宣传中国发展道路和发展模式，在牢牢掌握国内意识形态斗争主动权的同时，努力争取中国化的马克思主义在国内外理论学术界的穿透力。

三 继续开拓进取，努力把马研院建设成坚强的马克思主义的研究阵地

马研院已站在了新的历史起点上。今后，要在院党组的直接领导下，继续开拓进取，努力把马研院建设成坚强的马克思主义研究阵地。

（一）继续深入贯彻"科研强院、人才强院、管理强院"战略，以管理强院带动科研强院和人才强院

科研、人才和管理，是马研院发展战略的三个方面，相辅相成，互为依托，彼此促进，缺一不可。科研是中心，是马研院安身立命之本，必须牢牢抓住科研这个中心；人才是关键，是工作的重中之重，是马研院建设的关键，必须大力加强人才队伍建设；管理是保证，抓科研、抓人才必须重视和善于抓管理。科研强院、人才强院应当以管理强院为突破口和着力点。抓管理，就要抓好党的建设，抓好干部队伍建设和职能处室建设，抓好研究室建设，抓好制度建设，打牢管理强院的队伍基础和制度基础。对马研院来讲，通过管理抓科研强院，应当把学科建设与研究部、研究室建设紧密结合起来；通过管理抓人才强院，要大力培养马克思主义思想家、理论家、学科带头人，培养中青年学术骨干。

（二）加强学科建设，努力建设一流的马克思主义理论学科

以落实马克思主义理论学科建设与理论研究实施方案作为主要抓手，调整和优化马克思主义理论学科布局，加强马克思主义理论一级学科建设，有重点、分步骤地推进二级学科建设，努力把马克思主义理论学科建

设成为一流的优势学科。马研院的同志要开动脑筋，踏实工作，深入开展马克思主义基本原理和重大理论问题研究、马克思主义中国化最新理论成果研究、中国道路、中国模式、中国经验等重大课题研究。经过几年努力，确立和巩固马克思主义理论学科建设与理论研究在国内的领先地位，充分发挥现有专家学者和马克思主义外语人才优势，不断扩大马研院的学科影响。

（三）实施名刊、名网建设工程，更加重视马克思主义研究期刊和网站建设

《马克思主义研究》《马克思主义文摘》《马克思主义理论研究与学科建设年鉴》《国际思想评论》《马克思主义研究网》，这些都是马研院掌握的重要舆论资源。其中，《马克思主义研究》已经具有良好基础；《马克思主义文摘》已经具有一定的影响；《马克思主义研究网》已经具备基本的条件，要努力抓好马克思主义的名刊名网建设。《马克思主义理论研究与学科建设年鉴》是国内独份，要反映国内马克思主义理论研究的总体成果、反映马克思主义理论学科建设的全局，努力办好，尽快打出影响。《国际思想评论》要视情况在保证质量的前提下尽快出刊，努力实现走向世界的预定办刊目标，成为中国化的马克思主义在国际国内交流和争取话语权的重要平台。

（四）积极实施"走出去"战略，努力扩大中国化马克思主义的国际影响

当前，中国道路、中国经验和中国模式正吸引着世界各国的目光，中国化马克思主义在国际上的影响力、吸引力和感召力正在增强。这为中国化马克思主义走向世界提供了难得的契机。要坚持"以我为主"的原则，以"世界政治经济学学会论坛"、"中越马克思主义论坛"、"中俄马克思主义论坛"等各种学会、论坛为依托，积极主办、参与国际学术交流，推动马研院的学者自觉参与世界范围内的学术讨论和争鸣，积极走到国际知名大学、重要国际学术会议上去，在国外刊发更多的论著，增强中国化马克思主义在国际学术中的影响力。要积极配合党和国家工作大局，以学术的方式宣传党的治国理政的思想与理念，宣传中国特色社会主义，宣传中国道路和中国经验，在国家文化外交、理论外交中积极发挥作用。

（五）注重团结，加强党的建设和学风、作风建设，建设过硬的党的工作者和行政管理者队伍

要像爱护眼睛一样爱护团结，在推进马克思主义时代化、中国化和大众化的大目标下增强马研院的内部团结。要紧密结合马研院的工作实际，不断加强各级领导班子建设、干部队伍建设，高度重视党风廉政建设，培养良好的党风、学风和工作作风，把党员队伍建设好，把基层党组织建设好。切实做好群团工作、离退休干部工作，充分调动各方面力量，形成合力。要着力培养、选拔精干的党的工作人才和行政管理人才，发现和培养管理骨干，对工作高标准、严要求，使党的工作和行政管理工作做到卓有实效、富有活力，通过提高整体的执行力提升党的工作和行政管理工作水平。

同志们，院党组和陈奎元同志对马研院的工作和同志们寄予厚望。马研院已经走过了不平凡的五年，积累了不少经验。希望同志们一如既往地踏实工作，把马研院办好，把这块阵地建设牢靠，开创性地推进马克思主义时代化、中国化、大众化，努力将马研院建设成为一流的马克思主义研究机构。

（王伟光，中国社会科学院院长、党组书记）

对国内外重大现实问题马克思主义研究的回顾

马克思主义在中国的伟大胜利

王伟光

1921 年，中国近代史上发生了一起从根本上改变中国人民历史命运的大事件，这就是以马克思主义作为指导思想的中国共产党的诞生。建党 90 年来，中国共产党始终勇立时代潮头，坚持将马克思主义与中国实际相结合，不断在实践创新进程中推进理论创新，推进马克思主义中国化、时代化、大众化，指导中国革命、建设和改革的正确航向，从根本上改变了中国的面貌和中华民族的命运。今天，一个昔日积贫积弱、受人宰割的旧中国已跃然成为日新月异、势头强劲的社会主义中国，巍然屹立在世界东方，在全球产生了广泛而深刻的影响。社会主义在中国的胜利，就是中国人民唯一历史选择的胜利，就是中国共产党的胜利，就是马克思主义在中国的伟大胜利。

一 只有马克思主义才能救中国

马克思主义传播到中国，为中国人民所接受，在中国的土地上生根、开花、结果，是世界时势和中国国情发展的必然结果。中国人民选择马克思主义作为解救中国的真理，成为中国工人阶级政党——中国共产党的理论基础和思想指南，马克思主义作为思想武器与中国人民的物质力量结合在一起，转化成巨大的革命的能动力量，改变了中国的历史命运，是中国近代以来历史发展的必然逻辑。

以 1840 年鸦片战争为转折，昔日曾经创造过世界辉煌的中华民族沦为受列强欺凌的"劣等民族"。以西方资本主义国家为主的外国列强恃强凌弱，为满足殖民掠夺和强占市场的贪欲，一次次发动血腥的侵华战争，包括两次攻陷都城北京，逼迫腐败无能的清政府签订一系列不平等条约，致使中国主权惨遭粗暴侵犯、领土被蚕食鲸吞，一步步跌入半殖民地的深渊。截至1905年，仅对西方列强的战争赔款便累计达十余亿两白银，而清政府将这笔负担转嫁到民众身上，地方官吏趁机进行敲骨吸髓式的压榨。在外国帝国主义侵略势力和本国封建统治者的双重压迫下，民生凋敝，时局动荡，国力衰微，社会矛盾空前激化，民族危机日趋深重。为了挽救中华民族、解救中国，再造富民强国的辉煌，各方政治力量提出了种种解救方案，采取了不同方式和手段。

首先是中国农民阶级、广大劳苦大众向封建统治阶级和帝国主义发起了猛烈的武装斗争。1851年，洪秀全发起太平天国农民运动，提出纲领性文献《天朝田亩制度》，从解决土地问题入手，憧憬建立一个"有田同耕，有饭同食，有衣同穿，有钱同使，无处不均匀，无人不饱暖"的理想社会。太平天国与清政府对峙14年，先后攻克600多座城池，并在上海、苏州等地奋勇抗击进行武装干涉的英法侵略军。以农民为主体的义和团运动，掀起反帝爱国大潮，用原始武器殊死抵御八国联军，展示了中国人民不屈不挠的反抗精神，使列强受到极大震慑。鸦片战争以来，中国的农民阶级和劳苦大众的武装斗争风起云涌、前赴后继，但大多与太平天国运动命运一样，在封建统治阶级和帝国主义的联手镇压下失败。

其次是在封建统治阶级阵营内部，一些图强派人士企图实行改进措施，中兴清王朝封建统治。林则徐发动了禁烟运动，然而由于在软弱无能、反复无常的皇权下，内受腐败官僚的出卖，外受列强打击，终告失败。魏源提出"师夷长技以制夷"，洋务派官僚发起洋务运动，以"自强""求富"标榜，引进西方坚船利炮，仿效西方兴办军事、民用工业以及交通运输业等，但装备不落下风的清军却在甲午战争中惨败给日本，北洋水师全军覆没，洋务运动宣告破产。

以康有为、梁启超等人为代表的维新派吸取日本资产阶级明治维新的经验，推行改良主义，试图在保存清皇权的前提下通过变法挽救民族于危亡，虽在思想启蒙上发挥了重要作用，但维新派依靠没有实权的光绪帝推行新政，结果慈禧太后一声令下，戊戌变法仅维持103天便告夭折，谭嗣同等六君子身首异处。

伟大的资产阶级民主革命先行者孙中山先生抛弃改良主义方案，力图通过武装革命推翻清王朝统治，开创了近代旧民主主义革命。辛亥革命结束了在中国延续几千年的君主专制制度，促进了民众的思想觉醒和解放，意义非凡，影响深远。然而，"无量头颅无量血，可怜购得假共和"，这场革命果实很快被袁世凯窃取，随后发生袁世凯、张勋复辟帝制和曹锟贿选等丑剧，帝国主义列强操纵中国政治、把持中国经济命脉，军阀割据混战的格局远未被撼动，中国社会性质并没有得到实质性改变。以上各种努力和尝试均以失败告终，各种处方皆不能解救中国。到底什么办法才能救中国，实现中国的现代化？

在近代中国历史上，旨在救国救民的斗争和探索，每一次都在一定的历史条件下或多或少推动了社会进步，但一次一次又归于失败。究其主观上的根本原因就是没有正确的理论指导。除了旧式农民起义方案和局部改良方案以外，旧民主主义的民族复兴方案，其指导思想不过是资产阶级政治理论，是资产阶级启蒙和革命时期的人权、民主、博爱、自由等思想武器，其主要目标是发展资本主义的经济、政治和文化，建立现代资本主义国家。然而，为什么西方在资产阶级思想武器指导下可以成功地进行资本主义民主革命，建立资产阶级国家，走现代化的强国之路，旧中国却办不到，资产阶级思想武器为什么在旧中国失灵？这是由中国所处的具体客观条件所决定的。中国在明朝已经开始了资本主义生产方式的萌起，如果没有国际资本主义的干涉，中国也可以按照一般历史发展规律，走资产阶级民主革命之路。当中国向资本主义发展之时，西方资本主义国家的先行发展使得世界进程进入了帝国主义和无产阶级革命的时代，帝国主义已把世界殖民地分割完毕。考察国内外条件，帝国主义列强、封建统治阶级和官僚买办阶级都不允许中国建立独立富强的资产阶级民主共和国。帝国主义列强入侵中国的目的，是从其自身利益考虑，要永久地控制、剥削中国，绝不容许中国成为强大的资产阶级民主共和国，必须维持和强化中国的半殖民地半封建制度。这决定了帝国主义列强需要与封建势力和官僚资本勾结，不允许中国民族资产阶级强大起来，不允许在中国这块土地上进行资产阶级民主革命。在帝国主义、官僚买办资产阶级和封建统治阶级的强压下，中国民族资产阶级必然是一个软弱的、两重性的阶级，担当不起民主革命的领导任务。在资产阶级思想指导下，由软弱的民族资产阶级及其政党领导的旧式民主革命是不可能解救中国的。

毛泽东同志指出："十月革命一声炮响，给我们送来了马克思列宁主义。十月革命帮助了全世界的也帮助了中国的先进分子，用无产阶级的宇宙观作为观察国家命运的工具，重新考虑自己的问题。走俄国人的路——这就是结论。"① 中国人民选择俄国人所走的社会主义道路，选择中国工人阶级政党——中国共产党的领导，选择马克思主义指导，是世界历史和中国社会矛盾发展的必然结果，是中国人民同帝国主义、封建主义的社会主要矛盾激化的必然结果，是中国人民唯一的正确选择。从国际时代大格局来看，中国人民对社会主义、对马克思主义、对中国共产党的历史选择，受到处于十月革命爆发和社会主义革命前夜的世界局势的深刻影响。辛亥革命之后，帝国主义国家日益走向腐朽和无产阶级革命方兴未艾的世界局势，以及旧中国继续延续甚至更加恶化的黑暗现实，特别是1914年爆发的帝国主义战争，使中国先进知识分子对资本主义制度及其思想武器产生了怀疑，感到资产阶级的民主、自由、平等、博爱等思想武器解决不了中国问题，中国民族资产阶级旧民主主义无法解救中国。辛亥革命为什么失败，救中国的目的为什么达不到？到底什么思想武器能够解决中国问题？马克思主义和十月革命的成功对中国先进知识分子产生了巨大的震撼和影响，开阔了眼界，使他们探索中国民主解放之路的方向发生了根本转折，经过对西方各种思潮、各种社会主义思想的比较，认识到决定中国人民命运的不是资产阶级，不是资本主义，不是资产阶级思想武器，而是工人阶级、科学社会主义和马克思主义。中国先进知识分子冲破了资产阶级民主思想的藩篱，冲破了旧民主主义民主、科学、爱国主义的精神界限，接受了马克思主义，在马克思主义中找到了答案。他们选择马克思主义作为唯一思想指南，选择社会主义为中国唯一出路，选择中国工人阶级及其政党作为唯一领导。历史潮流不可阻挡。中国最早的马克思主义者李大钊豪放地预言："试看将来的环球，必是赤旗的世界！"以马克思主义为指导、代表工人阶级这一新生先进阶级的中国共产党应运而生，担负起领导中国革命、建设和改革，建设社会主义强国的伟大使命，中国面貌历经九十载焕然一新。

---

① 《毛泽东选集》第4卷，人民出版社1991年版，第1471页。

二　一定要实现马克思主义的中国化

马克思主义是外来的先进思想，用以指导中国人民的社会实践，就有与中国国情和中国人民的具体实践相结合的问题。只有为中国人民所接受、所消化、所使用，成为中国化的马克思主义，才能起到科学指南的作用。

中国革命到底怎样搞，中国道路怎么走，中国现代化怎么实现？马克思主义经典作家没有现成的答案，他们着重论述了在西方发达资本主义国家进行无产阶级革命和社会主义建设问题。尽管十月革命是在帝国主义统治的薄弱环节——俄国率先取得突破，但俄国已经进入资本主义发展阶段，发动社会主义革命走的是依靠工人阶级发动城市暴动的具体道路。中国是一个半殖民地半封建社会，农民占总人口的绝大多数，近代中国的产业工人仅有 200 万人左右，在这样一个东方落后大国取得革命成功，建设社会主义，是一个极为艰巨复杂的新课题。中国共产党 90 年的历史经验教训告诉我们，不能照抄马克思主义经典作家的原有结论，也不能照搬俄国和别国的革命模式和建设道路，必须走一条符合中国国情的革命和建设道路，这就迫切需要把马克思主义与中国实际相结合，创立中国化的马克思主义，武装全党，指导实践。

在中国共产党早期，由于理论准备和斗争经验不足，曾走过弯路，尤其是 1927 年、1934 年两度遭受惨痛挫折。陈独秀右倾机会主义错误，主张先搞资本主义革命、再搞社会主义革命的"两次革命"论，对国民党右派一味妥协退让，放弃中国革命的领导权，导致 1927 年大革命失败。王明"左"倾冒险主义错误，把马克思主义教条化，将共产国际决议和苏联经验神圣化，主张毕其功于一役的社会主义"一次革命论"，推进军事冒险主义和政治关门主义，导致党在苏区、白区好不容易积蓄起来的力量严重折损，导致 1934 年第五次反围剿失败，根据地版图急剧萎缩，中国革命几乎濒临绝境。一"左"一右，错误表现不同，但实质都一样，主观与客观相脱离，离开了中国国情。

只有把马克思主义与中国实际相结合，实现马克思主义中国化，才能引导中国革命走向胜利。毛泽东同志科学分析了中国社会的性质和中国具体国情，指出中国半殖民地半封建的社会性质，强调中国革命的实质是农民问题，制定了新民主主义革命总路线，科学论述了中国革命的性质、对象、任务、动力、前途以及策略等重大问题。同时，毛泽东同志提出中国革命要实行革命阶段论与不间断革命论相结合，通过新民主主义革命迈向社会主义的"两步走"战略：第一步，完成反帝反封建任务的新民主主义革命，新民主主义革命是由工人阶级及其政党——中国共产党所领导的新型的资产阶级民主革命；第二步，完成新民主主义革命之后，再不间断地进行社会主义革命，经过新民主主义向社会主义的过渡，进入社会主义建设时期。

在具体革命道路上，是走武装占领城市夺取政权的道路，还是走农村包围城市最后夺取政权的道路？以毛泽东同志为主要代表的中国共产党人从具体国情出发，指出中国革命的中心问题是农民问题，必须以农村为根据地，以农民为主要依靠力量，将工作重点由城市转入农村，创建工农红军和农村革命根据地，开展土地革命和游击战争，在农村保存、恢复和发展力量，走出了一条中国革命成功之路。

毛泽东同志领导全党以巨大的政治和理论勇气，运用马克思主义基本原理深刻分析中国国情、科学总结正反两方面经验，苦苦探索中国革命的新路，大胆进行马克思主义与中国实际相结合的理论创新。他集中全党智慧，在革命实践以及抵制和纠正党内"左"、右倾错误的斗争中，实现了马克思主义中国化的第一次历史性飞跃，形成了毛泽东思想，为中国革命指明了前进方向。

经过 28 年艰苦卓绝的探索与奋斗，我们党带领人民成功地走出一条救亡图存新路，赢得新民主主义革命的胜利，实现了近代以来无数仁人志士孜孜以求的民族独立和人民解放的目标，创立了新中国，开辟了中国历史的新纪元、新时代。在毛泽东思想指引下，党领导新中国迅速医治战争创伤，基本完成对农业、手工业、资本主义工商业的社会主义改造，建立了社会主义制度，从此走上社会主义道路。这是中国历史上最广泛、最深刻的一次社会变革，为中国发展进步奠定了根本政治前提和制度基础。

三 必须不断推进马克思主义中国化的理论创新

马克思恩格斯揭示了资本主义必然灭亡、社会主义必然胜利的历史规律，曾预言社会主义革命将首先同时在西欧北美少数发达资本主义国家发生。他们在晚年研究俄国和东方国家发展道路时再次预言，在一定条件下，落后国家可以不经过资本主义的"卡夫丁峡谷"，充分利用资本主义创造的文明，直接过渡到社会主义，走上社会主义道路。马克思的科学预见在20世纪初的俄国有了十月革命的实践案例。二战之后，又有了一系列社会主义阵营的案例，有了苏联和若干国家社会主义建设初步成就的案例。然而在20世纪下半叶，形势发生了逆转，苏东剧变，社会主义阵营不复存在，社会主义建设遭受严重挫折，社会主义处于低潮。但是20世纪七八十年代以来，在中国共产党领导下的中国，通过改革开放，成功地取得中国特色社会主义的伟大成就，马克思的预言成为活生生的现实。中国特色社会主义的成功经验深刻表明：必须不断地推进马克思主义中国化的理论创新，才能成功指导社会主义建设的实践创新。

在新中国成立前夕，毛泽东同志展望党的执政使命，充满豪情地宣告"我们不但善于破坏一个旧世界，我们还将善于建设一个新世界"[①]。如何在一个人口众多、社会生产力水平十分落后的东方大国，跨越资本主义发展阶段，建设社会主义，是一个极具挑战的崭新课题。在马克思恩格斯的经典著作中没有现成答案。以毛泽东同志为核心的第一代中央领导集体在新的历史征程上积极带领人民探索改变贫穷落后状况、建设现代化社会主义国家的正确途径。在社会主义建设之初，更多的是向苏联经验和模式学习。鉴于苏联在建设中暴露出的问题，毛泽东同志和党中央很快意识到不能照搬苏联经验，必须摸索适合自己国情的发展道路。毛泽东同志相继发表《论十大关系》、《关于正确处理人民内部矛盾的问题》等，指出在社会主义改造完成后，我国根本任务已经由解放生产力变为在新的生产关系下保护和发展生产力，提出了一系列社会主义建设方针、政策、原则和策

[①] 《毛泽东选集》第4卷，人民出版社1991年版，第1439页。

略。毛泽东同志领导全党关于社会主义建设道路的理论和实践探索，为中国特色社会主义建设提供了具有重要借鉴意义的历史经验和理论认识，为中国特色社会主义理论体系的形成奠定了思想基础和理论前提，推进了马克思主义的中国化。

党带领全国人民通过克服重重困难，建立起独立的比较完整的工业体系和国民经济体系，取得包括"两弹一星"那样的伟大成就，古老神州发生翻天覆地的变化，为今天中国特色社会主义奠定了重要的物质技术基础。由于社会主义现代化建设是一项全新的事业，加上当时复杂严峻的国际环境的影响，党在探索中也有曲折和失误。随着指导思想上的"左"倾错误逐渐占据主导地位，乃至发生"文化大革命"，致使我国建设事业遭受严重挫折，耽误了宝贵时间，拉大了与发达国家的差距。

面对十年浩劫造成的严峻局面，在中国面临向何处去的重大历史关头，党召开十一届三中全会，彻底否定"以阶级斗争为纲"的错误理论和实践，确立解放思想、实事求是的思想路线，拨乱反正。党顺应全党全国人民搞建设、谋发展的迫切愿望，敏锐地抓住和平与发展已成为世界两大主题这一机遇，做出把党和国家工作重点转移到社会主义现代化建设上来、实行改革开放的战略决策，实现了党的历史上具有深远意义的伟大转折，开启了我国改革开放的历史新时期。以邓小平同志为核心的党的第二代中央领导集体大力倡导解放思想，及时总结党带领人民在实践中形成的新经验新认识，提出了许多具有开创意义的新思想、新观点、新理念。邓小平同志抓住"什么是社会主义，怎样建设社会主义"这个首要的基本问题，深刻揭示了社会主义的本质，提出了社会主义改革开放的总国策和党在社会主义初级阶段的基本路线，第一次比较完整地初步回答了在中国这样经济文化比较落后的国家如何建设社会主义、如何巩固和发展社会主义等基本问题，使党的指导思想实现了与时俱进，将马克思主义中国化推到一个新境界，创立了邓小平理论，创立了中国特色社会主义理论体系的开篇。

理论创新极大地推动了实践创新。改革首先在农村展开、从经济领域入手，随后扩展到城市、延伸为全面的综合性改革，对外开放则从沿海辐射到内地，亿万人民的建设和创造热情得到充分调动与空前释放。仅十年左右时间，沿着建设中国特色社会主义这条新路，我国实现了持续快速发展，综合国力跃上新台阶，人民生活从温饱不足向小康迈进，整个国家充满新的生机和活力。

20世纪80年代末90年代初，国内发生严重政治风波；国外发生东欧剧变、苏联解体，不少长期执政的共产党相继垮台，世界社会主义运动骤然陷入低潮。国外有人谬称资本主义制度是人类历史的终点，国内也有不少怀疑、否定四项基本原则的声音，我国的发展面临空前困难和巨大压力。以江泽民同志为核心的党的第三代中央领导集体受命于这一重大历史关头，明确表示将坚定不移、毫不动摇地继续贯彻执行党的十一届三中全会以来的基本路线和基本政策，科学判断党的历史方位新变化，高度重视加强党的建设、巩固党的执政地位，将新时期党的建设提到"新的伟大工程"的高度，郑重提出党的建设两大历史性课题，即提高党的领导水平和执政水平，提高党的拒腐防变和抵御风险能力。江泽民同志集中全党智慧，科学地总结历史、思考现实、规划未来，提出了"三个代表"重要思想。"三个代表"是我们党的立党之本、执政之基、力量之源。这一创新理论以党的执政地位作为连接点，将党的建设新的伟大工程与党领导的中国特色社会主义伟大事业结合起来进行研究和思考，进一步回答了"什么是社会主义，怎样建设社会主义"的问题，创造性地回答了"建设什么样的党，怎样建设党"的问题，丰富和发展了中国特色社会主义理论体系，将马克思主义中国化又推向前进。

在邓小平理论和"三个代表"重要思想指导下，我们党以伟大工程带动伟大事业，经受住国内外政治风波、经济风险等严峻考验，创建社会主义市场经济新体制，开创全面开放新格局，成功地稳住改革和发展的大局，人民生活总体上完成由温饱到小康的历史性跨越，胜利实现现代化建设"三步走"战略的前两步目标，进入全面建设小康社会、加快推进社会主义现代化建设新的发展阶段，将中国特色社会主义事业全面推向21世纪。

进入新世纪新阶段，世情、国情、党情发生深刻变化，我国发展呈现出一系列新的阶段性特征，所面临的机遇与挑战均前所未有。以胡锦涛同志为总书记的党中央迎难而上，开拓奋进，在新的历史起点上大力发展中国特色社会主义，集中体现了马克思主义关于发展的世界观和方法论，有针对性地提出了科学发展观等一系列新的重大战略思想，继续回答了"什么是社会主义，怎样建设社会主义"，以及"建设什么样的党，怎样建设党"的问题,创造性地回答了"实现什么样的发展,怎样发展"的问题,进一步深化了中国特色社会主义理论体系,开拓了马克思主义中国化的新境界。

我们党在中国化马克思主义最新成果指导下,成功应对各种风险和挑战,包括有效应对国际金融危机冲击,经济总量已跃居世界第二位,综合国力、人民生活水平以及国际地位、国际影响力,均得到进一步提升,开创了中国特色社会主义事业新局面。

改革开放新时期以来,我们党立足社会主义初级阶段这一基本国情,紧紧围绕建设和发展中国特色社会主义这一主题,相继推出邓小平理论、"三个代表"重要思想和科学发展观等重大战略思想这三大理论成果,形成一个既一脉相承又与时俱进的系统科学的理论体系——中国特色社会主义理论体系,继承并发展了马克思列宁主义、毛泽东思想,实现了马克思主义中国化的第二次历史飞跃。实践告诉我们,一定要不断实现马克思主义中国化的理论创新,这是马克思主义在中国取得胜利的关键所在。

四 归根结底是坚持实事求是思想路线

中国共产党领导中国人民在革命、建设和改革的 90 年历程中,实现了马克思主义两次历史性飞跃,创造了马克思主义中国化既一脉相承又丰富发展的两个理论形态——毛泽东思想和中国特色社会主义理论体系,取得了中国革命、社会主义建设和社会主义改革开放三个伟大成就,实践创新带动理论创新,理论创新引导实践创新。我们从中可以得出许多重要启示。

(一)马克思主义中国化的实质与精髓就是实事求是思想路线,坚持马克思主义,说到底,必须坚持实事求是思想路线

实行党的正确领导,关键在于是不是以马克思主义作指导;以马克思主义为指导,关键在于是不是把马克思主义与中国实践相结合;把马克思主义与中国实践相结合,关键在于是不是贯彻落实实事求是思想路线。实事求是是马克思主义活的灵魂,是中国化马克思主义的精髓。一旦偏离实事求是的思想路线,再好的理论也会成为僵化空洞的教条,在实践中就会犯经验主义、教条主义的错误。马克思主义中国化的不断创新，实现于不同的历史时期，面对不同的时代主题，解决不同的时代课题，但都贯穿了马克思主义实事求是思想路线这条红线。只有坚持实事求是思想路线，才能长期坚持并不断发展中国化的马克思主义，中国特色社会主义道路才会越走越宽广。

（二）坚持实事求是思想路线，不断推进马克思主义中国化，最重要的就是坚持理论联系实际的学风和密切联系群众的作风

理论联系实际、密切联系群众是实事求是思想路线的一璧两面，是贯彻实事求是思想路线的两条密不可分的基本原则。是从本本出发，还是从实际出发，是联系群众，还是脱离群众，是对待马克思主义根本态度的分歧点，是采取什么样学风、作风的分水岭。坚持实事求是思想路线，推进马克思主义中国化，必须弘扬理论联系实际的马克思主义学风。学风问题是对待马克思主义的根本态度问题，是第一位重要问题。坚持实事求是，就一定要从实际出发，从中国国情出发，把马克思主义同中国实际相结合。如果学风不正，对待马克思主义的根本态度出了问题，把马克思主义变成教条，脱离实际，就会给党的事业带来灾难性的危害。作风问题是学风问题在工作上的具体化。联系实际与联系群众是一致的，联系实际最根本的就是联系群众，坚持理论联系实际的学风，就要坚持密切联系群众的作风，一切为了人民群众，一切依靠人民群众，从群众中来，到群众中去。全党树立了优良的学风和作风，才能做到实事求是，才能不断推进马克思主义中国化。

（三）坚持理论联系实际和密切联系群众，必须密切联系不断发展的实践，永不脱离群众，不断推进马克思主义中国化的理论创新

人民群众永远追求进步，实践永无止境，理论创新也就无止境。理论创新一旦停滞或中断，就会迷失方向，就会遭遇挫折或失败。只有坚持理论创新，才能使马克思主义始终保持蓬勃生命力，使党的工作体现时代性、把握规律性、富有创造性。90年来，我们党努力开创马克思主义在中国发展的新境界，归根结底，是科学回答了"什么是马克思主义，怎样对待马克思主义"这一核心问题，故而能够带领人民战胜一切艰难险阻，闯过一个个关口，取得中国革命的伟大胜利以及社会主义建设和改革的辉煌成就。一定要在群众实践活动中坚持马克思主义，发展马克思主义，不断推进马克思主义中国化、时代化、大众化，用发展着的马克思主义指导新的实践。

高度重视马克思主义指导，高度重视马克思主义中国化，高度重视马克思主义中国化的不断创新，是始终保持党的先进性的思想源泉和活力所在，是我们党的优良传统和政治优势。没有马克思主义和马克思主义中国化就没有中国共产党，没有中国共产党就没有中国特色社会主义。只要我们党始终坚持马克思主义和马克思主义中国化，高举中国特色社会主义伟大旗帜，就一定能够实现 2020 年全面建设小康社会的奋斗目标，迎来中华民族伟大复兴更加光明的前景。

（王伟光，中国社会科学院院长、党组书记）

新中国的成立与中国特色社会主义道路的探索、开辟和发展

冷 溶

关于新中国的成立与中国特色社会主义道路的探索、开辟和发展问题，我想讲四点认识，和大家一起来探讨：一是关于新中国成立的伟大意义；二是60年来我们党对社会主义道路的探索认识的历程；三是为什么要坚持共产党领导；四是怎样认识马克思主义。

一 新中国成立的伟大意义

（一）新中国的成立使我们迈出了民族复兴的关键一步

我想关于新中国成立的伟大意义可以从我们民族复兴这个角度来看，就是说1949年新中国成立是我们迈出了民族复兴的关键一步。我们经常说："中国人民从此站起来了"，"新中国成立是一个伟大的历史转折点"。锦涛同志还有一个说法，叫做"从根本上改变中华民族的命运"，这个时间点就在1949年。这句话包含什么意思呢？我觉得有两个方面：一方面是"彻底结束了自1840年起100多年来民族屈辱的历史"，另一方面就是"彻底结束了自明朝中叶以来中华民族衰落的历史"。一部屈辱史，一部衰落史，都是在1949年新中国成立为标志的时候彻底结束了。

大家都清楚这个道理，近代以来中国之所以落后，实际上就是两个原因：一个就是帝国主义的侵略；另一个就是封建主义的压迫。所以，就像毛主席在《愚公移山》里面讲的，我们的任务就是挖掉这两座大山：一

个是帝国主义；一个是封建主义，后来变成了三座大山。第三座大山官僚资本主义实际上是这两座大山造成的国民党官僚资本主义的垄断统治，实际上本质还是帝国主义和封建主义。

冷 溶

孙中山做的实际上就是两件事：一是彻底赶走帝国主义，再有一个就是结束封建主义。军阀背后实际上就是帝国主义，这个事情孙中山实际上没有干成。国民党也没有干成，因为它自己本身就代表了帝国主义的势力。彻底赶走帝国主义这事是让我们中国共产党给做成的。旧中国我们是内忧外患，外患还是起源于内忧的问题，是封建主义势力的问题，就是我们讲的"自明朝中叶以来中华民族衰落的历史"，黄仁宇先生写的那本《万历十五年》说的就是这个意思。那时候是1587年，而西方文艺复兴运动已经有200年了，宗教改革都已经如火如荼地进行了将近100年了。那个时候又正好是西班牙和英国打仗的时候，最后英国打胜了，很快就开始有了英国的工业革命，也就是自由资本主义正在大发展，但是那个时候我们中国是一点儿不知道这个情况。所以说封建主义到了明朝中叶以后急速地走下坡路，尽管后来有了所谓的"康乾盛世"，但却如落日的辉煌，尽管辉煌了一下,但实际上是往下走的趋势。但那个时候我们自己并没有意识到。

我前两年去四川路过泸定桥,我看那座桥就很有感触。那个桥是1703年修的,康熙曾在那儿立了一个御制碑,写了一大篇文章,记录修泸定桥的这段历史。当时修这么一座桥实际上是举全国之力。泸定桥由大链子连着许多链子,每个链子实际上都代表各州道府,按全国分配财力、劳力,修那么一座桥需要举全国之力才能修成。但是在这个之前就是1702年,彼得大帝建造的彼得堡。俄罗斯彼得大帝造彼得堡的那个规模、那个气势,包括理念,跟我们这边已经是很不一样了。这座泸定桥的宣传小册子上说,在18世纪初世界上发生了两件大事:一个是康熙大帝造泸定桥;一个是彼得大帝造彼得堡。我看这个小册子觉得写得很有意思,有点儿讽刺意味。我举这个例子说明,那个时候俄罗斯虽然还是落后的国家,但是他们学习了欧洲瑞典;而那个时候我们的眼界已经是大大的不够了。这个衰落的趋势一直延续了下来,然后一直延续到后来,才有了外国帝国主义侵略的这个问题。

后来孙中山一直也没有成功,虽然有辛亥革命,实际上也没有解决问题。真正解决问题的还是共产党领导下的新民主主义革命:一是彻底赶跑了帝国主义;二是彻底埋葬了封建主义。这两座大山被搬掉确实是在1949年画的句号。这是我们党在马列主义的指导下,带领中国人民把这个事情干成了。所以说新中国成立是历史的转折点或者是叫做中华民族复兴道路上非常关键的一步。锦涛同志讲,新中国成立是根本改变中华民族的历史命运。我想,这是不是可以说是第一个伟大意义。也就是说我们无数仁人志士所奋斗的民族复兴的第一步,最后还要实现现代化,最终实行民主管理。但这一步非常关键,如果迈不出这一步,后来的事情就无从谈起。

(二)确立了社会主义制度,成功地把中国引导到了社会主义的正确方向

中华人民共和国的成立标志着新民主主义革命的胜利,下一步按照当时的设想就是要把中国引导到社会主义方向上去。但实际上那个时候也有不确定的因素或者说也有一个选择,还有一个能不能搞成的问题,不是说想干就能干的。这个事让我们党给搞成了或者叫做坚持住了,这个意义就很大。因为社会主义运动就是由于资本主义太残酷而形成的思潮和理念，所以中国共产党执政以后选择的就是社会主义道路。但新中国成立的时候这个事情也未见得就能够真正地做成。列宁在俄国搞社会主义运动是在落后的资本主义基础上进行的，而我们实际上是在刚刚结束半殖民地半封建的时候向社会主义方向发展。最初的想法是要经过一段新民主主义建设时期，经过一段新民主主义建设时期就有不确定因素，实际上就是共产党领导下发展资本主义的这么一个结果。最初毛泽东写《新民主主义论》的时候还是这么一个想法，后来才有了巩固新民主主义秩序。但是真正做的时候，这个情况又不一样了，因为实际上在做的过程中，我们党就改变了这个设想，就是"不停顿地向社会主义过渡，向社会主义转变"，现在叫做"从1949年开始，实际上就已经开始进入了过渡时期"。这个在党内当时是有不同认识的，但是很快就统一了。为什么会有这么一个情况呢？这是当时的国内国际和党内的因素造成了我们必须要坚决地走这么一条道路。

首先是国内，当时我们是想发展一段国家资本主义，包括在农村。农民刚分得了土地，个体生产的积极性很高，但是马上又出现了一个问题，就是两极分化。只经过一两年，土地买卖在农村就非常明显，也就是说出现了自发的一种资本主义的趋向。在城市，实际上当时留下来的资本家利用市场也有一个分化的问题，更不要说有投机倒把的问题了。国内发展的现实就提出了一个选择的问题：是不是能够有这么一个巩固的阶段、这么一个发展的阶段？所以说，实践是不断地往前走的，还要不断地选择。虽然一开始想的是应该有一个巩固的阶段，这个阶段有10年、15年、20年甚至更长的时间，但是现实中确实面临着如何向这个方向去引导的问题。而且，当时刚刚解放，国民党的残余势力还在起作用，可以想象我们当时有个选择，到底是向社会主义方向去发展，还是先发展一段资本主义？如果先发展一段资本主义，在农村可能到第二年、第三年，农民卖地的情况就比较普遍，可能很多刚分到土地的贫农会沦为无地的雇农，当然也有很多能干的人或者因为自然条件好、劳动力多的家庭，会从贫农变成富裕中农、富农。城市里边确实也有选择，到底要不要扶持资本家？我们国家第一代领导人那个时候面临的就是这么一个问题。

从我们党内来看，实际上过去邓小平同志说过一句很透彻的话，共产党搞革命就是为了穷人，那么刚刚推翻了压在人民身上的三座大山，怎么能够允许再产生一个剥削的现象？再产生一个地主阶级或者资本家阶级？这个在党内是绝对通不过的，感情上也受不了。所以当时情况下，走社会主义道路这个确实是一种共同的愿望。再说，当时的国际背景也不允许。实际上二战结束一直到新中国成立的时候，很快冷战就开始了，因此确实有一个选择的问题。我们那时候一边倒，倒向苏联社会主义这么一个大家庭、这个阵营。当时的国际形势实际上是很严峻的，而且斯大林有一个明确的判断，认为第三次世界大战会很快爆发。因此在整个社会主义阵营里面都有一个这样的认识，就是迎接新的世界大战，在这场战争中要彻底埋葬资本主义。当时苏联在东欧国家推行农业集体化是非常积极的，工业当然就是重工业，还在城市里实行全民所有制，没收资本家的企业，以支持即将到来的严重的国际阶级斗争甚至是战争，这是当时一个很重要的背景。苏联的这个道路是经过了一战到二战的考验的，斯大林1930年搞集体化，尽管有损失，但是后来它支持了战争，打赢了第二次世界大战，证明了这条道路是正确的。那个时候整个社会主义阵营里的各个国家都共同认为：就是你要走社会主义道路，要准备应付国际上严峻的阶级斗争。在这种形势下，我们国家也难以避免。从国内情况，从党内情况到国际状况，有一个共同的认识就是要尽快地、不停顿地向社会主义过渡，第三条道路是没有的。在这种情况下，毛主席很快地改变了当初的设想，直接进入过渡时期，并说服了党内很多同志，大家也觉得这个对。在这个问题上现在很多同志"算后账"，有些同志提出不同认识，说当时要是搞一段新民主主义就好了，说社会主义搞早了。对于这个问题我们一直没有往后退，邓小平同志在做历史总结的时候曾经说过，如果说过渡时期长一点可能会好一点，这个话是客观的。后来我们过渡时期是短了一些，在1956年八大的时候就宣布完成；其实一开始没有设想那么短，但是我们从来没有讲过我们那个时候向社会主义过渡不对、应该有一段新民主主义过程的话。现在历史也倒退不回去了，有的人讲咱们现在应该回到新民主主义阶段，这个不现实。而且关键是，我现在想要说的是：实际上当时这么一个选择是成功了。邓小平同志和江泽民同志在论述这段历史的时候都有一句话就是：我们不但搞了，而且我们搞成了，社会主义建立起来了，而且还确立起来了。就像列宁当初搞十月革命的时候，也有很多反对的声音，好像跟马克思主义当时的论述也不大符合，但是实践是检验真理的标准，十月革命搞成了，立住了。我们向社会主义过渡，不管怎么说，现在看起来总的来讲是成功的。当时我们的方法确实跟苏联不一样，所以后来说我们对道路的探索不一样，从一开始就跟苏联人不一样，我们老一辈毛主席这一代人独立探索的意识是很强的。搞过渡的时候实际上是不一样的，比如说苏联集体农庄的时候那就是一声令下，连个过渡都没有，所以苏联搞集体农庄的时候他们损失很大，两三年之内都有很大的损失，当时农民出现了杀耕牛的现象，破坏了生产力。这个耕牛都要入集体农庄了，那就不是我的了，与其让你们拉走还不如我自己吃肉呢，所以当时苏联搞集体化的时候，破坏生产资料的情况是很普遍的。我们这种现象没有，我们从互助组到合作社，然后逐渐过渡，城市里资本家的赎买也是有一个过程，里边有好多政策策略。1956年党的八大宣布基本上确立了社会主义的制度。我们在总结新中国成立60年的时候，为什么要说这么多呢？就是要说清楚这样一件事情。很多同志不是专门干这个事情的，也有各种议论，说不应该搞这个社会主义，当初就应该搞新民主主义，应该退回去。这个恐怕不行，这是我们的一个底线。

我们搞了这个社会主义是对的。现在很多人讲，如果说当时中国不选择走社会主义而走资本主义，那么会是什么样呢？我们来看看，现在西方认为最成功的是印度，这个印度的情况很多同志也都知道，印度是1950年建国，差不多跟我们同期。印度共产党跟我们建立的时间也差不多，我们是1921年，他们是1920年。他们建国初期的时候比我们要好，人均GDP比我们要高，国家综合力量比我们强。我们被连年的战争破坏得太厉害了，他们没有那么厉害。经过这么多年的发展，原来他们不了解我们，不是传了很多笑话吗？印度人说你们追我们吧，再过两年你们的上海就赶上我们的孟买了。现在他们也了解了。最近《参考消息》上登了一个消息，印度一位首席经济顾问承认亚洲只有一个霸主，只有一个经济上的领头羊，就是中国，印度没法比。确实现在这个距离拉开了，我到印度去过，专门去考察，印度差得不是一点半点。当然可能其他方面也有他们的优势，但总的来讲，客观地讲还是不如我们。我觉得这是我们搞这个社会主义制度的优越性，这一点我坚信不疑。

还有人讲，如果中国不搞社会主义的话，中国就是今天的印尼或者菲律宾，这也非常有可能。过去邓小平同志这方面的论述很多，中国不搞社会主义，中国到现在还是一盘散沙，还是落后的面貌不能改变，仍然还可能会被帝国主义欺负。这个不是概念，确实是现实。当然这个有很多例子，在这儿就不多讲了，但是，应该说当时我们把中国引导到了社会主义的这个方向上去，确立了社会主义制度，这种意识非常正确。邓小平同志后来还讲，如果说没有十年"文化大革命"，还有"文化大革命"前面的那段折腾徘徊，我们会发展得更好。那么，即使有了那一段付出的代价，我们看整体的60年也仍然是一个走向辉煌的60年。今天可以理直气壮讲这个话：这个道路是走对了，一开始选择社会主义是对的，后来搞了中国特色社会主义都是对的。所以我想说，新中国成立的第二个意义就是把中国引导到了社会主义的社会发展的正确方向上去。需要着重说的是，这个过渡时期的过程不仅意义重大，而且还是一个伟大的创举。前面我说了，列宁在俄罗斯苏联搞社会主义是在资本主义的基础上，我们是在一个半封建半殖民地的基础上搞社会主义的，这个跨越是一个历史性的。现在回过头来看，这是一个创举。

（三）国际意义是影响了世界政治格局

我觉得新中国成立的国际意义是影响了世界政治格局，以及战后世界政治格局的走向。我觉得这个问题可以说一直延续到今天。从1949年起我们中国的社会主义的影响是非常深远广泛的，主要是两个方面，我觉得也可以叫做两个推动。当时中国革命的胜利叫做推动了世界范围内的民族解放运动。因为当时像我们这样的殖民地、半殖民地国家是很多的，中国的社会主义打破了帝国主义在东方的防线，冲破了帝国主义在东方的战线，打击了帝国主义的气势，从精神上鼓舞了一大批像我们这样的殖民地、半殖民地国家。很多国家以我们为例子，像中国那么落后那么百般受到屈辱的国家都能胜利，他们这些国家为什么不能胜利？！这在当时影响了一大批国家。再一个推动就是推动了国际社会主义运动，像中国这样的国家都能走向社会主义，所以战后一大批落后国家选择了社会主义道路，这跟受中国的影响是有关系的。最终来讲叫做推动了世界和平民主，因为那个时候世界上以社会主义国家为代表的和平民主力量确实被世界上很多进步人士所认可，包括那个时候很多大科学家、著名的民主人士都倾向于社会主义，所以中国走向社会主义是鼓舞了他们。至于后来很多人好多国家搞社会主义没成功，那有很复杂的因素。还说印度，我到印度跟他们的共产党交流，和他们的总书记、政治局委员一块儿探讨这个问题。印度共产党有好几个，势力比较大的是印共马，还有一个印共马列。印共马列在印度是很有政治影响力的，最近他们出了问题，他们觉得缺两个东西，一是缺少理论，到现在都没有把马克思主义和印度的实际成功地结合起来，不像我们又是毛泽东思想，又是邓小平理论，他们自己承认了，他们到现在没怎么弄明白。他们的政治局委员跟我讲是没有产生印度的马克思主义，没有结合好。二是没有领袖人物，没有像毛泽东、邓小平这样的领袖人物，所以到现在他们革命没成功，这还包括非洲很多国家。20 世纪 80 年代的时候邓小平同志说，你们叫什么名字没关系，不见得非要叫社会主义，你们把自己的国家发展起来，把人民生活搞好了就行。他们没有搞成功不能说明当时很多国家选择这条道路是错误的。这个选择应该是正确的，但是选择之后要根据自己国家的情况走出一条符合实际的道路。尽管我们历经了曲折，我们还是走出来了。所以这个国际影响叫做推动了世界范围的民族解放运动和社会主义运动，具有广泛的、深远的国际影响和意义。因为中国坚持走了社会主义道路，实现了独立。当时两大阵营是怎么形成的？这有新中国存在的一大原因，后来三个世界也是因为有了中国，包括我们今天坚持了中国特色社会主义，创造了一种新型的发展模式，这都跟当时我们新中国的建立，我们一直坚持下来的这一种力量有关系的。所以我们说影响和改变了战后国际政治的这个格局和方向，这个一点都不是虚的，是实实在在的事。而且应该说，在国际上人们对社会主义还抱有希望的话，中国的因素是很大的。如果说对发展中国家、不发达国家觉得还有希望的话，中国就是一个精神支柱、支撑和力量。这个起源都在 1949 年新中国的成立，这个国际影响，国际意义不能小看。

　　能不能从这三个角度来思考和分析一下我们新中国成立的意义？我说点自己的感受，也不见得很准确。因为我们现在这个文件上有很规范的说法，新民主主义的实现，推翻三座大山，国家解放，那都是概括出来的。实际上毛主席讲中国人民从此站起来了，这个话讲得非常明确，有分量，有很多内涵。毛主席在新中国成立前夕讲了很多话，从他的话中可以看出他的感触之深。在新中国成立之时，在天安门城楼上，那个时候真是心潮澎湃！100 多年来甚至几百年来中华民族所追求的这个梦想终于在这一刻实现了！饱受屈辱的中华民族终于站起来了！这里边的内涵是很丰富的，不但在中国而且在世界都产生了巨大的影响，可以想象中国人民当时的自豪感。所以在新中国成立 60 周年，一个甲子的时候回顾当时也还是感慨万千，也仍然值得自豪，仍然是激励我们中国共产党人和中华民族继续向前奋斗的巨大的精神力量，这也是中央让我们纪念新中国成立60周年的一个目标。对新中国成立的伟大意义我觉得我们应该有这方面明确的认识，并且教育广大党员干部，教育我们一代一代的青年。当初邓小平同志就曾经说过这样的话：新中国成立的意义我们都很清楚，但是很多年轻人已经不知道了，不了解了。那是20世纪80年代的时候，现在又过去了20多年，可能好多年轻人更不知道，觉得好像今天这一切来得很顺利，包括我们知识界还有很多错误的论述和观点，实际上是不符合事实的。所以这是我想讲的第一个问题。

二 中国特色社会主义道路的探索、开辟与发展

我们纪念新中国成立60周年的一个最重要的目的，就是想通过回顾这条道路的探索历程，总结经验，教育广大干部和群众更加坚定不移地走这条道路，发展这条道路。第二个最根本的目的还是要搞清楚，为什么我们走的是这么一条道路？通过回顾60年的历史，这条道路是怎么走过来的？最后大家由衷地说这个道路是对的，那么大家可以继续沿着这条道路往前走，这是我们纪念新中国成立60周年的时候要解决的一个问题。

我觉得这个60年的历史贯彻始终的一条主线就是对社会主义的认识和探索，所以回顾这个过程是有意义的。首先我觉得要看看毛泽东那一代人的探索、遇到的问题和给我们的经验、教训。毛泽东这一代人一开始就有一个强烈的意识，就是要走出一条自己的道路，不同于苏联的道路。你可以想象，因为革命的道路就是自己走出来的，所以毛泽东那一代人就相信自己的探索、自己的感觉。你看，过渡时期是这样的，搞建设的时候也是这样的，对于农业合作化、城市赎买政策这样的问题，包括是先机械化后集体化，还是先集体化后机械化这样的问题都是这样的。关键的是过渡时期的探索成功之后，从1956年开始全面进行社会主义建设的时期，怎么搞建设也在探索。在探索中这个意识很强。大家应该都知道，1956年的时候，毛主席亲自主持座谈会，亲自去了解情况，而且认识到中国变化很大，阶级关系也变化了，那么，怎么样正确处理中国的人民内部矛盾的问题？再后来是怎么样去探索一个中国的发展道路？毛主席发表了《论十大关系》。

当时苏联已经出事了，苏联的那个模式已经暴露出问题来了。苏联在战后前几年恢复时期的探索还是不错的，但是很快就出了很大的问题。一个是农村集体化，农村搞集体化以后农业怎么发展？斯大林没过关，不但没过关，用他这个方式的整个东欧国家都碰到了问题。粮食老过不了关，吃饭问题老解决不了。再一个就是重工业化，重工业化带来了很大的灾难，经济上搞垮了。像东欧这些国家本来就是很落后的农业国家，还要以搞重工业为大头，还要搞集体农庄，激化了好多矛盾，那还不会失败！那时候毛主席就想：不能按他们那个模式搞，我们要自己创造。所以他否定了以重工业为大头，后来是以农业为主。这都是正确的，这方面他有成功的一方面。但是他很快就有了重大的失误，搞"大跃进"，搞人民公社。毛主席想用这样的方式把农业搞上去，把工业搞上去。今天，我们回过头来想想，觉得当时真是很幼稚。那时候是这样算的账：比如说炼钢，如果说一个生产队有那么几个高炉，那么全国就有几十万个甚至上百万个高炉，一个高炉如果能出 10 吨钢，你算算总计会是多少？3000 多万吨钢就有了，再有几年就有 6000 万吨钢。岂不是只要两三年我们就能够赶上英国？这个账就是这么算出来的。我们是注意算账的，解放战争的时候毛主席有一个好办法就是算账，一个月消灭国民党几个旅，那么三个月一个季度就能消灭多少，800 万军队几年就解决掉了。那时候算账还真灵，后来战争推进的结果确实如此，就这么一步一步地把国民党给消灭了。当时按照这个账算的数字，把任务都分到各个野战军去，野战军还真能完成。解放战争的时候账是算出来了，但等到大炼钢铁的时候也按照这样的办法算账，这次算账就失败了，还很惨重。当时的粮食也是算账：一亩地打多少粮食，那么我们的粮食经过那么几年就能过关，结果也失败了。那么问题出在什么地方呢？我觉得毛主席当时探索存在三个错误。

第一个错误是对主要矛盾的认识出现偏差，这就是我们今天所说的搞阶级斗争为纲。八大的时候他对主要矛盾的认识还是正确的，从 1957 年反右以后逐渐改变了认识。变的原因有他很有道理的地方，那时候，他批评苏联变修，认为是斯大林取消了阶级矛盾的问题。我们那个时候面临的是帝修反大合唱，等等，反正那个时候国际环境是够恶劣的，国内的矛盾也很多。毛主席是沿着这么一个思路一步一步地走过去的，由此对这个主要矛盾判断发生了错误，所以没有把精力放在经济建设上来。后来毛主席自己也承认：我对这个东西不懂，生产力的问题我不懂，我更多的懂得的是变革生产关系。从知识结构上来讲，毛主席也有缺陷。他自己也说：我们党真正懂经济的人不多，陈云同志懂一些。还说过我们党真正懂马克思主义政治经济学的不多，他点了几个大秀才，说他们都没看过《资本论》。应该说，我们确实普遍不了解经济，更不要说社会主义计划经济；全民所有制条件下怎么搞经济，这更是一张白纸，不了解。但他了解的就是阶级斗争，毛主席自己讲，"我"对马克思主义最清楚的就是两句话：第一句叫做一分为二；第二句话叫做阶级斗争。所以我觉得他的第一个错误就是把这个主要矛盾搞错了。

  第二个错误是阶段性的问题，就是超越了当时的阶段。也就是我们今天所说的超越阶段，总认为生产关系程度越高，对生产力的发展越有促进作用。这个原因既有马克思主义理论的原因，就是他当时对这个理论认识的原因，也有过去的经验造成原因。他认为：一旦变革生产关系，就会对生产力的发展有巨大的促进作用和解放作用。你看，我们建立了社会主义，根本上变革了生产关系，国家面貌；我们搞了土改，也是变革了生产关系，农民的积极性很快被调动起来了。包括那时候说"人有多大胆，地有多大产"，现在听起来是个笑话。可是当时那么多的大政治家，伟大人物，不光是毛主席，还有周总理、刘少奇，本来是很实事求是的人，也都同意这种观点。周总理当时说过一句话，就是说一亩地产万吨粮。现在看都不能想象，当时真是有人信。包括大科学家不都信吗？什么原因呢？确实有一种认识，就是当群众热情高涨起来，他们的积极性被充分调动起来，人的主观能动性调动起来，你知道会发生什么事情？你知道不会创造人间奇迹？谁能想到我们用短短3年时间就打败了国民党800万军队？谁能想到我们能打败有核武器的世界上最强大的美国军队？谁能想到在那么复杂的情况下我们迅速恢复了国民经济？谁能想到我们用3年的时间就完成了社会过渡？这种东西给大家的印象太强烈了。既然前面创造了那么多奇迹。那么我们为什么在搞建设的时候就不能够发挥群众的热情，创造新的人间奇迹呢？当这一种认识成为一种普遍现象的时候，当头脑都发热的时候确实很可怕。所以是有理论支持的原因的。理论上有什么问题呢？本来马克思主义的一个理论说得很清楚，就是生产关系一定要适应生产力的发展。马克思还有一句话是，当生产力的发展水平只有在生产关系容纳不下的时候才有一个变革生产关系的问题。但是列宁搞十月革命的时候，反对列宁搞十月革命的一派就说现在俄罗斯这么落后，你还搞什么社会主义革命呢？但是他搞了，他还搞成了，所以当时意大利的共产党人葛兰西写了著名的《狱中札记》，他讲列宁搞的十月革命是反对《资本论》的革命。他的意思就是说，列宁跟马克思说的不一样。但是列宁是成功的。那么毛主席就觉得既然搞革命似乎可以超越阶段，那搞建设怎么不成？我们不是就跨越了资本主义制度了吗？那搞建设也可以啊，我们通过变革生产关系也可以大幅度提高生产力啊！今天看起来，这个理论逻辑上是在强烈地往错误的方向去引导。所以，历史是由很多原因造成的。我们今天不能简单化。当然，我说的也还是简单了。我想，毛主席这么伟大这么聪明的一个政治家，怎么会犯今天看起来很幼稚的错误呢？我们不能轻易地去评价当时的情况，一定有他的原因，但是我们可以从中吸取和分析一些经验和教训。超越阶段并非是我们中国共产党一家的问题，从苏联党，到东欧党，全部如此。其实对这个问题，毛主席当时在自然灾害以后就有了一些认识。你看，他当时读政治经济学的时候就写了一段。他说：现在看起来，我们对社会主义还有一个很大的盲目性，对于经济建设规律的认识必须有一个过程，社会主义可能分为两个阶段，我们还处在不发达的阶段。这不等于社会主义初级阶段理论就让他给说出来了？！"我们还处在不发达阶段"，"可能社会主义分成两个阶段"。当初这个社会主义，我们不叫社会主义，叫共产主义的第一阶段和第二阶段。第一阶段后来我们明确叫做"社会主义阶段"，没有想到还有"不发达的"这个阶段。毛主席那时候已经开始认识到，已经接近真理了，但可惜擦肩而过，没有坚持这个东西，很快他又改了。但是他已经认识到这个问题，就是有"不发达阶段"，而且他对长期性有认识。他当时说了这么一段话："中国的前途，就是搞社会主义。要使中国变成富强的国家，需要五十年到一百年的时光，现在已不存在障碍中国发展的力量。中国是一个大国，它的人口占全世界人口的四分之一，但是它对人类的贡献是不符合它的人口比重的。将来这种状况会改变的，可是这已不是我这一辈的事情，也不是我儿子一辈的事情。"毛主席这话都说了，这句话概括叫一百年几辈子。毛主席叫一百年几辈子的社会主义，说明他对这个长期性复杂性是有认识的，起码有过正确认识。但是通过变革生产关系来促进生产力的发展，这个概念太深刻了，他最后又回到了自己的认识上去了。最近一个研究毛泽东的老学者就说，谁说毛泽东不注重发展生产力？其实毛泽东是重视发展生产力的。他说的话有一定的道理，毛泽东确实还说了好多这样的话，包括生产力的第一大标准等,这些话都是他说的。但是毛泽东错误地认为:要想发展生产力,就要越来越高的生产关系,才有可能促进生产力的发展。就不像后来我们讲的,像邓小平同志那时候认识到的:这个什么样的生产力水平,你就搞什么样的生产关系;哪一种生产关系能符合生产力的发展,你就让他怎么搞;老百姓愿意怎么搞你就让他们怎么搞。这是另一个思路了,那个时候的思路就在两者之间,当时是认识不了那么清楚的。当时邓小平说:不管黄猫白猫,抓住老鼠就是好猫,就是这么说出来的。他也不是很清楚,是后来认识清楚了,那时候都在探索。超越阶段无疑是一个非常重要的一个问题。

第三个错误就是不按照客观经济规律办事,用搞群众运动的方式来搞经济建设,不讲科学。最典型的就是刚才我说的万亩田、大炼钢铁。但是对这一点,毛主席后来也有所认识。他说这个社会建设跟经济建设的复杂性,对今天的规律的认识要有一个过程。他那时候也承认这一点,但是没有真正地去坚持。20世纪60年代的初期他说了一些客观的话,但是兴奋点很快就转移了。1961年他就开始提以阶级斗争为纲,1962年就明确提了,当然这个也有它的国际背景。我觉得那一段毛主席有一种强烈的自我探索的意识,再通过自己实践,在探索中也提了一些很好的意见,我们也取得了一些成功。后来在历史决议里面,把毛主席那一段我们的成功探索取得的巨大成就讲得很清楚了,包括到"文化大革命"的时候,我们三个世界的划分,外交局面是"文化大革命"的时候打开的,中美建交是"文化大革命"的时候,包括我们的"两弹一星",也都是在那个时候取得成功的。所以成就是不能否认的,但错误教训也够沉痛的,特别是"文化大革命"。到了改革开放以后,我们党就开始走上健康发展的道路了。

今天要总结这段历史,我觉得成功的根本原因中央说得很清楚:就是走有中国特色的社会主义道路和坚持中国特色社会主义理论体系,这是我们取得成功的根本原因。我们的思想路线搞对了,坚持了一切从实际出发,实事求是的思想路线,这是根本原因。具体原因有四条。

第一条,主要矛盾终于搞清了。邓小平同志上来第一件事是否定阶级斗争为纲,实际上1975年整顿的时候就是要把国民经济搞上去。毛主席后来看得也很清楚:什么以经济建设为纲啊!就是不搞阶级斗争。两个人分歧的关键就在这儿,毛主席不能允许。邓小平同志第三次复出以后,首先把这个东西给端正过来：以经济建设为中心毫不动摇，一心一意地发展是硬道理，发展是新中国的第一要务。一直到了今天，这仍很重要。30年的发展我看功劳首先要记在这上面，以经济建设为中心。邓小平同志说：国家那么穷，你什么也不要谈，你不发展起来，谈不上，等国家发展起来以后好多事我们都好办了。这方面他讲了很多话，这个是对的，是正确的。当然我们今天对发展认识得更加丰富了。今天有今天的情况，主要矛盾搞清了这是第一，这样的话就不分心了。有一个外国人跟我说过，他走了世界上那么多国家，在中国从深圳那面进来走了一路，最后在满洲里出去，他走的时候很有感触，说没有见过一个国家像你们国家这样，上从中央领导下到普通干部、群众，从这个边陲到那个中心城市，所说的就这一个词，就是一句话，就是发展。这么高的热情，这么长期持续的发展热情在世界上任何一个国家也找不到。你看美国，看很多失败国家，没有全体人民共同为了这个国家的富强啊、改善啊这么积极，这么热情高涨地搞发展，这是我们成功的一个最重要的原因。

  第二条是我们对所处的这个发展阶段认识对了，提出了社会主义初级阶段理论。有了这个初级阶段理论，好多事情就好解释了，就好突破了。像在所有制这个问题的改革上第一大突破就是农村搞了承包制，一直到今天，联产承包制长期不变。所以，生产关系能够往后退了。你看人民公社当时最厉害的时候是一个县一个公社，现在大县有一百多万人，当时大的县也有几十万人、十几万人，小的县几万人。那么一个人民公社是什么意思呢？就是在这个几十万人的范围内去平均分配，所以就有了一平二调。你这个队由于勤劳或者由于自然条件好，收成比其他队好，一下子就把你这个队的财富或粮食拿走平调给其他队；你这个队不管什么原因穷得不得了，也可以分配给你。那谁还有积极性啊！那么后来就退，退到三级所有，队为基础，到了队这儿了。按照毛主席当时对社会主义的认识，这个也不简单了。但是因为那时候饿死人了，三年自然灾害了，农民就自己搞了承包制，提出搞大包干。当时提出搞大包干，毛主席觉得这个倾向不对了，这是走资本主义道路，这就批判了。实际上还是对社会主义认识的问题，就是所有制到底是什么程度的问题。那么，初级阶段理论把这个问题就解决了，我们在生产力比较低的情况下是不能搞当初马克思所设想的那么高程度的所有制的，就是这么一个道理。实际上，承包制没有改变土地的集体经济性质，同时又调动了各地农民生产的积极性。这真是一个创造，这个理论基础也来源于社会主义初级阶段。当然最后在所有制问题上的突破还是在十五大，叫做"公有制为主体，多种经济共同发展"。这个主体不在量上，关键是在质上，在控制力上。这些理论之所以能提出来是跟社会主义初级阶段理论有很大关系的，当时流传的一句话是"初级阶段是个筐，什么都往里装"。这句话不好听，但实际上倒是说了一句实话，就是有了这个理论，我们改革的很多做法就可以找到根据了。所以在这个问题上有了突破，这是关于初级阶段的理论。

第三条，就是对社会主义性质和发展社会主义的方法这个问题上有了正确认识。我们发现很多东西初级阶段理论也解决不了，如计划和市场等问题是发展生产力的方法，不是姓社姓资的问题，这个方面的突破，确实也是很大的突破。最典型的一个是计划与市场的关系，另一个是对外开放的问题，再一个是股份制问题。按照过去的认识："计划经济就是社会主义，市场经济就是资本主义。"后来邓小平同志大胆地突破这点，说这个就是发展生产的方法，不涉及姓社姓资的问题。这就一下子解放思想了。股份制问题在邓小平那个时候还没有突破，他只是说允许看，大胆地试。在十五大的时候，说股份制的问题也是发展生产力方法。当时对外开放建立特区有许多争论，包括利用外资、合资经营、租赁制等，当时争论很大的。邓小平同志后来讲了：这些都是发展生产力的方法。他都没有去批评，没有僵化地去认识，这才有了突破。搞清楚了什么是社会主义本质的东西，而有些东西是发展方法的问题。在这一点上的突破就是一个很大的突破。

第四条，就是我们充分尊重经济规律，按客观经济规律办事。这是总结了毛泽东那个时候经验教训得出来的。什么是按经济规律办事呢？我们的体会现在有很多方面了，但是我觉得比较典型的首先就是我们的发展战略问题很符合实际。你看，邓小平同志当时想的小康社会后来都一步步实现了。当时想的小康社会也是受国际上的启示，首先是日本搞的十年倍增计划，他跟那个搞六七十年代日本十年倍增计划的人谈话，他们人均翻番十年倍增，正好碰上我们在考虑什么是中国式的现代化的问题。我们过去讲四个现代化没有标准，实际上当时国际流行的是人均的，可以比较的。所以我们最后定了一个十年翻一番，而且用人均的办法平均发展速度20年是720。这个速度后来我们还提前实现了一点，达到1万亿美元的时候好像是1998年。当然后来到21世纪情况发生了变化。1997年十五大以后，当时的八五计划就提出了小三步走的战略，到 21 世纪的 2010 年、2020 年、2050 年，这小三步走战略就是一个核心，就是新型工业化道路，它是符合实际的。到了十六大的时候又根据情况的变化改为了两步走，就是把第三步发展战略给具体化为两步走。就是今后 50 年，第一步到 2020 年达到全面小康，然后第二步到 2050 年基本实现现代化，这就是我们十六大规定的目标。而十一大以后，具体去为之奋斗的实践，包括我们今天在座的为之奋斗的实践，现在看来这个发展战略不一定是很符合实际的，也会随着国内的情况、国际的发展情况在不断地完善和变化，包括它的内涵和它的指标。现在用当时邓小平同志说的那个指标也不行了。所以我们是尊重经济规律去一步步探索，这也是我们吸取了毛主席那个时候的经验教训以后的进步。实际上，就是我们的发展理念也在不断地进步，不断地前进，就是不断地关注世界发展潮流的变化。新中国成立初期的时候，我们提出工业化问题，但是很快在 1957 年的时候，毛主席就提出了现代化的任务了。一开始提出现代化，还提出工业现代化、农业现代化、交通运输现代化，后来加了个国防现代化，又加了一个科技现代化，最后把交通运输现代化去掉了。1964 年第一次明确提出了四个现代化。你看，从提出工业化到提出现代化这个实施过程，那个时候我们党的理念，发展理念也不落后。但是我们后来就不行了，跟世界隔绝了，也不知道人家怎么样了，人家一日千里发展，我们忙于搞阶级斗争，搞"文化大革命"，好像睡了一大觉，起来一看整个世界变了。恰恰就是那个十年，这个世界第三次科技浪潮改变了整个世界，所以才有了一个中国式现代化的问题。邓小平同志讲：什么叫做现代化？50 年代也这样，60 年代也这样，70 年代也是这样，到底你是什么现代化？你说 20 世纪要实现现代化，你要实现什么样的现代化？那个时候就考虑了一个理念的变化，所以这个小康社会的提出是在当时的情况下所提的这个理念。这个理念跟过去的理念不一样，从人均的、国际可比较的这么一个角度，从人民生活改善的角度提出了这样一个指标，跟过去我们工农业生产总值的统计这个理念是有很大变化的，是符合当时的认识的。当时我们还不叫 GDP，我们叫 GNP，国民生产总值，因为当时我们的外贸出口、外贸劳务很少，后来多了以后我们改成 GDP。这个 GDP 概念在当时是一个很新的概念，它最大的一个好处就是它计算了我们过去不计算的第三产业，它把第三产业的这个产值计算到国民收入里面去。可以告诉大家，最早使用国民生产总值概念的就是邓小平同志，那时候大家还不知道是怎么回事，他几个概念都使用了，后来编邓选的时候请示他用这个概念，他同意了，那是比较早的。后来我们从1987年起就正式不再使用国民收入和工农业总产值的这个概念，而用国民生产总值的概念。这在当时是个进步。当然今天的情况就不一样了，我们还要发展，我们的这个理念还在变化。到了20世纪90年代，面对扑面而来的信息化浪潮，我们提出了走新型工业化道路就是要以信息化带动工业化，加快产业结构调整，实现跨越式发展。应该说我们是非常成功的，这是非常了不得的事情！近代史上，我们中华民族几次错过了因科技的创新所带来生产力的大发展的历史性机遇。第一次以蒸汽机为代表的产业革命，第二次电力革命，我们都错过了，但是这一次信息化浪潮的革命我们抓住了。今天我们可以说不但是工业大国而且是名副其实的信息大国。这个理念的不断跟进很重要！进入21世纪，我们在全面建设小康社会进程中，根据时代的变化提出了以人为本、科学发展、和谐社会等新的发展理念，继承和发扬几代领导人的思想，站在了当今世界发展潮流的最前头。上述发展理念的不断进步，反映了我们党对世界变化的敏锐和与时俱进的创新精神，这是我们改革开放以后能够成功一个很重要的原因。

这四条是我自己的认识，我觉得比较重要。回顾新中国成立60年历程，这前30年和后30年的关系问题，是大家关心的热点问题。这个前后30年的关系是两句话，第一句话就是：前30年取得了巨大的成就。这方面论述很多，邓小平同志、江泽民同志、胡锦涛同志都有很多论述。邓小平同志讲：尽管我们犯过一些错误，但是我们还是在30年间取得了旧中国几百年几千年没有取得过的进步。我们的经济建设曾经有过较快的发展速度，虽然我们党在历史上、在新中国成立以来30年犯过一些大错误，甚至犯过"文化大革命"这样的大错误，但是我们党把革命搞成功了。中国在世界上的地位是在中华人民共和国成立以后才大大提高的。邓小平同志还说：没有中国共产党领导，不经历新民主主义革命和社会主义建设，不建设社会主义制度，我们今天的国家还会是旧中国的样子，能够取得现在这样的成就，都是同共产党的领导同毛泽东同志领导分不开的，恰恰在这个问题上我们的许多青年缺乏了解。江泽民同志在十五大报告当中也讲到，20世纪有三次历史性的巨大变化，第二次就是中华人民共和国的成立和社会主义制度的建立，中国人民从此站起来了，在建设上取得了巨大的成就，这是中国从古未有的人民革命的大胜利，也是社会主义和民族解放具有世界意义的大胜利。胡锦涛同志在纪念十一届三中全会召开30周年大会上的讲话中讲到，近一个世纪以来我们国家先后发生三次伟大革命，第二次革命就是中国共产党领导的新民主主义革命和社会主义革命，推翻了帝国主义、封建主义和官僚资本主义在中国的统治，建立了新中国，确立了社会主义制度，为当代中国发展奠定了政治制度基础。这个大家都很清楚。总而言之，这前30年我们是充分地肯定的，但是光讲这一句还不行，可能还要第二句，就是这前30年也经历了严重的曲折。刚才说了，对社会主义阶段曾经有过错误的认识，在社会主义建设上曾经犯过急躁冒进这样严重的错误，不承认有这种曲折就不会有十一届三中全会的转折，没有认识到犯过这样大的错误也没有伟大的转折。当然今天我们庆祝新中国成立60周年，我们要更多地去讲第一句话，去宣传我们整个60年的伟大成就，包括我们要充分地肯定前30年的重大成就，这都是对的。但是我们要真正地客观认识，我想我们还是要讲两句话：就是既取得了巨大成就、伟大成就，也经历了严重的曲折，当然了这种教训也是我们的财富。这样才是一个比较全面的认识。

三　没有共产党就没有新中国

我们回顾60年的历史，甚至包括回顾新中国成立之前的新民主主义革命的历史，都能很清楚地看到：没有共产党就没有新中国，就没有中国特色社会主义，就不可能实现中华民族的伟大复兴。在新中国成立60周年的时候，我觉得我们应该旗帜鲜明地强调这一点。那么，共产党为什么能够承担起这伟大的任务，承担起中华民族伟大复兴的任务，承担起坚持和发展有中国特色社会主义的这个任务？我觉得有很多原因，从过去的历史看，我觉得有四点很重要。

第一，我们的党始终是以实现中华民族伟大复兴为己任，具有高度责任感和使命感的党。中国共产党是由一批有崇高理想、远大抱负、献身精神、高度负责的先进分子所组成的，是中国工人阶级先锋队和中华民族的先锋队，从诞生之日起就承担起领导民族复兴的历史重任，并为之进行了艰苦卓绝、前赴后继的不懈奋斗。在民族复兴道路上的每一步，共产党人总是冲在最前头，以大无畏的牺牲精神带领和感动着中国人民，他们是革命的先锋、建设的英模、改革的闯将。没有中国共产党的坚强领导和浴血奋斗就不会有国家和民族今天的辉煌。同时，我们党也清醒地认识到：民族复兴的道路还很长，我们肩上的责任还很重大，这种责任感和使命感今天仍然需要强调，要用已经取得的成就来鼓舞人民，更要看到我们与世界在很多方面仍然存在着巨大差距，因此必须时刻记住"两个务必"，做到居安思危。虽然奋斗了这么多年，我们已经缩短了距离，但是差距确实相当大。比如说跟最发达的美国比，美国即使现在出现金融危机，金融危机之前他们是3亿人GDP12万多亿美元，人均4万美元，我们与美国比人均还差十几倍，这个差距相当大。我们在1978年有一个统计，那时候我们人均好像是200多美元，美国是人均8700美元，我们大概差20多倍，现在仍然差了十几倍。我们这30年高速发展追得非常累。现在也有个统计，这个统计各有各的说法，如果说美国是2.3%的发展速度，我们要追上美国要以7.6%的发展速度，要追40年。有同志说，我们现在有20多年的高速发展了，我们还能维持40年的高速发展吗？这在历史上确实是没有过的，对我们的挑战是很大的。再说，要以它做标准我们要增长多少亿美元？中国有这么多的人口，40年以后即2050年的时候我们有16亿人口，如果达到美国水平据说那个时候人均要10万美元，我们16亿人要达到人均10万美元，算算要增长多少GDP？另外资源还能不能承受？这些都是问题。所以这个追赶是很漫长的，而且现在这个理念也在变化。我们的路程确实很长，你要追赶日本也有个计算。因此，我们党身上的责任和使命仍然是很重大的。我们的党具有崇高理想，远大抱负，献身精神和高度责任感，对民族对国家能够承担起这样的重任。

第二，我们党是以马克思列宁主义指导，以先进理念武装起来的党。中国近代历史上落后，关键是思想理念的落后；中华民族无数次奋争之所以失败，关键是没有正确的理论指导。产生于19世纪中叶欧洲的马克思主义集人类文明之精华，揭示了社会发展的科学真理。中国尽管当时相当落后，但是由于中国人学习和接受了马克思主义，就一下子与人类最为先进的理念和由此造成的世界革命形势联系了起来。用这一科学的世界观方法论武装起来的中国共产党人深入地、详尽地分析中国的问题，有效地不断解决中国的问题，从而领导人民一步步走向胜利，使中华民族的复兴展现出无限光明的前景。马克思主义传播到中国具有很重要的意义，就是把世界的先进理念一下子带过来。中国过去落后，确实是不知道人家发生了什么。中国过去有儒家文化，佛教，然后就是道教，中国人不知道文艺复兴，不知道启蒙运动，也不知道现代的这个文明。后来鸦片战争打开了国门，我们逐渐了解了世界，也了解了一些乌七八糟的东西。马克思主义列宁主义传过来以后，我们一下子跟欧洲最先进的文明联系在一起，一下子掌握了科学的世界观和方法论，眼界一下子打开了，而且跟那个世界革命的运动也联系在一起了。新民主主义革命为什么叫新民主主义革命呢？就是已经进入了世界无产阶级革命的一部分了，也是在这个世界大环境下我们才取得了胜利，这个意义是很重大的。但是关键还有一个，在这个过程中我们深刻地认识到马克思主义必须与中国实际相结合，必须随着时代的发展而发展，必须为全党掌握并教育人民，因此毫不动摇地坚持马克思主义，毫不动摇地坚持马克思主义的中国化、时代化、大众化，这是我们所以能够取得成功的根本原因。就是说，你有了马克思主义还不行，你还要结合实际。所以说中国革命是马克思主义的胜利，更具体地说是马克思主义中国化的胜利，是毛泽东思想的胜利，邓小平理论的胜利，"三个代表"重要思想的胜利。所谓要结合，就是中国化；还要与时俱进，要时代化。为什么后来我们党提出不但要中国化还要时代化？在今天信息化全球化的形势下，我们党的理念也不是没有一个落后的问题。我们最怕的就是我们党的僵化，我们党的理念就不知道好东西在哪儿，不知道最先进的东西在哪儿。我觉得我们党中央非常英明，提出学习型政党，学习型社会。大家要时刻关注事业的这种发展变化，特别是产生的那种先进理念，要丰富和发展马克思主义，当然主要靠我们自己在实践中来丰富发展。时代化这个话非常正确，还有一个大众化，还要武装全党、教育人民，这个也非常重要。我们这个党是一个思想在不断进步的一个党，科学理论武装的一个党。我想这是第二个原因。

　　第三，就是我们党是以全心全意为人民服务为根本宗旨，有着光荣传统和优良作风的党。中国共产党所以能够赢得亿万人民的支持和拥护，团结和带领人民为民族复兴大业而共同奋斗，就在于党完全是为了人民的，而没有任何自己特殊利益。全心全意为人民服务，集中体现了我们党的性质和宗旨，这不光表现在党的路线方针政策上，很重要的还表现在共产党人的作风上。过去我们靠了这些东西感动了中国人民这个上帝，推翻了三座大山，在改革开放的今天仍然有一个怎么继续感动上帝的问题。党的优良传统作风是我们特殊的政治优势，今天要把这一宗旨和作风体现在党和国家的决策上，体现在各个方面的工作上，体现在涉及群众切身利益的具体问题的解决上，体现在党员干部的一言一行上。特别是在利益多元日益复杂的情况下，我们要始终站在大多数人民群众立场上想问题办事情，首先要有这种强烈的意识。人民群众对我们党的态度，是衡量我们党是否保持先进性，执政地位是否巩固的试金石。这段话我感触很深，就是在今天的情况下怎么代表群众的利益，从整个国家的宏观决策上，从我们各个地方、各个领域、各个系统的工作上，从党员干部的一言一行上，特别是在解决群众的切身利益上，你都要体现你的宗旨和作风才行。特别是今天这个利益多元的情况下，权利和利益容易结合的情况下，要考虑你怎样做才能代表群众的利益。我觉得这是对我们党一个很大的挑战。现在很多不稳定因素暴露出来的问题都有利益的问题，所以说人民群众对我们党的态度是衡量我们党是否保持先进性、执政地位是否巩固的试金石。你怎么样才是代表群众利益，代表人民群众？为什么很多人民群众心气不顺？这个原因很多，这个东西现在对我们是个挑战，过去之所以你成功，就是因为你有了人民群众的支持，特别是战争年代。我现在老想到毛主席举的那个例子：第四野战军的部队几十万大军行军路过锦州，路两边的苹果树的果子一颗也不摘。几十万大军当时就能做到这样，解放战争怎能这么顺利啊？跟这有很大的关系。当然不光在我们的作风上，也包括在我们各项政策上，都需要我们努力。

第四，我们党是高度重视自身建设与改革创新，不断自我完善和发展的党。就改造中国任务的复杂性、艰巨性和长期性而言，需要领导这一事业的党无比坚强。党的建设所以被称之为革命建设的一大法宝，原因就在这里。我们曾经把一个党内成分绝大多数是农民的党成功地改造成为一个工人阶级先锋队组织，完成了领导人民革命的重任。这是一个伟大的工程也是一个伟大的创举。现在我们又面临着长期执政，在世情、国情、党情发生巨大变化的情况下，怎样把党建设好的艰巨任务。要继续发扬这种创新精神完成这一新的伟大工程，就要求我们按照十七大的要求，针对党自身存在的突出问题，从思想、组织、作风、制度和反腐倡廉建设等方面全面加强改进党的建设，特别需要根据新的历史条件的变化创新党的领导方式、组织方式、活动方式等。

我们党之所以能够取得成功，主要在于建立了一个好党，建立一个好党是件不容易的事情。虽然过去我们叫做工人阶级领导的党，实际上我们党内的成分绝大多数是农民。毛主席当时为什么把党的建设、武装斗争和统一战线作为三大法宝？他为什么把党的建设作为一大法宝，作为中国革命胜利的一个原因呢？就是成功地在党内成分绝大多数是农民这么一个情况下，把它改造成为一个无产阶级政党，这才取得革命的胜利。今天国情党情变化太大，党的组织方式、活动方式、党的领导方式都要变化，大家也都意识到这一点，要适应这个变化。十五大那时候概括成为新的伟大工程，我看中央是有很多的考虑和感触的。毛主席当年讲改造农民，把一个农民成分的党改造成工人阶级的党，这是一个很艰巨的任务、很伟大的工程。在十五大的时候我们党中央也是感受到在改革开放的条件下，来建设这么一个党也不亚于一个伟大的工程，所以叫新的伟大工程。这个问题十几年前就提出来了，到现在仍然非常艰巨。没有党的坚强的领导，恐怕不能够完成仍然非常漫长的民族复兴之路的历史重任。

四　怎样认识马克思主义

关于什么是马克思主义的问题是一个核心的问题。从60年的探索来看，我们的理论和实践围绕的一个中心的环节，就是你怎样既坚持社会主义方向又能够符合中国的实际。这个问题再往下推，就是什么是马克思主义的问题。我们不能丢了老祖宗，丢了老祖宗我们整个的历史都被否定，包括我们现实的政策、理论都被否定，这是不可能的。再说马克思主义确实是科学。现在世界上有很多主义，有大影响的是几种思潮，比如说宗教有基督教、佛教、伊斯兰教三大宗教，还有这个主义那个主义，比较起来，说的那些道理都不如我们马克思主义道理说得好，你信那些还不如信我们这个。马克思主义的真理性是我们中国建设和改革成功所证明了的，我们没有理由去动摇这个信念。但是有一点，你怎么正确认识马克思主义？这倒是个问题。当初毛主席指导中国新民主主义革命的时候，跟"左"倾路线、右倾路线争论，实际上焦点就是一个"什么是马克思主义"的问题。当时跟陈独秀右倾机会主义论战的时候，也就是这么个问题：资产阶级民主革命要不要共产党领导？要不要搞武装斗争？怎么样对待资本主义、资产阶级？这个问题陈独秀讲的也是很有道理的，也是引经据典根据马克思主义理论的。当时列宁搞十月革命时，最大的反对者就是在他们党内的，当然还有外面的。关于马克思主义的争论，其实最早还是列宁引起来的，什么是真正的马克思主义？他说关键是什么是马克思主义活的灵魂。为什么逼他说出一个活的灵魂来？那时候毛主席也碰到这个问题。特别是王明讲的那个马克思列宁主义，他讲得一套一套的，王明从共产国际回来的优势和优越感，再加上滔滔的雄辩，满嘴的马克思主义，听起来很有道理，当时确实迷惑了党内很大一部分党员干部。所以毛主席后来有一段时间很受孤立，他那个窑洞没人上门。

真正明确提出来什么是马克思主义，怎么样对待马克思主义这个问题的是邓小平同志。邓小平同志在1989年接见戈尔巴乔夫的时候就问了两个问题：什么是社会主义？什么是马克思主义？什么是社会主义他问得比较早，"文化大革命"结束以后他就在考虑什么是社会主义的问题。他问什么是马克思主义这番话是1989年，马克思去世已经一百多年了，世界发生这么大变化，真正的马克思主义者应该怎么去做？所以说，我们不能丢了老祖宗，不能丢了马克思，但是也不能让假马克思主义碍我们的事。那什么是真正的马克思主义？这个问题从来都没有现成的答案，连邓小平同志当时也遇到过这个问题。后来江泽民同志提出"三个代表"，他当时提出要研究马克思主义发展史，搞清楚什么是马克思主义。他一再举这个例子说，马克思恩格斯多次给共产党宣言写序言，多次来调整他们的观点，接着问什么是马克思主义。胡锦涛同志在十一届三中全会30年纪念讲话里面，把什么是社会主义？怎么建设社会主义？怎么建设党？什么是发展？再在前面加了一个什么是马克思主义？怎样对待马克思主义？所以我们现在讲"四个怎样"。你看，毛、邓、江、胡几代领导人都在问：什么是马克思主义？所以说，对马克思主义有正确认识这很重要。那么，我们经常讲坚持马克思主义，要坚持马克思主义的立场观点方法。这个立场很清楚，工人阶级立场就是最广大人民群众的立场。当然我们在方法论原则观点上面有争论，学术界就有不同认识。关于立场观点方法从历史上看，这话最早是毛主席说的，是在1941年第一次讲的，他确实是从哲学角度针对王明他们讲的。后来邓小平同志引用了这个话，在1987年拨乱反正的时候思想路线讲得最多了，确实也是从哲学的角度批评"两个凡是"。后来江泽民同志也强调这个，在创立"三个代表"的时候也是从哲学上去讲的，坚持马克思主义立场观点方法。这个东西怎么理解，当然大家可以考虑。总之，邓小平同志讲：马克思主义实事求是的方法观点是马克思主义的根本观点，是马克思主义的精髓。至于别的，他说：我读的书不多，我就觉得毛主席讲的"实事求是"这四个字讲得很对。他说马思主义并不玄奥，是很朴实的道理，很好懂，这些话都很发人深省啊！当时列宁讲马克思主义的灵魂是具体问题具体分析，把马克思主义高度概括化了。至于后来讲到马克思主义的最本质是什么？邓小平讲过社会主义本质这大家都知道，但是他也没讲过马克思主义本质。但是我查了一下谁讲过马克思主义本质呢？毛主席还讲过这个本质。毛主席在1943年3月16日中央政治局会议上，他自己写的这个会议的讲话要点手迹显示，他在谈到党的指导思想问题的时候，写了这么一句话说：马克思主义的灵魂（本质）是具体问题具体分析。因此他将列宁对马克思主义灵魂的理解，认为这就是马克思主义的本质。所以你说立场、观点、方法，精髓、灵魂、本质，这都是在解释什么是马克思主义的问题。我们今天考虑这个问题，要正确理解我们的老祖宗和今天的现实，要正确理解马克思主义，要一切从实际出发，实事求是。我觉得，中国革命的胜利也好，建设和改革的胜利也好，都是实事求是的伟大成功。只有这样去理解马克思主义，才是一种正确的态度。

（冷溶，中共中央文献研究室主任、中国社会科学院学部委员，曾兼任中国社会科学院马克思主义研究院院长）

对国际金融危机研究的回顾

——访中国社会科学院党组副书记、副院长李慎明研究员

谭扬芳　杨　莘

[编者按] 李慎明研究员多年致力于国际战略问题的研究，在全球化问题研究和国际经济危机研究方面成果颇丰。除了采访中提及的相关成果外，2008年国际金融危机爆发后，他还先后撰写《当今资本主义经济危机的成因、前景及应对》（世界社会主义研究动态第26期，2009年5月12日）、《国际金融危机现状、趋势及对策的相关思考》（《马克思主义研究》2010年第6期）(2010年第19期《新华文摘》和多家网站转载）、《世界经济是先反弹后跌？》（2009年6月9日《环球时报》）、《更大金融灾难可能还在后头》（2011年8月16日《环球时报》）（刘云山同志批示：很好！）、《当今世界极可能处于大动荡、大调整、大变革前夜——国际金融危机与世界格局的现状、演进趋势及应对思考之一》《金融、科技、文化和军事霸权是当今资本帝国新特征——国际金融危机与世界格局的现状、演进趋势及应对思考之二》《霸权主义、强权政治的尽头是社会主义的复兴——国际金融危机与世界格局的现状、演进趋势及应对思考之三》（世界社会主义研究动态第70、74、75期，2012年8月6日、16日、17日）。这一系列成果多次得到中央及其他有关主要领导批示，公开发表后受到学术界诸多好评。

▲：李副院长，您好！时至今日，由美国次贷危机所引发的国际金融

危机已经爆发有四个年头了。许多人注意到,在本次金融危机爆发前一年即 2007 年,您在《马克思主义研究》第 9 期上杂志上撰文指出美国经济极有可能已步入 40 年到 60 年的"康德拉季耶夫周期"收缩期中的衰退阶段。事实证明,您的预测是正确。您当时是怎么做出这一判断的呢?

采访李慎明

●:你们知道,我对研究国际战略很有兴趣。国际战略属于世界政治范畴,但它深深植根世界经济。这样,我在 20 世纪 90 年代苏联解体后不久,就关注世界经济特别是美国经济。相关世界经济特别是美国经济的剪报,我几乎每年都要剪贴一本。根据我的较长期的跟踪研究,我认为美国经济在当时的世界经济格局中占有举足轻重的地位,其发展状况对世界经济的影响大有一荣俱荣,一损俱损之势。但实际上,美国经济在多大程度上能够保持其自第一次世界大战以来的领袖地位,在多大程度上能够惠及别国,这里面有很大的疑问。沧海桑田,世界处于永恒的变化之中,人类历史上没有任何一个霸主能保证自己的地位永世不变。中国《易经》里就特别提醒注意"盛极而衰"的规律,提示我们不要被事物的表面现象所迷惑,要善于透过外表抓住变化的实质。2006 开始,我认为美国乃至全球的经济危机的脚步声越来越近，我就用去不少星期天、节假日时间，集中精力和时间研究美国经济。写出了《"康德拉季耶夫周期"理论视野中的美国经济》一文。我当时判断美国经济一定会出大乱子，是基于以下八个原因：（1）美国金融垄断规模已经达到峰巅。（2）美国金融垄断泡沫的破灭已经显现。（3）美国社会从政府到家庭普遍是赤字消费。（4）美国实体经济正在萎缩。（5）美国自"9·11"事件之后，打着反恐怖之名，先后发起阿富汗、伊拉克两场战争，得罪了有10亿之多的伊斯兰信众，美国本土有可能从此不得安宁。美国有可能到处用兵、驻军，战线也会拉得更长，头上霸主的王冠会更加沉重。（6）欧元区的发展和亚洲经济实力增强，也会压缩美国经济霸权的空间。（7）美国已无10多年前所拥有的苏东之类的战略空间加以拓展。（8）美国房地产市场衰退开始加速。在此文中，我还强调如下一个观点，这就是："如果说美国经济又承接了1967年进入'康德拉季耶夫周期'中的下降阶段的遗产，重新步入长周期中衰退的判断成立，那么美国企图再次打断这一承接链条的最直接、最有效的办法，会不会是重复20世纪90年代用搞垮苏联东欧的办法来调动其所有能量搞垮当今世界上其中的大国或强国呢？这是危言耸听还是有其征兆呢？假若美国能够达到此目的，那么，美国经济即会有新的反弹，美国经济承接从1976年开始的40年到60年的'康德拉季耶夫周期'收缩期中衰退遗产将还会被推迟。"现在，我仍是这样的看法。美国重返亚洲战略，就是在这么做的。

▲：中组部原部长张全景同志在2010年12月24日庆祝中国社会科学院马克思主义研究院成立5周年大会上指出，"李慎明同志2000年初在古巴国际学术研讨会上有个演讲，这个讲稿后来发表在《中国社会科学》杂志上。他在演讲中说，不要看美国经济现在发展挺好，但它迟早要发生经济危机，只是无法知其确切的时间；10年内会不会？尤其值得关注的是，假若在今后十年或二十年左右，美国经济遭受大的灾难，那么，这个世界将极不平静。李慎明同志讲到了10年。2007年美国、2008年国际发生金融危机，大体就是在十年左右，这恰恰证明了当年李慎明同志这个观点是对的。这也说明，用马克思主义指导哲学社会科学研究的重要性"。我们在中国知网上检索到您发表在《中国社会科学》2000年第3期上的这篇《全球化与第三世界》一文，该文被引用达到125次之多。您还以《如何看待世界经济的发展趋势》为题，在2006年第2期《国际经济评

论》上发表论文指出："美国经济好景不再、潜伏着严重危机","美国经济这一轮严重的经济衰退甚至大萧条延期到来的时间越长,其衰退程度便会越严重"。您谈出这些观点时,您的主要依据是什么呢?

●:我在《全球化与第三世界》一文说,西方全球化可能还有另外一种前景,那就是在其洋洋得意的行进中产生间歇性的中断。西方全球化能否一路高歌猛进,主要看美国。美国经济有潜伏着严重危机的一面。一是1999年中期,其股市价值已达到国内生产总值的180%,泡沫经济成分显而易见。1929年经济危机的前夜,其股市价值仅占国内生产总值的82%。若美国股市下跌10%,即要"缩水"1.4万亿美元,这对其经济是一个不小的冲击。二是美国现在有近6万亿美元的内外债,其债权债务相抵,净外债多达1.5万亿美元。三是美元是国际货币,其总量的2/3在其境外流通和储备。四是1994年以来,美国的贸易逆差逐年升高。1998年已达到2540亿美元,1999年预计有近3000亿美元。五是消费者掀起借贷热潮。1998年的个人储蓄几乎跌到只占收入的0.5%,这是自1933年以来的最低点。而1997年是2.1%。不仅如此,还有不少人借贷炒股。若净资产与债务相抵,有近20%的家庭没有净资产甚至是负资产。美国家庭现在的全部债务几乎占全部可供支配的年收入的98%。六是在第二次世界大战后生育高峰期出生的一代美国人,现在正是拼命工作、肆意消费的时候,这一代将从2010年开始陆续退休,其后劳动者相对于非劳动者的比例将迅速下降。另外,美国的社会保障制度和民间退休收入保障制度还都没有作好应对的准备。这对美国的经济也将会产生严重的影响。从一定意义上讲,美国像条肥硕的蚂蟥一样,是依靠吮吸别国和透支子孙后代的血液来维持其现在的生命的。正因为如此,美国乃至世界各界近一年来,纷纷在谈论着美国近一二十年的前景。美国对冲基金掌门人乔治·索罗斯说:"美国经济正呈现80年代后期类似日本的资产泡沫。"麻省理工学院一教授说,嗅到了20世纪30年代大萧条时的味道。1999年10月28日出版的英国某周刊甚至预言美国今后数月"有可能发生股市大崩溃","随其后的是长达10年的全球经济衰退"。美国经济的大衰落是极有可能的,只是不知其确切的时间。10年内会不会?10年不会,15—20年呢?30年呢?曾控制全球1/4版图、贸易和制造业产值占全球1/4、对外投资超过世界其他地区总和的"日不落"大英帝国的太阳落下了,谁能保证现在的美国永远如日中天呢?美国经济若发生大问题,对第三世界乃至全球都将是一场十分严重的灾难,其烈度极可能超过20世纪30年代的大萧条。第三世界在制定自己的经济和社会发展的中长期规划时,应把这一严重征兆考虑进去。当然,从根本上说,美国经济若遇到大的灾难,将有利于第三世界在经济政治上的重新崛起乃至全球范围内的社会主义的复兴。

▲：实事求是地说,美国经济步入的"康德拉季耶夫周期"收缩期中衰退期,对我国经济也有负面的影响。但从另一个方面看,对社会主义的中国来说,未尝不是一件好事情。您曾经撰文指出,历史的车轮已开始驶入"历史发展的快车道"。这个"快车道"应如何理解？请深入地谈一下原因。

●：是的。做出这一判断,是基于以下六点原因：第一,世界经济已经步入较长时期的衰退期。第二,更为严重的国际金融危机还在后头。第三,以美国为首的西方世界的经济在陨落,但其较为强大的经济其中包括金融及军事等硬实力,国际规则制定、意识操纵等所谓的软实力在全球范围内仍占着统治或垄断地位。第四,美国盲目自大,已把矛头指向俄罗斯和中国两个大国。第五,以美国为首的西方世界推行新自由主义的收获期可能还有3—5年,最多乃至10年左右时间。第六,随着国际金融危机的深化,世界上各种各类矛盾和历史遗留问题将进一步暴露与激化。综上所述,我们可以得出这样的初步结论：大的时代没有变,但时代的主题和潮流将随着时代的发展变化而不断发展变化甚至转换；世界正处于大动荡、大调整、大变革的前夜。当然,这里所说的前夜,并不是指自然界中一天24小时中的前夜,也不是指三五年的时间段,而是指10—20年跨度的时间段。如果过于狭窄地理解前夜,学术、理论乃至战略层面的探讨,就失去了应有的前提,就不可能深入下去,也就不可能得出经得起实践和历史检验的正确的结论来。正是在这一意义上,我认为历史的车轮即将驶入历史发展的快车道。

▲：在这个大变革的时代,在这个充满机遇的时代,我们做好准备了吗？这个问题对社会主义的中国尤其重要。我们在准备这次采访时,在中国期刊网上检索到您1996年发表在《高校理论战线》杂志上的文章,谈及全球化背景下中国自身建设应当采取的战略和策略。文章标题是《国内市场的保护开放和民族经济的振兴壮大——兼议我国加入世界贸易组织后经济发展的机遇和挑战》,您还记得您当时提了哪些措施吗？

●：是的,我差点儿忘了这篇文章的事。经你们提醒,我想起来了,当时我还在军事医学科学院工作，提了十点应对挑战的措施：制定产业倾斜政策、宏观上严格控制外资投向；正确贯彻以市场换技术的政策；统筹协调先进技术和设备的引进；进一步改进进口管理工作；逐步建立以出口导向为主的行业和企业；鼓励和引导民族工业联合改组，实现规模经济；保护和多创民族名牌产品；国家要采取综合措施、严厉打击走私；大力提倡以用国货为荣的思想，并把用国货作为爱国主义教育的新内容以及积极做好复关的各项准备。

▲：四年来，您一直跟踪研究这场危机的进展，对这场危机的起因、本质、趋向以及教训等问题多有论述。请您谈一谈这场危机爆发的直接和根本原因是什么。

●：好的。在我看来，这场危机的直接和根本的原因，绝不仅仅是一些人所言的金融家的贪婪、银行监管制度的缺失以及公众消费信心不足等。其直接原因，是20世纪80年代末90年代初东欧剧变、苏联解体后，美国为首的西方世界主导的以新自由主义为主要推力的新一轮经济全球化；其根本原因，在于生产社会化甚至生产全球化与生产资料私人占有之间的矛盾、生产无限扩张与社会有限需求之间的矛盾在经济全球化条件下冲突加剧的必然结果。

▲：20世纪90年代以来，冷战结束。以美国为首的西方世界一统天下，正是推行其新自由主义全球化，巩固其胜利成果的最好时机。但是，以新自由主义为其灵魂的全球化必将包括资本的全球化，资本的全球化导致全球资源的不均衡配置从而引发世界各地的反全球化浪潮。这是否意味着这场危机爆发是必然的？

●：是的。从一定意义上说，目前这场正在深化的国际金融危机，不仅是对美国这种强权政治和霸权主义特别是其中金融霸权肆意泛滥的绝地"报复"，是对新自由主义政策、理论的有力清算，更是对美国所谓"民主制度"的根本挑战。

▲：您说到美国在全世界推行新自由主义。在我们看来，新自由主义反对国家干预、反对公有制，甚至为了单纯追求效率，反对最低工资保障和劳工集体谈判权，强行打通别国市场，主张资本的全球化流动，等等，与人类历史发展的方向相悖。那么，您认为在全球推行新自由主义对社会主义运动究竟有哪些危害呢？

●：我认为至少有以下四点危害：第一，新自由主义的推行必然导致金融危机和经济危机,加剧全球经济动荡,严重损害世界各国尤其是发展中国家的经济和金融安全。第二,新自由主义推行彻底的私有制,反对公有制,颠覆社会主义制度,损害发展中国家的政治经济主权。第三,新自由主义极力用西方的意识形态、价值观念"规制"世界,对社会主义国家进行思想文化渗透,威胁社会主义国家的意识形态安全。第四,西方国家推行新自由主义在世界范围内造成工人大量失业、贫富两极分化、政府垮台、社会动乱等严重社会问题,尤其对广大发展中国家更是造成灾难性后果。

▲:这样看来,美国的的确确是一个霸权国家,那么,其"霸权"主要表现在哪些方面呢?

●:我认为美国的霸权,至少表现在金融霸权、科技霸权、文化霸权、军事霸权这四个方面。

先看金融霸权。自由竞争资本主义时代的特点是工业资本占统治地位,主要经济资源和有决定意义的政治机构被工业资本所控制。而金融是当代国民经济和世界经济的命脉和血液,金融资本是资本最高和最抽象的表现形式,是资本对人类社会统治的最高形态。

二看科技霸权。从科技研发投入看,以 2007 年的国内研发预算为例,美国以其中的 1/3 作为投资,为世界之冠,而欧盟为 23.1%,日本为 12.9%,中国为 8.9%。从教育投入看,美国教育支出绝对数多年为世界第一。美国通过加大科技和教育投入形成绝对领先的科技优势,然后利用其科技优势为其全球战略和推行新自由主义服务,将科技优势转变为科技霸权。

三看文化霸权。当今世界的文化霸权由世界上资金最雄厚的国际金融垄断资本所控制。2010 年,美国文化产业比重占世界的 43%,而我国所占的比重则不到 4%,仅为美国的约 1/10 还弱;美国的文化产业占到整个 GDP 的 25%,日本达到 20%,而我国仅为 2.5%。

四看军事霸权。1840 年 9 月 27 日,阿尔弗雷德·赛耶·马汉出生在美国西点军校的教授楼里。1890 年,他发表了对美国历史影响深远的著作《海权对历史的影响》,其基本观点是:如今一个国家的经济取决于它的全球贸易量。为了尽可能多的贸易量,你必须阻止竞争对手干涉你的生意。因此,全球贸易量与全球军事力量密不可分。

对目前集各种霸权于一身的美国,我们当然要学习它的种种长处,绝不能一概排斥，但也没有任何理由惧怕。战略上藐视美国，战术上重视美国，科学技术上学习美国，我们才可能与其和平共处，甚至共赢。

从一定意义上讲，金融霸权是当今国际垄断资本经济霸权的集中表现，军事霸权则是其政治霸权的集中表现，文化霸权是其意识形态霸权的集中表现，而科技霸权则渗透在其经济、政治、文化等各个方面霸权之中。从另一种意义上讲，如果说金融、科技和文化霸权是其软实力的表现，那么军事霸权则是其硬实力的表现。金融、科技、文化和军事这"四位一体"的霸权，构成了当今世界资本帝国主义时代的新特征。

称霸世界的目的是为了什么？2009年5月9日，奥巴马通过电视镜头向全世界明确宣布：如果10多亿中国人口也过上与美国和澳大利亚同样的生活，那将是人类的悲剧和灾难，地球根本承受不了，全世界将陷入非常悲惨的境地。美国并不想限制中国的发展，但中国在发展的时候要承担起国际上的责任。中国人要富裕起来可以，但中国领导人应该想出一个新模式，不要让地球无法承担。从一定意义上讲，奥巴马这段话，是解读当前美国战略本质的锁钥。

我们都知道，美国人口不到全球的5%，却消耗了全球20%的能源、16%的淡水、15%的木材，生产了10%的垃圾和25%的二氧化碳。美国将会千方百计运用各种手段维持乃至扩大这个比例。过去我们总讲"地缘"政治，现在似乎可以加上"货币""信息""军事"和"资源"这四种政治，似乎可以说，"地缘""货币""信息""军事"这前四种政治都是手段，最终都是为掠夺和占有"资源"这一政治服务的。"地缘""货币""信息""军事""资源"这五种政治相加，似乎才有可能解释现在世界上所发生的所有重大事件。

霸权主义和强权政治在全球范围内极大加强的同时，也加剧着生产社会化和生产资料资本主义私人占有、生产无限扩张与社会有效需求之间这一根本矛盾。这一根本矛盾的加剧，也必然并在全球呼唤着社会主义的复兴。霸权主义和强权政治的尽头是社会主义复兴，这是不可抗拒的历史规律。

▲：如您所说，美国按照自己的价值观念"规制"世界，是一个霸权国家。但是，当今世界，中国正在崛起，世界各国不可不正视这一事实。在美国有一种观点认为，中美之间应当建立所谓G2，甚至于应当建立密不可分的"中美国"。请问您是如何看待这一观点的？

●：国际金融危机后，世界主要各大国政府不是"大难临头各自飞"，而是相互间进一步更加密切合作，探讨拓展原有或新建立不同层次的大国集团协商解决不同层次相应问题，以寻求共渡国际金融危机的"良方"。在国际金融危机爆发前后，美国相关人士先后提出"中美国"和中美"两国集团论"即"G2"的概念。"中美国"意指世界上最大消费国美国和最大储蓄国中国构成的利益共同体；"G2"意指中国是一个逃避经济责任的超级经济强国，有必要通过G2这样的双边机制，规范中国的经济行为。无论是"中美国"还是"G2"，都并非是指美国与中国分享共同治理世界的权力。中国是社会主义国家，这一性质与本质决定，我国决不能谋求世界霸权。2012年5月3日，中国国务委员戴秉国表示，中美不搞"两国集团"的G2，不搞中美主宰世界，也不搞中美冲突对抗，但可以搞"两国协调"的C2。这既对美国干涉中国内政的企图表示了反对，又表明了我国不谋求霸权的原则立场，还传递了我国政府与美国政府合作的意愿。此后，美国与英国相关人士又提出了G3，即美国有军力和购买力，中国有资本即巨大的外汇储备和便宜劳动力，欧洲有规则和技术，三者合作以共同拯救国际金融危机。G2、G3的提出，从一个侧面诠释着以美国为首的西方世界的战略，也明白无误地道出其对我国的需求之处。G2、G3的提法虽然没有被广泛接受，但这并不影响实质性的相关协调与合作。原有的G7、G20都在发挥着既定的特有作用。不过，G7将继续力图主导着深入发展的经济全球化，并新承担起美国"重返亚洲"战略中的一些重要使命。而在G20中，以美国为首的G7则希望其中的发展中国家特别是中国今后更多地承担起做替G7负责任的国家的角色。金砖五国将会继续合作，但这五国特别是其中的印度将会被G7强烈牵制和分化。G7还有着虚化东盟10＋3和上海合作组织的强烈意愿。把中国排除在外的以美国为主导的跨太平洋战略经济伙伴关系协定（TPP）将可能被不断赋予实质内容，在特定条件下，亦有可能担当美国"重返亚洲战略"的"北约"角色。现在国际国内都有人担心出现G0这样一个"无极"的"四分五裂的世界"，认为这是一个"意味着无政府主义的新的黑暗时代"，这个时代将"更加危险和动荡"。笔者认为，在可以预见的二三十年内，还看不到G0这一世界格局的出现。之所以作出这一估测，主要是现在处于并可能在相当一段时日内仍会处于"西强我弱"的基本态势。这不仅因为以美国为首的西方有着较为强大的经济其中包括金融及军事等硬实力,而在国际规则制定、意识操纵等所谓的软实力上目前也没有出现能够真正与之抗衡的强大对手。尽管国际金融危机仍未见底且在向纵深发展,从其所欠的国际债务看,美国政府已经破产,但以美国为首的西方世界仍有很多和很大的调控空间,在今后的一些年内,它们将会运用政治对经济的反作用直至包括政治的最高手段战争来为其经济服务。因此,一般来说,作为民族国家的美国不会很快衰落。即使衰落,亦可能是一个较为缓慢的过程。但作为帝国的美国在今后一些年内可能会有明显的衰落,并更多地需求欧洲、日本等诸国的配合才能延缓其衰落的进程。我们还可以作出这样的判断:随着世界各种各类基本矛盾的积累与发展,2050年前后,极有可能出现与美国为首的整体西方世界相比肩的多个社会主义国家。我们这个世界,如果能真正出现 G0,这才是世界左翼和社会主义复兴的大好时机。当然,我们也要高度警惕在特定条件下几个新帝国同时出现而独缺社会主义大国强国这一极的"多极化",进而由新帝国主义国家之间来重新瓜分世界,重演第一次世界大战和第二次世界大战的悲剧。

▲:我们知道,20 世纪 30 年代资本主义世界也发生了一场经济危机,请问与本次危机相较,二者有何不同呢?

●:二者最大的不同当然是时代背景不同了。20 世纪 30 年代是资本主义自由竞争时代,那场经济危机的后果是古典自由主义的破产;这次是新自由主义全球化时代,其后果是新自由主义在世界范围内的溃败。其如果说 20 世纪 30 年代的那场大危机和大萧条,迫使西方国家由自由放任的理论政策转向凯恩斯主义,推动国家垄断资本主义的兴起,并由此显现了以苏联为代表的社会主义制度及体制的优越性,促进了社会主义由一国到多国的发展;那么,这次国际金融危机也必然对西方国家的思想理论产生巨大的冲击,对资本主义社会的生存发展产生深刻的影响。如果我们对新的挑战应对得当,必然会显现以中国为代表的社会主义制度及体制的优越性,给世界社会主义运动提供新的机遇。

▲:今年是小平同志南方谈话发表 20 周年,也是我国确立实行社会主义市场经济体制 20 周年。对于我国而言,究竟应当怎样应对这场危机呢?

●:对此,我有四点政策建议:一是一定要有坚定坚强的信心,同时又要有强烈的忧患意识;二是必须高度重视党的理论工作;三是必须坚持公有制为主体、多种所有制经济共同发展的基本经济制度;四是要统筹国际国内两个大局，加强对宏观性、战略性、全局性、前瞻性重大问题的研究。

▲：新自由主义全球化运动造成了严重问题，甚至如您所说"对广大发展中国家更是造成灾难性后果"，那么，马克思主义是否可以作为广大发展中国家和发达国家底层民众抵御新自由主义的理论武器？学界有这样一种说法，本次国际金融危机，有力地推动了马克思主义的全球复兴，您赞同这种说法吗？

●：是的，我很愿意谈谈这个问题。我们知道，马克思主义是指导人们批判资本主义旧世界，实现人类解放和每个人自由全面发展的科学理论。"它给人们提供了决不同任何迷信、任何反动势力、任何为资产阶级压迫所作的辩护相妥协的完整的世界观"，"它把伟大的认识工具给了人类，特别是给了工人阶级"。金融危机爆发后，马克思的《资本论》在西方国家热销，马克思主义成为西方学术界研究的热点，越来越多的人希望通过马克思主义认识金融危机产生的原因，寻找克服这场危机乃至消除资本主义罪恶的现实途径和办法。现在，一些西方的主要国家，工人动辄就进行上百万人的大罢工，强烈谴责资本主义特别是新自由主义，呼唤公平与公正，这也是过去鲜见的现象。从一定意义上讲，西方国家的社会主义和左翼思想及其运动，决定于这次国际金融危机发展的广度与深度。如果广大发展中国家能正确应对，使以美国为首的西方国家无法大规模地从根本上向国外特别是发展中国家转嫁其危机，那么，这必将有助于世界社会主义和左翼思潮的复兴。世界社会主义和左翼思潮的复兴，必将有助于中国特色社会主义进一步发展壮大。

▲：欧债危机愈演愈烈，美国经济复苏缓慢，不久前又推出了"量化宽松（QE3）"政策，给疲弱的经济打一剂强心针。我们是不是可以这样认为：这次国际金融危机远没有到结束的时候，还将进一步恶化？您是怎么评价本轮国际金融危机的现状以及预测危机发展趋势的？

●：我认为，经济全球化正在深入发展，当前世界性的金融危机仍未见底，世界经济看似走出低谷，但新一轮更大的金融乃至经济危机极有可能就在这看似走出低谷中酝酿与积聚。这主要因为，世界各资本主义大国都在急遽降息、恶性增发货币，试图增加新的产能；而世界范围内的穷国穷人越来越穷、富国富人越来越富的两极分化局面非但没有缩小，反呈日趋加大之势；穷国穷人的相对需求仍在急剧下降。因此，生产社会化与生产资料私人占有之间的矛盾、生产无限扩张与社会有限需求之间的矛盾非但没有缓解，反而在加剧。从根本上说，这正是在为下一轮更大的金融乃至经济危机积蓄能量。

从辩证唯物主义和历史唯物主义更广阔的时空来看，从历史学和政治经济学的更广阔的视野来看，这场灾难还没有完，还在演进中，甚至极可能是刚刚开始，在世界范围内的更深刻更全面的经济社会危机极可能还在后头。正因为由"发达国家主导"的经济全球化的灾难还没有"终结"，甚至是刚刚开始，所以，我们现在才面临着进一步说明科学社会主义其中包括中国特色社会主义有着无比光辉灿烂的希望和前景的绝佳机遇。

▲：马克思在《一八四四年经济学——哲学手稿》一书中提出了"共产主义社会就是矛盾的解决"这一光辉论断。新自由主义挑起了许多矛盾，加剧了发达国家与发展中国家之间的矛盾，也加剧了底层民众与中上层民众之间的矛盾。"后危机时代"是否意味着"矛盾的解决"？您是怎样预言"后危机时代"的来临呢？

●：这次金融危机远未过去，慎言"后危机时代"。但是完全可以这样预言，2008年开始的全球性的金融危机还远没有结束，并仍在演进之中，甚至可能是刚刚开始，在世界范围内的更深刻更全面的经济社会危机及社会主义国家由此所面临的更严峻的挑战极可能还在后头。"后危机时代"是否定之否定的结果，是对新自由主义的超越，也必将是世界各国联系更紧密的时代、相处更和谐的时代，更是马克思主义深入人心的时代。毫无疑问，道路必然是曲折和艰险的，但前途也必然是光明和辉煌的；社会主义与资本主义之间的矛盾必然要解决。马克思和恩格斯在《共产党宣言》中所宣布的社会主义的必然胜利与资本主义的必然灭亡都是不可避免的。

在世界正处于这样一个大动荡、大调整、大变革的前夜，会随时发生我们可以预料和难以预料的新情况和新问题。我们对此必须要有充分的思想准备和具体的战略应对准备。只有这样，我们才能在情况突然发生之际，及时、正确地抓住前所未有的战略机遇，应对前所未有的战略挑战。

（李慎明，中国社会科学院原副院长、党组副书记，中国社会科学院世界社会主义研究中心主任）

改革开放30年中国马克思主义理论发展最具影响力的30件大事

中国社会科学院马克思主义研究学部课题组

一 党的十一届三中全会召开,提出党的工作重点转移和社会主义改革开放思想

1978年12月18—22日,中国共产党第十一届中央委员会第三次全体会议在北京举行。全会提出了党的工作重点转移和社会主义改革开放思想,开启了我国实行改革开放的新的历史时期。全会纠正了党在指导思想上"左"的错误,果断停止以"阶级斗争为纲"的口号,作出把全党工作的着重点和全国人民的注意力转移到社会主义现代化建设上来的战略决策,指出实现现代化是一场广泛、深刻的革命,要求大幅度提高生产力,多方面改变同生产力发展不相适应的生产关系和上层建筑,改变一切不适应社会主义现代化建设的管理方式、活动方式和思想方式。会议强调,要尊重客观经济规律,理顺生产、建设、流通和消费关系以及党政企关系,改革经济管理体制和经营管理方法,扩大企业和农村生产队等基层单位的经营自主权,改善企业管理,克服平均主义和官僚主义,真正实现按劳分配和责权利相统一。会议提出进行改革试验,在自力更生的基础上,积极引进国外先进技术和先进设备,开展同世界各国平等互利的经济合作,借鉴国外有益的管理经验和管理方法,为社会主义建设服务。党的十一届三中全会的召开,标志着党重新确立了马克思主义的思想路线、政治路线和组织路线,指导全国各族人民开始了以改革和创新为主要内容的一场新的

伟大革命。

二 邓小平发表《坚持四项基本原则》讲话，提出反对资产阶级自由化思潮

1979年3月30日，在党的理论工作务虚会上，邓小平发表了《坚持四项基本原则》的讲话。拨乱反正工作全面开始后，针对极少数人打着"民主""反饥饿""人权"和"社会改革"的幌子，否定社会主义道路，歪曲无产阶级专政，攻击共产党领导，曲解毛泽东思想，主张走资本主义道路等资产阶级自由化思潮有所滋长的现象，邓小平提出了坚持四项基本原则，反对资产阶级自由化。阐明了坚持四项基本原则与社会主义现代化建设的关系，及其缘由和重要意义。邓小平指出，在中国实现四个现代化，其前提是必须在思想上、政治上坚持四项基本原则，即必须坚持社会主义道路，必须坚持无产阶级专政，必须坚持共产党的领导，必须坚持马列主义、毛泽东思想。以公有制为基础的社会主义的生产是为了最大限度地满足人民的物质、文化需要，而不是为了剥削。无产阶级专政，对敌视社会主义的势力是专政，对于人民来说是民主，而且是工人、农民、知识分子和其他劳动者所共同享受的历史上最广泛的民主。没有共产党的领导只能导致无政府主义，导致社会主义事业的瓦解和覆灭。我们坚持的和要当作行动指南的是马列主义、毛泽东思想的基本原理所构成的科学体系。邓小平提出的"坚持四项基本原则"与"坚持改革开放"一起构成党的"一个中心、两个基本点"的基本路线中的"两个基本点"，保证了我国现代化建设和改革开放沿着社会主义方向健康地向前发展。

三 中共中央做出《关于建国以来党的若干历史问题的决议》，总结新中国成立以来党的历史经验，科学评价毛泽东的历史地位和毛泽东思想

1981年6月27—29日，中国共产党第十一届中央委员会第六次全体会议在北京召开，全会一致通过了《中国共产党中央委员会关于建国以来党的若干历史问题的决议》（以下简称《决议》）。《决议》运用马克思主义的辩证唯物论和历史唯物论，重点而系统地总结新中国成立以来党在

正反两方面的历史经验，实事求是而科学地评价了毛泽东同志的历史地位，全面而充分地论述了毛泽东思想作为我们党的指导思想的伟大意义。《决议》认为，毛泽东同志是伟大的马克思主义者，是伟大的无产阶级革命家、战略家和理论家。毛泽东思想是马克思列宁主义在中国的运用和发展，是被实践证明了的关于中国革命的正确的理论原则和经验总结，是中国共产党集体智慧的结晶。毛泽东思想主要从新民主主义革命、社会主义革命和社会主义建设、革命军队的建设和军事战略、政策和策略、思想政治工作和文化工作、党的建设等方面丰富和发展了马克思主义。实事求是、群众路线、独立自主、自力更生是毛泽东思想的活的灵魂。《决议》对毛泽东思想和毛泽东晚年所犯错误作了明确区分，强调毛泽东思想是我们党宝贵的精神财富，它将长期指导我们的行动。

《决议》对毛泽东和毛泽东思想的科学评价，对于统一全党、全军和全国各族人民的思想认识，推动马克思主义理论中国化的发展，继承和发展以毛泽东为主要代表的中国共产党人开创的中国社会主义事业起到了、并将继续起到极其重要的作用。

四 中共中央做出《关于经济体制改革的决定》，写出了马克思主义基本原理和中国社会主义实践相结合的政治经济学

1984年10月20日，中国共产党第十二届中央委员会第三次全体会议在北京举行，全会一致通过《中共中央关于经济体制改革的决定》（以下简称《决定》）。《决定》提出，应根据我国经济的实际状况和发展要求，同时吸收和借鉴当今世界各国包括资本主义发达国家的一切反映现代社会化生产规律的先进经营管理方法，建立具有中国特色、充满生机和活力的社会主义经济体制。《决定》认为，要突破把计划经济与商品经济对立起来的传统观念，社会主义经济同资本主义经济的区别不在于商品经济是否存在和价值规律是否发挥作用，而在于所有制不同，在于剥削阶级是否存在，在于劳动人民是否当家做主，在于为什么样的生产目的服务，在于能否在全社会的规模上自觉地运用价值规律，在于商品经济的范围不同。要建立和发展在公有制基础上的有计划的商品经济。《决定》指出，要认真贯彻按劳分配原则，允许一部分人、一部分地区依靠辛勤劳动、合

法经营先富起来。这是全体社会成员在共同富裕道路上有先有后、有快有慢的差别，而绝不是那种极少数人变成剥削者、大多数人陷于贫穷的两极分化。积极发展多种经济形式和多种经营方式，但绝不是退回到新中国成立初期的那种社会主义公有制尚未在城乡占绝对优势的新民主主义经济。邓小平认为，此《决定》是写出了一个政治经济学的初稿，是马克思主义基本原理和中国社会主义实践相结合的政治经济学。

五　党的十三大召开，提出社会主义初级阶段理论和党的基本路线

1987年10月25日—11月1日，中国共产党第十三次全国代表大会在北京举行。会议提出并较系统地阐述了中国社会主义初级阶段理论。邓小平在十三大前夕就指出："我们党的十三大要阐述中国社会主义是处在一个什么阶段，就是处在初级阶段，是初级阶段的社会主义。社会主义本身是共产主义的初级阶段，而我们中国又处在社会主义的初级阶段，就是不发达的阶段。一切都要从这个实际出发，根据这个实际来制订规划。"十三大报告指出，我国从1956年生产资料所有制的社会主义改造基本完成，到社会主义现代化的基本实现，至少需要上百年的时间，这期间都属于社会主义初级阶段。十三大报告明确了我国现阶段的社会性质和历史方位，阐明了社会主义初级阶段的基本特征、主要矛盾以及中心任务，规定了党在社会主义初级阶段的"一个中心、两个基本点"的基本路线，制定了"三步走"的发展战略和各项改革任务。十三大报告强调，在近代中国的具体历史条件下，不承认中国人民可以不经过资本主义充分发展阶段而走上社会主义道路，是革命发展问题上的机械论，是右倾错误的重要认识根源；以为不经过生产力的巨大发展就可以越过社会主义初级阶段，是革命发展问题上的空想论，是"左"倾错误的重要认识根源。十三大报告提出的社会主义初级阶段理论是运用马克思主义分析中国基本国情的重大成果，是中国特色社会主义理论的重要基石，是我们党制定路线方针政策的基本依据。

六 邓小平发表南方谈话，提出社会主义的本质论和"三个有利于"标准

1992年1月18日—2月21日，邓小平视察武昌、深圳、珠海、上海等地，发表著名的南方谈话，完整地提出社会主义的本质论和"三个有利于"标准。邓小平指出，计划经济不等于社会主义，资本主义也有计划；市场经济不等于资本主义，社会主义也有市场。计划和市场都是经济手段，不属于社会主义本质的范畴。邓小平提出，"社会主义的本质，是解放生产力，发展生产力，消灭剥削，消除两极分化，最终达到共同富裕"。邓小平关于社会主义本质的科学概括，是邓小平对于"什么是社会主义，怎样建设社会主义"的基本回答，丰富和发展了科学社会主义，为中国特色社会主义的发展和改革开放的顺利推进指明了正确方向。邓小平强调，发展才是硬道理，并具体提出了判断改革开放及其方针政策之是非得失的"三个有利于"标准，即"应该主要是看是否有利于发展社会主义的生产力，是否有利于增强社会主义国家的综合国力，是否有利于提高人民的生活水平"。邓小平指出，革命是解放生产力，改革也是解放生产力。邓小平说，我坚信，世界上赞成马克思主义的人会多起来的，因为马克思主义是科学，它运用历史唯物主义揭示了人类社会发展的规律。

七 党的十四大召开，在系统地阐明建设有中国特色社会主义理论的基础上，提出建设社会主义市场经济体制的理论

1992年10月12—18日，中国共产党第十四次全国代表大会在北京举行。会议在系统地阐明建设有中国特色社会主义理论的基础上，提出建立社会主义市场经济体制的理论和目标模式。会议指出，我们要建立的社会主义市场经济体制，就是要使市场在社会主义国家宏观调控下对资源配置起基础性作用，使经济活动遵循价值规律的要求，适应供求关系的变化。通过价格杠杆和竞争机制的功能，把资源配置到效益较好的环节中去，并给企业以压力和动力，实现优胜劣汰。运用市场对各种经济信号反应比较灵敏的优点，促进生产和需求的及时协调。同时也要看到市场有其

自身的弱点和消极方面，必须加强和改善国家对经济的宏观调控。会议明确我国经济体制改革的目标模式，是建立社会主义市场经济体制。社会主义市场经济体制又是和社会主义基本制度结合在一起的。在所有制结构上，以公有制包括全民所有制和集体所有制为主体，个体经济、私营经济、外资经济为补充，多种经济成分长期共同发展；在分配制度上，以按劳分配为主体，其他分配方式为补充，兼顾公平与效率；在宏观调控上，更好地发挥计划和市场两种手段的长处。我国通过改革，实行社会主义基本制度与市场经济相结合的社会主义市场经济体制，是科学社会主义发展史上的伟大创举。

八　中共中央做出《关于加强社会主义精神文明建设若干重要问题的决议》，系统阐述社会主义精神文明建设的理论

1996年10月7—10日，中国共产党第十四届中央委员会第六次全体会议在北京举行。全会审议通过了《中共中央关于加强社会主义精神文明建设若干重要问题的决议》（以下简称《决议》），《决议》系统阐述了社会主义精神文明的建设理论。1982年，党的十二大就指出，我们党在建设高度物质文明的同时，一定要努力建设高度的社会主义精神文明。以共产主义思想为核心的社会主义精神文明是社会主义的重要特征，是社会主义制度优越性的重要表现。1986年9月，党的十二届六中全会通过了《中共中央关于社会主义精神文明建设指导方针的决议》。而《中共中央关于加强社会主义精神文明建设若干重要问题的决议》进一步明确了社会主义精神文明建设是一项长期的重大战略任务，提出了精神文明建设的指导思想和奋斗目标，阐述了社会主义精神文明建设的具体内容，强调了创建社会主义精神文明的重要性以及要加强领导和增加投入。《决议》指出，我国社会主义精神文明建设，必须以马克思列宁主义、毛泽东思想和邓小平建设有中国特色社会主义理论为指导，以培养"有理想、有道德、有文化、有纪律"的社会主义"四有"公民为根本任务，不断提高整个中华民族的思想道德素质和科学文化素质。建设和发展有中国特色的社会主义，最终目的是实现共产主义，应当在全社会认真提倡社会主义和共产主义思想道德。《决议》的通过和贯彻有力地推动了社会主义精神文明建

设与社会主义物质文明建设的协调发展。

九　邓小平理论的提出与系统阐述

1997年9月12—18日，中国共产党第十五次全国代表大会在北京召开。会议首次把邓小平建设有中国特色社会主义理论称为邓小平理论。1982年9月，在党的十二大开幕词中，邓小平第一次提出了"建设有中国特色的社会主义"这一崭新的科学命题。他指出："我们的现代化建设，必须从中国的实际出发。无论是革命还是建设，都要注意学习和借鉴外国经验。但是，照抄照搬别国经验、别国模式，从来不能得到成功。这方面我们有过不少教训。把马克思主义的普遍真理同我国的具体实际结合起来，走自己的道路，建设有中国特色的社会主义，这就是我们总结长期历史经验得出的基本结论。"党的十四大系统阐述了建设有中国特色社会主义的理论，指出这个理论第一次比较系统地初步回答了在中国这样的经济文化比较落后的国家如何建设社会主义、如何巩固和发展社会主义的一系列基本问题，用新的思想、观点，继承和发展了马克思主义。并从社会主义的发展道路、根本任务、发展动力、外部条件、政治保证、战略步骤、领导力量和依靠力量以及祖国统一等方面概括了建设有中国特色社会主义理论的主要内容。党的十五大通过决议，把邓小平理论确立为中国共产党的指导思想并写入党章，明确规定中国共产党以马克思列宁主义、毛泽东思想、邓小平理论作为自己的行动指南，指出邓小平理论是马列主义与中国实际相结合的第二次飞跃，是马克思主义在中国发展的新阶段，是指导中国人民在改革开放中胜利实现社会主义现代化的正确理论。

十　"三个代表"重要思想的提出和完善

2000年2月25日，江泽民同志在广东考察工作时，就如何加强新时期党建工作的调研时指出："总结我们党70多年的历史，得出一个结论，这就是我们党所以赢得人民的拥护，是因为我们党作为工人阶级先锋队，在革命、建设、改革的各个历史时期，总能代表着中国先进社会生产力的发展要求，代表着中国先进文化的前进方向，代表着中国最广大人民的根本利益。""三个代表"重要思想的提出，在党内外引起强烈反响，全党、全军和全国各族人民以极大的热情开展学习研究，对这一重要思想的认识不断深化。2001年7月1日，在中国共产党成立80周年大会上，江泽民同志系统地阐述了"三个代表"重要思想的科学内涵和基本内容。江泽民同志指出，"三个代表"要求，是我们党的立党之本、执政之基、力量之源，也是我们在新世纪全面推进党的建设，不断推进理论创新、制度创新和科技创新，不断夺取建设有中国特色社会主义事业新胜利的根本要求。2002年11月召开的党的十六大把"三个代表"重要思想同马克思列宁主义、毛泽东思想、邓小平理论一道被确立为我们党必须长期坚持的指导思想和行动指南，并写进党章。"三个代表"重要思想初步回答了"建设什么样的党、怎样建设党"这个重大理论和现实问题，是新时期全面加强党的建设的伟大纲领，为新时期党的建设指明了方向。

十一 科学发展观的提出和完善

2003年8月28日—9月1日，胡锦涛同志在江西考察工作时，首次提出"科学发展观"概念，指出"要牢固树立协调发展、全面发展、可持续发展的科学发展观"。2003年10月，中国共产党十六届三中全会召开，会议通过了《中共中央关于完善社会主义市场经济体制若干问题的决定》，明确提出"坚持以人为本，树立全面、协调、可持续的发展观，促进经济社会和人的全面发展"，强调"统筹城乡发展、统筹区域发展、统筹经济社会发展、统筹人与自然和谐发展、统筹国内发展和对外开放"。2004年3月10日，在中央人口资源环境工作座谈会上，胡锦涛同志对科学发展观进行了阐发。

2007年6月25日，胡锦涛同志在中央党校省部级干部进修班上对科学发展观首次进行了全面而精辟的概括。他指出，科学发展观，第一要义是发展，核心是以人为本，基本要求是全面协调可持续，根本方法是统筹兼顾。2007年10月15—21日，党的十七大召开，对科学发展观进行了系统阐发，并把科学发展观写入党章，标志着科学发展观的初步完善。十七大报告指出，科学发展观，是对党的三代中央领导集体关于发展的重要思想的继承和发展，是马克思主义关于发展的世界观和方法论的集中体现，是同马克思列宁主义、毛泽东思想、邓小平理论和"三个代表"重要思想既一脉相承又与时俱进的科学理论。科学发展观初步回答了"实现什么样的发展、怎样发展"这个重大理论和现实问题,科学发展观的提出和贯彻,有力促进了我国社会经济政治文化持续、快速、健康地向前发展。

十二 中共中央做出《关于进一步繁荣发展哲学社会科学的意见》,启动实施马克思主义理论研究和建设工程

2004年1月5日,中共中央下发《中共中央关于进一步繁荣发展哲学社会科学的意见》(以下简称《意见》)。《意见》深刻论述了哲学社会科学的功能和作用,进一步明确了繁荣发展哲学社会科学的指导方针、目标和任务,为繁荣发展哲学社会科学指明了正确方向,是新世纪新阶段哲学社会科学工作的纲领性文件。《意见》要求,要实施马克思主义理论研究和建设工程。《意见》指出,加强马克思主义基本原理研究是繁荣发展哲学社会科学的一项极为重要的工作。要深入研究马克思主义发展史,深入研究马克思主义基本原理,深入研究马克思主义的立场、观点和方法,深入研究马克思主义与时俱进的理论品质。破除对马克思主义的教条式理解,澄清附加在马克思主义名下的错误观点。《意见》要求,要组织编写全面反映邓小平理论和"三个代表"重要思想的哲学、政治经济学、科学社会主义以及政治学、社会学、法学、史学、新闻学和文学等学科的教材。要立足新的实践,加强对马克思、恩格斯、列宁经典著作的编译和研究工作,准确阐述经典著作中的基本观点。《意见》强调,繁荣发展哲学社会科学必须坚持马克思主义的指导地位,引导人们用科学的态度对待马克思主义,用发展着的马克思主义指导新的实践。积极推进理论创新,扩大哲学社会科学的对外学术交流,同时要防止照抄照搬、食洋不化的现象,坚决抵制反动、腐朽的思想文化的侵蚀。

十三 中共中央做出《关于加强党的执政能力建设的决定》,系统提出马克思主义政党执政能力建设理论

2004年9月16—19日,中国共产党第十六届中央委员会第四次全体

会议在北京举行。会议审议通过了《中共中央关于加强党的执政能力建设的决定》，系统提出了马克思主义政党执政能力建设理论。2002 年 11 月，党的十六大首次提出"加强党的执政能力建设"的战略决策。2003 年 2 月召开的党的十六届二中全会提出以党的执政能力建设为重点，全面推进党的建设新的伟大工程。而《中共中央关于加强党的执政能力建设的决定》全面系统地总结了我们党执政 55 年来的主要经验，深刻阐述了加强党的执政能力建设的重要性、紧迫性，提出了加强执政能力建设的指导思想、总体目标和主要任务。《决定》针对现实情况和面临的历史任务，指出必须提高五种执政能力：坚持把发展作为党执政兴国的第一要务，不断提高驾驭社会主义市场经济的能力；坚持党的领导、人民当家做主和依法治国的有机统一，不断提高发展社会主义民主政治的能力；坚持马克思主义在意识形态领域的指导地位，不断提高建设社会主义先进文化的能力；坚持最广泛最充分地调动一切积极因素，不断提高构建社会主义和谐社会的能力；坚持独立自主的和平外交政策，不断提高应对国际局势和处理国际事务的能力。《决定》的通过和贯彻对于加强和改进党的领导，保证我们党在建设中国特色社会主义的历史进程中始终成为坚强的领导核心具有重要的作用，是我们党加强执政能力建设的纲领。

十四 《中国的民主政治建设》白皮书发表，发展社会主义民主政治理论

2005 年 10 月 19 日，国务院新闻办公室发表了《中国的民主政治建设》白皮书，阐述和发展了社会主义民主政治理论。白皮书全文 3 万多字，分为 12 个部分，包括符合国情的选择、中国共产党领导人民当家做主、人民代表大会制度、中国共产党领导的多党合作和政治协商制度、民族区域自治制度、城乡基层民主、尊重和保障人权、中国共产党民主执政、政府民主、司法民主等，全面介绍了中国特色社会主义民主政治的由来和中国实际，以及保证人民当家做主的基本政治制度和主要特征，全面反映了中国民主政治建设的历程、主要成就和蓬勃发展的形势。白皮书指出，中国的社会主义民主政治建设，始终坚持以马克思主义民主理论与中国实际相结合的基本原则为指导，同时具有鲜明的中国特色。中国的民主政治建设坚持中国共产党的领导、人民当家做主和依法治国的有机统一，

发展社会主义民主政治。白皮书强调，中国根据自己的国情实行一院制，而不是西方国家实行的两院制。全国人民代表大会和地方各级人民代表大会都由民主选举产生，对人民负责，受人民监督。中国的政党制度既不同于西方国家的两党或多党竞争制，也有别于一些国家实行的一党制，而是中国共产党领导的多党合作和政治协商制度。中国共产党领导和执政，本质是领导、支持和保证人民当家做主。白皮书是中国政府首次发表关于民主政治建设的政府文告，揭开了中国社会主义民主政治建设的新篇章。

十五 设立马克思主义理论一级学科和成立中国社会科学院马克思主义研究院，推动马克思主义理论的发展

2005年5月11日，中共中央宣传部、教育部联合下发《关于加强和改进高等学校哲学社会科学学科体系与教材体系建设的意见》，提出在一级学科中，设立马克思主义理论学科。2005年5月19日，中共中央政治局常委会议听取中国社会科学院工作汇报，胡锦涛同志发表《关于进一步办好中国社会科学院》的讲话。2005年12月23日，国务院学位委员会、教育部下发《关于调整增设马克思主义理论一级学科及所属二级学科的通知》，确定设立马克思主义理论一级学科和所属五个二级学科：马克思主义基本原理、马克思主义发展史、马克思主义中国化研究、国外马克思主义研究、思想政治教育。后增设一个二级学科：中国近现代史基本问题研究，马克思主义理论一级学科所属二级学科达到六个。2005年12月26日，经党中央批准组建的中国社会科学院马克思主义研究院正式成立。马克思主义理论一级学科的设立和中国社会科学院马克思主义研究院的成立对于我国哲学社会科学建设和发展具有战略性意义。随后，全国各地一批马克思主义一级学科和二级学科博士点、硕士点和马克思主义研究院、学院、研究中心等马克思主义理论科研和教学机构相继建立，"高校马克思主义研究会""高校马克思主义理论学科研究会"等研究团体也相继成立，有力地推进了马克思主义研究和传播的蓬勃发展。设立马克思主义理论一级学科和成立马克思主义理论研究和教学机构，对于培养一批坚持以马克思主义为指导，理论功底扎实，勇于开拓创新，善于联系实际的社会主义建设者和马克思主义理论的学科带头人以及教学骨干队伍，巩固

马克思主义的指导地位具有重大意义。

十六　党的三代领导核心著作出版，推动马克思主义中国化理论研究

中国共产党的三代领导核心毛泽东、邓小平和江泽民同志的著作的选集和文集相继出版发行，对于推动我们党和国家思想理论建设具有重要意义。经过重新修订后的《毛泽东选集》第一卷至第四卷的第二版，由邓小平题写书名，于1991年7月在全国发行。《毛泽东文集》是继《毛泽东选集》之后编辑出版的又一部综合性的多卷本毛泽东著作集。《毛泽东文集》第一、二卷，于1993年12月出版；第三、四、五卷，于1996年9月出版；第六、七、八卷，于1999年6月出版。《毛泽东文集》编入《毛泽东选集》第一至四卷以外的重要著作803篇，230万字，是从毛泽东1921—1976年的大量文稿和讲话、谈话记录中精选出来的，是《毛泽东选集》的重要补充，是学习和研究毛泽东思想的重要文献集。《邓小平文选（1938—1965）》，于1989年8月20日在全国公开发行。《邓小平文选（1975—1982）》，于1983年7月1日在全国公开发行。《邓小平文选》第三卷，于1993年11月2日在全国公开发行。前两卷于1994年再版发行时，分别改称为《邓小平文选》第一卷、《邓小平文选》第二卷。1995年9月1日，《邓小平文选》（全三卷）线装本发行。《江泽民文选》第一、二、三卷主要收录了江泽民同志从20世纪80年代末到21世纪初的重要著作，2006年8月在全国发行。此外，毛泽东、邓小平和江泽民同志还有多种版本的专题著作和摘编著作被出版发行。党的三代领导核心著作的出版，有力地推动了马克思主义中国化理论的学习、研究、传播和应用实践。

十七　中共中央做出《关于构建社会主义和谐社会若干重大问题的决定》，提出构建社会主义和谐社会理论

2006年10月8—11日，中国共产党第十六届中央委员会第六次全体会议在北京召开。会议审议通过了《中共中央关于构建社会主义和谐社

会若干重大问题的决定》,提出了构建社会主义和谐社会理论。2004年9月,十六届四中全会通过的《中共中央关于加强党的执政能力建设的决定》,将"构建社会主义和谐社会"正式列为中国共产党全面提高执政能力的五大能力之一,首次提出"构建社会主义和谐社会"的概念。而《中共中央关于构建社会主义和谐社会若干重大问题的决定》对构建社会主义和谐社会的重要性和紧迫性、构建社会主义和谐社会的指导思想、目标任务和原则,以及构建社会主义和谐社会的重大举措和工作部署等问题做了明确论述。《决定》指出,社会和谐是中国特色社会主义的本质属性,是我们党不懈奋斗的目标。把中国特色社会主义伟大事业推向前进,必须坚持以经济建设为中心,把构建社会主义和谐社会摆在更加突出的地位。《决定》还第一次以党的文件的形式提出了社会主义经济建设、政治建设、文化建设、社会建设"四位一体"的思想,指出构建社会主义和谐社会是全面贯彻落实科学发展观,从中国特色社会主义事业总体布局和全面建设小康社会全局出发提出的重大战略任务。构建社会主义和谐社会的提出,是对马克思主义社会建设理论的新发展和人类追求美好社会理想的新贡献,是党中央继科学发展观之后提出的又一个重大战略思想和理论命题。

十八 党的十七大召开,提出中国特色社会主义理论体系

2007年10月15—21日,中国共产党第十七次全国代表大会在北京召开。会议首次提出中国特色社会主义理论体系,指出中国特色社会主义理论体系,就是包括邓小平理论、"三个代表"重要思想以及科学发展观等重大战略思想在内的科学理论体系。这个理论体系,坚持和发展了马克思列宁主义、毛泽东思想,凝结了几代中国共产党人带领人民不懈探索、实践的智慧和心血,是马克思主义中国化最新成果,是党最可宝贵的政治和精神财富,是全国各族人民团结奋斗的共同思想基础。会议强调,改革开放以来我们取得一切成绩和进步的根本原因,归结起来就是:开辟了中国特色社会主义道路,形成了中国特色社会主义理论体系。高举中国特色社会主义伟大旗帜,最根本的就是要坚持这条道路和这个理论体系。在当代中国,坚持中国特色社会主义道路,就是真正坚持社会主义;坚持中国

特色社会主义理论体系，就是真正坚持马克思主义。会议要求，全党同志要倍加珍惜、长期坚持和不断发展党历经艰辛开创的中国特色社会主义道路和中国特色社会主义理论体系，坚持解放思想、实事求是、与时俱进，勇于变革、勇于创新，永不僵化、永不停滞，不为任何风险所惧，不被任何干扰所惑，使中国特色社会主义道路越走越宽广，让当代中国马克思主义放射出更加灿烂的真理光芒。中国特色社会主义理论体系的提出和阐述，是对马克思主义中国化的重大理论贡献。

十九　马克思主义经典作家著作选编和新版发行，推动马克思主义的理论和文本研究

为了适应我国建设有中国特色社会主义伟大事业的需要，帮助读者全面、准确地掌握马克思列宁主义，更好地运用马克思主义的立场、观点和方法指导改革和建设的实践，中共中央马克思恩格斯列宁斯大林著作编译局，遵照中共中央的决定，编辑出版了内容更充实、选材更合理、译文更准确的新版《马克思恩格斯选集》和《列宁选集》；同时出版发行内容更全面、译文更准确的新版《马克思恩格斯全集》和《列宁全集》。马克思主义经典作家著作的选编和新版发行的具体情况是：1995年出版了4卷本的《马克思恩格斯选集》第二版和四卷本的《列宁选集》第三版；1984—1990年陆续出版发行了60卷本的《列宁全集》第二版；计划编辑出版100卷左右的《马克思恩格斯全集》第二版，1995年开始出版发行，截至2008年已出版发行21卷。另外，作为马克思主义研究和建设工程的一项重要内容，选编、校订10卷本的《马克思恩格斯文集》和6卷本的《列宁专题文集》都在加紧编撰，即将出版。马克思主义经典作家著作的翻译、校订、选编和新版发行，对于推动马克思主义的学习、研究、传播和实践应用具有重要意义。

二十　胡锦涛发表纪念改革开放30周年讲话，提出"什么是马克思主义，怎样对待马克思主义"

2008年12月18日，胡锦涛同志在纪念党的十一届三中全会召开30

周年大会上发表重要讲话,首次明确提出和解答"什么是马克思主义,怎样对待马克思主义"这一重大理论和实际问题。胡锦涛指出,《共产党宣言》问世以来160年的实践证明,马克思主义是与时俱进的开放的理论体系。30年来,我们在一个十几亿人口的发展中的社会主义大国取得的摆脱贫困、加快现代化进程、巩固和发展社会主义的宝贵经验,闪耀着马克思主义的真理光芒,是辩证唯物主义和历史唯物主义的胜利。胡锦涛明确提出"什么是马克思主义,怎样对待马克思主义"这一重大理论和实践命题必将进一步有力地推动坚持、弘扬、研究和发展马克思主义。

二十一 真理标准大讨论,推动破除"两个凡是"的思想解放

1978年5月10日,中共中央党校内部刊物《理论动态》首先刊登了《实践是检验真理的唯一标准》的文章。5月11日,《光明日报》以特约评论员名义公开发表该文,随后《人民日报》《解放军报》及全国绝大多数省、市、自治区的报纸也转载了这篇文章。该文指出,检验真理的标准只能是社会实践;理论与实践的统一是马克思主义的一个最基本的原则;革命导师是坚持用实践检验真理的榜样;任何理论都要不断接受实践的检验。这就从理论上根本否定了"两个凡是"。文章发表后,立即引起了社会各界关于真理标准问题的讨论。邓小平对讨论给予了坚决的支持,明确指出"两个凡是"不是马列主义毛泽东思想。1978年12月15日,在中央工作会议闭幕式上,邓小平作了题为《解放思想,实事求是,团结一致向前看》的重要讲话,高度评价了真理标准问题的大讨论及其重要意义,并且明确指出真理标准大讨论的实质就是一场思想解放运动。12月18日,党的十一届三中全会召开,全会确定了解放思想、开动脑筋,实事求是、团结一致向前看的指导方针。真理标准问题讨论,以破除"两个凡是"的禁锢为标志,成为中国共产党继延安整风运动之后又一次具有深远意义的思想解放运动,从而为重新确立马克思主义的思想路线、政治路线和组织路线,推动党在指导思想上的拨乱反正,扫清了思想障碍,提供了理论支撑。

二十二 《试论社会主义市场经济》发表,提出社会主义市场经济理论问题

1979年3月,《试论社会主义市场经济》(于祖尧著,《经济研究参考资料》1979年第3期总第50期)一文发表。该文首次提出"社会主义市场经济"的概念和进行社会主义市场经济体制改革的主张。该文冲破了苏联《政治经济学》教科书关于"社会主义经济是计划经济"的传统观点,指出,由于我国生产力发展的状况、价值规律的客观要求、全民所有制企业的独立核算等原因,我国社会主义应实行市场经济,"市场经济广义地说,实质上就是与自然经济相对而言的发达的商品经济"。同时,提出了"社会主义经济在本质上不能不是一种特殊的市场经济",即建立在公有制基础上的市场经济。该文发表后,引发社会主义与市场经济或者商品经济兼容性问题、计划经济是否是社会主义的本质特征、公有制如何在市场经济或者商品经济中实现等问题的持续讨论。从"社会主义市场经济"范畴的提出和论证,到我国社会主义市场经济体制改革目标的确立和社会主义市场经济理论的完善,该文无疑具有开拓性的意义,是最为宝贵的理论成果之一。

二十三 人道主义与异化问题讨论,提出社会主义的人道主义思想

在1979—1984年这段时间里,《人民日报》、《红旗》杂志和《理论月刊》等报刊、社会科学领域和文艺界广泛参与了人道主义与异化问题的讨论。该讨论涉及了马克思主义与人道主义是否兼容、如何看待西方近现代关于人道主义的观点,社会主义有没有异化等问题。这场讨论在1983年纪念马克思逝世100周年全国理论讨论会上的争论中,最具有代表性。以此争论为背景,胡乔木于1984年1月发表了《关于人道主义和异化问题》(最先发表于《理论月刊》1984年第2期,随后,《人民日报》《红旗》杂志转载)一文,将讨论推向了高潮。该文指出,马克思主义包含人道主义但不能归结为人道主义;"异化"概念是马克思早期思想中用以批判资本主义的一个基本范畴,但在马克思创立历史唯物主义以

后,他就不再用异化理论说明历史。不能把异化等同于对立统一规律,也不能把社会主义的一些消极腐败现象说成是社会主义异化。文章认为,作为世界观和历史观的资产阶级人道主义,是历史唯心主义的,而马克思主义从历史上的人道主义中所继承、改造和发展了的不是作为世界观和历史观的人道主义,而只是作为伦理原则和道德规范的人道主义。为使概念表达更加清楚,文章不赞成"马克思主义的人道主义"提法,主张把我国社会制度下实行的作为伦理原则和道德原则的人道主义,即对"革命的人道主义"加以继承和发展了的人道主义,称为"社会主义的人道主义"。社会主义的人道主义,是作为伦理原则和道德规范的人道主义,它立足在社会主义的经济基础之上,同社会主义的政治制度相适应,属于社会主义的伦理道德这种意识形态;作为一项伦理原则,它是以马克思主义世界观和历史观为基础的。文章强调要提高认识,自觉抵制资本主义的精神污染,维护马克思主义思想阵地。胡乔木把人道主义区分为作为世界观和历史观的资产阶级人道主义与作为伦理观原则和道德规范的社会主义的人道主义,是人道主义理论研究中的重要突破和进展。人道主义与异化的讨论是20世纪80年代理论界一次重要的理论争鸣,对整个80年代及其以后的学术思想与政治都有深刻的影响,并在一定意义上丰富和发展了社会主义的人道主义思想。

二十四 《产权理论与社会主义市场经济》发表,探讨用马克思主义产权理论评析西方产权理论

《产权理论与社会主义市场经济——十问张五常先生》(程恩富著,《学习》杂志1995年第5期开始连载)十篇系列文章发表,分别以私有制是经济发展的独步单方吗、公有制与市场经济不相容吗、高效率可以脱离公平吗、以国有资产换取特权是正着吗、"自私人"假设是唯一合理的经济分析吗、对新中国经济变迁能采取历史虚无主义态度吗、中国会走向资本主义道路吗、马克思经济学已被打得片甲不留吗、应当树立什么样的经济思想里程碑等问题,与西方产权理论的代表者张五常教授展开商榷,阐明马克思主义具有科学的和较系统的产权理论和企业理论,西方产权理论虽然有其学术贡献,但内含无法自圆其说的矛盾和重大缺陷,并提出初

级阶段社会主义经济制度＝公有主体型产权结构＋劳动主体型分配结构＋国家主导型市场结构,"三主型制度"体现了有中国特色的社会主义经济制度特征,是当代解决公有与私有、公平与效率、计划与市场三大世界性基本经济矛盾的最佳模式等创新观点。文章发表后,掀起用马克思主义产权理论评析西方产权理论的讨论热潮,讨论围绕用什么样的产权理论指导我国社会主义市场经济体制改革、如何看待以科斯定理为核心的西方产权理论、如何丰富和发展马克思主义的产权理论等问题展开,吴易风、丁冰、顾海良、李炳炎等一批马克思主义学者参与了讨论,推动了马克思主义产权理论及其应用的研究和发展。

二十五　评析新自由主义,发展社会主义改革开放理论

随着20世纪70年代发达资本主义国家"滞胀"的出现,主张国家干预的凯恩斯主义无能为力,信奉古典自由主义教条的新自由主义重新兴起,并伴随发达资本主义国家主导的经济全球化走向世界。新自由主义思潮也影响到了国内经济体制改革,主张大卖大送国有企业的"靓女先嫁论"等私有化言论甚嚣尘上。国内学者对新自由主义思潮的研究在世纪之交开始兴起,何秉孟、胡代光、梅荣政、李其庆、张雷声、李炳炎等一批马克思主义学者对其进行研究和评析的论著相继出版发表。研析者阐明,新自由主义主张非调控化、私有化、福利个人化和自由化,实质上反映了经济全球化条件下大垄断资本家的利益需要,而且以"华盛顿共识"为核心内容的新自由主义的全球实践是失败的,带来了苏东是倒退的十年、拉美是失去的十年、日本是爬行的十年、美欧是缓升的十年。美国自身的新自由主义实践也必将随着2007年美国爆发的金融危机而宣告破产。通过汲取新自由主义误导一些国家经济改革和开放的教训,我国学者更加清楚地认识到了坚持社会主义初级阶段以公有制为主体、多种所有制经济共同发展的基本经济制度,巩固和发展社会主义公有制经济,在发挥市场配置资源基础性作用的同时加强国家宏观调控,以及独立自主和自力更生地对外开放的重要性,进一步明确了我国改革开放的正确方向是社会主义制度的自我完善和发展,从而发展了社会主义改革开放理论。

二十六　评析历史虚无主义，发展历史唯物主义

历史虚无主义思潮，是最近30年来一直存在的一种错误思潮。21世纪初，历史虚无主义有重新蔓延之势。历史虚无主义数典忘祖、崇洋媚外，否定中华民族的优秀传统；提出否定革命、"告别革命"的主张，认为革命只起破坏性作用，没有任何建设性意义；歪曲中国共产党的历史，否定或掩盖它的本质和主流；提出社会主义"失败论"、马克思主义"过时论"、共产主义"渺茫论"；宣称经济文化落后的中国没有资格搞社会主义。历史虚无主义思潮还通过个别修订的历史教科书和部分历史题材的影视剧等形式表现出来。针对历史虚无主义思潮的蔓延，一批马克思主义学者沙健孙、李文海、龚书铎、梁柱、张海鹏、田居俭、张顺洪等运用历史唯物主义的基本观点对其进行了针锋相对的批判。他们强调要警惕历史虚无主义思潮的影响，指出历史虚无主义思潮的思想实质上是资产阶级自由化，根源是历史唯心主义，其从歪曲革命的历史、社会主义的历史和党的历史入手，达到否定党和社会主义制度的目的。如果任其泛滥，会导致严重的政治后果。他们运用历史唯物主义对历史虚无主义的批判，既坚持了马克思主义的基本原理，纠正了错误的思潮，又有力地扩大了马克思主义的影响，促进和推动了历史唯物主义的发展。

二十七　中国社会科学院连续4年发布《世界社会主义黄皮书》，推动世界社会主义理论研究

2005—2008年，《世界社会主义黄皮书：世界社会主义跟踪研究报告——且听低谷新潮声》（李慎明主编，社会科学文献出版社，〈之一〉2005年版，2006年再版；〈之二〉2006年版；〈之三〉2007年版；〈之四〉2008年版）陆续出版。《世界社会主义黄皮书》主要是选取上一年度中国社会科学院世界社会主义研究中心有权威性、前沿性和代表性的研究成果结集出版，对当今世界范围内的社会主义思潮、理论、运动与制度做了大量的、多视角的、深层次的研究讨论，反映了世界社会主义研究领

域的最新发展和动态。苏联解体、东欧剧变后,世界社会主义运动步入低谷,但中国社会科学院世界社会主义研究中心的研究者们凭借"春江水暖鸭先知"的敏锐洞察和"且听低谷新潮声"的真知灼见,始终关注和不懈探察世界社会主义运动的动向。其研究成果汇集出版的《世界社会主义黄皮书》揭示了世界社会主义运动的规律,指明了世界社会主义运动的前景,鼓舞了世界社会主义运动参与和研究的后继者们的前行。随着世界经济形势的变化,特别是美国次贷危机引发的国际金融危机和全面经济危机爆发后,世界社会主义运动正面临着走向复兴的发展机遇。《世界社会主义黄皮书》的连续出版发行有力地推动了对世界社会主义运动和理论的研究。

二十八 《对经济学教学和研究中一些问题的看法》发表,提出马克思主义经济学与西方经济学关系问题

《对经济学教学和研究中一些问题的看法》(刘国光著,《高校理论战线》2005年第9期)一文发表,立即引发强烈反响,激起了如何处理马克思主义经济学与西方经济学关系、如何看待西方经济理论和新自由主义经济学、如何巩固和发展马克思主义经济学等问题的讨论,宋涛、卫兴华、张薰华、何干强、丁堡骏等一批马克思主义学者参与了讨论。该文指出,在当前的经济学教学与研究中,西方经济学的影响上升,马克思主义经济学的指导地位被削弱和边缘化。对待西方经济理论和新自由主义经济学应有正确的、科学的态度。马克思主义政治经济学在我国是指导、主流,西方经济学只能是参考、借鉴。经济学的教育既是分析工具的教育,也是意识形态的教育。所谓经济学的国际化,不能排挤马克思主义,向西方经济理论接轨。中国经济改革和发展是以西方理论为指导的说法不符合实际,也会误导中国经济的改革和发展的方向。在经济学教学与研究领域,要从教学方针、教材、研究队伍、领导权等方面克服、解决一些倾向性问题,认清西方经济学的价值判断、阶级性和意识形态性。教学和研究机构的领导岗位要掌握在坚定的马克思主义学者手里。社会各界对这些问题的讨论收集到《"刘国光旋风"实录》(中国财政经济出版社2006年版)一书中。通过讨论,明确了马克思主义经济学对中国特色社会主义

经济建设的指导地位。

二十九　评析民主社会主义，发展中国特色社会主义理论

最近几年，尤其是党的十七大召开前夕，民主社会主义思潮泛起。民主社会主义的鼓吹者，把伯恩施坦主义说成是马克思主义的"正统"，提出中国应走以瑞典为代表的"民主社会主义模式"，鼓吹"只有民主社会主义才能救中国""中国特色社会主义就是民主社会主义"，主张"重新认识"民主社会主义、用民主社会主义"修正"马克思主义。为认清民主社会主义的实质，徐崇温、周新城、张全景、郑科扬等一批马克思主义学者和专家的论著相继公开出版发表。这些论著认为，民主社会主义是一种资本主义的改良思潮，在指导思想上主张意识形态多元化，否定马克思主义的指导地位；在经济制度上主张私有化，否定公有制的主体地位；在政治制度上，主张多党制和议会民主，否定共产党的领导和无产阶级专政；在终极目标上，主张资本主义改良，否定资本主义的历史暂时性和人类社会必将走向社会主义和共产主义的历史必然性。强调应当坚定不移地认为，中国特色社会主义是科学社会主义同中国国情和时代特征相结合的产物，是科学社会主义的新形态。把中国特色社会主义道路曲解为民主社会主义道路是毫无根据的，是根本错误的，决不能让它鱼目混珠地误导我国社会主义改革开放的大业。

三十　加强社会主义核心价值体系建设，评析"普世价值观"

2006年10月8—11日，中国共产党第十六届中央委员会第六次全体会议通过的《中共中央关于构建社会主义和谐社会若干重大问题的决定》，首次提出建设社会主义核心价值体系，指出马克思主义指导思想、中国特色社会主义共同理想、以爱国主义为核心的民族精神和以改革创新为核心的时代精神、社会主义荣辱观构成社会主义核心价值体系的基本内容，强调坚持以社会主义核心价值体系引领社会思潮。而近几年来，有一种反对社会主义核心价值体系、主张资产阶级普世价值观的学术思潮重新

兴起。一批马克思主义者李崇富、冯虞章、侯惠勤、王一程、刘书林、郝立新等结合新的实践，运用马克思主义的基本原理对此进行了深刻的分析和批评。评析者认为，所谓普世价值观的鼓吹者是超阶级和抽象地赞成和宣扬所谓普世价值，把资产阶级的自由、民主、平等和博爱等意识形态，当作人类文明的核心和具有普遍世界意义的价值准则，看成是最高文明境界和任何民族最终的制度进化归宿。评析者强调要以马克思主义的阶级观点和阶级分析方法认识和批判所谓普世价值的观点。评析者指出，在阶级社会和存在阶级斗争的社会，从根本上讲没有普世价值观。而一些人所谓的普世价值是有特定的含义和明确的指向的，这就是：他们在政治上反对共产党领导，反对社会主义制度，主张资产阶级抽象的民主和多党制；在思想上主张实行全盘西化，在非意识形态的掩护下，反对用马克思主义的指导地位来引领各种社会思潮；在经济上搞私有化，反对公有制的主体地位；在国家和民族关系上，迷信和推崇西方特别是美国的价值观，在我国搞民族分裂和破坏国家统一；在学术上，混淆了认识论价值和价值论价值、政治价值与人性价值、理想价值和空想价值、马克思不同语境中的话语价值。评析者认为，一种价值观、道德观有多大的普适性和进步性必须从阶级性、历史性、特殊性与一般性的角度去分析，从它对待人民的态度去判断。这些评析通过运用马克思主义来分析和看待普世价值问题，巩固了马克思主义的指导地位，弘扬了用社会主义核心价值体系来引领各种社会思潮。

中国马克思主义理论研究60年

程恩富　胡乐明

1840年鸦片战争的爆发，使中国逐步沦为半殖民地半封建社会。自此，如何取得民族独立和人民解放，如何实现国家繁荣富强和人民共同富裕，便成了中华民族无数仁人志士不懈求解的两大历史性课题。

19世纪40年代之后，中国人民掀起无数次反帝反封建革命浪潮，却都以失败而告终；西方各种学说纷纷传入中国，却都未能改变中华民族的命运。19世纪末，马克思主义开始传入中国。1921年7月，中国共产党宣告成立，马克思主义成为指导中国革命的一面思想旗帜。自从有了马克思主义的指导，中国革命的面貌便焕然一新。在中国共产党的领导下，经过28年的浴血奋战，中华人民共和国宣告成立。

中华人民共和国的成立，使"中国的历史，从此开辟了一个新的时代"。以马克思主义理论武装的中国共产党开始为实现国家繁荣富强和人民共同富裕的百年梦想而不懈努力。经过艰辛探索和成功实践，中国特色社会主义伟大事业取得了世人瞩目的巨大成就。在中国共产党的领导下，经过今后40年左右的努力，我们一定能够实现国家的繁荣富强和人民的共同富裕，跻身世界强国之林。

中华民族争取民族独立和解放的百年历史，昭示着中国马克思主义理论研究的光辉前景；中国人民实现民族复兴和发展的百年征程，彰显了中国马克思主义理论研究的巨大力量。科学地总结回顾中国马克思主义理论研究60年来的发展历程和成就得失，展望分析中国马克思主义理论研究的未来发展，对于推进中国特色社会主义伟大事业，无疑具有十分重大的意义。

一　马克思主义理论研究 60 年发展概况

经过数十年国内外知识界对马克思主义定义的探讨和争论，我们认为，可以给出马克思主义四个层面的新定义。马克思主义是由马克思、恩格斯创立和后继者不断发展的理论体系（从创立主体层面界定），是关于自然、社会和思维发展的一般规律的学术思想和科学体系（从学术内涵层面界定），是工人阶级及其政党进行社会主义革命和建设以及过渡到共产主义社会的指导思想和科学体系（从社会功能层面界定），是关于人生信仰和核心价值的社会思想和科学体系（从价值观念层面界定）。

60年来，新中国马克思主义理论研究走过了曲折的发展历程。依据研究主题、研究取向、研究方式以及总体格局等方面的差异，这一历程大致可以分为改革开放前后两个时期、四个阶段。

1949—1965年，是马克思主义理论研究的奠基起步阶段。这一阶段，适应学习、宣传和普及马克思主义的需要，马克思主义经典著作的翻译和出版事业全面推进，马克思主义基本原理和主要著作的研究也取得了一定进展。同时，马克思主义理论研究和教学机构不断设立，马克思主义理论研究队伍不断壮大，马克思主义学科体系开始建立。

马克思主义经典著作的翻译、出版和研究工作全面推进。1953年1月，中共中央马克思恩格斯列宁斯大林著作编译局成立，开始有计划有系统地翻译、编辑、出版马恩列斯的全部著作。1953年年底《斯大林全集》中文版第1卷出版，开始了新中国马克思主义经典著作全集的出版。到1956年，《斯大林全集》中文版共出版13卷。作为全集的补充，《斯大林文选》（上下册）于1962年出版。《列宁全集》中文版第1卷于1955年12月出版，到1963年出齐了39卷，1960年还出版了《列宁选集》4卷本。1956年年底，《马克思恩格斯全集》中文版第1卷出版，至1966年"文化大革命"前出版了21卷。1950年5月，中共中央专门成立了毛泽东选集出版委员会。从1951年10月到1960年9月，《毛泽东选集》1—4卷先后出版。此外，《资本论》、《剩余价值学说史》、《反杜林论》、《家庭、私有制和国家的起源》、《哲学笔记》等马克思主义经典著作单行本以及一些苏联的理论专著和教科书也在此期间翻译出版。与此同时，我国马克思主义理论工作者围绕社会主义改造、社会主义建设、社会主义发展的重大关系和问题，积极开展马克思主义经典著作和基本原理的研究，发表了一批重要的论著，如李达的《〈实践论〉解说》《〈矛盾论〉解说》，艾思奇的《历史唯物论——社会发展史》，吴黎平的《社会主义史》等。

马克思主义理论研究和教学机构不断设立，研究队伍和学科体系不断壮大和充实。1950年8月,政务院发出《关于实施高等学校课程改革的决定》,要求开设新民主主义的政治课程。1952年10月,教育部发出《关于全国高等学校马克思列宁主义、毛泽东思想课程的指示》,要求高等学校开设"新民主主义理论"、"政治经济学"及"辩证唯物论与历史唯物论"。1953年2月,教育部确定"马列主义基础"为各类型高等学校及专修科(二年以上)二年级必修课程。1954年,全国高等院校普遍开设了"马克思主义哲学""政治经济学""联共(布)党史""中国革命史"四门课程。相应地,全国高等院校相继设立了马列主义教研室,负责马列主义基础课程的教学。1955年,中国科学院成立哲学社会科学学部,相继成立了文、史、哲、经、法等15个研究所,马克思主义理论研究贯穿其中。1956年,中国人民大学设立了马列主义基础系,为高等院校马列主义基础课程培养师资和研究人员。1957年之后,中国人民大学等高等院校陆续设立了国际共产主义运动史专业,高等院校马列主义基础课程"联共(布)党史"变更为"国际共运史""中国革命史"变更为"中共党史"。1964年经中共中央批准,中国人民大学成立了马列主义思想史研究所。

1966—1978年,是马克思主义理论研究的僵化停滞阶段。从1966年"文化大革命"开始到1978年十一届三中全会召开之前,我国马克思主义理论研究工作遭受严重挫折并基本陷入僵化停滞状态。"文化大革命"开始之后,马克思主义经典著作的编译出版工作被中断,马克思主义理论研究机构和研究队伍被破坏,正常的马克思主义研究教学工作几乎完全停滞。"无产阶级专政下继续革命的理论"被作为马克思主义理论的重大发展而广为宣传,所谓的马克思主义研究工作大都仅仅是从马恩列斯著作中为这一理论的合理性寻找依据和注解。[①] 1970年11月,中共中央发出通知,要求党的干部尤其是高级干部,必须认真学习《共产党宣言》《法兰西内战》《哥大纲领批判》《反杜林论》《国家与革命》《唯物主义和经验批判主义》6部著作,以及《实践论》《人的正确思想是从哪里来的?》等5篇著作。之后,中断四年的马克思主义经典著作编译出版工作开始恢

---

① 靳辉明:《马克思主义研究50年》,载中国社会科学院科研局编《中国社会科学五十年》,中国社会科学出版社2000年版。

复。1972年重编出版了《马克思恩格斯选集》4卷本和《列宁选集》4卷本；1974年出齐了《马克思恩格斯全集》的正卷39卷；大量印行了马克思主义经典著作的单行本；组织重印了《列宁全集》39卷，并从1975年开始组织编辑《列宁文稿》。与此同时，不少马克思主义理论工作者开始对"文化大革命"及其相应理论和现实问题进行冷静反思，并艰难地坚持着自己的研究工作。

1978—1992年，是马克思主义理论研究的复兴发展阶段。1978年党的十一届三中全会之后，我国的马克思主义理论研究从复兴走向大发展。这一阶段，马克思主义经典著作编译出版工作不断取得新的成果，一批马克思主义理论研究和教学机构得以恢复和新建，马克思主义理论研究领域逐步拓展，研究成果影响深远，学科体系恢复发展。

马克思主义经典著作编译、出版和研究工作成绩突出。这一阶段，该领域最突出的工作是我国开始自行编译出版《马克思恩格斯全集》和《列宁全集》中文第2版。1982年5月，中共中央决定我国自行编译出版《列宁全集》中文第2版，并于1984年起陆续出版，1990年12月出齐共60卷。《马克思恩格斯全集》中文第1版的补卷共11卷于1985年出齐之后，1986年7月中共中央决定我国自行编译出版《马克思恩格斯全集》中文第2版。同时，毛泽东、邓小平等我国老一辈革命家著作的编辑出版也硕果累累。1986年《毛泽东著作选读》（上下册）出版；1990年《毛泽东选集》第2版修订出版；1983年《邓小平文选》（1975—1982年）出版；1987年《建设有中国特色社会主义》（增订本）出版；1989年《邓小平文选》（1938—1965年）出版。在此期间，马恩列斯生平事业研究、马克思主义经典著作版本比较、文本研究、名篇解读等领域均全面展开并取得重要进展，呈现出良好发展态势，《资本论》《关于费尔巴哈的提纲》《反杜林论》《哲学笔记》《帝国主义是资本主义最高阶段》等经典名篇引起了广泛而深入的研究。

马克思主义理论研究和教学机构不断壮大，人才培养体系逐步完善。1978年5月，中国人民大学恢复重建了马列主义发展史研究所；1979年7月，中国社会科学院成立了马克思列宁主义毛泽东思想研究所；1980年6月，北京大学成立了马克思列宁主义毛泽东思想研究所；中央党校、国防大学等高等院校和地方社会科学院也相继成立了马克思主义研究所或毛泽东思想研究所,以及承担马克思主义理论教学和研究任务的教研室。随着马克思主义研究领域的扩展和新兴学科的崛起,一些新的研究和教学机构也不断建立和发展起来,如1989年国务院发展研究中心组建的世界社会主义研究所。与此同时,马克思主义理论人才培养体系也逐步完善。1984年4月,教育部发出《关于在十二所院校设置思想政治教育专业的意见》,决定在部分高等院校设置思想政治教育专业,开办本科班、第二学士学位班、大专起点本科班。1987年12月21日,原国家教委颁布的《普通高等学校社会科学本科专科目录》,首次将"思想政治教育"列入本科专业目录。1987年,国务院学位委员会修订硕士、博士研究生专业目录,增设思想政治教育专业。同年9月国家教委印发了《关于思想政治教育专业培养硕士研究生实施意见》,决定从1988年开始培养思想政治教育专业硕士研究生。1988年,复旦大学、武汉大学、南开大学等10所院校招收首批思想政治教育专业硕士研究生。1990年,国务院学位委员会第九次会议通过了《授予博士、硕士学位和培养研究生的学科、专业目录》,在法学门类政治学一级学科下设马克思主义理论教育(含马克思主义原理、中国革命史、中国社会主义建设、世界政治经济和国际关系)和思想政治教育两个硕士学位授予点。此外,从1981年我国恢复学位制度起,一些高等院校和研究机构陆续设立了马克思主义哲学、政治经济学、科学社会主义、国际共运史等学科的硕士和博士学位授予点。

马克思主义理论研究领域逐步拓展,研究成果影响深远。中共十一届三中全会前夕,我国马克思主义理论工作者积极参与和推动真理标准问题大讨论,为促进思想解放,重新确立马克思主义思想路线,开启改革开放新时期发挥了思想先导作用。十一届三中全会以后,我国马克思主义理论工作者把马克思主义理论研究同总结历史经验教训结合起来,同当代社会主义理论与实践结合起来,同中国特色社会主义的伟大实践结合起来,不断拓展马克思主义理论研究领域,推动马克思主义理论研究向纵深发展。马克思主义经典作家思想史研究、斯大林和"苏东模式"研究、毛泽东思想研究、马克思主义发展史研究、国际共运史研究、社会主义思想史研究、"西方马克思主义"研究等领域及其相关重大问题研究,都取得了很大进展。这一时期,我国马克思主义理论发展取得的最大成果,是创立了邓小平理论。我国广大马克思主义理论工作者不仅以自己的创造性成果为这一理论的形成和发展做出了贡献,而且在学习、宣传、研究这一理论的基础上，围绕"什么是社会主义、如何建设社会主义"这一重大主题，深入研究社会主义初级阶段理论、社会主义本质、社会主义发展战略、社会主义市场经济和社会主义精神文明建设等重大问题，加深了对相对落后国家建设社会主义道路和规律的认识，开拓了马克思主义理论研究的新境界。

1993年至今，是马克思主义理论研究的繁荣创新阶段。这一阶段，马克思主义理论研究空前繁荣，创新成果累累。尤其是党的十六大以来，在中央实施马克思主义理论研究和建设工程中，马克思主义经典著作编译、出版和研究工作继续稳步推进，马克思主义理论研究和教学队伍不断壮大，马克思主义理论研究领域和研究主题不断拓展和深化，以马克思主义理论一级学科为核心的整个学科体系趋于完善。

马克思主义经典著作编译、出版和研究工作大步推进。《马克思恩格斯全集》中文第2版从1995年起陆续问世，到2007年年底已出版20卷，计划到21世纪20年代出齐，共60到70卷；《马克思恩格斯文集》（10卷）、《列宁专题文集》（5卷）即将完成编译出版；新版《马克思恩格斯选集》（4卷）、《列宁选集》（4卷），均于1995年出版；《邓小平文选》第3卷于1993年出版，《邓小平文选》第1、2卷第2版于1994年出版。与此同时，马克思主义经典著作研究更加全面、系统、深入。中央编译局2004年牵头承担的马克思主义经典著作基本观点研究课题，联合中国社会科学院、中央党校、教育部、国防大学、军事科学院等单位200多名专家学者参与研究，设置18个子课题，致力于科学阐释马克思主义经典著作的基本观点，出版了《马克思主义研究论丛》。《共产党宣言》《资本论》《德意志意识形态》《1844经济学哲学手稿》等经典名篇引起了研讨新高潮。此外，随着对外学术交流的深入开展，《马克思恩格斯全集》历史考证版第2版（MEGA2）等国外马克思主义经典著作文本的研究，也引起了国内学界的关注。

马克思主义理论研究和教学机构不断壮大，学科设置趋于完善。随着邓小平理论研究的深入，上海社会科学院于1993年2月13日成立全国首个邓小平理论研究中心之后，中央党校、中国社会科学院、国防大学、教育部分别成立了邓小平理论研究中心，许多省市及其社会科学院和北京大学、复旦大学等高等院校也相继成立了邓小平理论研究机构。进入21世纪之后，中共中央启动实施了规模宏大的马克思主义理论研究与建设工程，极大地团结凝聚了马克思主义理论研究队伍。经党中央批准，2005年12月26日，中国社会科学院马克思主义研究院成立，数十所高等院校随后相继成立了马克思主义研究院或研究中心或学院。与此同时，马克思主义理论学科设置也趋于完善。1995年，国务院学位委员会和国家教育委员会将"马克思主义理论教育"和"思想政治教育"两个学科整合为"马克思主义理论教育与思想政治教育"，隶属法学门类，为政治学科下的一个二级学科。1996年，武汉大学、中国人民大学、清华大学成为首批"马克思主义理论教育与思想政治教育"学科博士点。2005年12月23日，国务院学位委员会和教育部颁布学位〔2005〕64号文件即《关于调整增设马克思主义理论一级学科及所属二级学科的通知》。《通知》指出，增设"马克思主义理论"一级学科及所属二级学科，"马克思主义理论"一级学科暂设置于"法学"门类内，下设"马克思主义基本原理""马克思主义发展史""马克思主义中国化研究""国外马克思主义研究""思想政治教育"5个二级学科。2008年4月又增设"中国近现代史基本问题研究"1个二级学科。目前，马克思主义理论学科学位点拥有一级学科博士点21个、硕士点73个，二级学科博士点213个、硕士点842个。

马克思主义理论研究领域和研究主题不断深化，研究成果与时俱进。为解决我国改革开放和社会主义市场经济建设实践面临的重大问题，我国马克思主义理论工作者不断深化马克思主义基本原理、马克思主义发展史、马克思主义中国化、国外马克思主义等各个领域的研究，不断强化马克思主义理论体系整体性研究和中国特色社会主义理论体系研究，积极推动当代中国马克思主义大众化，努力用人民群众喜闻乐见的形式和通俗易懂的语言，宣传阐释中国特色社会主义理论体系。围绕"建设什么样的党、怎样建设党"这一重大问题，深入学习研究"三个代表"重要思想，认真探讨执政党执政能力建设和执政规律，科学总结苏东剧变、苏联解体的教训。围绕"实现什么样的发展、怎样发展"这一重大问题，深入研究阐释党中央提出的坚持以人为本、实现科学发展、构建社会主义和谐社会、完善社会主义市场经济、建设社会主义新农村、建设创新型国家、发展社会主义社会民主政治、建设社会主义核心价值体系等一系列重大战略思想。

二 马克思主义理论研究60年主要成就

60年来，新中国马克思主义理论研究走过了不平凡的道路，也取得了不寻常的成就，充分发挥了认识世界、传承文明、创新理论、咨政育人、服务社会的作用，为中国特色社会主义伟大事业做出了重要贡献。下面，分别就马克思主义经典著作与基本原理研究、马克思主义发展史研究、马克思主义中国化研究、国外马克思主义研究等马克思主义理论重要研究领域取得的主要学术成就做一简要阐述。

（一）马克思主义经典著作研究

新中国成立之后，马克思主义经典著作的编译出版、宣传介绍、文本研究、版本比较、名篇解读等方面均取得重大进展，呈现出良好的发展态势。从1953年中央编译局成立到2005年中国社会科学院马克思主义研究院成立，马克思主义经典著作的研究力量不断增强；从介绍学习苏联对马克思主义经典著作的解读到自行编译解读马克思主义经典著作文本和原文本，马克思主义经典著作的研究方法更加科学；从自我封闭式研究到"请进来"与"走出去"相结合，马克思主义经典著作研究视野的国际性和开放性不断增强；从粗浅的宣传介绍到系统的文本挖掘和联系实际，马克思主义经典著作研究成果的学理性和现实性不断提升。

据不完全统计，仅从1979年到2008年，我国关于部分马克思主义经典著作的研究论文篇数分别为：《资本论》，2376篇；《共产党宣言》，877篇；《1844经济学哲学手稿》，396篇；《德意志意识形态》，311篇；《反杜林论》，157篇；《关于费尔巴哈提纲》，148篇；《哲学笔记》，145篇。[①] 诸如《马克思恩格斯列宁论意识形态》等专题摘编的出版物也不少。浩若烟海的马克思主义经典著作研究文献，围绕"什么是马克思主义、如何对待马克思主义"这一重大问题，几乎涉及了马克思主义经典作家理论思想的方方面面，近年尤其注重马克思主义经典作家关于社会主义的思想、关于东方落后国家社会发展道路的思想、关于经济全球化和经

[①] 孙来斌：《改革开放以来马克思主义经典著作文本研究》，《思想理论教育》2009年第7期。

济危机的思想、关于人的全面发展和社会、自然协调发展的思想、关于政治文明和执政党建设的思想等基本观点的研究,为坚持和发展马克思主义,不断推进马克思主义中国化做出了重要贡献。

(二) 马克思主义基本原理研究

马克思主义基本原理与中国具体实际相结合是中国革命、建设和改革的根本指导原则,马克思主义基本原理研究一直是我国马克思主义理论研究的重要领域。新中国成立以来,受苏联模式的影响,我国的马克思主义基本原理研究一直按照马克思主义哲学、政治经济学和科学社会主义三个组成部分分别进行,学者们围绕马克思主义三个组成部分各自的基本理论问题进行了广泛而深入的研究,先后取得了许多有重要影响的理论成果,如《辩证唯物主义与历史唯物主义》《辩证唯物主义原理》《历史唯物主义原理》《政治经济学教科书》《政治经济学(资本主义部分)》《科学社会主义概论》《科学社会主义原理》《科学社会主义》等。

改革开放以来,尤其是1985年国家教委提出在高等院校开设"马克思主义原理"课程之后,从整体上研究马克思主义基本原理趋于活跃。进入21世纪,随着马克思主义理论研究与建设工程的实施和"马克思主义基本原理"二级学科的正式设立,系统研究马克思主义基本原理日趋繁荣。学者们围绕"什么是马克思主义基本原理、如何对待马克思主义基本原理"这一重大问题,深入探讨了马克思主义基本原理的特点、内容和层次性以及对待马克思主义基本原理的思想原则等理论问题,系统研究了物质决定意识、社会存在决定社会意识原理、客观世界相互联系永恒发展原理、人类社会形态由低级向高级演进和发展规律原理、剩余价值学说和资本主义基本矛盾与主要矛盾原理、现代马克思主义政治经济学基本理论假设和原理、社会主义历史必然性和工人阶级历史使命原理、阶级斗争与无产阶级革命原理、国家学说与无产阶级专政原理、人民群众是历史的创造者原理、无产阶级战略策略原理、无产阶级政党及其建设原理、科学社会主义本质特征原理、人的全面发展与共产主义原理等原理以及由这些原理构成的马克思主义理论体系,取得了一些较有影响的理论成果,如《马克思主义基本原理概论》等。

(三) 马克思主义发展史研究

新中国成立之后，马克思主义发展史的研究也较为侧重从哲学、政治经济学、科学社会主义三个组成部分分别进行研究。为从整体上研究马克思主义的孕育、形成和发展的历史，20 世纪 80 年代初，全国哲学社会科学规划会议把编写马克思主义发展史列为国家的重点科研项目，推动了我国马克思主义发展史的研究，取得了许多重要的研究成果。[①] 如中国人民大学马克思主义发展史研究所撰写的《马克思恩格斯思想史》《列宁思想史》和《马克思主义发展史》（4 卷本）。除了一系列通史性的著作外，还出版了诸如《马克思主义诞生史》《马克思主义形成史》《马克思主义哲学史》（8 卷本）《马克思主义哲学的历史与现状》《马克思主义经济思想史》（5 卷本）《马克思主义中国化理论创新 30 年》等专题史的研究著作。此外，部分国外学者关于马克思主义发展史方面的研究成果也被翻译成中文出版，如南斯拉夫学者弗兰尼茨基的《马克思主义史》、英国学者麦克莱伦的《马克思主义以前的马克思》和《马克思以后的马克思主义》。

江泽民同志在党的十六大报中告明确提出，必须"在全党深入进行马克思主义发展史的教育"，极大地促进了马克思主义发展史的研究。随着马克思主义理论研究与建设工程的实施，马克思主义发展史相关教材的编写工作陆续展开，国内马克思主义理论界对于马克思主义发展史的研究对象、历史分期以及时代主题等重大问题进行了深入研究，力求科学阐释马克思主义的发展阶段、发展趋势和基本规律。

(四) 马克思主义中国化研究

中国共产党从诞生之日起就把马克思主义确立为自己的指导思想，坚持把马克思主义基本原理同中国具体实际相结合，先后创立了毛泽东思想和包括邓小平理论、"三个代表"重要思想以及科学发展观等重大战略思想在内的中国特色社会主义理论体系两大理论成果。同时，自 1938 年 10 月毛泽东于《论新阶段》首次提出马克思主义中国化的任务之后，这一

---

① 靳辉明：《马克思主义研究 50 年》，载中国社会科学院科研局编《中国社会科学五十年》，中国社会科学出版社 2000 年版。

问题便引起了中国马克思主义学者的广泛关注；改革开放以来尤其是进入 21 世纪之后，我国马克思主义学界围绕实现马克思主义中国化的历史必然性、实现马克思主义中国化的条件和必须坚持的原则与要求、马克思主义中国化的历史进程和基本规律、马克思主义中国化的基本历史经验等基本问题以及马克思主义中国化两大理论成果进行了深入研究，取得了丰硕成果，不仅为马克思主义中国化两大理论成果的形成和发展做出了贡献，而且不断推动了中国社会科学的马克思主义化。

毛泽东思想研究是马克思主义中国化研究的重要领域。60 年来，国内毛泽东思想研究经历了学习宣传、通俗解释到断章取义、教条主义盛行，再到公正评价、科学解读的不同发展时期，研究领域和内容不断拓展，研究视野和方法不断更新，取得了一批有重要价值和影响的研究成果。据不完全统计，从 1949 年到 1978 年，国内发表的毛泽东思想研究论文 1 万余篇，著作 1300 余种。1978 年以后的成果数量和质量远远超过前 30 年[①]，比较有影响和重要的论著有《毛泽东思想原理讲话》《毛泽东思想史稿》《毛泽东思想研究》《毛泽东思想史》（4 卷本）《毛泽东思想概论》以及《毛泽东研究》《毛泽东思想的科学体系》《毛泽东思想与实践》等大型丛书。众多的研究文献围绕毛泽东思想的科学体系和活的灵魂、毛泽东思想对马克思列宁主义的丰富与发展、周恩来、刘少奇和陈云等其他思想家、政治家对毛泽东思想的贡献以及毛泽东早期思想和晚期思想等方面，对毛泽东的哲学思想、经济思想、军事思想、教育思想以及毛泽东思想与当代中国特色社会主义实践等领域进行了深入研究，系统总结了马克思主义中国化的第一次历史性飞跃。

邓小平理论是中国特色社会主义理论体系的奠基者。自 20 世纪 70 年代末以来，伴随着邓小平理论的逐步形成和发展，我国的邓小平理论研究大致经历了三个阶段：1987 年中共十三大之前，围绕真理标准问题、战略重点转移问题、改革开放的必要性等问题和"走自己的路，建设有中国特色社会主义"这一科学命题进行了较为深入的研究；从中共十三大到十四大，围绕"建设有中国特色社会主义理论"深入系统研究了社会主义初级阶段理论和党在社会主义初级阶段的基本路线等重大问题；中共

---

① 靳辉明：《马克思主义研究 50 年》，载中国社会科学院科研局编《中国社会科学五十年》，中国社会科学出版社 2000 年版。

十四大以来，邓小平理论研究在各个领域全方位、多层次系统而整体地展开。30 年来，我国邓小平理论研究围绕邓小平理论的形成与发展、科学体系和逻辑结构、基本特征和精神实质、与毛泽东思想的关系和比较、对马克思主义的历史贡献等方面，出版发表了一大批高质量有影响的综合性和专题性研究专著、研究丛书和研究论文，如《有中国特色社会主义——经济、政治、文化》《邓小平建设有中国特色社会主义新论大纲》《邓小平思想研究》《邓小平思想发展概述》《有中国特色社会主义理论体系研究》《邓小平思想研究丛书》《邓小平理论与实践研究丛书》等。

"三个代表"重要思想是在新的历史条件下对马克思主义党的先进性理论的丰富和发展。自 2000 年 2 月江泽民同志明确提出"三个代表"重要思想以来，理论界围绕"三个代表"重要思想产生的必然性、理论和实践基础、科学内涵、精神实质、历史地位等方面，深入阐释了它是在国际形势发生重大变化的条件下对党的建设面临的严峻考验的科学回应，明确界定了"三个代表"重要思想与马克思主义、毛泽东思想、邓小平理论之间源与流的关系，深入探讨了执政党的建设规律，出版发表了一批有影响的重要理论成果，如《党的性质与"三个代表"的科学内涵》《"三个代表"重要思想学习纲要》《与时俱进的理论新篇——"三个代表"重要思想解读》《创新与超越："三个代表"重要思想与中国共产党保持先进性研究》《"三个代表"与中国共产党执政规律》等。

党的十六大以来，以胡锦涛为总书记的党中央提出了科学发展观、构建社会主义和谐社会等重大战略思想，极大地推动了马克思主义中国化进程。理论界围绕着科学发展观的确立和内涵、社会主义和谐社会的理论渊源与特征，以及如何落实科学发展观、构建社会主义和谐社会的路径选择等方面进行了全面研究，系统探索了中国特色社会主义发展理论的整体性创新，取得了一批重要而有影响的理论成果，如《科学发展观学习读本》《中国和平发展与国家战略》《构建社会主义和谐社会若干重大问题解析》《马克思主义中国化最新成果读本》等。

（五）国外马克思主义研究

国外马克思主义研究发端于 20 世纪 60 年代为"反修防修"而内部发行的萨特、梅洛-庞蒂、布洛赫等人的著作，70 年代末 80 年代初正式成为国内马克思主义理论研究的一个领域。80年代初期，国外马克思主义研究主要集中于综述介绍"西方马克思主义"的源流、法兰克福学派"否定的辩证法"、社会批判理论及其代表人物的思想。80年代中后期，国外马克思主义研究围绕"西方马克思主义"的概念、起源、对象、特征、研究方法、现实意义及其在马克思主义哲学史上的地位等许多问题展开了广泛的讨论。90年代以后，国外马克思主义研究集中于评述"西方马克思主义"开创者卢卡奇和葛兰西等人的思想、法兰克福学派及其代表人物哈贝马斯和马尔库塞等人的思想、存在主义的马克思主义及其代表人物萨特的思想以及结构主义的马克思主义及其代表人物阿尔都塞的思想等方面。进入21世纪，以柯亨、罗默、埃尔斯特等为代表的分析学派的马克思主义，以詹姆逊、哈维、德里达等为代表后现代主义的马克思主义，以佩珀、奥康纳、福斯特等为代表的生态马克思主义等思潮，成为国外马克思主义研究的焦点。2005年之后，随着"国外马克思主义研究"学科的设立，国外马克思主义研究在更加广泛的领域里展开，世界各国共产党的理论主张、国外左翼思想和中左翼思想也都已成为国外马克思主义的研究对象。

  30年来，国外马克思主义研究经历了从重点探讨"西方马克思主义"和"新马克思主义"，到自我创新"国外马克思主义研究"学科的研究范式转换，从分散研究和以哲学为主走向综合研究和多分支学科齐头并进的研究领域拓展，从重点探讨国外研究马克思主义的学者理论到同时重视国外共产党的马克思主义理论的研究界别拓宽，呈现出崭新的研究局面。其间，翻译出版了一大批有代表性的国外马克思主义著作，如卢卡奇的《历史与阶级意识》《理性的毁灭》《审美特征》、柯尔施的《马克思主义和哲学》《卡尔·马克思》、葛兰西的《狱中札记》、柯亨的《卡尔·马克思的历史理论》等。同时，学术界已有一大批重要的研究专著和文献陆续面世，如《"西方马克思主义"》《西方马克思主义理论研究》《弗洛伊德的马克思主义》《"西方马克思主义"的当代资本主义理论》《法兰克福学派研究》《分析学派的马克思主义》《国外马克思主义哲学流派》《"新马克思主义"析要》《折断的理性翅膀》《欧洲发达国家共产党的变革》《当代资本主义国家共产党》等。

（六）其他理论领域的研究

新中国成立之后，一直十分重视研究国际共产主义运动的历史经验。1958年出版了我国学者撰写的第一部《国际共产主义运动史》之后，有关国际共运史的著作和文献日益增多，相关研究机构陆续建立。研究的主要问题有：第一国际、第二国际和共产国际研究；伯恩斯坦、考茨基等历史人物研究；二战后国际共产主义运动包括苏南冲突、匈牙利事件、苏共二十大研究；南斯拉夫、匈牙利等社会主义国家改革的理论与实践研究；苏东剧变后的国际共产主义运动研究以及国际金融危机与各国共产党和工人运动研究等方面。[①]

新中国成立初期，马克思主义史学理论研究和建设的重要内容之一，是介绍、学习苏联史学理论及其研究实践；坚持唯物史观的指导作用，批判和清除资产阶级史学理论及封建主义传统史学的影响。大批苏联史学家的名著被译成中文出版，成为高校历史系的教材或教学参考用书。20世纪50年代和60年代初，马克思主义史学理论研究的问题主要有：中国古代史分期、中国封建土地制度、中国古代农民战争、汉民族形成、中国资本主义萌芽等，《中国通史简编》3编4册、多卷本《中国思想通史》等重要著作也在这一时期出版。改革开放以来，马克思主义史学理论研究进入新的发展阶段，研究的主要问题有：历史发展规律与五种生产方式、亚细亚生产方式、"地区历史"和"世界历史"的范畴、文明起源和早期国家形态、历史发展的统一性和多样性、历史发展和选择的必然性和偶然性等。[②]

新中国成立以来的前30年，是马克思主义宗教观的研究正式起步、初步发展，其后出现曲折，完全中断的时期。改革开放以来的30多年，通过拨乱反正，解放思想，恢复深化，创新发展，马克思主义宗教观研究逐步进入更为科学和成熟的时期。进入21世纪，我国马克思主义宗教观研究的视角更加开阔，观点不断创新，集中出版了一批专门研究马克思、恩格斯宗教观的著作，对马克思主义宗教观的综合性研究得到了进一步拓

---

① 奚洁人、余源培：《二十世纪中国社会科学·马克思主义卷》，上海人民出版社2005年版，第313—359页。

② 于沛：《马克思主义史学理论研究的丰硕成果》，《人民日报》2009年7月17日。

展，马克思主义宗教观中国化的研究成为亮点，一大批论著集中探讨中国化马克思主义宗教观的理论建构，如《社会主义的宗教论》《论"中国特色社会主义宗教观"》《论马克思主义宗教观中国化的基本经验》《试论中国特色社会主义宗教理论体系》等。①

此外，马克思主义政治学、社会学、文艺学等领域也取得了十分丰硕的研究成果。以上概述显然难以全面详细地反映我国马克思主义理论研究60年各领域所取得的成就。

三 马克思主义理论研究的未来发展

总结历史，是为了开辟未来。"过去的成功是我们的财富，过去的错误也是我们的财富。"② 展望未来，随着时代的变化和中国特色社会主义伟大事业的推进，马克思主义理论研究必将开创新的局面，取得更大成就。

（一）继续加强马克思主义经典著作编译出版研究工作，科学理解和对待马克思主义

加强马克思主义经典著作编译出版和研究，是坚持和发展马克思主义的必然要求。可以预见，随着《马克思恩格斯全集》中文第2版各卷的陆续推出、《马克思恩格斯文集》10卷本和《列宁专题文集》5卷本的出版、MEGA2新文献和相关资料的不断引进以及一些新发现的经典文献译文的不断面世，马克思主义经典著作和基本观点的研究必将取得更大进展。研究方法和研究路径作为马克思主义经典著作和基本观点研究的基础研究必将引起广大学者的广泛关注，马克思主义经典著作的文本研究、文本比较以及马克思主义经典作家的比较研究将会继续得到深化和提升，具有中国特色、中国气派和中国风格的"马克思学"或"马克思主义学"作为马克思主义理论的新学科有望诞生。

马克思主义经典著作和基本观点的研究是科学理解和对待马克思主义

---

① 龚学增：《新世纪我国马克思主义宗教观研究新进展》，《中国民族报》2009年6月23日。

② 《邓小平文选》第3卷，人民出版社1993年版，第288页。

的基础。围绕"什么是马克思主义、如何对待马克思主义"这一重大问题,我国马克思主义理论工作者已经进行了持久热烈的探讨,取得了重大进展。但是应该看到,如何以发展的观点认识马克思主义,如何以整体的视野理解马克思主义,如何以科学的态度对待马克思主义,科学阐释马克思主义的本质属性、发展历史、创新规律;努力分清哪些是必须长期坚持的马克思主义基本原理,哪些是需要结合新的实际加以丰富发展的理论判断,哪些是必须破除的对马克思主义的教条式理解,哪些是必须澄清的附加在马克思主义名下的错误观点,仍将是今后马克思主义经典著作研究的努力方向。

(二)科学总结马克思主义理论研究的发展规律,不断推进马克思主义中国化进程

坚持马克思主义的基本原理与中国的具体实际和世界的现实情况相结合,是中国革命和建设事业成功的要诀所在,也是中国马克思主义理论研究60年的宝贵经验。繁荣马克思主义理论研究,不断推进马克思主义的中国化,必须继续坚持马克思主义基本原理与中国和世界的具体实际相结合的原则,正确处理"马学""西学"和"国学"的关系,坚持马克思主义的指导地位,积极吸收借鉴西方哲学社会科学的有益成果和中国传统文化的精华,加强研究世界各国尤其是当代资本主义的各种变化和问题,科学总结新中国成立60年尤其是改革开放30年的伟大历程和历史经验,准确把握中国特色社会主义伟大实践的各种问题,实现马克思主义理论研究的综合创新,推动中国特色社会主义理论体系研究取得更大进展。简言之,要确立"马学为体、西学为用、国学为根,世情为鉴、国情为据,综合创新"的学术原则。①

同时,通过科学总结160年来马克思主义发展历史,探究马克思主义理论研究方法的演变规律,自觉更新马克思主义理论研究的思维方式和研究范式;探究马克思主义理论学科的建设规律,合理设置学科目录、学科边界、学科结构、学科功能和学科体系;探究马克思主义理论研究队伍和人才的成长规律,努力造就一批学贯中西的马克思主义理论大家、学科领

---

① 程恩富、何干强:《论推进中国经济学现代化的学术原则——主析"马学"、"西学"与"国学"之关系》,《马克思主义研究》2009年第4期。

军人物和较高素质的骨干人才；探究马克思主义学术精品的产出规律和机制，不断提升马克思主义研究的学术水平和思想境界，为继续推进马克思主义中国化历史进程提供有力学理支撑，无疑也是马克思主义理论研究和学科发展的努力方向。

（三）不断拓展马克思主义理论研究的领域和深度，努力实现学术研究、政策探讨和理论宣传三者的有机结合

马克思主义是一种不断发展的学术体系，而不是僵化之学。作为开放性的科学体系，马克思主义只有在发展创新中才能展示其旺盛的学术生命力。当代中国马克思主义学者必须结合世界资本主义和社会主义的最新变化，不断创新马克思主义学术研究。当今世界正在发生急剧而深刻的变化，马克思主义学术研究面临着许多新的课题和挑战。例如，如何看待当代世界资本主义各种变化和发展趋势，科学解释当代资本主义的发展潜力和生命周期；如何看待当代世界社会主义运动遭遇的挫折和低潮，科学阐释科学社会主义的未来命运和发展道路；如何看待当代世界科学技术发展引起的人类社会生活各个领域的深刻变化，科学阐明马克思主义理论体系的当代价值；如何看待中国特色社会主义实践的成功经验和现实问题，科学阐发社会主义建设规律、共产党执政规律、人类社会发展规律，等等。运用马克思主义立场、观点、方法来研究新情况、解决新问题、得出新结论，是当代中国马克思主义学者的学术使命。中国社会科学要以马克思主义为指导，中国需要繁荣马克思主义性质的社会科学。

马克思主义是一种不断应用的政策思路，而不是书斋之学。作为改造世界的理论工具，马克思主义只有在具体实践中才能体现其科学的应用价值。当代中国马克思主义学者必须适应国内外形势的发展和实践的要求，深入研究改革开放和现代化建设实践提出的重大问题，不断推出合乎马克思主义和中国特色社会主义内在要求和价值的应用性和政策性成果，更好地服务全面建设小康社会、加快推进社会主义现代化的历史任务。必须深入研究如何贯彻落实科学发展观，坚持社会主义初级阶段基本经济制度，进一步完善社会主义市场经济的体制和政策；深入研究如何把坚持党的领导、人民当家做主、依法治国有机统一起来，进一步深化政治体制改革，拓宽发展中国特色社会主义民主政治的体制和政策；深入研究如何坚持和巩固马克思主义在意识形态领域的指导地位，着力建设社会主义核心价值体系，巩固壮大主流思想舆论，推进文化创新，提高国家文化软实力的体制和政策；深入研究如何加快推进以改善民生为重点的社会建设，使全体人民共享改革发展成果的体制和政策；深入研究国际政治经济文化发展的变化，特别是当前国际金融和经济危机，完善应对国际形势变化的体制和政策；深入研究如何以执政能力建设和先进性建设为主线，全面推进党的建设的体制和政策。中国的智库要学会应用马克思主义，中国需要更多的马克思主义性质的智库。

马克思主义是一种不断大众化的理论，而不是"精英"之学。作为反映工人阶级和劳动人民根本利益的理论和意识形态，马克思主义只有真正为广大人民群众所掌握才能成为改造世界的强大力量。当代中国马克思主义学者必须积极宣传马克思主义理论尤其是中国特色社会主义理论体系，不断推进马克思主义大众化。应当紧紧围绕什么是马克思主义、怎样对待马克思主义，什么是社会主义、怎样建设社会主义，建设什么样的党、怎样建设党，实现什么样的发展、怎样发展等重大理论和实际问题，宣传阐释中国特色社会主义理论体系的历史地位和指导意义；应当结合中华民族争取民族独立的百年历史和实现民族复兴的百年征程，宣传阐释历史和人民是怎样选择了马克思主义、选择了中国共产党、选择了社会主义道路，引导人们深刻认识只有社会主义才能救中国、只有中国特色社会主义才能发展中国，深刻认识中国共产党始终是我们事业发展的坚强领导核心；应当结合我们党开拓改革开放道路的艰辛历程和巨大成就，宣传阐释改革开放如何发展了中国、发展了社会主义、发展了马克思主义，引导人们深刻认识改革开放是决定当代中国命运的关键抉择；应当结合人民群众学习掌握马克思主义并转化为行动力量的途径方法，研究阐释马克思主义大众化的经验教训，不断推进当代中国马克思主义理论创新成果走向基层、走进群众。人民大众要掌握马克思主义，马克思主义需要宣传而大众化。

（四）努力提升马克思主义理论研究的国际视野，大力构建全球马克思主义理论研究的"中国话语"

随着中国革命、建设和改革开放的巨大成功，中国马克思主义理论研究的国际影响也日趋扩大。60年来，翻译出版了英、法、西、日等外文版《毛泽东选集》《毛泽东著作选读》《毛泽东军事文选》《周恩来选集》《刘少奇选集》《朱德选集》《邓小平文选》《陈云文选》和俄文版《江泽民文集》以及不少学者的论著等，向世界展示了马克思主义中国化的理论成果。与此同时，一大批国外学者，如施拉姆、魏斐德、沃马克、德里克、奈特、伊藤诚、大卫·科茨等人以马克思主义基本原理与中国具体实际的结合为主题，采用文本解读和理论透视两种主要方法，先后研究了马克思主义中国化和中国特色社会主义的经济政治文化社会各个领域的理论和现实。

但是长期以来，我国马克思主义理论研究领域存在着"马克思主义的中国化"和"中国马克思主义的国际化"相互分离、相互割裂的不良状态。[①] 中国马克思主义理论研究的未来发展必须加大"引进来、走出去"的双向交流，努力提升马克思主义理论研究的国际视野，大力构建全球马克思主义理论研究的"中国话语"。当代中国马克思主义学者必须透彻、全面了解国外马克思主义的历史和现状，展开与国外马克思主义学者的全方位、实质性的学术对话，同时积极地把马克思主义的中国社会科学和中国特色社会主义理论体系正确地介绍到世界各国，使之成为国际上最有生命力和影响力的理论思潮和学术前沿之一，不断增强中国马克思主义理论研究的国际话语权和国际影响力。我国必须大幅度提高作为高端"软实力"的学术思想影响力！

回顾和展望新中国马克思主义的理论研究，我们深刻地体会到，"理论在一个国家实现的程度，总是决定于理论满足这个国家的需要的程度"[②]。历史已经证明并还将证明，中国需要马克思主义，中国特色社会主义伟大事业需要中国化的马克思主义。以马列主义及其中国化理论为指导，深入贯彻落实科学发展观，实事求是、解放思想、与时俱进、求真务实，贴近实际、贴近生活、贴近群众，中国马克思主义研究一定会开辟新境界，呈现新气象。在中国特色社会主义理论体系研究方面、在马克思主义中国化最新成果的教育普及方面、在马克思主义经典著作编译出版和基本观点研究方面、在建设充分反映马克思主义中国化最新

---

① 俞吾金：《马克思主义的中国化和中国马克思主义的国际化》，《现代哲学》2009 年第 1 期。
② 《马克思恩格斯选集》第 1 卷，人民出版社 1995 年版，第 11 页。

成果的学科体系和教材体系方面、在马克思主义理论队伍建设方面、在马克思主义理论研究成果对外交流方面，均取得重大进展，从而为发展中国特色社会主义和复兴世界社会主义提供学术支持、宣传保障和创新动力。

（程恩富，中国社会科学院学部委员、马克思主义研究学部主任，中国社会科学院马克思主义研究院原院长。胡乐明，中国社会科学院马克思主义研究院马克思主义原理研究部主任，研究员，博士生导师）

在坚持与发展马克思主义的
道路上探索前进

靳辉明

1994年3月，我从中宣部理论局局长的岗位上卸任，调到中国社会科学院任马列所所长，直到1998年任职期满。在此四年多的时间里，在社科院领导和马列所同仁以及兄弟单位的大力支持下，马列所的学科建设、科研教学、行政后勤等各项工作都得到了加强和改善，取得了显著的进步，为以后马列所的发展和马研院的建设打下了较好的基础。事非经过不知难，那段时期的工作可谓举步维艰、千头万绪，我仅从以下三方面做一些回顾和总结。

一 恢复和巩固马克思主义的思想理论阵地

众所周知，受资产阶级"自由化"思潮的影响，在20世纪80年代中后期，马列所的某些负责人和科研人员发表了大量错误言论，参与了一些非法活动、特别是"六四"政治风波，受到上级部门的批评和社会各界的指责，给马列所各项事业的发展造成了严重的影响，甚至马列所应否撤销也引起讨论。在"马列所不仅不能停办，而且必须办好"的精神下，我来到马列所。作为党中央直接领导下的国家级的理论学术研究和意识形态工作机构，马列所要承担起应有的职责，发挥应有的作用，必须坚持正确的政治立场、理论方向和科研方向，树立理论联系实际的优良学风和严谨认真的治学态度，扎扎实实地推进马克思主义理论

研究和学科建设,在加强和拓展马克思主义思想理论阵地方面走在全国的前列。为此,我在马列所努力倡导和实行了以下举措:

陈奎元向靳辉明颁发学术委员证书

首先,端正办所治所的方向,坚持以科学的态度对待马克思主义。我认为,马列所不同于文史哲等其他研究所,不仅要坚持以马克思主义为指导,而且直接以马克思主义为研究对象,系统地研究马克思主义的理论体系、历史发展和实践运用,为党和国家的科学决策服务,为社会主义伟大事业提供理论支持。在1995年《马克思主义研究》复刊时,针对"左"和右两种错误倾向,我明确提出:"马克思主义在当代的命运,很大程度取决于在继承马克思主义基本原理的前提下,用新的实践经验去继续丰富和发展它。我们用八个字来概括这一精神:坚持、发展、研究、创新。这应该是当前对待马克思主义的唯一正确的态度。"[①] 所谓坚持马克思主义,就是坚持马克思主义对于社

---

① 靳辉明:《坚持 发展 研究 创新——代发刊词》,《马克思主义研究》1995年第1期,第3页。

会实践和科学研究的指导地位和作用，坚持马克思主义的科学世界观和方法论，坚持用马克思主义立场、观点和方法来观察、分析和解决实际问题。所谓发展马克思主义，就是指根据新情况、新问题，对新的实践经验进行理论的概括和提炼，并把这些内容增添到马克思主义理论宝库中去；是指纠正和完善那些马克思主义创始人依据当时条件作出的，或者只是初步提出，还需要进一步论证的那部分内容，使之更好地适应当前的实际；是指在马克思主义的运用中，把它与现实结合而具体化，自觉地实现理论向现实的转化和飞跃。作为坚持和发展的辩证统一，必然要求将马克思主义的研究和创新有机结合起来。因为对于像马克思主义这样博大精深的理论，不下苦功夫去研究是不能掌握的。当然，研究马克思主义不能停留在书本上，复述马克思主义经典作家的词句，而应该从现实出发，运用马克思主义的立场、观点和方法去分析和解决新的问题，提出新的理论，不断推进马克思主义的创新。正是在坚持、发展、研究、创新马克思主义这一方针和原则的指导下，马列所的全体人员才达到思想上和政治上的团结统一，各项工作才走上正常发展的轨道，并很快在国内外产生了积极的影响。

其次，加强马克思主义学科建设和人才队伍建设。为了加强对马克思列宁主义基本理论的研究，我先后从社科院政治学所、哲学所选调了李延明、李凤鸣等同志到马列所工作。为了加强对马克思主义中国化创新成果的研究，我在全国率先组建了"建设有中国特色社会主义理论研究室"，组织申报和开展中国社科院重点研究课题"中国特色社会主义理论的形成及其科学体系"，并先后从社科院研究生院和中国人民大学的博士生中挑选赵智奎、罗文东等同志到该室工作。为了推进当代国外马克思主义和社会主义理论的研究，我在全国率先倡导加强对国外共产党和社会民主党的理论观点和方针政策的跟踪研究，并相继从中国人民大学和社科院研究生院的博士生中挑选姜辉、吕薇洲等同志到当代国外马克思主义和社会主义研究室工作。这些同志很快成长为马列所的科研骨干甚至著名的专家学者。为了恢复和加强马列所研究生的培养，我多次与国务院学位委员会和社科院研究生院沟通协商，从1995年起马列所又开始招收科学社会主义和国际共产主义运动专业的博士和硕士研究生，先后为本所和全国马克思主义学界培养了一大批优秀后备人才。

最后，扩大国内外学术交流与合作，提升马列所的地位和作用。20

世纪80年代末90年代初，东欧剧变、苏联解体使社会主义运动遭受严重挫折，给马克思主义理论提出新的挑战。1994年7月，为落实中央领导提出的加强对国外社会主义跟踪研究的指示，在中宣部的主持下，国外社会主义研究协调组成立，由滕藤同志担任组长，由我任副组长，负责具体研究工作，参加单位有中国社科院、中联部、中央编译局、中央党校、教育部等。在我负责的十多年时间里（以后在协调组的基础上，成立了世界社会主义研究中心，由李慎明同志负责），研究和编印了约500篇《国外社会主义研究动态》和专向中央呈送的报告，召开了一系列国外社会主义理论与实践研讨会。这对于当时推动国外社会主义研究起了很大的作用。为及时了解国外马克思主义研究的现状和动向，我组织和带领马列所的专家学者先后对俄罗斯、朝鲜、越南、法国、英国等进行学术访问，并邀请有关国家的马克思主义专家和左翼学者到马列所进行学术交流，每次学术访问都撰写研究报告或论文供中央有关部门或学界同仁参考。例如，1994年10月，我带领马列所学术代表团赴俄罗斯进行访问，出席了莫斯科东方文化国际学术研讨会，并与俄共理论家、莫斯科大学哲学系瓦秋林教授进行了会谈。1996年秋，我访问了设在德国柏林勃伦顿堡科学院的《马克思恩格斯全集》（国际版）编辑部，与主持编辑工作的原西德政治学教授门格勒进行了会谈。1996年10月，我又带领马列所学术代表团赴朝鲜进行访问，与朝鲜主体思想研究院的专家学者和朝鲜劳动党的负责理论工作的领导人进行了比较深入的交流。1997年5月，我带领马列所的专家学者赴越南进行访问，与越南国家社会科学与人文研究中心主任阮维贵等同志进行了会谈，并将马列主义胡志明思想学科全国通用教材中央指导编撰委员会编写的《关于当代马列主义的若干问题》，组织专家翻译成中文出版。我在中译本前言里向国内学界和同行介绍了该书的编写背景、过程和特点，并明确指出："我国同越南都面临着同样的国际形势，都在进行改革开放，都在搞社会主义的市场经济。我们两国所面临的经济、政治、思想方面的问题也基本相似，特别是都面临着在新的历史条件下，如何坚持和发展马克思主义这一历史性的重大课题。相互交流研究成果是十分必要的。本书在我国的出版有助于我们了解越南同志面对新的形势，提出了哪些新的问题和新的看法，他们对马克思主义基本理论和实践问题是如何阐述的，如何认识当代资本主义，如何把马克思主义基本原理运用于本国的革新实际,从而对我们的思考和研究起到启迪和借鉴作用。"①1998年5月,我还带领马列所的专家学者赴法国进行访问,出席了在巴黎举行的纪念《共产党宣言》发表150周年国际学术研讨会。回国后,我撰写并发表了学术会议纪要介绍了大会的主要议题、观点和影响,指出"这次大会显示了世界社会主义的力量,反映了苏东剧变后国际上出现研究马克思主义的新的热潮"②。在积极扩大对外学术交流的同时,我还积极主动地联系中央党校、中央编译局、中国人民大学、北京大学、武汉大学、华东师范大学、中山大学等兄弟单位及同行专家学者,多次召开全国性的或国际性的马克思主义理论和社会主义实践的研讨会,以加强国内外马克思主义科研教学机构和专家学者之间的团结与合作,充分发挥马列所在国内外马克思主义交流合作方面的重要平台和带头示范作用。

二 开拓马克思主义研究的新领域和新境界

在当代中国,要推进马克思主义理论研究和学科建设,必须深刻把握马克思主义的学科性质、基本特点和重点问题、主攻方向。我认为,马列所要始终坚持和高扬马克思主义的科学性,正确处理政治与学术、科学性和意识形态性的辩证关系,不能把两者完全割裂开来或简单等同起来。马克思主义理论作为学科来建设,就要突出其科学性,发掘马克思主义学说中的科学真理,从而为我们的指导思想奠定坚实的理论基础。马列所要从整体上系统深入地研究马克思主义科学体系,注意克服过去对马克思主义哲学、政治经济学、科学社会主义三个组成部分进行分门别类的研究的弊端。整体性是马克思主义学科的重要特征,它不仅体现在马克思主义基本原理上,而且体现在马克思主义各组成部分的有机联系上。马列所要重点研究社会主义理论和实践问题,特别是要把中国特色社会主义的理论与实践作为主攻方向。因为在马克思主义发展过程中,其三个组成部分并非均

---

① [越]马克思列宁主义、胡志明思想学科全国通用教材中央指导编撰委员会:《关于当代马列主义的若干问题》,赵玉兰译,中央编译出版社1997年版,中译本前言,第12—13页。
② 靳辉明:《〈共产党宣言〉与现时代》,《马克思主义研究》1998年第6期。

衡发展的。在某一时期，由于形势的变化和实践的需要，它的某个方面会显得特别突出。"在当今世界，最为突出的是社会主义问题。要把马克思主义推向前进，就必须解答社会主义面临的问题，就必须在社会主义理论上有新的突破。"[①] 在我担任马列所所长期间，除鼓励和支持科研人员根据各自专业基础和学术兴趣，自主开展理论研究，推出大量有较高水平和深度、有大影响的马克思主义研究论著之外，还组织和带领所内外的专家学者进行集体攻关，在系统研究马克思主义基本理论，特别是深入研究社会主义问题上取得了较大进展。

"人、人性和人道主义以及它同马克思主义的关系，是一门艰深的学问，需要进行长期潜心的研究才能作出正确阐释。"[②] 我主持完成了全国"七五"哲学社会科学基金项目"马克思主义关于人的发展问题研究"，和罗文东合著和出版了《人道主义与现代化》一书，从西方与中国现代化的历史进程和文化变革的角度，全面探讨了人道主义的含义、实质及其对西方和中国现代化的影响，阐述马克思主义对人道主义的批判、继承和超越的关系，论证社会主义人道主义的理论基础、现实意义及其在中国现代意识和社会主义精神文明建设中的重要地位和作用。该书实际上是对马克思主义关于人道主义问题的系统研究和解答，先后获得华东地区优秀哲学社会科学图书二等奖和马列所优秀科研成果一等奖。

中国特色社会主义理论是中国社会主义建设的本质和规律的理论概括，是马克思主义在当代中国具体条件下的创造性运用和发展。要完整、准确地掌握这一理论，就必须把握其内在的逻辑结构，即由一系列概念、原理相互联系所形成的理论体系。我主持完成了中国社科院重点课题"中国特色社会主义理论的形成及其科学体系研究"，组织马列所的李崇富、王煜、郭志鹏、赵智奎、罗文东、周晓英等专家学者合作撰写和出版了最终成果《中国特色社会主义理论体系研究》一书，深入分析了中国特色社会主义理论产生的时代特征、历史条件及其哲学基础、理论基石、重要范畴，全面阐述我国社会主义初级阶段的基本纲领、基本路线和基本政策，逻辑地再现了在经济文化落后的中国，怎样认识社会主义和怎样建

---

① 靳辉明：《坚持 发展 研究 创新——代发刊词》，《马克思主义研究》1995 年第 1 期，第 6 页。

② 靳辉明、罗文东：《人道主义与现代化》，安徽人民出版社 1997 年版，第 336 页。

设社会主义这一根本问题，完整地体现了中国特色社会主义理论的丰富内涵、精神实质和理论意义、实践意义。我明确地提出了"中国特色社会主义理论体系"这一重要概念，并从思想内容上将这一体系分为四个层次：（1）中国特色社会主义理论及其科学体系赖以存在的哲学基础；（2）中国特色社会主义理论的基本原理和基本观点，包括中国特色社会主义的理论基石和中国特色社会主义经济、政治、文化的基本观点；（3）以中国特色社会主义理论为依据的党的基本路线、基本政策；（4）中国特色社会主义理论体系的基本范畴。以上四个层次，比较完整地反映了中国特色社会主义理论体系的内在逻辑结构，蕴含着对当代中国认识和建设社会主义一系列基本问题的阐明，揭示了中国特色社会主义的本质性和规律性。[1] 该书受到理论界的高度重视和肯定，并获1999年中宣部"五个一工程"奖。

我一贯坚持立足当代，面向世界，面向未来，从历史、理论和实践相结合的高度，全面深入地研究科学社会主义学说，创造性地解答马克思主义在当代世界和当今中国所遇到的重大问题。我主持完成了全国"八五"哲学社会科学基金项目"科学社会主义与20世纪社会主义实践"研究，组织马列所的李凤鸣、罗文东、沈宗武和中国人民大学的顾海良、叶卫平等专家学者合作撰写和出版了最终成果《社会主义历史、理论与现实》一书，系统分析和阐述了马克思主义诞生一个半世纪以来，科学社会主义在理论上的发展和实践上的创新，并探讨了21世纪世界社会主义运动的特点和趋势，特别是结合各个时期的实际，对社会主义一系列重要问题作了比较深入的阐发，对一些有争议的看法阐明了自己的观点。我明确提出："不仅要深刻钻研马克思主义科学社会主义理论，深刻总结20世纪社会主义实践的经验教训，而且也应对当前世界社会主义现状和前景进行研究，对社会主义的历史命运和当前面临的问题，作出科学的回答，以澄清人们的模糊认识，增强对社会主义的信念，同时向前推进科学社会主义学说。"[2] 该书受到了理论界的重视和好评，并获2001年中宣部"五个一工程"奖。

---

[1] 靳辉明主编：《中国特色社会主义理论体系研究》，海南出版社1998年版，第1—27页。
[2] 靳辉明主编：《社会主义历史、理论与现实》，安徽人民出版社2000年版，前言，第4页。

资本主义和社会主义两种思想体系和社会制度是在相互联系和斗争中发展的。如何认识当代资本主义新变化和世界社会主义面临的挑战与发展前景，是马克思主义在当今遇到的最大理论难题。我主持完成了国家社科基金重大课题"当代资本主义新变化与世界社会主义面临的挑战和发展前景研究"，组织马列所的李崇富、张战生、罗文东、姜辉、吕薇洲、罗云力、于海青和世经政所的谷源洋、王金存、刘国平等专家学者通力合作撰写和出版了最终成果《当代资本主义与世界社会主义》一书，从探讨时代本质、时代阶段性主题和马克思主义发展新阶段的特点入手，研究当代资本主义在经济、政治、文化和对外关系等方面的新变化及其对社会主义的影响，并结合社会主义实践经验，从理论上对社会主义进行反思，对制约当今世界社会主义的全球化、科技革命和苏东剧变等因素进行探讨，对当前各种类型和各个地区的社会主义力量作全面分析，力图揭示当代世界社会主义的本质特征和发展前景。我明确提出："二战后，在新科技革命和经济全球化的推动下，当代资本主义发生了很大的变化，它已经发展到国际垄断资本主义阶段。在这个阶段，资本主义的扩张性、掠夺性和寄生性表现得比任何时候都要突出……它的这种特性，不仅影响着国际格局，造成了许多全球性的问题，而且对世界社会主义运动也发生了并将继续发生着深刻的影响。苏联、东欧社会主义制度的瓦解，固然主要是其内部原因造成的，是他们的党内出了问题，但是，就外因来讲，主要是当代资本主义作用的结果。""现有社会主义国家正在进行的改革和开放，从一定意义上讲，也是面对当代资本主义新变化而采取的正确举措。""我们不是算命先生，对未来社会主义发展前景和态势的研究和预测，只能建立在对各方面因素和实际材料进行科学分析的基础上，特别是对阶级力量对比和主客观形势变化的正确把握上，这就需要我们进行持续和跟踪的研究。"[①] 该书被同行专家称为探究当今时代主题和社会发展趋势的鸿篇巨著，并获 2007 年中国社会科学院优秀科研成果奖二等奖。

---

① 靳辉明、谷源洋主编：《当代资本主义与世界社会主义》下卷，海南出版社 2004 年版，前言第 2—4 页。

三 积极开展马克思主义领域里的
学术争鸣和思想斗争

马克思主义不仅揭示了整个世界特别是人类社会发展的本质规律，是科学的世界观和方法论，而且代表工人阶级和广大人民群众的根本利益，是改造资本主义旧世界、建设共产主义新社会的锐利思想武器。它诞生一百多年来，既得到工人阶级和劳动人民的认同和拥护，又遭到资产阶级及其代理人的仇视和反对。因此，马克思主义每前进一步，都要经历艰苦的战斗，也就是说，它只能在争鸣和斗争中开拓前进。尤其是在当代中国，马克思主义要掌握群众，指导实践，就必须回击国内外敌对势力对马克思主义的挑战，捍卫和发展马克思主义学说，给正在为社会主义事业而奋斗的人们以理论支持和精神动力。在担任马列所所长期间，在加强日常科研管理、学科建设和理论宣传的同时，还贯彻"百花齐放、百家争鸣"的方针，倡导并参与马克思主义学术争鸣，批评各种错误思潮，以达到正本清源、解疑释惑、凝聚力量、团结奋斗的目的。

1992年，邓小平同志视察南方发表重要谈话，提出社会主义本质是"解放生产力，发展生产力，消灭剥削，消除两极分化，最终达到共同富裕"，从生产力和生产关系以及社会主义目标三方面对社会主义做了全面深刻的阐释。但国内外某些人认为，邓小平关于社会主义本质的概括中没有提到公有制和按劳分配，就是把这两个社会主义原则摒除于社会主义本质之外。针对这种错误观点，我带领马列所的两位学者专门撰写了《论社会主义本质》，并公开发表在《马克思主义研究》上。我们认为："在邓小平同志的思想中，坚持以公有制为主、坚持按劳分配为主，与消灭剥削、消除两极分化是同义语。将两者割裂开，必然会产生歧义和误解。"某些人主张的所有制不是社会制度的基础，公有制不是社会主义"特有的标志"和"基本特征"，进而认为公有制不是社会主义与资本主义的本质区别的观点，"显然是违背科学社会主义基本原理的"。"对于这些有关社会主义本质的原则问题，我们只有本着科学与民主的精神加以认真的分析和深入的研究，将之讨论清楚，才能够为我国建设有中国特色社会主义的实践提供科学的理论支持。"①

苏东剧变后,国际共产主义运动陷入低谷,国内外出现了一股反马克思主义的思潮。这股思潮不仅在理论上反对马克思主义的基本原理,而且在实践中从根本上反对社会主义革命和社会主义建设,否定世界工人阶级的革命斗争,损害工人阶级和广大劳动人民的根本利益。针对当时反马克思主义的几个主要倾向,我于1996年年底专门撰写了《马克思主义的真理颠扑不破》,并公开发表在党的机关刊物《求是》杂志上。我在文中明确指出:宣扬马克思主义"过时论"是一种国际性思潮。这种思潮的"主要理论错误在于,借口时代条件的变化否定马克思主义的普遍真理。他们不是把马克思主义看成揭示客观世界发展规律的科学,看成研究和解决问题的方法,而是把它的个别论断教条化,一旦某个论断不能说明变化了的情况,便认为整个马克思主义'过时了'。事实上,马克思主义是随着社会实践和科学的发展而不断发展的学说,它不断用新的实践经验和科学成果丰富和发展自己"。针对否定马克思主义意识形态主体地位的错误倾向,我明确指出:"马克思主义是指导社会主义事业的理论基础。马克思主义意识形态是维系社会主义制度存在和发展的精神支柱。"马克思主义意识形态,并不简单地排斥西方思想文化和中国传统文化,也不否定"大众文化"的某些积极方面,而是用历史唯物主义的观点和方法,批判地汲取其中包含的有价值的思想成果,以丰富社会主义的思想文化。"试图以西方现代文化或中国传统文化取代马克思主义的主导地位,既不符合科学,也不符合现实,同时也违背了几十年来社会主义思想文化在中国这块土地上形成和发展的过程。"针对否定马克思主义是工人阶级世界观的错误观点,我明确主张:马克思主义是时代的产物,是工人阶级利益的理论表达。学术界竟有人割裂马克思主义和工人阶级的天然联系,认为马克思主义不是工人阶级的世界观,而是知识分子的世界观。"这种奇谈怪论的产生不是偶然的,它是多年来理论界出现的曲解马克思主义、歪曲工人阶级和知识分子的关系,甚至贬损工人阶级历史作用的结果。"当时反马克思主义倾向更突出地表现在反对社会主义及其根本原则问题上。针对这种错误倾向,我明确指出:我国理论界有些人宣称共产主义是"乌托

---

① 靳辉明、严风立:《论社会主义本质》,《马克思主义研究》1995年第1期,第30、32页。

邦",说科学社会主义在"中国人民心目中破了产"。"其实,这根本不能说明社会主义破产,而是说明这些人早已丧失了社会主义信念,转到了反社会主义的立场。"一百多年的实践证明,马克思主义是有生命力的,只要我们对它正确地理解,创造性地加以运用,它永远是工人阶级和广大劳动人民认识世界和改造世界的强大思想武器。"失败的不是马克思主义学说,而是对它的教条主义解释和运用,以及对它的种种扭曲和污蔑。"①

对于苏联解体的实质和原因,国内外学术界众说纷纭、莫衷一是。为了深化对苏联解体这一重大历史事件的理论研究,澄清对马克思主义理论和社会主义运动的模糊和错误认识,我于1997年组织马列所的专家学者撰写《意识形态与苏联解体》研究报告,并公开发表在《马克思主义研究》上。该报告着力研究和分析了意识形态在苏联解体过程中所起的作用,以及我们应从中吸取的历史经验和教训。我们明确提出:"苏联解体和剧变是多种因素综合作用的结果,但意识形态的变异起了极其重要的作用,从某种意义上说,苏联的解体和苏维埃政权的丧失是意识形态演变的结果。"追究这个过程可以看出,戈尔巴乔夫的"改革新思维"是苏联剧变的思想渊源;"民主化、公开性、多元化"迎合了国际帝国主义和国内反动势力的反共需要,是意识形态变异的温床;"人道的民主的社会主义"是和平演变的政治策略;而从否定历史到全盘自我否定,则使意识形态全线倒戈。"在反共反社会主义浪潮的疯狂进攻面前,苏共上下束手无策,屈膝投降,原因之一是苏共中央和主管意识形态的领导人对马列主义和社会主义的动摇和背叛。"从意识形态的角度分析总结苏联解体的教训,如下三个"必须"是十分重要的:第一,意识形态是政治路线的直接反映,无产阶级政党必须有明确的社会主义目标,有不断发展的、与本国国情密切结合的马克思主义为指导思想,才能使意识形态领域有正确的舆论导向。第二,在各种不良思潮涌现并造成人们思想混乱的大是大非面前,必须旗帜鲜明地坚持无产阶级党性原则,敢于斗争,善于斗争,统一思想,统一认识,并对不良倾向及时进行批判、引导。第三,意识形态的领导权必须掌握在真正的马克思主义者手里,要防止那些口是心非、见风使舵的投机分子。总之,马克思主义意识形态要保持旺盛的生命力,必须不断进取,勇于探索和解决现实生活中的新问题,而不能像苏联以往那样

---

① 靳辉明:《马克思主义的真理颠扑不破》,《求是》1997年第1期。

回避问题、掩盖矛盾、粉饰现实。这就要求培养和造就一批真正善于把马克思主义基本原理与本国实际结合的具有创造性的理论家，才能从经济政治体制和意识形态两个方面不断自我调节、更新、发展，从而发展社会主义事业和马克思主义思想体系。[①]

（靳辉明，中国社会科学院学部委员、中国社会科学院原马列所所长）

[①] 马岩：《意识形态与苏联解体》，《马克思主义研究》1997年第3期，第2、12、13页。

在改革开放的伟大实践中创造性运用和发展深化历史唯物主义

李崇富

中国特色社会主义的本色是科学社会主义。历史唯物主义是科学社会主义的最重要的理论支柱,当然也是中国特色社会主义的最重要的理论支柱。当年,正是因为马克思有了包括唯物史观在内的"两大发现",才使社会主义由空想发展为科学;在当代,当我们党把科学社会主义基本原理同我国具体实践和时代特征相结合,实行改革开放,建设中国特色社会主义的时候,同样离不开历史唯物主义的理论支撑和哲学指导。在改革开放30多年的伟大历史进程中,我们党创造性地运用历史唯物主义,并在实践运用中深化和发展了历史唯物主义。中国特色社会主义的伟大实践,是历史唯物主义展示其科学性和理论威力的最大历史舞台,也是历史唯物主义得到不断丰富、发展、深化和创新的最深厚的社会基础。

一 我们党在改革开放的伟大实践中创造性地运用历史唯物主义,使中国特色社会主义理论体系既具有现实的实践根据、又具有坚实的哲学理论的基础

党的十一届三中全会以来,我国在改革开放中不断取得巨大成就的根本原因,归结起来就是,开辟了中国特色社会主义道路,形成了中国特色社会主义理论体系。正如胡锦涛总书记在十七大报告中所指出的:"中国

特色社会主义道路之所以完全正确、之所以能够引领中国发展进步,关键在于我们既坚持了科学社会主义的基本原则,又根据我国实际和时代特征赋予其鲜明的中国特色。"① 笔者认为,中国特色社会主义在理论和实践上所始终坚持的科学社会主义的基本原则,首先和最为根本的,就是科学社会主义所赖以立足的科学世界观和方法论基础——马克思主义哲学,尤其是历史唯物主义。

陈奎元向李崇富颁发学术委员证书

在新时期,我们党中央的三代领导集体,继承了毛泽东时代重视学用马克思主义哲学的好传统,坚持运用包括由毛泽东同志在中国新民主主义革命、社会主义革命和建设的实践总结中(以其《实践论》《矛盾论》《关于正确处理人民内部矛盾的问题》等哲学著作为代表)所发展了的马克思主义世界观和方法论,指导全党和全国各族人民进行改革开放、建设中国特色社会主义的实践探索。

---

① 胡锦涛:《高举中国特色社会主义伟大旗帜,为夺取全面建设小康社会新胜利而奋斗》,见《人民日报》2007年10月25日。下引此文,注释省略。

大家知道，有些同志还亲身经历过：30 多年前那场由邓小平同志指导和支持的关于"实践是检验真理的唯一标准"的大讨论，为十一届三中全会恢复和确立党的"解放思想、实事求是"思想路线，扫清了思想障碍，提供了有力的理论支持。这条思想路线本身，就体现了包括历史唯物主义在内的整个马克思主义哲学世界观，及其科学方法论的基本精神和基本要求。此后 30 多年，全党全国各族人民在贯彻落实这条思想路线的过程中，在改革开放的实践探索中，在中国特色社会主义道路的开辟和理论体系形成的过程中，历史唯物主义发挥了不可替代的指导作用和柱石性的理论支撑作用。

我们深知，邓小平同志在改革开放的实践探索中开辟中国特色社会主义道路、创立中国特色社会主义理论体系、推进中国社会主义现代化建设，都是围绕"什么是社会主义、怎样建设社会主义"这个基本问题而展开的，是创造性地运用历史唯物主义而取得的伟大成果。

（一）首先受到邓小平同志重视和创造性运用的是历史唯物论，特别是它的科学的生产力理论

在马克思主义哲学中，历史唯物论与历史辩证法是内在统一、相辅相成的；当然，历史辩证法同样是立足于历史唯物论的基础之上的。马克思的唯物论认为，社会物质生产力发展是"整个社会生活以及整个现实历史的基础"[1]，就是说，是"人们所达到的生产力的总和决定着社会状况"[2]。据此，列宁还把"促进生产力的发展"视为"社会进步的最高标准"[3]。而邓小平同志正是从"生产力标准"的高度来理解和阐发"什么是社会主义"，并为当代中国的社会主义做出了科学的历史定位。其一，鉴于过去我们在认识"什么是社会主义"之时，曾经有过忽视生产力而过分强调生产关系、过分强调公有制的"单一性"的偏颇，邓小平同志在关于"社会主义的本质，是解放生产力，发展生产力，消灭剥削，消除两极分化，最终达到共同富裕"的科学论断中，强调"解放生产力，发展生产力"，是"消灭剥削，消除两极分化，最终达到共同富裕"的根

---

[1] 《马克思恩格斯全集》第 23 卷，人民出版社 1975 年版，第 204 页。
[2] 《马克思恩格斯全集》第 3 卷，人民出版社 1960 年版，第 33 页。
[3] 《列宁全集》第 16 卷，人民出版社 1988 年版，第 209 页。

本基础。这是坚持彻底的历史唯物论的典范，同时也为"社会主义的根本任务是发展生产力"[①]的提出、坚持、贯彻和实现奠定了直接的理论前提。其二，党中央和邓小平同志把我国现阶段所处的历史方位，确定为"社会主义初级阶段"，即"不是指任何国家进入社会主义都会经历的起始阶段，而是特指我国在生产力落后、商品经济不发达条件下建设社会主义必然要经历的特定阶段"[②]。这是以历史唯物论及其"生产力标准"作指导，来综合地概括我国的基本国情、科学地判定当代中国社会主义之历史方位的重大理论创新，是对科学社会主义的丰富和发展。其三，党中央和邓小平同志认定在社会主义初级阶段"我国所要解决的主要矛盾，是人民日益增长的物质文化需要同落后的社会生产之间的矛盾"[③]。这是根据我国生产力总体发展比较落后的实际状况，而从根本上对于国情的科学把握。这为我们党实现从"以阶级斗争为纲"到"以经济建设为中心"的战略转变，提供了客观依据和理论支持。关于社会生产力的发展状况对社会主义本质、对我国社会目前所处历史阶段及其主要矛盾的根本性决定作用的正确认识，具有全局性、根本性、长远性的指导意义。其实，党中央和邓小平同志在改革开放的伟大实践中，对于历史唯物论及其生产力理论的创造性运用是多方面的，可以说，这是整个中国特色社会主义的最重要的理论基石。

（二）在中国特色社会主义理论体系所体现的历史唯物论中，其所指的生产力是现实的、与一定的生产关系及其经济体制相结合的社会生产力，因此它对与我国现阶段生产力发展状况相适应的生产关系，经济体制和利益结构的选择、改革和调整，同样是在创造性地运用历史唯物论

这包括：其一，我国进行社会主义体制改革，坚持以经济体制改革为中心，而其他领域的改革都必须与之配套进行和为其服务，以促进生产力的发展。其二，在总体上肯定和维护社会主义基本制度、把改革作为社会主义制度的自我完善和发展的前提下，也根据我国目前生产力的发展状况

[①]《邓小平文选》第3卷，人民出版社1993年版，第373、63页。
[②] 中央文献研究室编：《十一届三中全会以来党的历次全国代表大会中央全会重要文件选编》（上），中央文献出版社1997年版，第447页。
[③] 同上书，第210页。

而对现阶段的基本经济制度作出了必要的调整，即由单一公有制的社会经济结构，调整为"公有制为主体、多种所有制经济共同发展的基本经济制度"。为此，邓小平同志多次强调说："在改革中，我们始终坚持两条根本原则，一是以社会主义公有制经济为主体，一是共同富裕。"其三，邓小平同志还把"生产力标准"发展为"三个有利于"标准，即对于我国改革开放和各项政策成败得失"判断的标准，应该主要看是否有利于发展社会主义社会的生产力，是否有利于增强社会主义国家的综合国力，是否有利于提高人民的生活水平"[①]。其四，正是鉴于现实生产力与其生产关系的内在和历史的统一、鉴于作为社会主义生产关系及其实现形式的社会经济制度及其体制，终归要体现为一定的利益结构，所以江泽民同志在表述"三个代表"重要思想时，既突出社会生产力特别是"先进生产力"的最终决定作用，又要求我们党"必须始终代表中国先进生产力的发展要求，代表中国先进文化的前进方向，代表中国最广大人民的根本利益"[②]。中国特色社会主义理论体系通篇闪烁着历史唯物论的思想光辉，它保障着中国特色社会主义的理论和实践探索，始终被置于现实的基础之上。

（三）在中国特色社会主义理论体系所体现的历史唯物论中，它始终与历史辩证法是内在地结合在一起的

事实上，也只有在坚持社会生产力的最终决定作用的前提下，始终坚持历史唯物论和历史辩证法的统一，才是在真正坚持历史唯物主义。这主要表现在：

其一，坚持运用历史唯物论和历史辩证法相统一的观点，根据我国长期处于社会主义初级阶段的基本国情，制定了党在现阶段的基本路线，可以主要表述为"一个中心、两个基本点"的基本路线。在这里，"一个中心"就是"以经济建设为中心"，就是把大力发展生产力放在大于一切、重于一切的地位，这体现了历史唯物论；而坚持"两个基本点"的统一，即"坚持四项基本原则"和"坚持改革开放"的统一，则体现了坚持科学社会主义的"基本原则"对于指导社会主义实践，坚持和完善社会主

[①]《邓小平文选》第3卷，人民出版社1993年版，第142、372页。
[②]《江泽民文选》第3卷，人民出版社2006年版，第272页。

义基本制度、改革社会主义体制对于促进生产力发展、经济繁荣和社会全面进步,具有巨大的和能动的反作用。

其二,坚持运用社会主义社会基本矛盾的观点,来说明和论证社会主义经济体制和其他相关特征改革的必然性。因为"社会主义社会的基本矛盾仍然是生产关系与生产力、上层建筑与经济基础之间的矛盾",所以"我们改革经济体制,是在坚持社会主义制度的前提下,改革生产关系和上层建筑中不适应生产力发展的一系列相互联系的环节和方面"[①],以便进一步解放和加快发展生产力。

其三,坚持历史辩证法关于社会各个领域相互作用、普遍联系的原理,促进经济社会的协调发展和全面进步。先是邓小平同志提出社会主义的"物质文明建设"和"精神文明建设",要"坚持两手抓、两手都要硬",要协调发展;其后,江泽民同志又提出要加强"社会主义政治文明建设"。这样,就发展为社会主义的"三大文明"建设和协调发展;党的十六大以来,以胡锦涛同志为总书记的党中央提出社会主义的物质文明建设、政治文明建设、精神文明建设和社会文明建设"四位一体",党的十七大又提出"生态文明建设"。实际上,以人为本的科学发展观所要求的全面协调可持续发展,是包括上述"五大文明"建设和做好"五个统筹",即统筹城乡发展、统筹区域发展、统筹经济社会发展、统筹人与自然和谐发展、统筹国内发展和对外开放,使各方面的发展相适应,各个发展环节相协调。这种"统筹兼顾"的根本方法,体现了唯物主义的历史辩证法的根本精神和根本要求。

(四)坚持历史唯物论和历史辩证法之内在统一的最为生动的体现,就是在改革开放和社会主义现代化建设中充分尊重人民群众的主体地位和首创精神

因为工人阶级是社会主义国家的领导阶级。他们同广大人民群众一道,都是我国社会实践的主体力量,是社会物质力量和精神力量的根本载体,是我国改革和建设的主力军。所以,党中央历来强调,在革命、建设和改革中,要全心全意地依靠工人阶级,要坚持群众观点和群众路线,要

[①] 中央文献研究室编:《十一届三中全会以来党的历次全国代表大会中央全会重要文件选编》(上),中央文献出版社1997年版,第344页。

全心全意为人民服务。要坚持党的领导、人民当家做主和依法治国的统一。例如，我国农村的改革，就是根据农民的创造搞起来的，是尊重人民群众的首创精神的结果。对此，邓小平同志说："农村搞家庭联产承包，这个发明权是农民的。农村改革中的好多东西，都是基层创造出来，我们把它加工提高作为全国的指导。"① 其他领域的改革，原则上也是这样。因此，我们党在科学和民主决策中的一项取舍原则，是要看人民群众拥护不拥护、赞成不赞成、满意不满意。在科学发展观中，"以人为本"作为其核心和实质，就要求更好地体现人民群众的主体地位，体现历史唯物主义的本质要求。历史唯物主义在建设中国特色社会主义的成功应用中，进一步体现了它的科学性、真理性和实践力量。

二 我们党在把历史唯物主义创造性地运用于改革开放具体实践的经验总结中，从社会历史观高度提出的新概念、新观点和新思想丰富和发展了历史唯物主义

同整个马克思主义一样，历史唯物主义是一个在实践应用中不断发展和开放的理论体系。全党和全国人民在改革开放的实践探索中，正是因为有了马克思主义哲学特别是历史唯物主义的指导，才使中国特色社会主义的理论创新和实践应用具有科学的世界观和方法论基础，才使这种深刻的社会变革顺应了时代潮流，体现了社会发展的客观规律和历史进步的大趋势。历史唯物主义指引着中国改革和建设的正确方向，而改革开放和社会主义现代化建设的伟大实践也促进了历史唯物主义的发展。由于共产党执政规律、社会主义建设规律和社会发展规律的内在一致性和相关性，所以我们党在运用历史唯物主义指导改革开放和现代化建设的具体实践，并在总结其执政经验和社会主义建设经验之时，就使其特殊经验中包含着普遍经验、理论的特殊性中包含着普遍性。其中最高的理论升华，就是从社会历史观高度上提出的一些新概念、新观点和新思想，进一步丰富、发展和深化历史唯物主义。这主要有：

---

① 《邓小平文选》第 3 卷，人民出版社 1993 年版，第 382 页。

(一)"第一生产力"概念

如果说,邓小平同志 1978 年在全国科学大会提出"科学技术是生产力",所重申的是"马克思主义历来的观点"① 的话,那么他在 1988 年提出"科学技术是第一生产力"② 的论断,则是一种理论创新,而且是社会历史观上的理论创新。显然,这里讲的"第一",不是生产力的排序,而是指在现代生产力体系中,现代科学技术是一个决定性的主导因素,是现代先进生产力的根本标志。由于科学技术作为第一生产力,不仅仅是社会主义国家独有的现象,而且是整个人类社会发展的必然趋势,因此它体现了社会技术形态发展的一般规律。而且,"科学技术是第一生产力"的重要论断,同时也深化了现代"生产力概念",促使它由生产力的"二因素论"和"三因素论",进一步发展到生产力的"系统论"。与之相关的是,这还有助于我们对于当代工人阶级的科学内涵和阶级结构的正确定义与理解。"科学技术是第一生产力"这个重要论断,不仅具有重大的现实意义,而且是对于历史唯物主义的丰富、深化和发展。

(二) 与社会制度相对应的"体制"概念

与社会制度相对应的"体制"问题和"体制"概念,在 20 世纪 60 年代党的文献中就已经出现。例如,毛泽东同志在 1956 年 4 月 25 日发表的《论十大关系》中,就不仅论述了工业和其他方面的体制问题,而且还提出了"经济管理体制"和"财政体制"的概念。③ 但是,当时还没有把它作为一个事关社会主义制度的前途命运的全面性和关键性的问题,提到全党和全国人民的面前。"体制"和"体制改革"作为"邓小平理论"的、亦即"中国特色社会主义理论体系"中的两个核心概念,是从党的十一届三中全会开始的。全会决定停止使用"以阶级斗争为纲"的口号,决定"把全党工作的着重点和全国人民的注意力转移到社会主义现代化建设上来"的同时,还决定要"对经济管理体制和经营管理方法着手进行认真的改革",就是"要求多方面地改变同生产力发展不相适应

---

① 《邓小平文选》第 2 卷,人民出版社 1994 年版,第 87 页。
② 《邓小平文选》第 3 卷,人民出版社 1993 年版,第 274 页。
③ 《毛泽东文集》第 7 卷,人民出版社 1999 年版,第 23—44 页。

的生产关系和上层建筑，改变一切不适应的管理方式、活动方式和思想方式，因而是一场广泛、深刻的革命"。① 我国社会主义体制改革的主要理论根据是社会基本矛盾，即生产关系与生产力、上层建筑与经济基础之间的矛盾。然而，在我国社会主义的上层建筑和生产关系与生产力的发展要求基本适应的情况下，需要改革的，就主要不是社会主义的基本制度，而是原有的社会主义体制了。

所以，邓小平同志说："革命是解放生产力，改革也是解放生产力。推翻帝国主义、封建主义、官僚资本主义的反动统治，使中国人民的生产力获得解放，这是革命，所以革命是解放生产力。社会主义基本制度确立以后，还要从根本上改变束缚生产力发展的经济体制，建立起充满生机和活力的社会主义经济体制，促进生产力的发展，这是改革，所以也是解放生产力。"② 这样，邓小平理论就在生产关系与生产力之间、上层建筑和经济基础之间发现了一个中介，即作为社会主义基本经济制度的实现形式和运行机制的经济体制，还有作为社会主义的基本政治制度的实现形式和权力运作机制的政治体制，以及其他相关体制等。抓住"体制"问题进行改革创新，是使社会主义重新焕发生机和活力的关键。应该说，任何社会制度下都存在"体制"问题。其体制设计和选择是否得当或适宜，会使得该社会的基本制度存在一个能否有效地发挥作用的问题。即是说，至少存在这样两种情况：一是当一个社会的基本制度趋于"过时"和腐朽的时候，即使在其体制上无论怎样作改进和改良，也不能从根本上解决问题，就像当代资本主义制度一样；二是当一种社会的基本制度是刚刚产生的新生事物的时候，虽然它的上层建筑和生产关系与生产力的发展要求基本一致，但是也可能因为体制性问题，而使制度的优越性不能充分发挥出来，就像改革开放以前的社会主义中国一样。可见，"体制"是与社会的基本制度相关的一个重要的、必不可少的层次。因此"体制"概念具有普遍性，它能够丰富和深化我们对于社会基本矛盾的认识。

（三）小"社会"概念

在马克思主义原有话语体系中，社会是所有社会现象即包括经济、政

---

① 中央文献研究室编：《十一届三中全会以来党的历次全国代表大会中央全会重要文件选编》（上），中央文献出版社1997年版，第19—25页。

② 《邓小平文选》第3卷，人民出版社1993年版，第370页。

治和文化等社会现象在内的总概括。而在科学发展观的"构建社会主义和谐社会"的提法中，以及在与经济建设、政治建设、文化建设相并提的"社会建设"这个"四位一体"①的提法中，"社会"这个概念的内涵显然要小得多。这样，就在社会有机体中明确地划分出了一个新层次，即以社会经济利益为基础的、包括社会伦理道德关系在内的人与人之间关系的新领域。由此从理论上解决了长期没有明确解决的一个问题，就是历史唯物主义与社会学的研究对象的划界问题。从一定角度看，这两者确实都在研究现实社会，列宁还把历史唯物主义称为"科学的社会学"②。因此很容易产生两种错误倾向：一种是只要历史唯物主义，并用历史唯物主义代替社会学，从而否认社会学存在的合理性；另一种是只要社会学，否认历史唯物主义对于认识社会的指导作用。而今有了"大社会"和"小社会"这两个概念，问题就比较容易解决了。其实，历史唯物主义和社会学在研究对象上，是各有分工、并行不悖、相辅相成的。其中，历史唯物主义主要以历史和现实的"大社会"作为研究对象，以研究整个人类社会的发展过程和规律；而社会学主要以现实的"小社会"作为研究对象，通过对社会现象的实证性研究，为协调和解决人与人之间的关系上存在的问题提供理论和方法上的帮助。可见，历史唯物主义所要揭示的，是整个人类社会发展普遍的本质和规律。因此，它对于认识各种具体社会现象和社会问题，理所当然地具有指导作用；而社会学对于现实社会所做的实证性研究，也会为历史唯物主义的研究和实践应用，提供学科性的和实证性的支持。我们党所提出的"四位一体"的"社会"概念，具有普遍性和方法论意义，它有助于我们丰富和深化对社会有机体的认识，是对历史唯物主义的一个重要的理论贡献。

（四）"生态文明"概念

这是党的十七大提出的一个新概念，是我国贯彻科学发展观、坚持社会全面协调可持续发展的一个重要方面。这里所讲的，是现代社会中一个带普遍性的重大问题：就是人们必须同时处理好人与人之间、人与自然之间两方面的关系。实际上，这两方面的关系，是自从有了人类社会以来就

---

① 中共中央理论局组织编写：《科学发展观学习读本》，学习出版社2006年版，第68页。
② 《列宁选集》第1卷，人民出版社1995年版，第8页。

一直存在的。因为,当人类一开始进行物质生产,就同时产生了人与人和人与自然的双重关系。只不过在原始社会和农业社会中,由于人与人之间的狭隘关系规定、制约着人与自然的关系;而人与自然之间的狭隘关系也规定、制约着人与人的关系。所以在当时,人们同自然界之间还能保持着一种原始的、自发的和低水平的统一和原始和谐。但是,从近代西方社会产生机器大工业,并开始实行工业化和电气化以来,特别是由于资本主义的生产方式和资产阶级的生活方式,在日益大量地浪费资源和污染环境所致,不仅人与人之间形成了无产阶级与资产阶级的对抗性的社会关系,而且也激化了人与自然之间的矛盾和对抗,使得生态问题和可持续发展问题日益严重起来。现在,尽管西方有识之士及有关方面比较关注这个问题,而且已在采取措施使西方发达国家本身的生态问题有所缓解。但同时,他们却损人利己地把生态灾难竭力向发展中国家转移。全球性生态问题并没有从根本得到缓解。由于资本主义生产方式的反生态性质,所以全球性生态问题的根本解决,即"生态文明"的全面实现,只有在共产主义制度下才是可能的。

由于我国只能在社会主义制度下实现国家的工业化、城市化和现代化,所以资源、环境和生态问题,也是一个必须面对和积极解决的一个重大而严重的问题。党的十七大提出"四位一体"的战略布局的同时,提出"生态文明"问题和搞好"生态文明建设",就是解决这个问题的总思路。从理论上看,我们党提出"生态文明"概念,属于哲学层次的新认识,是对于人与人和人与自然关系认识上的一个新飞跃。这个新认识,是对狭隘的"人类中心论"的否定和扬弃,也是对于"人定胜天"论的深刻反思。也就是说,人类所具有的历史主动性和主观能动性的发挥,是有前提、有限度、有条件的。这就是,人们对于社会、对于自然界的认识和改造,必要要有一定的物质条件和精神条件,必须尊重和顺应自然、社会和思维发展的客观规律,以及各门相关科学的规律、原理和规则。否则,就会受到客观辩证法和客观规律的惩罚。对此,恩格斯曾指出:"我们不要过分陶醉于我们人类对自然界的胜利。对于每一次这样的胜利,自然界都对我们进行报复。每一次胜利,起初确实取得了我们预期的结果,但是往后和再往后却发生完全不同的、出乎预料的影响,常常把最初的结果消除了。"恩格斯还以古时候美索不达美亚、希腊和小亚细亚等地的人们,当年违背生态规律,大肆毁林开荒,后来使当地变成了不毛之地的教训,要求人们记住:"我们统治自然界,决不像征服者统治异族人那样,决不是像站在自然界之外的人似的,——相反地,我们连同我们的肉、血和头脑都是属于自然界和存在于自然之中的;我们对于自然界的全部统治力量,就在于我们比其他一切生物强,能够认识和正确运用自然规律。"①笔者认为,党中央提出的"生态文明"概念,就是要在"构建社会主义和谐社会"的实践中,同时逐步建立起人与自然界之间的和谐和可持续发展的良性关系。可以说,这是对于历史唯物主义的继承、深化和发展。因为,这是当代历史唯物主义必须不断探索和解决的一个重大问题。

总之,我们党在改革开放的伟大历史进程中所提出的具有特定含义的"第一生产力"、"体制"、小"社会"和"生态文明"等新概念本身,就是对于历史唯物主义的新贡献和新发展。进而言之,还有由这些概念的内涵延伸和逻辑展开所包含的新观点和新思想,就在更大的广度和深度上发展和深化了历史唯物主义。当然,在邓小平理论、"三个代表"重要思想和科学发展观中,即在整个中国特色社会主义理论体系之中所包含着的对于历史唯物主义的新发展和新贡献,肯定不只这些。但是,仅此就可以表明,历史唯物主义在我国改革开放的伟大历史进程中,不仅得到了创造性的运用,而且也得到了多方面的丰富、深化和发展。

三 全党全国人民正在进行的改革开放、建设中国特色社会主义伟大实践迫切需要和正在推进历史唯物主义不断深化和发展

哲学是时代精神的精华。哲学要站在历史前列,并为人们思考时代前沿的问题提供世界观和方法论的指导,就必须与时俱进,就必须随着时代、实践和各门科学的发展而不断发展。各门实证的具体科学都是哲学的知识基础。正如恩格斯所说:"甚至随着自然科学领域中每一个划时代的发现,唯物主义也必然要改变自己的形式;而自从历史也得到唯物主义的解释以后,一条新的发展道路也在这里开辟出来了。"②

时代、实践和科学的发展,正在呼唤和促进哲学的发展。当今时代,

---

① 《马克思恩格斯选集》第4卷,人民出版社1995年版,第383—384页。
② 同上书,第228页。

整个世界正在发生深刻变化,新的科技革命正在迅猛发展,中国社会更是正在发生深刻变革。马克思主义产生160多年来,它的整个科学体系和包括历史唯物主义在内的整个哲学世界观的基本原理,已经被实践反复证明是完全正确的,具有长远的指导意义,必须长期坚持而不能动摇。与此同时,当今科学技术由工业化和电气化,向自动化和信息化的划时代发展,以及经济全球化,特别是我国改革开放和社会主义现代化建设的伟大实践,迫切地需要历史唯物主义有一个更大的发展,甚至是理论形态性的发展和创新。

目前,我国哲学界关于历史唯物主义的系统理论表述,基本上还是经典的理论形态。也就是说,基本上还是完全沿用马克思、恩格斯和列宁所做出的系统和经典的表述。应该说,历史唯物主义的经典表述,依然是在理论形态上使之现代化的理论基础和理论根据。但是,如果我们仅仅拘泥于历史唯物主义的已有的概念、话语及其系统表述,那样,我们就会落后于自己的时代,落后于社会实践和其他各门学科的发展。例如,党中央已经提出了"建设社会主义核心价值体系"的问题。这显然是中国特色社会主义理论体系中的一个新概念。问题的进一步思考还在于,不仅社会主义社会有社会价值问题,其他任何社会都有这个问题。因此,社会价值问题就应该在社会历史观有它应有的位置。而社会价值问题,又同社会认识问题联系在一起。所以,笔者经过反复思考认为,历史唯物主义在理论形态上需要而且可能现代化,可以把经典的历史唯物主义在理论形态上展开为三个组成部分或者三个理论层次。这就是历史唯物主义的社会本体论、社会认识论和社会价值论。

(一) 历史唯物主义社会本体论

也可以称为历史唯物主义的社会本质论。笔者注意到,卢卡奇晚年写过一部专著《社会存在本体论》,其中存在轻视和否认辩证唯物主义及客观规律的偏颇。笔者这里的理论主张与他有原则性的区别。笔者所讲的"历史唯物主义社会本体论",是以辩证唯物主义作为科学的世界观和方法论基础的,是以人类社会发展的历史过程、内在本质及其客观规律作为研究对象而展开的。它包括和概述经典历史唯物主义的基本原理,是现代历史唯物主义理论形态的基础性部分。例如,社会生活在本质上是实践的原理,生产工具的创造和使用是人类产生的根本标志的原理,社会存在决定社会意识的原理，社会生产力发展是社会存在和发展的根本基础的原理，社会经济形态的发展是一种自然历史过程及其演进和更替的原理，社会基本矛盾运动和社会发展动力的原理，社会革命是历史进步的"火车头"和改革在一定条件下促进社会进步的原理，国家学说的原理，阶级社会中的阶级和阶级斗争及阶级斗争必然导致无产阶级专政的原理，社会意识及其能动作用的原理，人民群众的历史主体地位和个人作用的原理等，都应当是"历史唯物主义社会本体论"的基本内容。历史唯物主义的社会本体论是其社会认识论和社会价值论的理论基础和理论前提。

（二）历史唯物主义社会认识论

在我国理论界，已经有了这样的类似观点和著作，笔者的一位师弟的博士论文就是《社会认识论》，而且早已出版。这本书与笔者主张的区别在于，他的"社会认识论"定义过宽，几乎等于整个历史唯物主义；而笔者所认为的历史唯物主义社会认识论，则只是以其社会本体论的基本原理作为认识工具，在社会实践的基础上指导人们认识和改造社会的理论。它的主要范畴概念和基本观点应当包括：劳动人民作为历史主体和社会认识主体的理论，社会作为认识对象及其特点的理论，社会的实践是社会认识的基础、动力和标准的理论，社会本质与社会现象相互关系的理论，社会性的因果联系与自然因果联系的相互关系的理论，社会规律的客观性与人的主体能动性的理论，社会认识指导、调控以及化为社会实践和社会现实的机制的理论，个体意识、阶级意识和社会意识相互作用和相互转化的理论，社会文化传统的民族性、阶级性、历史性和社会意识形态本质的理论，社会理想信念在社会进步中的作用和发挥作用机制的理论，社会从必然王国向自由王国飞跃的理论等。

（三）历史唯物主义社会价值论

社会价值论，应当在马克思主义哲学即历史唯物主义中占有一席之地。尽管马克思主义经典作家没有专门和系统地论述过哲学价值理论，但是在他们的著作中包含有丰富的一般价值的思想和意蕴，不过往往只是通过"需要"、"利益"、"理想"、"目的"、"意图"、"崇高"、"伟大"等概念曲折和间接地表达出来。马克思曾经讲过："'价值'这个普遍的概念是从人们对待满足他们需要的外界物的关系中产生的"，是"这些物能使人们'满足需要'的这一属性。"① 恩格斯在论述社会"合力"的形成机制时,认为社会规律的作用,必须通过人们在认识社会环境和自己(个人或所在的群体、阶级)利害关系的基础上所形成的各种价值意识,即由各种不同的"预期的目的"和"自觉的意图"所支配的活动,"相互干扰,彼此冲突",而在其"相互抵消"的平均数中得到实现的。② 列宁也论述过"决定论思想"与"评价"人们行动的关系,认为"决定论思想确认人的行为的必然性,摒弃所谓意志自由的荒唐的神话,但丝毫不消灭人的理性、人的良心以及对人的行动的评价"③。尽管,马克思主义经典作家在其著作中,还没有形成和提出哲学上的"价值"概念,没有正面而系统地阐述过自己的哲学价值理论,但也由此可知:在当代,我们理论工作者挖掘、研究和阐明历史唯物主义的社会价值论,既有社会的实践需要,同时又有必须的理论前提及其科学世界观和方法论的根据。

最近几年,哲学价值论或价值哲学的研究是一个热门,价值哲学是一门显学。但是,它往往被视为认识论的延续或一个独立的分支学科;而把它作为历史唯物主义的组成部分,则比较少见。实际上,人们由社会理论到社会实践,有一个必不可少的环节,就是作为真理性认识与实践的中介,即由其价值评价和价值意识所形成的、体现实践条件的主观与客观之统一的"实践观念"④——这就是社会价值论产生的客观依据。社会价值意识形成的前提,是对于各种社会事物的大体正确的认识,以及进而在这个前提下对于主体和客体关系的评价和认识。社会价值论在阐明"社会价值"本质的基础上,还应当研究社会价值客体和社会价值主体;社会的价值关系、价值事实和社会价值意识的关系;社会认识的实践标准和社会价值的评价标准;社会价值意识、社会价值目标的主体性、历史性、阶级性和能动性;社会价值意识和价值目标产生和发挥作用的机制与规律;革命和进步的社会价值意识与落后和反动的社会价值意识;工人阶级作为社会主体、实践(革命和建设)主体和价值主体的统一;社会主义价值观和核心价值体系;作为社会终极价值目标的共产主义理想的真理性和现

---

① 《马克思恩格斯全集》第19卷,人民出版社1963年版,第405—406页。
② 《马克思恩格斯选集》第4卷,人民出版社1995年版,第247页。
③ 《列宁选集》第1卷,人民出版社1995年版,第26页。
④ 《列宁全集》第55卷,人民出版社1990年版,第170、182页。

实性；以及由社会价值认识和价值理论向人的自觉的价值意识、自觉的价值观的转化和生成问题；等等。

现代形态的历史唯物主义，应当是由其社会本体论、社会认识论和社会价值论组成的一个有机整体。而作为历史唯物主义基本范畴的社会实践，是历史唯物主义发展的基础和动力，是贯穿于它的三个组成部分的中轴和红线。历史唯物主义作为中国特色社会主义的最基本的理论支柱，已经在我国30多年的改革开放的伟大实践中得到了创造性的运用、丰富、深化和发展。随着时代、实践和各门科学的发展，随着我国改革开放和社会主义现代化建设的继续推进，历史唯物主义的进一步的发展和深化，甚至是理论形态上的发展和创新，是 个必然的发展趋势。笔者在这里提出的一些看法，是个人思考的一孔之见，希望起到抛砖引玉的作用，以期推进历史唯物主义学科的继续发展。

（李崇富，中国社会科学院学部委员、中国社会科学院原马列所所长）

新中国主流意识形态建设的基本经验

侯惠勤

中华人民共和国的成立,标志着现代中国历史的开始。没有共产党就没有新中国,共产党之所以能够缔造新中国和领导建设新中国,就在于始终坚持马克思主义中国化的正确方向,其实质是科学社会主义的基本原理同中国的具体实际以及时代特征相结合。因此,坚持既一脉相承又与时俱进的马克思主义就成为新中国的灵魂,也是新中国主流意识形态建设的基本经验。无论是社会主义制度建立之前或之后,我们都始终在紧紧抓住党的工作中心的同时,一刻也不放松意识形态工作。正如邓小平指出的,"中央认为,我们要在中国实现四个现代化,必须在思想政治上坚持四项基本原则。这是实现四个现代化的根本前提。这四项是:第一,必须坚持社会主义道路;第二,必须坚持无产阶级专政;第三,必须坚持共产党的领导;第四,必须坚持马列主义、毛泽东思想。大家知道,这四项基本原则并不是新的东西,是我们党长期以来所一贯坚持的。"[①] 我们坚决不搞"两个马克思"(包含"两个邓小平")的割裂,不搞所谓"革命的马克思主义"和"建设的马克思主义"的划分,而是始终在坚持马克思主义精髓的前提下,围绕现代中国实践的重大问题,不断开拓马克思主义中国化的新境界,使得以马克思主义为核心的主流意识形态成为凝聚人心、达成共识、稳定大局的有效保障。

---

① 《邓小平文选》第2卷,人民出版社1994年版,第164—165页。

侯惠勤

一 毛泽东创建主流意识形态的伟大功绩和历史教训

毛泽东在全国解放前夕就明确敲响警钟："我们熟习的东西有些快要闲起来了，我们不熟习的东西正在强迫我们做。这就是困难。"[①] 新中国成立以后，中国革命的重大历史性转变在实际上就已经开始。这是从革命

[①] 《毛泽东选集》第 4 卷，人民出版社 1991 年版，第 1480 页。

向建设的转变,从推翻旧制度向建立和巩固新制度的转变。就马克思列宁主义、毛泽东思想而言,它面临的最大挑战,就是如何从党的指导思想上升为正在形成中的社会主义制度的理论基础,成为指导国家行为和社会关系的思想准则。毛泽东解决这一历史性课题的基本思路,就是在不断推动马克思主义中国化、大众化的同时,通过制度化的方式确立和巩固马克思主义在意识形态的指导地位,其中学习、批判和立法是三个主要环节。

首先是新中国成立初期以干部和知识分子群体为重点、以世界观转变为根本要求的马克思主义哲学的学习。和新中国成立前仅限于党内和革命队伍内部的理论学习不同,这次学习从一开始就体现了马克思主义在国家和社会生活中的指导地位,参加学习的是大量新参加工作的国家干部和从事教育、科研、文艺、卫生等工作的知识分子。其目的是通过学习以转变和改造其旧的世界观,培养能够适应社会变革和形势发展的需要。当时的情况是,一方面,新政权必须吸收千百万知识分子为之服务,否则就不可能完成其所面临的伟大任务;另一方面,几百万新加入的干部和知识分子的马克思主义水平还很低,懂得唯物辩证法和社会发展规律的并不多。相反,经验主义、个人主义和各种唯心主义哲学却有着广泛的影响,使得他们在精神上与人民大众格格不入。因此,毛泽东在1951年召开的中国人民政治协商会议第一届全国委员会第三次会议上的开幕词中强调指出:"思想改造,首先是各种知识分子的思想改造,是我国在各方面彻底实现民主改革和逐步实行工业化的重要条件之一。"为此,1950年中共中央决定重新发表毛泽东的《实践论》。《人民日报》在1951年1月29日发表的学习毛泽东的《实践论》的社论中明确提出,"《实践论》的更新发表,对于在思想界肃清各种形式的反动哲学思潮及其残余,将是具有决定意义的"。它"在思想上所履行的批判的革命的任务,不仅对于我们党有极伟大的意义,同时它对于我们全国人民也有极伟大的意义"。社论号召"政治和经济任何部门的干部,学术界(包括社会科学和自然科学)都必须认真研究毛泽东同志的《实践论》,用实践论的思想来武装自己的头脑,从而端正自己的工作方法和思想方法,提高自己的能力,避免可以避免的错误"。

学习和批判是以自我教育和自我改造的方式开展的,并非如西方传媒所渲染的那种强迫"洗脑筋"。这种自觉改造之所以可能进行,首先在于社会变化和形势发展同人们原先的旧观念发生了激烈的碰撞,"不学习就要落伍"已成为人们的共识。因此,了解社会发展的规律,了解马克思主义确实成为当时绝大多数知识分子和广大青年的迫切要求。毛泽东在1951年致李达的信中对此感受颇深。他特别强调,"关于辩证唯物论的通俗宣传,过去做得太少。而这是广大工作干部和青年学生的迫切需要,希望你多多写些文章"①。事实上,全国规模的知识分子的学习运动,就始于1951年9月北京大学12位著名教授所发起的一次政治学习运动。

其次,这种自觉的思想改造之所以可能进行,还在于共产党人的表率作用和正确引导,因而造成了一种批评和自我批评光荣的社会大环境。周恩来受党中央委派,在向北京、天津两市高校教师学习会作《关于知识分子的改造》的报告中,以自己参加革命的经历和思想改造的体会,为知识分子的思想改造提供了具体生动的范例。一方面,知识分子确有一个克服其自身所受教育的影响而向人民立场、以至工人阶级立场转变的必要。另一方面,这种转变又是完全可以通过个人的努力而实现的。这个报告表达了党对知识分子的信任和希望,使思想改造完全纳入了一种同志式的批评和自我批评的思想氛围,并成为向往进步、投身人民事业的自我要求。②

再就是以批判唯心主义历史观为重点、以马克思主义在文化教育艺术领域全面扎根为追求的错误思潮的批判。毛泽东善于抓错误思潮的苗头和典型,这方面最有代表性的是亲自发动了对电影《武训传》和对胡适派唯心主义的批判。武训是清末以"行乞兴学"而著名并受到封建统治者赠匾嘉奖的"千古奇丐"。电影《武训传》于新中国成立的第二年摄制完成,同年底开始在全国上映。它歌颂了武训忍辱负重,以乞讨所得放债,置田产以兴办义学而使农村穷孩子得以上学的"义举",实际上宣传了一个以妥协和阶级合作来推动社会"进步"的样板。因此,它就不仅涉及如何评价武训这个历史人物的价值观标准问题,更关系到应如何看待中国近代的历史和中国革命的道路这一重大历史观问题。更为严重的是,在电影上映后的短短4个月内,仅京、津、沪三大城市的报刊就发表了40多篇赞扬的文章,整个文化界呈现出一边倒的局面。

正是在这种情况下,1951年5月20日,毛泽东以《人民日报》社论的形式发表了《应当重视电影〈武训传〉的讨论》一文,从历史唯物主

---

① 《毛泽东书信选集》,人民出版社1983年版,第407页。
② 《周恩来选集》下卷,人民出版社1984年版,第68—71页。

义高度对"武训热"中的唯心史观进行批判。文章认为,《武训传》所提出的问题带有根本的性质。它之所以把应当批判的丑恶行为当作"义举"去尽力歌颂,就是因为它判别是非善恶的标准不是社会发展的历史辩证法和人民群众的革命实践,而是传统观念和封建道德。"在许多作者看来,历史的发展不是以新事物代替旧事物,而是以种种努力去保持旧事物使它得免于死亡;不是以阶级斗争去推翻应当推翻的反动的封建统治者,而是像武训那样否定被压迫人民的阶级斗争,向反动的封建统治者投降。"①毛泽东还特别严厉批评了"一些号称学得了马克思主义的共产党员",在反历史的错误思潮前丧失了批判能力,竟至向这种反动思想投降。这说明当马克思主义作为意识形态力量进入复杂的精神文化生活领域后,确实面临着被曲解以至"消解"的危险。在毛泽东的推动下,一场历时两个多月的关于电影《武训传》的全国大讨论得以开展,一场生动的唯物史观教育得以深入。

如果说,对电影《武训传》的讨论还只是涉及文化艺术的教育功能问题的话,那么对胡适派唯心主义的批判,则通过如何评价和研究《红楼梦》这部中国古典文学名著,力求把马克思主义方法论贯彻到哲学、文学、史学等各个学术领域的研究中去,并对五四运动以后最有影响的这派资产阶级哲学思想进行一番清理。事情的起因是,两个青年古典文学研究者对著名红学家俞平伯《红楼梦》研究中的胡适派方法和观点进行正当的批评而重重受阻。这表明,在新中国成立后的一段时间内,在许多学术研究领域仍然是资产阶级唯心主义的一统天下。在毛泽东看来,尤为严重的是,一些思想文化领域的领导者竟不思打破这种局面,反而同资产阶级作家在唯心论方面讲统一战线,甘心做资产阶级的思想俘虏,这同影片《清宫秘史》和《武训传》放映时候的情形几乎是相同的。他为此专门给中央政治局成员写了一封信。在他的关注和推动下,一场"反对在古典文学领域毒害青年三十余年的胡适派资产阶级唯心论的斗争"终于在全国开展起来了,马克思主义哲学也随之全面融入了我国高等教育体系。

---

① 《毛泽东文集》第 6 卷,人民出版社 1999 年版,第 166—167 页。

二 最为根本的是将马克思主义的指导地位和中国共产党的领导地位载入宪法

毛泽东的意识形态理论，可以说核心是"两破两立"：即不断打破那种以为近代以来的中国可以成为独立自主的资本主义国家的幻想，立只有社会主义能够救中国；不断打破资本主义文明就是当代人类文明的幻觉，立只有社会主义文明才是当代人类文明的真正出路。因此，我们必须坚持社会主义道路，建设一个强大的社会主义国家，而不是别的什么国家。而建设社会主义，就必须坚持中国共产党的领导，坚持马克思主义的指导。通过较为广泛深入的知识分子学习和思想改造运动，以及较为深刻透彻的错误思潮批判，毛泽东所表达的上述核心理念，不仅是中国共产党的共识，也日益成为全中国人民的共识。这样，以国家根本大法的形式把这一共识加以确立，就不仅理所当然，而且水到渠成。在 1954 年 9 月 15 日召开的中华人民共和国第一届全国人民代表大会第一次会议上，毛泽东发表了《为建设一个伟大的社会主义国家而奋斗》的开幕词，提出了"领导我们事业的核心力量是中国共产党。指导我们思想的理论基础是马克思列宁主义"的著名论断。它不仅为这次全国人民代表大会通过的第一部中华人民共和国宪法所确立，而且成为 60 年来历次全国人民代表大会所通过的宪法的根本精神，堪称立国之本。

虽然意识形态的具体定位和实践方式必然随着社会发展和时代特征变化而变化，因而在社会主义制度建立前后、改革开放前后以及面对新世纪新挑战呈现不同特点。但是毛泽东抓学习（解决什么是马克思主义，如何用马克思主义武装头脑、占领思想阵地）、抓批判（及时纠正错误倾向、注意一种倾向掩盖另一种倾向）、抓制度化（从国家政权建设高度抓意识形态建设、意识形态和制度建设互为支撑）则是我们进行意识形态建设必须高度重视的宝贵经验。

在我国基本实现了向社会主义社会的转变以后，毛泽东根据马克思主义的基本原理，在我国社会主义制度建立之初，就从社会主义社会的基本矛盾着眼进行意识形态建设的定位。他指出，我国在初步建立了社会主义制度以后，"除了生产关系和生产力发展的这种又相适应又相矛盾的情况以外,还有上层建筑和经济基础的又相适应又相矛盾的情况。人民民主专政的国家制度和法律,以马克思列宁主义为指导的社会主义意识形态,这些上层建筑对于我国社会主义改造的胜利和社会主义劳动组织的建立起了积极的推动作用,它是和社会主义的经济基础即社会主义的生产关系相适应的;但是,资产阶级意识形态的存在,国家机构中某些官僚主义作风的存在,国家制度中某些环节上缺陷的存在,又是和社会主义的经济基础相矛盾的。我们今后必须按照具体的情况,继续解决上述的各种矛盾"①。在这一定位上高度重视意识形态工作,完全必要。

但是,毛泽东由于将其两个富有创新性的观点推向了极端,致使其在意识形态的把握上出现了重大的偏差:一是他正确地看到舆论是革命的先导,取得政权是新生产关系大规模发展、从而推动生产力大发展的条件,但是,当他把这一观点无条件地推向整个社会主义社会时,就无疑地背离了历史唯物主义的基本原理,无疑地脱离了社会的现实和历史的真实。他指出:"首先制造舆论,夺取政权,然后解决所有制问题,再大大发展生产力,这是一般规律。在无产阶级革命夺取政权以前,不存在社会主义的生产关系,而资本主义的生产关系,在封建社会中已经初步成长起来。在这点上,无产阶级革命和资产阶级革命有所不同。但是,这个一般规律,对无产阶级革命和资产阶级革命都是适用的,基本上是一致的。""一切革命的历史都证明,并不是先有充分发展的新生产力,然后才改造落后的生产关系,而是要首先造成舆论,进行革命,夺取政权,才有可能消灭旧的生产关系。消灭了旧的生产关系,确立了新的生产关系,这样就为新的生产力的发展开辟了道路。"② 这一概括基本上符合近代以来的社会变革的历史实际,但需要明确的是,意识形态(舆论、观念、思想等)之所以能够发挥这样的作用,根本在于它执行了生产力的嘱托,而这一点是有条件的。这些条件大致是:意识形态和政治作为社会基本矛盾的集中体现是有时效性的,主要在社会革命变动时期,并非通常如此;即便意识形态等转化为矛盾的主要方面,它也不是真正意义上的矛盾主要方面,而必须始终围绕着其为之服务的经济基础和生产

---

① 《毛泽东文集》第7卷,人民出版社1993年版,第215页。
② 《毛泽东文集》第8卷,人民出版社1993年版,第132页。

力,否则必然遭受挫折①;一旦进入社会和平发展阶段,必须毫不动摇地坚持以经济建设为中心,并统筹兼顾各方面的建设;等等。如果忽视了这些前提性条件,把意识形态始终视为引领社会发展的直接动力,就会迷失前进的方向。

二是他正确地看到,在社会主义制度基本建立后,社会主义社会的阶级斗争主要表现在意识形态领域,因此必须牢牢把握思想领域斗争的主动权。"社会主义制度在我国已经基本建立。我们已经在生产资料所有制的改造方面,取得了基本胜利,但是在政治战线和思想战线方面,我们还没有完全取得胜利。无产阶级和资产阶级之间在意识形态方面的谁胜谁负问题,还没有真正解决。我们同资产阶级和小资产阶级的思想还要进行长期的斗争。不了解这种情况,放弃思想斗争,那就是错误的。"② 不但如此,由于意识形态领域"谁胜谁负"的问题没有真正解决,可能会成为资本主义复辟的前哨阵地,从而危及革命成果的全局。"凡是要推翻一个政权,总要先造舆论,总要先做意识形态方面的工作。革命的阶级是这样,反革命的阶级也是这样。"③ 毫无疑问,如果孤立地着眼于"谁胜谁负"的斗争,就难免置意识形态领域的斗争于压倒一切的位置,因为这似乎是无产阶级和资产阶级之间的最后的斗争和关键之战。然而如果着眼于社会主义社会的具体实际,就会看到阶级斗争毕竟已经是局部的、次要的社会矛盾,意识形态的斗争必须服从和服务于经济建设的大局。说到底,意识形态领域斗争的最终解决,也有赖于创造出高于资本主义的生产力和社会全面发展,孤立地抓意识形态的斗争是没有出路的。毛泽东正是没有随着社会转变而从传统的阶级斗争思维中转变,因而在其晚年片面夸大阶级斗争的同时,也必然片面夸大了意识形态的作用。

---

① 马克思恩格斯在《神圣家族》一文中,曾以拿破仑为例,说明政治一旦背离了它为之服务的经济利益,就必然遭受失败。拿破仑并不是空想主义者,但他的失败从根本上说,就因为其颠倒了物质利益和政治利益的关系,把国家当成了目的本身。"只要资产阶级社会的最主要的物质利益(即商业和工业)一和他拿破仑的政治利益发生冲突,他也同样毫不珍惜它们。"拿破仑的失败充分证明了一切政治斗争,归根到底都是为一定的物质利益服务的。见《马克思恩格斯全集》第 2 卷,人民出版社 1957 年版,第 158 页。

② 《毛泽东文集》第 7 卷,人民出版社 1999 年版,第 281 页。

③ 《建国以来毛泽东文稿》第 10 册,中央文献出版社 1996 年版,第 82 页。

三 邓小平理论和"三个代表"重要思想对主流意识形态的改革式建构

从社会主义主流意识形态的建设看，邓小平理论和"三个代表"重要思想不仅是对毛泽东意识形态某些失误的纠偏，而且是针对新的历史条件创建马克思主义话语权的重大成果，因此，它们所体现的意识形态变革，其实是改革式的主流意识形态建构。

（一）努力塑造富于时代特征的"当代中国形象"

在邓小平看来，意识形态问题实质上就是党和国家的"形象"问题，是其能否得到国内民众和国际社会的广泛认同问题。从这个意义上说，意识形态就是执政党的精神状态和思想路线。他在谈及"文化大革命"教训时，突出强调实事求是是马列主义、毛泽东思想的精髓，丢弃和背离这一精神，势必"给党的事业带来很大的危害，使国家遭受到很大的灾难，使党和国家的形象受到很大的损害"①。因此，恢复实事求是的思想路线不仅是面对实际的需要，也是重塑党的形象的首要环节。在他当时看来，围绕着"形象"问题所进行的意识形态变革主要有三大课题：第一，提炼能够体现时代要求、足以打动人心、把握政治大局的核心理念，奠定新的历史条件下中国意识形态的基调。在"实践是检验真理的唯一标准"大讨论的推动下，邓小平以"解放思想、实事求是、团结一致向前看"为题的著名报告，可视为这一课题的重大突破。第二，解决传统和当代的平稳对接，保持意识形态的连贯性以及形象上的统一性。这里的关键在于确立毛泽东的历史地位，实事求是地看待历史，总结历史经验。邓小平明确指出，科学地评价毛泽东，不仅"这样比较合乎实际，对我们整个国家、整个党的形象也比较有利"②。他特别强调，"毛泽东思想这个旗帜丢不得。丢掉了这个旗帜，实际上就否定了我们党的光辉历史。"③ 因此，党的形象的重塑实际上是"恢复"毛泽东思想的精髓，是坚持和发展毛

---

① 《邓小平文选》第 2 卷，人民出版社 1994 年版，第 278 页。
② 同上书，第 308 页。
③ 同上书，第 298 页。

泽东思想。第三，围绕党的工作重心的转移，以四个现代化为中心进行价值重组，努力体现当代中国的创业新形象。他为此而呼吁广大文艺工作者努力"塑造四个现代化建设的创业者，表现他们那种有革命理想和科学态度、有高尚情操和创造能力、有开阔眼界和求实精神的崭新面貌。要通过这些新人的形象来激发广大群众的社会主义积极性，推动他们从事四个现代化建设的历史性创造活动"[①]。所有以上方面，虽然随着实践的深化而不断有所拓展，却体现了当代中国意识形态变革的基本格局。

不难发现，新时期中国意识形态建构有三大基本价值取向：一是世界眼光（坚持马克思主义的世界观和方法论），二是时代潮流（现代化建设），三是中国特色（前两者在当代中国的结合）。其中，"中国特色"这一价值取向成为我国意识形态核心理念及其更新的依据，是当代中国最具标志性的形象。这一理念表明，一切是非曲直、价值评价，都必须以是否有利于中国的现代化为尺度，没有什么抽象的理想尺度，因而不能离开这一尺度搞抽象的争论。所以，必须改革开放，充分吸收一切人类优秀文明成果，有效地提升中国生产力和人民生活水平；必须坚持社会主义方向，形成价值日益多元化下的共同理想，有效地整合日益复杂的社会多元利益，保持社会的和谐稳定。

以"中国特色"为核心理念全方位地展示当代中国新形象，主要是三大形象：第一，立足中国发展、紧跟世界潮流的改革开放形象。进入20世纪80年代以后，由于经济全球化进程的不断加快（高科技革命方兴未艾和跨国公司不断崛起是其强大动力），政治多极化的曲折展现（第三世界的兴起，社会主义阵营的不复存在，各种政治力量的分化重组等），和平与发展正在成为时代的主题。而主义之争、社会制度之争则日渐集中到了综合国力的竞争上。因此，改革开放就自然成了当代中国价值观冲突的焦点，也成为当代中国主导价值观不断创新发展的亮点。正如江泽民所指出的："完全可以这样说，改革开放，是新时期中国最鲜明的特征。没有改革开放，就没有建设有中国特色社会主义。"[②] 可见，改革开放是当代中国的第一形象，无论在何种情况下，都不能丢弃这一形象。正是出于这一考虑，邓小平在"八·九风波"后马上强调指出：必须"组成具有

[①] 同上书，第210页。
[②] 《江泽民文选》第2卷，人民出版社2006年版，第254页。

改革开放形象的中央领导班子，使人民放心，这是取信于民的第一条"①。

第二，对外和平发展、对内安定团结的合作稳定形象。在我国改革开放以后、尤其是"苏东解体"以后日益显现的一个事实是，世界范围内社会主义的低潮和中国作为发展中的社会主义大国正在崛起并存。这两种情况并存对于中国和中国共产党的意义表现在两方面，其一是我们现在客观上正处于各种矛盾的焦点，排除干扰的阻力特别大，不利于聚精会神搞建设、一心一意谋发展。作为当今世界上仅存的社会主义大国，无疑是当代意识形态冲突的焦点，成为西方霸权主义和"冷战思维"的主要攻击目标；作为当今世界上最大的发展中国家，必然聚集着由于不发达而带来的诸多困难，以及谋求发展所面对的复杂局面；而作为当今世界公认的正在崛起的世界性大国，现存的超级大国出于自身利益自然想方设法地加以遏制，而其他各类国家也特别容易警觉和提防，甚至有意无意地设置障碍。我们能否化解矛盾、把握发展的主动权，获得把自己的事情做好的内外环境，关键在于树立一个好形象。其二是中国正在迅速崛起，也表明我们改革开放的决策是正确的，必须坚决维护政策的稳定和连贯，以取信于国内外。对内实现安定团结，对外宣示和平合作，这就是邓小平一再强调的形象。他对于党的第三代领导集体的一个政治嘱托是："希望你们给国际国内树立一个好的形象，一个安定团结的形象，而且是一个安定团结的榜样。"② 他在谈到中国在世界总体政治格局中的角色时同样强调："现在树立我们是一个和平的力量、制约战争力量的形象十分重要，我们实际上也要担当这个角色。"③

第三，坚持独立自主、不信邪、不怕鬼的敢于负责形象。虽然改革开放具有历史必然性，然而当我们打开国门走出去和引进来时，不难发现我们面临着何等强烈的冲击：由欧美主宰的世界政治经济秩序蕴含着严重的不平等，我们在获得某些机遇的同时将可能被迫付出沉重的代价。我们因此而愈益领悟了邓小平关于"现在我们正在做的改革这件事是够大胆的"的感慨。其中最大的风险就在于社会主义是否（如西方极右势力所愿）会与资本主义全面接触中被根本颠覆？然而，权衡利弊得失，不改革开放

---

① 《邓小平文选》第3卷，人民出版社1993年版，第298页。
② 同上书，第317—318页。
③ 同上书，第128页。

必然死路一条，而坚定地推行改革开放则可能为社会主义开拓一番新天地。"这是一件很重要的必须做的事，尽管是有风险的事。"① 要把这一风险降到最低，必须坚持独立自主，而对于任何企图控制我国的动向，则必须坚决予以回击。在"八·九风波"以后，面对西方国家的反华浪潮，邓小平坚定地表示："要维护我们独立自主、不信邪、不怕鬼的形象，我们绝不能示弱。"② 对于那些企图利用"人权"问题做文章，借口批自由化而干涉我国内政的挑衅，必须坚定信念，坚决反击，不要顾忌自己的形象受损。在邓小平看来，在这一交锋过程中，形象不好的决不是我们，"中国的形象并没有因此而变坏，我们的名誉还是一天比一天好起来"③。

（二）以爱国主义为核心进行意识形态话语创新

冷战结束后时代发生了的一个新变化，就是世界多极化和经济全球化在曲折中发展。这一时代特征造成了三大后果：一是综合国力的竞争，成为不同社会制度竞争的核心，所以，发展是执政兴国的第一要务，发展具有首要的政治价值，实际上也成为任何执政党实现领导权的最根本根据。二是社会主义必须改革开放。因为经济全球化，发展的机遇和挑战都是全球性的，而作为经济相对落后的国家，必须融入现行国际经济体系，参与国际经济竞争，否则，很难找到发展的机遇。三是经济依存性的加大和政治的多极化趋势使得今天的世界和平较有保障，世界大战在较长的时期内打不起来，我们可能争取一个相对和平的国际环境以加快国内建设。对抗可能让位于对话、"零和游戏"可能让位于合作共赢，这是现时代正在显现出的大趋势。因此，一方面，求同存异、不搞对抗就不仅成为不同国家间相互关系的基本准则，也是意识形态调整的大方向；另一方面，历史的扁平化和世界的某种趋同（单质化）又使得坚持不同于西方价值观和话语的努力变得十分困难。

问题在于，既不能一成不变地按照原来的方式坚持社会主义，而必须加强包括话语转换在内的理论创新，但是在这一过程中，我们又要旗帜鲜明，强化而不是淡化我们的身份特征，这就需要在寻求共性话语中坚持个

---

① 《邓小平文选》第3卷，人民出版社1993年版，第113页。
② 同上书，第320页。
③ 同上书，第195页。

性。从邓小平理论到"三个代表"重要思想就其意识形态内涵而言，是共产党执政的核心理念的重大突破。它表明党的领导方式将越来越法治化，其执政基础将越来越转移到三个基点上（一个是发展，一个是文化创新，一个是代表人民的根本利益），其利益整合方式越来越向制度整合方面倾向。这就不仅构建了新形势下中国同世界合作对话的平台，而且体现了用马克思主义的世界观、历史观和价值观观察当代中国与世界的思想原则。

而就话语创新而言，邓小平理论和"三个代表"重要思想都突出了以爱国主义为内核进行话语重组，以便在新的历史条件下继续高扬社会主义、集体主义和爱国主义旗帜。我们以爱国主义为核心的意识形态既不是对抗世界文明的民粹主义或狭隘民族主义，也不是淡化意识形态界限的实用主义，而是以中华人民共和国为背景的新型爱国主义。它承继中华文明优秀传统和长期革命传统，立足"一国两制"以及国家主体部分实现社会主义的事实，放眼各种文明共存交融的未来，担负中华民族伟大复兴和对人类做出更大贡献的使命，因而富有时代气息和生命活力。

以爱国主义为内核重组意识形态话语，就能既尊重历史，又面对现实；既体现鲜明的价值取向和原则立场，又突出国家整体利益和求真务实理念。邓小平在分别会见香港工商界访京团和香港知名人士钟士元时明确提出的港人治港的界线和标准，即港人治港"必须由以爱国者为主体的港人来治理香港"，爱国者的标准是"尊重自己民族，诚心诚意拥护祖国恢复行使对香港的主权，不损害香港的繁荣和稳定"[①]。就是这一意识形态话语的最好脚注。从表面上看，邓小平对于爱国主义的界定丝毫没有提及社会主义一类意识形态鲜明的话语，然而却不难发现其中高扬的社会主义旗帜。首先，谁使中国人民恢复了民族自尊心？了解中国近代史的人都知道，正是伴随着帝国主义入侵的殖民地奴性文化，造成了近代中国社会的普遍麻木、没有国家认同感和民族自豪感，造成了崇洋媚外的文化心态。不是别的什么主义，而是在用马克思主义武装的中国共产党的领导下，在中华人民共和国成立以后，中国人民才真正站起来了，并以世界大家庭平等的一员，以充满自尊、自爱、自强的新形象"自立于世界民族之林"。正如邓小平所言："中国今天的形象，不是晚清政府、不是北洋

[①] 《邓小平文选》第3卷，人民出版社1993年版，第61页。

军阀、也不是蒋氏父子创造出来的。是中华人民共和国改变了中国的形象。"[1] 因此，当代中国的爱国者，必须具有民族自豪感，必须尊重中国革命历史和中华人民共和国。

其次，是谁使中国恢复了行使对香港的主权？不是所谓的大清帝国，也不是中华民国，而是中华人民共和国。邓小平与英国前首相撒切尔夫人谈到香港问题时，义正词严地表明了中国政府和中国人民的鲜明立场，"主权问题不是一个可以讨论的问题"，在这个问题上"没有回旋的余地"，否则，就是晚清政府、就是李鸿章。[2] "实现国家统一是民族的愿望，一百年不统一，一千年也要统一的。"[3] 香港的成功回归，是爱国政府代表全中国人民意愿洗刷国耻的典范。

其三，是谁在香港回归前后致力于香港的繁荣和稳定？不是港英政府和所谓的"民主斗士"，而是中央人民政府和广大的爱国爱港人士。为确保香港平稳过渡及保持香港回归以后的安定繁荣，邓小平不仅极富创意地提出了"一国两制"，而且以博大的胸怀在不同时期，多种场合反复强调要照顾到各有关方面，要对"祖国人民"、对"香港人民"以至于对"英方"都要有利，并且确保"香港现行的社会、经济制度不变，法律基本不变，生活方式不变，香港作为自由港的地位和国际贸易、金融中心的地位也不变"[4]。事实证明，没有社会主义原则，就没有真正的"大中华"。正如小平指出的，"中国的形象如何还是要看大陆，中国的发展趋势和前途也在大陆"[5]。

对话也是一种新形式的意识形态的抗争。在经济全球化（其在20世纪80年代已露端倪）的背景下改革开放，所面临的一个主要价值观的冲突，就是人权和主权的冲突。这个问题的复杂性在于，一方面，确实存在着西方国家利用经济全球化、利用所谓人权问题干涉他国内政倾向，其背后的理论就是"民族国家的时代已经终结"，"人权高于主权"；另一方面，又确实存在着把经济全球化简单地归结为资本主义化、因而拒斥全球化、甚至反对改革开放的倾向，其思维方式和价值观仍停留在"冷战思

---

[1] 《邓小平文选》第3卷，人民出版社1993年版，第60页。
[2] 同上书，第12页。
[3] 同上书，第59页。
[4] 同上书，第58页。
[5] 同上书，第358页。

维"上。在邓小平看来，经济全球化问题很复杂，不能简单化，但是可以肯定的有两点：一是必须顺应这一趋势，因势利导，发展自己；二是经济全球化的实质是综合国力的竞争，民族国家依然是当今世界的最高利益实体。因此，必须在就人权问题的对话中坚持必要的斗争。

说人权高于主权，首先不符合事实。正如邓小平所讲的："真正说起来，国权比人权重要得多。"[①] 在今天的世界现实中，个人的命运还是直接地、紧紧地同民族国家的命运连在一起。没有国格就没有人格，没有国权就没有人权。经济全球化过程中南北差距不断扩大的事实表明，经济全球化并不是世界一体化，而是以民族国家为背景的综合国力的竞争。发达国家对于贫穷国家的冷漠、其以国家利益为转移的内外政策以及诸多践踏人权的不良记录，证明西方价值观并非普世价值，其宣扬"人权高于主权"至少是伪善的。

（三）坚守社会主义意识形态的底线不动摇

当代中国的改革开放本质上不是"向西方文明回归"，而是社会主义的自我更新和自我发展。因此，保持意识形态的连贯性不仅是稳定大局的策略需要，也是中国特色社会主义的制度特征。这就决定了，我们的意识形态变革、调整，是坚持前提下的发展、继承前提下的创新，因而是一脉相承下的与时俱进。对于马克思主义的某些基本观点和基本方法，如剩余价值理论和阶级分析方法，可能会因其不处于当代实践的中心而有所忽略，然而这绝不意味着要把它推倒；对于敌对意识形态间的公开较量，例如国际敌对势力的分化、"西化"图谋以及资产阶级自由化思潮，虽然一般不会被提到重要的地位，然而这绝不意味着我们会放松警惕、放弃斗争。

毫无疑问，新的历史条件下意识形态的冲突一般不会采取激烈的方式进行（这也是亨廷顿断言其被"文明的冲突"所取代的依据），中国在反倾向斗争时也绝不会重复过去的错误，不会再采用政治运动的方式，然而这种冲突还是客观存在的。从邓小平理论和"三个代表"的重要思想看，如果触动了中国意识形态的底线，它则必须进行针锋相对的斗争。这些底线大致有三：第一，不许干扰经济和现代化建设这个中心。一心一意谋发展，聚精会神搞建设，是当代中国必须牢牢把握的大方向，它确实不愿被

---

① 《邓小平文选》第 3 卷，人民出版社 1993 年版，第 345 页。

其他事情牵扯精力、偏离方向。因此，稳定压倒一切，正确处理发展、改革和稳定的关系，是中国一向坚持的基本方针。回顾改革开放以来几次重大的政治较量，例如"八·九风波"和揭批"法轮功"，无一不是由其制造政治动乱和政治风波引起的。邓小平对此有一个明确的表态："我们搞现代化，搞改革开放，关键是稳定。凡是妨碍稳定的就要对付，不能让步，不能迁就。不要怕外国人议论，管他们说什么，无非是骂我们不开明。"① 不排除动乱的干扰，一切无从谈起。中国在意识形态方面所采取的有节制的反击，无论是针对国际霸权主义还是国内政治动乱，都是为了稳定大局，为改革、发展奠定必要前提。

第二，不许否定四项基本原则。从改革开放之初，邓小平就明确地将"四项基本原则"定位为立国之本，使之成为党的基本路线的"两个基本点"之一。中国之所以要坚持"四项基本原则"，除了上述维护国内外稳定大局的需要，还是培育民族精神、形成共同理想、增强国家凝聚力的需要。邓小平把社会主义对于中国的价值概括为"只有社会主义能够救中国"、"只有社会主义能够发展中国"。其中关于发展中国之价值，不仅指的是经济持续增长，还包括培育"四有新人"（即有理想、有纪律、有道德、有文化）、协调先富后富、形成共同理想和大局意识，以确保人民团结（不分裂）、社会和谐（不动荡）和超常规发展（在高科技领域占有一席之地）。因此，社会主义不仅是发展的保障，也是发展的原则和方向。可以说，推倒"四项基本原则"，就是毁灭中国的现代化事业。

第三，不要指望控制中国。中国的现代化建设是在一个特殊的国际背景下展开的。一方面，和平与发展的时代主题使得中国争取一个较为有利的国际环境成为可能。另一方面，世界社会主义的低潮和现行不平等的国际政治经济秩序又使得中国的改革开放面临着重大的风险。这种风险主要来自世界霸权主义。它总是力图左右中国的现代化进程，总是不断地为中国的发展设置障碍，总是企图让中国在世界格局中扮演不平等的角色。对于这种企图，邓小平在改革开放之初就明确指出："任何外国不要指望中国做他们的附庸，不要指望中国吞下损害我国利益的苦果。"② 中国的历史、文化和现实都不允许它按照西方设计的方式实现现代化，而必须坚持

---

① 《邓小平文选》第3卷，人民出版社1993年版，第286页。
② 同上书，第3页。

具有中国特色的社会发展道路。否则,将不仅对于中国是一场大灾难,对于世界也是一幅难以想象的图景。从这个意义上说,中国特色社会主义现代化道路的不断开拓,本身就是对于人类文明和世界和平发展的伟大贡献。

四 新世纪我国主流意识形态建设新的伟大战略飞跃

社会主义核心价值体系是当代中国社会主义意识形态的本质表现,是中国特色社会主义理论体系的重要内容,也是当前中国社会主义文化建设的强大动力。构建社会主义核心价值体系的提出,是在中国步入新世纪后,对于我国意识形态发展的又一次重大的战略调整。它标志着我们对于社会主义意识形态建设规律的认识,实现了又一次新的飞跃。

党的十六届六中全会把构建社会主义核心价值体系摆在突出的位置,并明确提出了以马克思主义为指导、以中国特色社会主义共同信念为主题、以改革创新为特征的时代精神和以爱国主义为内核的民族精神为精髓以及以社会主义荣辱观为基础的"四位一体"的价值体系。从马克思主义意识形态理论发展的视角看,此举传递了我国意识形态理论和实践的若干重大创新信息,是继邓小平"文化大革命"以后把意识形态工作纳入以经济建设为中心的现代化建设全局后的又一重大战略性转变。这一转变是在深刻把握新的时代特征和历史条件,以及认真吸取国内外意识形态建设经验教训的基础上实现的。

进入21世纪以来,中国的发展所面临的新的历史起点和新的阶段性特征日渐清晰,前所未有的机遇和挑战、机遇大于挑战的总形势日趋明朗。在这样的历史大格局下,意识形态领域正在发生三大新变化:一是意识形态的感性化趋势。文化要素越来越成为意识形态的主要组成部分,意识形态的凝聚力和吸引力逐步由主要通过政治方式,向以文化为主要表现力的综合方式转变。作为意识形态内核的政治思想和政治纲领日益与文化结缘,更多地借助文化消费和道德情感获得更加广泛而卓有成效的传播,逐步内化到人们的生活世界之中。二是意识形态的学术化趋势。当前意识形态作为政治标签的刚性特征正在逐渐被学术研究的理性话语所替代,意识形态日益渗透到学术研究之中,通过学术思潮、学术话语等加以表达,通过学科建设和国民教育体系扎根,二者日益融合。三是意识形态的日常生活化趋势。各种意识形态以其特殊的文化理念和价值符号,以长期潜移默化的功能作用于人们的现实生活中。人们的日常生活中越来越多地体现着意识形态的价值追求。

总之,在当今世界,一方面"再意识形态化"有所表现,另一方面意识形态以"非意识形态化"的方式发挥着重大作用的倾向有所增强。适应意识形态的这种变化,不仅是有效发挥意识形态自身作用的需要,更是增强国家文化"软实力"、促进中国科学发展的需要。这样,我们就必须深入意识形态的一些基本矛盾关系中,把握其变化规律。从社会主义核心价值体系提出的现实针对性来看,可以提出至少三个"两点论"及其具体关联性判断:一是改革开放以来我国的综合国力有了迅速提升,但国家"软实力"的建设相对滞后;二是以中国特色社会主义为标志的党的理论创新生气勃勃,但这一理论创新成果的大众化、普及化以及国际化相对薄弱;三是文化建设有了很大发展,但人民群众文化需求的增长更为迅速,文化供给(尤其是社会主义先进文化)相对不足。这三个"相对",是我们把握这一问题的着眼点。因此,构建社会主义核心价值体系,可以视为我们在新的历史条件下,对于意识形态基本矛盾关系认识的一个重大飞跃,同时又提出了需要面对的新课题。

(一) 意识形态的排他性与包容性关系上的突破与挑战

意识形态发挥作用的基本方式,是通过不断地对是非、善恶、美丑进行泾渭分明的区分,使自身的价值得以彰显,从而获得广泛的认同。从这个意义上说,旗帜鲜明理所当然,模糊界限就意味着消亡。但也必须看到,一般地说,包容多样不仅是社会和谐的需要,也是现代社会精神发展所必需的文化生态,因而也是主流意识形态自身真正发挥作用的需要。特殊地说,社会主义意识形态不能是自我封闭的僵化体系,它不仅要从实践中不断加以丰富,同时也必须从人类一切优秀文化成果中汲取营养。社会主义核心价值体系向时代精神、民族精神和道德精神扩展,充分体现了社会主义意识形态建设的这一发展趋势。

在这一新认识基础上,我们又必须面对两大新挑战:一是在涵盖全部优秀文化成果的庞大体系中如何体现"核心"价值?我们必须从中提炼出与人类文明同进步、与中国优秀文化传统同根源、与科学社会主义同命运的核心价值观,通过不懈的努力使之成为人民大众的自觉追求,才能真正凝聚人心和引领社会思潮。具体地说，我们既不能完全排斥自由、民主、人权等资本主义发展中形成的价值理念，因为它们确实有两重性，在一定意义上表达了人类一定时期的共同追求，但绝不能照搬。这不仅因为这些口号总是同资本主义的制度架构相联系，因而具有局限性以及一定的欺骗性而为马克思主义创始人不断揭露，更因为社会主义作为必然要最终取代资本主义的新生事物，不仅要逐渐创造出高于资本主义的劳动生产率，而且要不断创造出更能体现人类文明发展要求的思想文化成果，尤其是核心价值理念。

二是当我们把"尊重差异""包容多样"作为主流意识形态的一个原则时，其批判性原则就必然遭遇新挑战。我们今天随时可以看到挑战社会主义核心价值体系的现象，从各种"左"右政治思潮挑战马克思主义的指导地位和中国特色社会主义的政治属性，到社会生活中各种根本颠覆真善美和假恶丑价值取向的现象，有的已经非常严重，令人忧虑。然而问题还不在于此，错误思潮和不良社会现象的存在不是新情况，现在的问题在于当"宽容"成为一个社会共识时，"批判"就必须为自身的存在寻求辩护。"谁有资格批判"往往成为一切批判的前置性条件，当人们无法理直气壮地面对这一质疑时，一切批判就无从谈起。我们唯一能做的，似乎就是等待各种过错者的"良心发现"，或者是等待其自生自灭。这就是今天许多正常的政治批评、学术批评无法展开的深层次原因，也是我们用社会主义核心价值体系引领多样性社会思潮所必须解决的重大课题。

（二）意识形态的理性认知和情感认同关系上的突破与挑战

虽然关于意识形态和科学的统一在今天受到种种质疑，然而毫无疑义，意识形态区别于宗教的显著之处，就在于它依托的是"科学"，而不是"心灵"。[①] 所以，社会主义主流意识形态建设历来凸显其科学性特

---

① "意识形态"这一概念的首创者特拉西认为科学必须建立在通过感觉获得观念发生的原因的精确知识的基础上，必须研究并揭示观念的自然起源，因此意识形态就是作为一切经验科学基础的"第一科学"。"这个概念的出现是作为在标志现代科学诞生的社会与政治动荡背景下试图发展启蒙运动理想的一部分。不论意识形态概念自国家研究院时期以来的发展过程有多长，不论它的用法变得多么多种多样，然而它仍然联系着启蒙运动的理想，特别联系着对世界（包括社会—历史领域）理性的认识的理想，以及对人类理性自决的理想。"［英］约翰·B. 汤普森：《意识形态与现代文化》，高铦等译，译林出版社 2005 年版，第 35 页。

征，强调依靠理论的彻底性说服人，依靠真理的力量打动人。但是，意识形态作为制度化体系化的思想，在本质上是实践的，因而作用机理本质上是情感认同，真理性认识也要通过调动激情的方式才能奏效。换言之，通过很感性的方式表达很理性的观念，是意识形态进入大众"头脑"的通道。在今天，意识形态感性化的趋势十分明显，增强意识形态吸引力、说服力的挑战十分突出，这就要求我们在更加注重理论彻底性的同时，尤其要注重实践方式的创建。虽然理论学习、思想教育是我们的传统优势，但其如何进行更贴近生活和群众的改进，已成为形势所迫。此外我们还必须大力拓展其他可以负载社会主义核心价值观的实践方式，尤其在与群众生活密不可分的文化消费领域。社会主义核心价值体系把爱国主义、荣辱观这些本质上是道德情感的内容包含其中，表明我们在应对当代意识形态新变化上已经掌握了主动权。其突出建设的要求，预留了实践创新的广阔空间。

在这方面我们遭遇的新情况，主要是由当代意识形态的重大变化所引发的"非意识形态化"倾向，导致政治意识和政治觉悟的消解，从而为西方意识形态和价值观的渗透打开缺口。在今天，政治厌倦甚至是政治虚无的情绪比较突出：许多人不仅躲避政治，而且妖魔化政治；一些人习惯地用"非意识形态化"的观点解读中国特色社会主义，指认其根本属性就在于"不问姓社姓资"；文艺界的一些名人公然声称文艺作品只有"好看"和"不好看"，而没有什么"政治标准"和"艺术标准"；等等。"非意识形态化"的结果是抽象人性论的泛滥。把社会矛盾的最终解决归结为抽象人性（良知、爱、同情心、容忍等），把人性不仅视为超阶级、民族、历史阶段的抽象存在，而且视为可以创造一切"奇迹"的神奇力量（如甚至可以改变物种本性，使"狼爱上羊"一类），是今天许多文艺作品（包括一些被认为是较优秀的作品）的通病。马克思主义从来不反对讲人性，但有两个"底线"：一是人类进入阶级社会以来，人性就不是"均匀"地分布在每个个体上，而是在不同的社会群体呈现出不均衡状态；因此，讲人性和阶级分析并不对立。二是人性并非社会问题的症结所在；相反，人性的修复和不断完善，有赖于社会的改造和历史的发展，因此，讲人性必须置于具体的社会历史过程，不是人性创造历史，而是历史改变人性。

（三）意识形态的集团性话语与个体性、人类性话语关系上的突破与挑战

意识形态本质上是集团性话语，它并非个人从生活实践中自发形成的，从这个意义上说，其本质确实是"灌输"。但是，最佳的"灌输"是使国家的需要转化为公民个人的追求。反思我们过去的意识形态"灌输"，教育和支配的目的性太明显。如果说这一方式在需要高度统一意志的革命年代还能奏效的话，那么在个人和个性问题非常突出的现代社会，国家意志必须转化为个人意志并通过个人意志发挥作用，才是最有效的选择。社会主义核心价值体系把本质上属于个人道德自律的荣辱观纳入其中，表明我们意识形态建设的落脚点已经从偏重"外部"灌输转向注重"内外共生"。

另一方面，意识形态虽然实际上是一定利益集团的观念表达，然而其最具渗透力和影响力的方式却是让思想穿上"普遍性"外衣，才能获得更广泛的认同。人类性、全民性诉求形式下的集团性思想和利益表达，是意识形态的基本特征。"每一个企图取代旧统治阶级的新阶级，为了达到自己的目的不得不把自己的利益说成是社会全体成员的共同利益，就是说，这在观念上的表达就是：赋予自己的思想以普遍性的形式，把它们描绘成唯一合乎理性的、有普遍意义的思想。"[①] 社会主义意识形态当然不能排除人类性话语，不能孤立、抽象和无条件地使用阶级性话语，而必须根据历史发展的具体实际，把阶级性话语和人类性话语统一起来。另一方面，当然也不能拒斥阶级性话语，孤立、抽象和无条件地使用人类性话语，纠缠于同资本主义大打"普世"牌，比谁的迷魂汤威力更大，这肯定没有出路。

我们今天所必须面对的一个挑战，就是如何看待"普世价值"？从马克思主义的观点看，以下三点是基本点：一是马克思主义并不笼统地否定"普世价值"的存在，但指明它的基础在于人类共同利益，如果缺乏共同利益的支撑，"普世价值"只能作为一种美好的愿望或幻想而存在（例如关于"世界大同"及各种乌托邦的追求），不具有真正的意义。二是由于阶级社会的利益分化（从世界范围看，我们现在仍然没有超越这一历史

---

① 《马克思恩格斯选集》第 1 卷，人民出版社 1995 年版，第 99 页。

阶段），人类性话语和普遍利益的现实表达只能通过处在上升时期新阶级的阶级意识，"它之所以能这样做，是因为它的利益在开始时的确同其余一切非统治阶级的共同利益还有更多的联系，在当时存在的那些关系的压力下还不能够发展为特殊阶级的特殊利益"。[①] 而工人阶级由于根本区别于以往的任何阶级，因而开拓了一种通过工人阶级的阶级性表达人民性乃至人类性的现实可能。三是在今天，通过否定阶级性话语而抽象地谈论"普世价值"，本质上是西方话语霸权的表达，是其"西化""分化"我国图谋的具体方式，也是当代中国产生价值混乱的一个根源，其目的是割断当代中国的发展成就与社会主义的联系。例如，我们把夺取这次特大抗震救灾的伟大阶段性胜利首先归结于"制度优越"，因而要唱响"六好"（共产党好、社会主义好、改革开放好、人民军队好、人民群众好、伟大祖国好），可是就有那么一种力量，努力把抗震救灾的胜利抽象化为国际社会慈善行动的胜利、尊重生命和个人价值的人性论胜利、摆脱了一切主义纠缠的"普世价值"的胜利等，就是避而不谈社会主义制度。今天我国意识形态建设面临的严峻挑战确实就在于如何把我国改革开放的伟大成就及时充分有效地转化为对于中国特色社会主义制度的认同。虽然社会主义意识形态今天更多地遇到了人类性话语的挑战，但我们还是必须在坚持阶级性、人民性以至人类性的统一前提下应对，而不能通过淡化阶级性大谈抽象的普世价值。可见，在"四位一体"（马克思主义、中国特色社会主义、时代精神和民族精神、荣辱观）的社会主义核心价值体系中，马克思主义的指导始终是灵魂。

（四）意识形态的先进性和大众性关系上的突破与挑战

社会主义核心价值体系是适应人民群众对于先进文化的需求而提出的，目的在于有效地推动社会主义文化的大繁荣、大发展，因而它必须体现时代潮流、时代精神和时代发展，体现社会主义意识形态的先进性。同时，意识形态要渗透到社会生活，成为社会的"黏合剂"和"混凝土"，必须具有大众性和广泛性。以往我国在主流意识形态引导性方面的一个缺陷，就是所谓的"曲高和寡"，可操作性不强。社会主义核心价值体系通过"扩容"和"分层"的方式，取得了先进性和大众性相结合的大突破。

---

① 《马克思恩格斯选集》第1卷，人民出版社1995年版，第99页。

"四位一体"不仅是"扩容",同时也是分层:马克思主义指导作为这一价值体系的灵魂,不仅是内核,而且其主要对象是共产党员,每一个共产党员必须自觉地用马克思主义武装头脑;中国特色社会主义作为共同理想,不仅是全国人民的共同政治基础,也是全国人民最大的价值共识;以爱国主义为核心的民族精神不仅为国内人民(包括港澳台等境外)所认同,也被海外华侨广泛认同;以改革创新为特征的时代精神为当代人类所认同,实现了当代中国意识形态与世界文明潮流的对接;以"八荣八耻"为主要内容的荣辱观,主要对象是个人,目的在于增进每一个人的道德自律。这种层层递进、"分层"实施、各有侧重而又点面结合的价值体系,具有很强的操作性。

分层实施从其挑战性后果看,就是可能使"分层"变成"分割"、造成主流价值观自身的"多元"、"多样"、"多变",从而消解马克思主义。不难理解,离开马克思主义指导,中国特色社会主义就可以做"西化"或"儒化"的解读;不与社会主义中国相联系,爱国主义就会窄化演变为狭隘民族主义,或者泛化演变为复古主义;不与共产党领导的改革开放相联系,改革创新就会演变为割断历史的虚无主义,或者演变为"全盘西化"的洋奴哲学。这样看来,用社会主义核心价值体系引领多样化社会思潮,实际上就包含着双重引领:就其内部而言,如何使马克思主义的指导能有效整合这一核心价值体系各组成部分,使其真正成为整个价值体系之魂,并使整个价值体系成为有机整体,而不是松散的"板块";就其外部而言,如何使社会主义核心价值体系这一当代中国主流意识形态的本质体现,有效整合多元、多样、多变的社会思潮,使整个社会精神生活在多元文化生态中健康向上、充满生机活力。前一引领主要是"体系构建",后一引领主要是"功能发挥",两者各有侧重,又相辅相成,表明社会主义核心价值体系的建设是一个互动的开放过程,从而成为社会主义文化良性发展的强大动力。

(侯惠勤,中国社会科学院马克思主义研究院原党委书记,教授、博士生导师)

研究和批判新自由主义 坚持和发展马克思主义

——关于研究批判新自由主义的对话

何秉孟

一 分析研究新自由主义的基本情况

问：自 2007 年美国爆发金融危机并于随后像瘟疫一样迅速蔓延至全世界、酿成近百年来最严重的国际性金融危机之后，国际理论界、思想界乃至政界的不少有识之士，正在对资本主义制度特别是新自由主义模式的资本主义制度，以及其理论基础新自由主义进行批判和清算。你是我国最早运用马克思主义理论对新自由主义进行分析和研究的学者。能否请你谈一谈我院开展新自由主义研究的具体情况？

答：我们分析和研究新自由主义，大致可分为三个阶段：短兵相接阶段、全面分析和研究阶段和深入剖析和批判阶段。

（一）短兵相接阶段

这一阶段始于 20 世纪 90 年代后期。1997 年爆发亚洲金融危机，我当时协助副院长汝信同志分管全院科研工作，凭直觉意识到对这场危机应加强跟踪研究，于是建议院设立一个重大课题，组织专家进行研究。由于种种原因，这一建议未被采纳，我只好以个人的名义，邀请经济所、财贸所、世经政所、亚太所、日本研究所等单位的十多位学者组成课题组，并

164　中国哲学社会科学发展历程回忆·马克思主义卷

何秉孟

李长春批示

自筹经费（请社会科学文献出版社适当赞助）进行研究。通过跟踪分析与研究，我们发现，亚洲金融危机中的几个重灾国，如泰国、印度尼西亚、马来西亚、菲律宾等国，之所以会发生金融危机，大都同盲目开放金融市场，实行金融业私有化和金融自由化，放弃金融监管特别是放弃对国际游资的监管，以及盲目引进外资、过度举借外债、营造房地产和虚拟经济领域的泡沫等有关。而这些国家之所以出现此类失误，同美国当局的游说有关。1991年，由美国国会议员和知名学者组成的代表团到东亚国家游说，称该地区若加快实行金融自由化、贸易自由化和投资自由化，将为该地区国家创造数千亿美元的巨大实惠。在美国的诱惑下，一些国家开始推行新自由主义"改革"。其中，尤以泰国、韩国、印度尼西亚、菲律宾、马来西亚等国最为积极，结果在1997年爆发的亚洲金融危机中损失也最为惨重。这一现象引起我们高度重视，课题组形成的主题研究报告《亚洲金融危机与中国：分析与对策》（由左大培研究员执笔）中，明确提出包含不能放任国际性的游资自由流动、"私有化"和"自由化"不能保证不发生货币金融危机等五条教训；在另一篇主题研究报告《IMF的药方》（由孙杰研究员执笔）中，对国际货币基金组织在危机爆发初见死不救，在危机严重时，又提出苛刻的援助条件，强迫受援国紧缩财政、开放资本市场，实现金融自由化以落井下石的行径提出了质疑。1998年夏，这一研究成果以《亚洲金融危机：最新分析与对策》结集出版后，在国内外引起很大反响。专著刚出版发行时，不少国家驻华使馆的官员也纷纷来院向我们索要此书。

1999年7月，香港树仁学院和中国社会科学院社会学所在香港联合召开"中国经济改革与社会结构调整"国际学术研讨会，我在会上做了"东亚金融危机的三大警示"的发言，这三大警示是：一、对国际游资必须实行监控，不能放任其自由流动；二、不能借贷没有偿还把握的外债；三、不能营造过度房地产和虚拟经济领域的泡沫经济。会议互动时，有香港学者提问：何先生不担心自己的见解会开罪美国吗？我当即表示：科学研究只能服从真理，不能看什么人的眼色说话。

应该承认的是，在20世纪90年代末，我们通过对东亚各国的跟踪研究所得出的一些经验性结论，在很大程度上仅仅是出于一种理论上、政治上的本能而并非是出于自觉的反映。这是因为，当时新自由主义刚刚被介绍到国内，理论界包括我本人及课题组成员对新自由主义还不甚了了，在我们课题组成立、制订研究计划时，压根儿也没有想到去分析批判新自由主义。因此，我将在此期间我们与新自由主义之间的较量称之为短兵相接的一场遭遇战。

问：尽管是没有纳入课题研究计划的一场遭遇战，但你们得出的几条教训或警示，即使用今天的眼光看，也是非常深刻的，击中了新自由主义的要害。

答：这应归功于课题组的左大培、孙杰、刘树成，以及已故刘溶沧研究员等几位专家的深厚理论功底和学术素养。

（二）全面分析和研究阶段

问：你所说的你们分析和研究新自由主义的第二个阶段的具体情况又是怎样的？

答：通过跟踪研究亚洲金融危机，我们或者说我本人意识到，美国的经济学理论带有极其强烈的意识形态色彩，必须予以密切关注。在此后的几年内，我们开始分析和研究美国的经济理论及其在我国的传播和影响。2000年，我撰写了《近年来我国经济学的三个误区》一文，批评了国内经济学界有些学者对美国主流经济学亦步亦趋，炒作什么"新经济"、"全球经济一体化"的"唯西方之时髦是赶"的"洋教条"毛病。这些学术积累性工作，为后来全面分析和研究新自由主义，打下了基础。

2003年7月下旬的一天，全国政协副主席，中国社会科学院党组书记、院长陈奎元同志让我去他的办公室，他要我牵头组织一个课题组，对新自由主义进行研究，搞清楚到底什么是新自由主义。他强调：这是中央交给我院的一个重大研究项目，要尽快拿出高水平的研究报告。回到我的办公室后，我即约请时任科研局国际问题学科片副学术秘书的李千商议，从经济研究所、世界经济与政治研究所、拉美研究所、欧洲研究所等单位，抽调包括我在内共10位学者组成课题组；何秉孟任课题组长，戎殿新、刘迎秋、李千为副组长，课题组成员有苏振兴、裴小革、顾俊礼、阎小兵、田春生、江时学等。随着"新自由主义研究"课题组的成立并开展工作，标志我们分析研究新自由主义的工作正式进入第二个阶段。

问：过去我们只听说这个课题是院党组的交办课题，没想到是党中央的交办课题。当时党中央为什么对新自由主义这么重视呢？这其中还有什么背景没有？

答：据我后来了解，中央交办这个研究项目的背景是，2003年7月5—20日，李长春同志对古巴、阿根廷等国进行了正式友好访问。访问期间，两国领导人及我驻古、阿使馆的同志提醒李长春同志，中国改革开放要警惕新自由主义的干扰。李长春同志回国后向中央常委汇报出访情况时提及这一问题。中央领导同志当即决定，尽快组织力量对新自由主义进行研究，弄清楚新自由主义是一股什么思潮。此后李长春同志便将这一任务交给了陈奎元同志。

问：由此可见，党中央对理论问题、对意识形态是非常敏感、极其重视的。你们的研究工作进展顺利吗？

答：我前面已经谈到，由于前几年我们对美国的经济学理论包括美国的主流经济学理论和经济政策已经有一些接触和研究，就是说有一些基础。此次接受任务后，课题组的各位专家根据课题设计和部署，夜以继日地工作，用一个多月的时间，也即在9月上旬，完成了研究报告《新自由主义研究》的撰写工作。在定稿过程中，陈奎元同志花费相当精力，对研究报告进行了审改。2003年9月4日，陈奎元同志将审定后的研究报告直接报送李长春同志。

问：听说李长春同志对研究报告给予了充分肯定？

答：可以说是这样。9月15日，李长春同志在陈奎元同志的报告上批示中宣部的领导同志：为了在意识形态领域加强引导，可否将社会科学院的关于新自由主义的研究文章加上中宣部的按语，发中央领导同志和发改委、中央党校、各省委宣传部等部门。

问：将我院的研究报告直接报中央领导同志、中央有关部门、各省市党委，其重视之程度在我院历史上实属罕见。

答：我想，所谓思想库、智囊团，就应该这样。这项研究报告在我国学术界、思想理论界产生很大影响：根据李长春同志的批示，中宣部将我们的研究报告报中央领导同志和中央有关部门及各省市委宣传部门后，《马克思主义研究》2003年第三期予以全文刊发，2004年11月9日，《光明日报》又用整整一个版面的篇幅发表了该报记者李瑞英同志对我及我们课题组成员的访谈录：《警惕新自由主义思潮》，极大地推动了我国思想理论界、学术界对新自由主义的分析和研究工作。

在《新自由主义研究》上报李长春同志后，课题组又进一步拓展和深化研究，于2003年10月完成了综合研究报告《新自由主义及其本质》。为推动全国学界对新自由主义的研究工作，我们课题组从 2003 年 12 月开始，连续举办了三次全国性的关于新自由主义问题的系列研讨会，全国各地关注新自由主义问题的专家、学者 70 余人与会，提交学术论文 40 余篇。2003 年年底，我从 40 多篇参会论文中选取 25 篇结集为《新自由主义评析》，由社会科学文献出版社于 2004 年 6 月出版发行。《新自由主义评析》这部论文集的编辑完成，标志着对新自由主义进行"全面分析和研究阶段"的工作告一段落。

问：看来，你们这个课题组不仅圆满完成了中央交办的关于研究新自由主义的任务，而且在推动全国学界研究新自由主义方面也做了大量工作。你所说的对新自由主义进行"深入剖析和批判阶段"的具体情况又是怎样的呢？

（三）深入剖析和批判阶段

答：对新自由主义进行深入剖析和批判的任务，是由我国改革开放的实践所提出的。新世纪初，我国的改革开放事业进入攻坚阶段：国有企业改革和金融改革被提上紧迫的日程。正是在这种关头，特别是在党的十七大召开的前夕，某些经济学家，如自我标榜为科斯的学生，并受科斯委派来到香港，以就近向中国传播新自由主义的新制度经济学的张五常到内地，四处兜售科斯的以私有产权理论为核心的新制度经济学，以及金融私有化、自由化理论，使劲地向公有制泼脏水，主张国有经济退出竞争性领域，将写入宪法和中共党章的"以公有制为主体"改为"以公有制为主导"。正是在这股新自由主义思潮的影响下，一些地区出现将国企视同"包袱"、将国企改革当作"甩包袱"而砍杀国有企业，以致国有资产大量流失。这表明，进一步揭示新自由主义的本质，既是拓展、完善中国特色社会主义理论的需要，更是排除干扰、沿着健康的轨道推进改革开放实践的需要。

问：我还记得，当时有些人对你们批判新自由主义是有抵触情绪的，甚至有人散布你们批判新自由主义是反对改革开放的谣言。你们当时对这种论调怎么看？

答：我们心里非常坦然，认为出现这种论调十分自然。记得还在我刚刚接受研究新自由主义的任务的时候，就有号称著名经济学家的人警告过我：新自由主义可以研究，但不能批判，因为这些年我们的改革开放就是按照新自由主义干的，批判新自由主义会批到我们自己头上。对此，我大不以为然。我国的改革开放是社会主义制度的自我完善，只能以马克思主义、以中国特色社会主义为指导，怎么可能以极端野蛮的新自由主义理论为指导？邓小平同志曾经说过，如果我们的改革开放导致两极分化，出现了一个新的资产阶级，走上了资本主义邪路，我们的改革开放就失败了。实践表明，的确有人企望用新自由主义来指导我国的所谓"改革"，将我国引上资本主义邪路。对于这种所谓"改革"，我们当然要反对。分析、批判新自由主义，正是为了揭露这些人的这种图谋，避免资本主义的悲剧。

问：这样做是要有理论勇气的。

答：谢谢理解。现在回想，从当时的舆论氛围来看，没有一定的理论勇气，或者更进一步说，没有共产党人的使命感、历史责任感，恐怕很难把这项研究工作坚持下去，并不断推向深入。

问：你们是如何推进深入剖析和批判新自由主义这一阶段的工作的？

答：鉴于中央交办的"新自由主义研究"课题已于2004年年底结项，再用"新自由主义研究"课题组的名义，组织学界同行剖析、批判新自由主义就欠妥了。好在我当时还兼任中国社会科学院政策研究室（内设机构）主任。于是，我便以研究室及我个人的名义，多次约请京内外同行专家，就新自由主义的某些专题，召开小型研讨会，开展讨论、深入剖析。在此基础上，于2004年9月22日，在京召开了"马克思主义产权理论与国企改革——兼评科斯的产权理论"研讨会，来自全国的专家、学者40余人，提交论文30余篇。我在会上做了"国有企业改革必须坚持以马克思主义产权理论为指导——兼评科斯的产权理论"的主题发言。研讨会对科斯的产权理论进行了深入剖析，对马克思主义的产权理论进行了新的概括，指出：科斯的产权理论是极为庸俗的私有产权理论，张五常等人之所以狂热兜售科斯的产权理论，用张五常本人的话说，目的是引导中国的经济体制改革走向全面私有化的道路，在中国重建私有制。会后，我们从30多篇参会论文中选出25篇，结集为《产权理论与国企改革——兼评科斯的产权理论》，由社会科学文献出版社公开出版发行。

2005年7月28日，我们以中国社会科学院政策研究室的名义，联合中国社会科学院世界社会主义研究中心、中国人民大学财政金融政策研究中心、求是杂志社《红旗文稿》编辑部，在京主办了"金融改革与经济安全"理论研讨会,全国各地50余位经济学家、金融学家及金融工作者出席了会议。我在会上做了"金融改革与经济安全——警惕'金融自由化'对中国金融改革的干扰"的主题演讲。这次研讨会从理论与实践的结合上,剖析了美、英国际金融资本垄断集团在全球强制推行"金融自由化"的险恶用心;指出中国金融改革绝不能搞美国设计、倡导、强制推行的取消监管的"金融自由化",而必须坚守以下四原则,即:同社会主义市场经济体制相适应;以公有制为主体,国有资产占绝对优势;金融企业经营既要以市场为基础,又必须依法经营并接受国家计划乃至政府行政手段的调节;金融货币体系应适应金融国际化趋势适度开放,但必须以法律的、行政的严密监管为前提,开放不是"金融自由化",随着开放程度的逐步提高,监管应当越来越严格。

问:你们提出的我国金融改革必须坚守的四原则,即使在今天看来,也是站得住脚的。

答:这次讨论会后,我们从与会者提交的40多篇论文中选取17篇,结集为《金融改革与经济安全》一书,由社会科学文献出版社于2007年7月公开出版发行。

问:这两次研讨会,对推动我国理论界、学术界批判新自由主义起了很好的作用。如果我没有记错的话,也就是由你主编的《金融改革与经济安全》这部书公开出版发行的前后,美国的所谓次贷危机爆发了。美国的次贷危机本质上就是金融危机,由于美国是当代国际金融货币体系的霸主,美国的金融危机很快于2008年波及全世界,演变为国际性金融危机,使人类陷入又一场经济灾难。这一场肇始于美国、祸害全人类的金融和经济灾难,是不是为我们彻底清算新自由主义提供了新的契机呀?

答:确实如此。肇始于美国的国际性金融危机爆发后,国际思想理论界、学术界乃至政界,掀起了一个反思、批判新自由主义及其资本主义模式的高潮。这为我们进一步剖析、批判新自由主义提供了很好的机遇。由于年龄原因,我于2006年退出了院党组及行政现职岗位,紧接着院政策研究室这一内设机构撤销。我不可能再出面组织、协调全国学术界开展批判新自由主义的工作。但以我院副院长李慎明同志为主任的中国社会科学院社会主义研究中心,以及中国社会科学院马克思主义研究院更高地举起了批判新自由主义的旗帜。这一阶段对新自由主义的分析、批判,具有同前几年不同的鲜明特征,就是将分析国际性金融危机、经济危机发生的原因，同分析、批判新自由主义的本质结合起来，使理论批判更具说服力，从而将对新自由主义的分析批判推进到一个新的阶段。

二 新自由主义的本质

问：从你前面介绍的我国学术界、我院分析研究新自由主义的基本情况可以看出，中国社会科学院在分析、研究新自由主义过程中发挥了很好的牵头作用。你从始至终身处其中，可否简要地给我们谈一谈关于新自由主义的本质？

答：没有问题。

所谓新自由主义（neo-liberalism），主要是一种经济学理论思潮，它是在继承亚当·斯密的资产阶级古典自由主义经济理论的基础上，以反对和抵制凯恩斯主义为主要特征，适应国家垄断资本主义向国际金融资本垄断的资本主义转变要求的理论思潮、思想体系和政策主张。新自由主义与古典自由主义经济理论既有联系又有区别，并且通过"对凯恩斯革命的反革命"而著称于世；"华盛顿共识"的形成与推行，则是新自由主义从学术理论嬗变为国际金融垄断资本的经济范式和美国国家意识形态的主要标志。

新自由主义作为一种经济学理论体系，经过了近百年的发展，学派林立，思想、理论体系也相当庞杂。就当前美英新自由主义主流学派而言，归纳起来，主要观点有：

——在经济理论方面：新自由主义继承了资产阶级古典自由主义经济理论的自由经营、自由贸易等思想，并走向极端，大力宣扬"三化"。一是"自由化"。认为自由是效率的前提。主张放任自流的自由经营、自由竞争、自由贸易，特别强调金融自由化，主张各国开放金融市场，便于资本自由流动；取消对金融的监管，让金融企业自由经营。二是私有化。在他们看来，私有制交易成本比公有制低，因而效益比公有制高，更利于经济发展。三是市场化。认为，离开市场就谈不上经济，无法有效配置资源，反对任何形式的国家干预。

——在政治理论方面：新自由主义的政治理论是在其经济理论的基础上形成的，它特别强调和坚持三个"否定"：一是否定公有制。几乎所有的新自由主义者都一致认为，集体化、公有制会使经济变得更糟而不是具有更高的生产率，因此，不能搞公有制。二是否定社会主义。在新自由主义者们看来，社会主义就是对自由的限制和否定，必然导致极权主义，因此，是一条通往奴役之路。三是否定国家干预。在他们看来，任何形式的国家干预都只能造成经济效率的损失。

——在战略和政策方面：新自由主义极力鼓吹以超级大国为主导的全球一体化。我们认为，经济全球化是人类社会发展的一个必然趋势和一个自然的历史过程。但经济全球化并不排除政治和文化的多元化，更不等于全球经济、政治、文化一体化。与我们的看法相反，新自由主义并不是一般地鼓吹经济全球化，而是着力强调要推行以超级大国为主导的全球经济、政治、文化一体化，即全球资本主义化，乃至"美国化"。

问：你刚才谈到，新自由主义经过近百年的发展，学派林立、理论体系庞杂。可否扼要介绍一下新自由主义的主要流派？

答：新自由主义的主要流派有：以哈耶克为代表的伦敦学派，以弗里德曼为代表的现代货币学派，以卢卡斯为代表的理性预期学派，以科斯为代表的新制度学派，以布坎南为代表的公共选择学派和以拉弗、费尔德斯坦为代表的供给学派，等等。其中影响最大的是伦敦学派、现代货币学派、理性预期学派和新制度学派。在此，我着重介绍一下这四个学派。

（一）伦敦学派

伦敦学派的主要代表人物是哈耶克，他是一位著名的出生于奥地利的经济学家、思想家。他的新自由主义理论观点是其他所有新自由主义者的主要思想来源。他长期活跃于反凯恩斯主义、反国家干预的新自由主义中心：奥地利的维也纳大学、美国的芝加哥大学、英国的伦敦经济与政治学院。他既是主张经济放任自由的伦敦学派的主要代表，又是芝加哥学派的核心成员，同时也是奥地利学派的骨干。哈耶克一贯主张自由化，强调自由市场、自由经营，认为私有制是自由的根本前提。他说，只是由于生产资料掌握在许多个独立行动的人的手里，才没有人有控制我们的全权，我们才能够以个人的身份来决定我们要做的事情。如果所有的生产资料都落到一个人手里，不管它在名义上是属于整个"社会"的，还是属于独裁者的，谁行使这个管理权，谁就有全权控制我们。哈耶克反对任何形式的经济计划和社会主义，认为垄断、经济计划、国家干预始终与无效率相联系。他甚至主张，即便是货币发行权也应还给私人银行，而不能让政府垄断。

(二) 现代货币学派

现代货币学派是20世纪50年代中期在美国出现的新自由主义学派（也称新保守主义学派）。这一学派以现代货币数量论为理论基础，以制止通货膨胀和反对国家干预为主要政策主张，强调实行"单一规则"的货币政策。货币学派认为，货币政策比财政政策对产出量具有更大效应，货币供应的增加是通货膨胀的根源。货币主义者强调，货币和其他商品、其他金融资产是一样的资产。人们保留商品、债券、股票没有区别，彼此之间可以互相替代。因而，货币政策影响货币总需求。货币需求函数是比较稳定的，而且可以通过数字统计测量出来。这一学派的主要代表和领袖是美国芝加哥大学教授、著名经济学家M.弗里德曼，他是当代最有影响的新自由主义经济学家、现代货币主义创始人。他曾在美国财政部等机构任职，担任过尼克松总统的经济顾问委员会的委员。弗里德曼的新自由主义经济学理论从传统或古典的自由主义经济理论出发，强调与人们之间关系有关的意义上的自由。他认为资本主义体系之所以不稳，是货币受到扰乱，所以货币最重要，货币是支配资本主义产量、就业和物价变量的唯一重要因素。只要充分发挥市场机制的作用，资本主义体系本身是可以稳定的。他极力主张货币政策只要求货币数量稳定、有节制的增加，即支持长期的货币规则或目标。除此之外，不需要政府干预私人经济，应让市场机制完全地充分地发挥作用。弗里德曼在市场经济理论、现代货币数量论、消费函数理论和经济方法论等方面，均有自己的主张，并因消费理论、货币历史和理论以及稳定经济政策方面的见解，于1976年获得诺贝尔经济学奖。

(三) 新制度经济学派

新制度经济学以经济组织或制度问题为研究对象，主要强调明晰私人产权，降低产权交易费用，实现资源"有效配置"。新制度经济学派认为，只要产权落实到自然人，也就是私人，就会对提高经济运行的效率产生影响，这是因为私有制企业交易成本低于公有制企业，所以私有制的效率比公有制高。新制度经济学派的主要代表人物是罗纳德·科斯。

科斯是美国新自由主义大本营芝加哥大学的教授。他的成名，主要得益于两篇论文：一是《企业的性质》（1937年），二是《社会成本问题》（1960年）。这两篇论文的基本观点是：①市场交易是有成本的，即所谓交易成本或交易费用，企业的存在就是为了节省交易费用；②在交易费用为零时，只要产权初始界定清晰，并允许经济当事人谈判交易，就可以实现资源的有效配置；③什么叫"产权初始界定清晰"呢？就是落实到自然人或个人，也就是"私有"；④因此，一旦考虑到进行市场交易的成本，合法权利的初始界定，就会对经济运行的效率产生影响，由于私有制企业交易成本低于公有制企业，私有制的效率必然比公有制高。科斯从交易成本入手，得出了公有制经济的效率不如私有制高的结论。他的这一套，对于西方资产阶级经济学来说，并没有什么独特的贡献。因为西方的资产阶级经济理论，从来都是建立在私有制的基础之上或以私有制为前提的。所以，长期以来，科斯及其产权理论在西方学界，影响并不大，发表于1937年的《企业的性质》一文，尘封几十年无人问津。

进入20世纪80年代之后，国际金融垄断资本为了在全球推进私有化浪潮特别是对社会主义国家进行"和平演变"，需要美化私有制，丑化公有制，便寻找理论武器。这时，他们从故纸堆中发现了科斯的这一套，于是，对科斯的理论进行包装并大肆炒作，给科斯的基本观点戴上了你刚才提到的"科斯定理"的桂冠；不仅如此，1991年，科斯的"产权理论"甚至被授予诺贝尔奖！

对科斯的理论，包括目前被某些人奉为金科玉律的所谓"科斯定理"稍做分析，就可以发现它存在两个非常明显的漏洞。

其一，认定私有制经济的交易成本比公有制经济低，并没有实证依据，是先入为主的武断结论。事实上，商品交易过程是一个讨价还价的谈判过程和有着诸多中间环节的履约过程，其成本不仅取决于交易主体的谈判能力、履约能力，而且还取决于市场的供求情况、市场的发育程度和规范程度。交易过程纷繁复杂，没有大量的实证资料，凭什么断定公有制经济的交易成本大于私有制经济呢？

其二，能否实现资源的有效配置，并不仅仅取决于单个企业交易成本的高低，还要取决于其他多种因素。比如，资本主义生产的基本矛盾是生产的社会化同生产资料私人占有的矛盾；在这一基本矛盾的作用下，每一个企业内部的有计划同整个社会生产的无计划并存，由此导致周期性经济危机。每一次经济危机，均是生产力的巨大破坏，造成资源的极大浪费，谈何"资源的有效配置"？可见，所谓"科斯定理"不过是伪科学而已。

（四）理性预期学派

理性预期学派认为，人是理性的，总在追求个人利益的最大化。由于经济未来的发展趋势事关自己的投资或就业选择和利益，个人一般均会充分调用自己的智力和资源如各种信息等，对它进行尽可能准确的推测，也即对未来的经济情况做出预期。由于这种理性预期的作用，市场机制就能够确保充分就业均衡，政府干预经济的政策要么归于无效，要么加剧经济波动，因此是不必要的。这一学派的代表人物是芝加哥大学教授、曾任美国经济学会会长的罗伯特·卢卡斯。他以经济人理性和人的行为理性预期假设为前提和立论基础，用货币周期模型论证和说明经济波动的原因，并得出了凯恩斯主义政策无效因而无须政府干预经济的结论。他强调经济政策的稳定性和连续性，从而在宏观经济学领域引发了一场所谓的"理性预期革命"，也就是在理性预期假设的基础上，对以往的宏观经济学进行了批判性的重建，对社会总需求和总供给、货币理论、经济周期等概念进行了重新定义。此外，卢卡斯在经济增长理论方面也有自己的见解。

问：我一直犯嘀咕，为什么称之为"理性预期学派"，是不是因为"理性预期"这一假设在卢卡斯为代表的学派的学术体系中占据非常重要的地位？

答：不错。"理性预期"假设可以说是卢卡斯学派理论体系的立论基础。这一学派所坚持的几乎所有的经济理论、政策主张，包括反对政府干预经济，甚至经济周期理论、投资理论等宏观经济学原理和原则，都是以这一假设为基础的。而问题恰恰在于，作为资本、人格化的资本为追求利润最大化，在现实生活之中，其预期往往是非理性的，这已为几百年来的资本主义经济危机实践所反复证明。也就是说，理性预期学派理论的立论基础站不住脚，这也是理性预期学派的悲哀之处。

问：你刚才说，包括哈耶克领衔的伦敦学派在内，自新自由主义产生后的几十年时间里，这种理论并不受人重视，是什么原因使其自20世纪七八十年代始，逐步成为美英等发达资本主义国家的主流经济学呢？

答：这是由资本主义的发展所决定的。最根本的原因是，20世纪七八十年代，新自由主义的一系列理论主张适应了资本主义由国家垄断向国际金融资本垄断过渡的需要。

同宇宙间的其他事物一样，资本主义每时每刻都在发展、变化；但 20 世纪中期之后，作为资本主义的阶段性的新发展，从历史的角度观察，则始于 20 世纪 70 年代。

20 世纪中叶，人类从第二次世界大战的废墟中爬了出来，饱受战乱摧残的各国人民，面对饥寒交迫，强烈渴望和平、企盼发展。亿万人民群众的这种强烈意愿和呼声，推动 20 世纪的五六十年代，成为凯恩斯主义主导下的国家垄断资本主义恢复、发展的"黄金期"。但凯恩斯主义也不能改变资本主义经济的周期性规律。进入 70 年代，资本主义陷入长达 10 年之久的"滞胀"。所谓"滞胀"，就是高失业、经济停滞或低增长与高通胀同时存在。比如，在 1973—1982 年间，美国的失业率最高达 9.1%（1975 年），1982 年，失业人数达 1220 万，创历史高峰。欧洲共同体失业率达 10%，英国甚至高达 13.4%（1982 年），整个"经合组织"失业人数达到 3050 万人，接近 20 世纪 30 年代大萧条失业 4000 万人的水平。在此期间，经济增长速度大幅下降，美、英、法、德、意大利及日本等国 1975—1979 年工业生产的年均增长率仅为 2.6%，比 60 年代 6.6% 的增幅收窄 60% 多；从 1979—1982 年，美国工业生产持续下降或停滞了 44 个月，欧共体各国则下降或停滞了 30 多个月。与此同时，物价却飞涨，消费品物价年均上涨率 60 年代为 3.7%，1970—1974 年，年均上涨 7.9%，1975—1979 年更达 10.1%。一般来说，经济停滞或萎缩、高失业、高通胀等现象是在资本主义经济周期运行的不同阶段交替出现的现象，前两者多发生在经济周期的萧条——危机阶段，高通胀多出现在经济复苏——高涨阶段。此次出现的经济停滞或下降、高失业与高通胀同时存在的所谓"两高一低"现象，是资本主义经济运行过程中的一种新的社会经济现象。

深入剖析 20 世纪 70 年代"滞胀期间""两高一低"同时存在的这一新的社会经济现象，我们不难发现，马克思在《资本论》中所揭示的资本主义生产平均利润率下降趋势的规律，是导致这场长达 10 年的"滞胀"危机的重要的直接原因。二战之后，经过五六十年代相对平稳的发展，资本主义经济不断增长，科学技术日益进步，资本的技术构成，从而资本的有机构成不断提高；在劳动生产率提高的同时，资本平均利润率也趋于下降，资本平均利润率的下降，又导致固定资本投资疲软；为维持较高资本利润率，国家垄断资本利用其垄断地位，扭曲市场法则，强行推高物价；驱动经济复苏的另一只轮子——社会消费。因劳动者大量失业及高通胀而持续低迷。正是这诸多因素的综合作用，使资本主义经济只能在"两高一低"的"滞胀"中挣扎、爬行。

从以上的分析，关于 20 世纪 70 年代的"滞胀"危机，我们至少可以得出以下几点结论：

第一，在 20 世纪 70 年代长达 10 年的"滞胀"危机中，尽管出现了一些新的社会经济现象，但它仍然是由生产社会化与生产资料私人占有这一资本主义社会的基本矛盾引发的资本主义周期经济危机，而且，由这一基本矛盾所决定的资本平均利润率的下降趋势，是导致长达 10 年的经济"滞胀"的直接原因。

第二，经过二战后五六十年代长达 20 来年的恢复、发展的"黄金期"，以美、英为代表的国家垄断资本集团的垄断资本、特别是金融垄断资本大幅扩张，加上科学技术的进步，生产社会化的程度进一步提高，国内市场已满足不了国家垄断资本、特别是金融垄断资本的需要。就是说，国家垄断资本特别是国际金融垄断资本力图突破国界，寻求在更广阔的空间、市场上攫取更高额的利润。因此，这场"滞胀"危机，在一定意义上是主导国家垄断资本主义近 40 年的凯恩斯主义的危机——它已经适应不了国家垄断资本、特别是国际金融垄断资本全球扩张的需要。

第三，随着科学技术的进步，以及资本为提高竞争力以获取超额利润这一内在动力的驱动，实体经济资本的技术构成不断提高，从而资本的有机构成也不断提高，导致实体经济的资本平均利润率趋于下降。从 1965—1973 年，美国制造业的利润率下降了 43.5%，1978 年又比 1973 年降低了 23%。而资本的本性是追求利润的最大化。在市场这只"看不见的手"的推动下，什么领域利润率高，资本就会向什么领域流动。金融领域、资本市场虽然风险大，但存在着通过高杠杆操作、通过投机获取高额回报的机遇，于是吸引具有冒险天性的资本纷纷向金融领域、资本市场集中，使金融垄断资本迅速扩张、膨胀，并开始了由"圈地"（办实体企业）向金融领域、资本市场直接"圈钱"的蜕变。

毋庸置疑，对于 20 世纪 70 年代"滞胀"危机发生的原因，由于立足点不同，看法迥异、甚至完全相反。例如，新自由主义学派的掌门人哈耶克及其在英国伦敦学派、美国芝加哥学派中的弟子们认为，"滞胀"危机所以发生，是因为凯恩斯主义主导的国家对经济实行干预，以及政府开支过大所致。他们在对凯恩斯主义进行口诛笔伐的同时，大肆鼓吹他们一贯主张的"市场化、私有化、自由化"和"全球一体化"。正是在这种情况下，代表美英金融垄断资本集团利益的美国共和党里根和英国保守党撒切尔先后上台执政，将凯恩斯主义扔进了历史博物馆，把新自由主义捧上了美英主流经济学的宝座。

20世纪70年代末80年代初的撒切尔和里根先后在英美两国胜选后，以"撒切尔主义"和"里根经济学"的名义推行新自由主义理论、政策主张，其间，两国的施政侧重点虽不尽相同，但主要方面是差不多的：（1）大规模推行私有化。由于英国国有企业所占比重大大高于美国，撒切尔夫人推行私有化的力度也大大高于里根；（2）减少政府对经济活动的干预和管制，特别是通过立法实行"金融去监管化"；（3）减税、特别是对资本、富人减税让利，以提高所谓效率、增加供给；（4）推行货币主义政策，抑制通货膨胀；（5）减少政府支出，大幅削减社会福利投入，向中低收入者转嫁危机；（6）削减工会的力量，使其失去左右政局的能量。很明显这些政策有利于私人资本、特别是金融资本的膨胀、发展。至80年代前中期，美英两国先后走出长达10年的"滞胀"危机。本来，按照马克思主义关于资本主义经济周期理论，资本主义经济周期一般要经历危机—萧条—复苏—高涨几个阶段，就是说经过危机、衰退到达谷底之后，经历或长或短的时期经济总要复苏、高涨。80年代前中期美英经济走出"滞胀"，也可能是两国经济经受长达10年之久的萧条之后必然回升的结果，但新自由主义者们欢呼这是新自由主义理论的胜利。从而，使新自由主义进入80年代中期之后的极盛时期。

20世纪80年代初，各主要资本主义国家先后走出了"滞胀"危机的漫长隧道。人类社会在经历长达10余年的"滞胀"危机劫难的过程中，催生了对人类社会后来的发展颇具影响力的三件大事：其一是信息技术和网络技术的发明与广泛应用；其二是我们在前面已经提及的以私有化、市场化、自由化（尤其是金融自由化）和全球一体化这"四化"为核心内容的新自由主义理论，逐步取代凯恩斯主义而成为美英的主流经济学理论；其三是布雷顿森林国际金融货币体系的崩溃，取而代之的是要求汇率形成机制"市场化"、资本流动及资本运作"自由化"，加上美元霸权为主要内容的当代国际金融货币体系。信息技术和网络技术的发明与广泛应用，既大幅提高了社会生产力，同时又为国际金融垄断资本的全球扩张，以及金融与资本市场的虚拟化和病态膨胀提供了技术支撑；新自由主义则成为国际金融垄断资本向全球扩张及其制度安排的理论依据；当代国际金融货币体系为美英国际金融垄断资本全球扩张提供了最重要的杠杆或平台。这三者的媾和，成为拉动美国为代表的发达资本主义由国家垄断向国际金融资本垄断过渡的"三驾马车"。正是在这种背景之下新自由主义开始由理论、学术而转向政治化、国家意识形态化、范式化，成为美英国际金融垄断资本推行全球一体化理论体系的重要组成部分。其标志性事件是"华盛顿共识"的炮制和出笼。

问："华盛顿共识"在世界经济史乃至整个世界史上都是一个重大事件。请你比较详细地介绍一下"华盛顿共识"的相关背景和内容。

答：1990年，美国共和党总统老布什政府，适应国际金融垄断资本全球扩张的需要，授意由美国国际经济研究所出面发起，在华盛顿召开了一个讨论80年代中后期以来拉美经济调整和改革的研讨会。出席会议的有美国财政部等部门的官员、企业界人士，以及由美国操纵的世界银行、国际货币基金组织、美洲开发银行等国际金融机构的代表和拉美国家的政府官员、若干高等院校、研究机构的经济学家。在会议的最后阶段，美国国际经济研究所前所长约翰·威廉姆逊声称，经过讨论，与会者在拉美国家已经采用和将要采用的十个政策工具方面，在一定程度上达成了共识。由于上述有关国际机构的总部和美国财政部都在华盛顿，加之会议在华盛顿召开，因此这一所谓"共识"被称作"华盛顿共识"。

威廉姆逊在会后将会议论文汇编成册，并于同年出版。在这本题为《拉美调整的成效》的论文集中，威廉姆逊更加明确地阐述了拉美国家在经济调整和改革过程中应该采纳的"处方"。它包括以下十个方面。

（1）加强财政纪律，压缩财政赤字，降低通货膨胀率，稳定宏观经济形势；

（2）把政府开支的重点转向经济效益高的领域和有利于改善收入分配的领域（如文教卫生和基础设施）；

（3）进行税制改革，降低边际税率，扩大税基；

（4）实施利率市场化；

（5）采用一种具有竞争力的汇率制度；

（6）实施贸易自由化，开放市场；

（7）放松对外资的限制；

（8）对国有企业实施私有化；

（9）放松政府的管制；

（10）保护私人财产权。

威廉姆逊认为，上述政策工具不仅适用于拉美，而且还适用于其他有意开展经济改革的发展中国家。在他看来，"华盛顿共识"似乎是放之四海而皆准的"灵丹妙药"。

问：以"华盛顿共识"为标志，新自由主义作为一种经济理论，被美国当局国家意识形态化、政治化、范式化，也是新自由主义发展史上的一大悲剧。你刚才关于"华盛顿共识"的解读，似乎对我们深刻认识新自由主义的本质很有帮助。

答：应该是这样。不过，同时我们还认为，要深刻认识新自由主义的本质，必须从更广阔的视野，也就是从20世纪七八十年代之后世界经济、政治乃至社会格局变化的角度去审视新自由主义；具体地说，必须把握好以下四个方面的联系。

其一，国际金融垄断资本需要新自由主义。

从20世纪70年代起，资本主义开始由国家垄断阶段向国际金融资本垄断阶段过渡。任何历史进程的新阶段除了有其本身特定的指标之外，还必然有某些重大事件作为其标志。没有标志性事件就不会有历史分期。资本主义由国家垄断阶段向国际金融资本垄断阶段转变，也不例外。标志资本主义向国际金融资本垄断阶段转变的重大事件，先后发生在20世纪70年代到21世纪初的20多年间，这些标志性重大事件有：

（1）以"滞胀"为特点的20世纪70年代资本主义世界经济危机，标志着国家垄断资本主义发展到了极致，"滞胀"成为资本主义向国际金融资本垄断阶段大转弯的第一个历史拐点。"滞胀"既是对国家垄断资本主义发展的历史总结，又是资本主义进入国际金融资本垄断阶段的历史序幕。

（2）20世纪70年代中期，以"美元同黄金挂钩、各国货币同美元挂钩"为原则的布雷顿森林货币体系解体；随后，也即于80年代前期，以美元为主要国际贸易结算和储备货币，以及主张利率、汇率市场化和金融自由化为主要特征的当代国际货币金融体系形成。

（3）新自由主义的勃兴适应了当代国际金融垄断资本发展的需要，1990年"华盛顿共识"出笼后，新自由主义更成为国际金融垄断资本向全球扩张及其制度安排的理论依据。

（4）跨国公司的崛起使全球市场同时又成为全球工厂，从而为资本主义进入国际金融垄断阶段奠定了最深厚的物质基础。

（5）长期以来缺乏可贸易性的"服务"实现了贸易国际化，使美国国际金融垄断资本对全球经济实现了全产业控制，从而把资本主义在产业层面上推向了国际金融资本垄断阶段。

（6）因特网作为国际金融垄断资本控制全球的技术和经济密网，成为资本主义发展到一个新阶段的标志性技术。

（7）"9·11"事件为全面建立美国国际金融垄断资本全球体系提供了历史借口，使美国掀起了一场实现"政治全球化"或"全球一体化"的乌托邦浪潮。

总之，资本主义在不同的发展阶段需要不同的理论。如果说国家垄断阶段需要的是凯恩斯主义，那么，国际金融资本垄断阶段需要的则是新自由主义。

其二，新自由主义推动资本主义向国际金融资本垄断阶段过渡。

作为完成形态的国际金融垄断资本的理论体系的新自由主义思潮，在方方面面都有表现，归纳起来正如我们已经在前面指出过的，主要是四个方面，这就是经济自由化（特别是金融的自由化）、私有化、市场化、全球一体化也即"全球美国化"。这四个方面互相联系，彼此促进，不可分割。自1990年"华盛顿共识"出笼之后，新自由主义开始向全球蔓延，为美国国际金融垄断资本开辟了全球空间。

第一，私有化浪潮席卷全球。既加速了国家垄断资本主义向国际金融资本垄断阶段的过渡，同时又摧毁了原苏东国家的公有制经济。在世界范围内，美国国际金融垄断资本难以进入或无法控制的领域已经所剩无几。

第二，经济市场化波及全球。国际金融垄断资本在全球的运作有了越来越可靠的制度保障。由于新自由主义的蔓延，西方市场经济发达的国家致力于追求市场机制的完善，而非市场经济国家则纷纷谋求建立市场经济制度。20世纪90年代以来，苏联、东欧国家几乎是齐步走式地向市场经济制度转轨。从拉美、亚洲到非洲，各类经济模式国家几乎无一例外地使市场机制在资源配置中越来越发挥基础作用。各国的"经济市场化"进程，等于是在规范"行车规则"，为美国国际金融垄断资本进行全球扩张、控制全球经济扫清制度上的障碍，使美国国际金融垄断资本在国外的

"自由空间"急剧扩大。

第三,在经济自由化进程中,金融自由化成为美国国际金融垄断资本全球扩张的重要平台。由于体制和国情的差异,各国金融自由化涉及的方面和内容有所不同,但总的来看,主要包括:实现完全的利率、汇率自由化;解除政府对金融的监管,金融机构业务多元化、自主化;改变境内外金融市场的分离状态,对外开放金融市场;实行外汇交易自由化;等等。金融自由化与金融国际化紧密相连,相互推进。

第四,新自由主义的"全球一体化",是美国国际金融垄断资本企图统一全球的制度安排。20世纪80年代末90年代初,"华盛顿共识"的炮制及其出笼,正是美国国际金融垄断资本企图一统全球意志的体现。"华盛顿共识"已经远远超出了经济全球化,而是经济体制、政治体制和文化体制的"一体化",也即美国化。所以,自20世纪90年代始,新自由主义思潮在全球的蔓延是美国国际金融垄断资本在全球扩张的理论表现。其结果绝不可能使世界经济变成一个自由竞争的体系,恰恰相反,它将仍然处在美国国际金融垄断资本的控制之下。

其三,新自由主义全球蔓延、美国国际金融垄断资本全球扩张、经济全球化三者紧密联系。

近二三十年来,在现实生活中,新自由主义全球蔓延、美国国际金融垄断资本全球扩张同经济全球化又是紧密交织在一起的。与美国国际金融垄断资本的全球扩张相比,经济全球化具有更广的涵盖范围。但是在当代,由于世界经济体系处在美国国际金融垄断资本的支配下,所以美国国际金融垄断资本全球扩张与经济全球化又几乎完全重叠,可以说,美国国际金融垄断资本借助经济全球化全速进行国际扩张,而如果没有美国国际金融垄断资本的国际扩张,也就谈不上今天的经济全球化。因此,在经济全球化背后,不能不看到新自由主义全球蔓延和美国国际金融垄断资本的巨大影响力,甚至是支配力。从根本来上说,经济全球化是世界经济体系发展的一个阶段,是人类社会生产力发展的必然结果。但迄今为止,它又是一直处在美国国际金融垄断资本的支配之下。所以,我们不拒绝参与经济全球化,但对其背后的新自由主义和美国国际金融垄断资本的国际扩张则须保持高度警惕。

其四,金融自由化是美国国际金融垄断资本控制全球经济至关重要的杠杆。

人类进入资本主义社会后，随着社会生产力的发展，资本主义经济大致已经经历了自由竞争、一般垄断（企业垄断）和国家垄断三个阶段，自 20 世纪七八十年代起，开始向国际金融资本垄断阶段过渡；与此相适应，国际货币金融体系也大致经历了金本位制、"金汇兑本位"或"美元—黄金本位制"两种体系，自 20 世纪 70 年代起，开始向以美元为霸主的浮动汇率制或"准美元本位—浮动汇率制"过渡。

所谓"金汇兑本位"或"美元—黄金本位制"国际货币金融体系，是指在第二次世界大战结束前后，美国凭借政治、经济、军事实力，使昔日的世界金融霸主英国臣服，于 1944 年邀请 44 国代表在美国新罕布尔州的布雷顿森林召开的国际货币金融会议（通过了《国际货币基金协定》和《国际复兴开发银行协定》），确立了"美元与黄金挂钩，各国货币与美元挂钩"的"布雷顿森林国际货币体系"。

表面上看，美国主导建立布雷顿森林国际货币体系，是为了解决当时国际金融混乱状态，但它的真正目的是：建立以美元为霸主的国际金融货币体系，控制世界市场乃至整个世界经济。事实上，美国通过该金融货币体系确实获得了大量好处：其一，确立了美元国际储备货币的地位。美国可以大量制造派生存款，并以此为贷款和投资对国外大量发放，牟取巨额利润，同时从经济和政治上控制其他国家。其二，利用美元等同于黄金的特殊地位，美国可以用美元直接支付结算、弥补国际收支赤字，获得巨额的"铸币收益"。类似于我们今天所说的"打白条"，这实际上是对其他国家的掠夺和剥削。其三，美为弥补国际收支赤字，大量印发美元，导致美元实际上贬值，但美不顾这一事实，在 20 世纪中期的二三十年间，硬行维持 1 盎司黄金等于 35 美元的官价，这使美国在对外投资、进口商品和收购他国黄金等方面获得了巨大好处……可见，布雷顿森林国际金融货币体系，对美国以外的国家来说，是十分不公平、十分不合理的。

但是，美国的金融寡头——国际金融资本垄断集团对此并不满足，它们的目标是控制全球、掠夺全世界。而布雷顿森林货币金融体系关于"美元与黄金挂钩"的原则规定，对通过大量印发美钞、"以货币易货"掠夺他国财富的行为是一种制约。在巨大利益的驱使下，美国金融资本垄断集团选择了制造"美元（过剩）灾"的办法，以实现掠夺世界财富的最大化，同时冲击发行美钞受黄金储备制约的原则，最终酿成了 20 世纪六七十年代"美元危机"频发，以及 70 年代中期布雷顿森林国际货币金融体系彻底崩溃的局面。

问：推动建立布雷顿森林国际货币金融体系的是美国，将这个国际货币金融体系毁掉的还是美国，太不可思议了！

答：仅看表面现象，确实不可思议，稍一深入考察美国推动布雷顿森林国际货币金融体系的建立和又亲手将它摧毁的原因，就不难发现：当初他们推动建立"以美元同黄金挂钩、各国货币同美元挂钩"为原则的布雷顿森林货币金融体系，是为了从英国手中夺过金融霸主地位；后来毁掉布雷顿森林货币金融体系，除了上面我们指出的为着巨大眼前利益或短期利益外，还有着长远的、更大的战略利益的考虑。

二战后，经过近30年的发展，世界资本主义出现了由国家垄断向国际金融资本垄断发展的趋势。美国作为二战的战胜国和最大受益国，政治、经济、军事实力进一步膨胀，特别是它凭借布雷顿森林国际货币金融体系，金融资本迅速膨胀，成为世界超级大国，推进国家垄断向美国国际金融资本垄断过渡的欲望也随之膨胀。1973年，由"美元危机"引发的美国经济危机和同年发生的世界石油危机，触发了自20世纪70年代初起资本主义世界长达10年之久的"低增长、低就业和高通胀"的所谓"滞胀"。这表明：资本主义国家市场的局限性，已无法适应其巨额商品生产、商品贸易和巨额国际金融资本流通的需要，国际金融垄断资本这种内生的扩张欲望驱使美国国际金融资本垄断集团冲破国界的限制，寻求在更广阔的市场即在世界范围内实行金融资本的垄断与扩张。但是，实现从国家垄断到国际金融资本垄断的全球扩张，受到布雷顿森林国际货币金融体系所确定的美元与产量、储备均有限的黄金挂钩和各国货币同美元相联系的固定汇价以及各国金融市场相对分割等因素的制约。因而，冲破布雷顿森林国际货币金融体系的框架束缚，建立适应美国国际金融垄断资本扩张需要的新型国际金融货币体系，成为美国国际金融垄断资本及其看门人美国当局的必然选择和制度安排。

1972年7月，就在"美元危机"频发、布雷顿森林国际货币金融体系摇摇欲坠之时，由美国操纵的国际货币基金组织决定成立一个由美、英等11个发达国家和印度、巴西等9个发展中国家组成的"国际货币制度改革和有关问题专门委员会"（又称"二十国委员会"），研究、讨论国际货币金融体系的改革方案，并于1976年1月在牙买加首都金斯敦召开的"二十国委员会"会议上，建议修改《国际货币基金组织协定》的某些条款；1978年4月1日修改建议正式生效，被称为《牙买加协定》，其主要内容是：（1）增加国际货币基金组织成员国的基金份额；（2）承认浮动汇率合法化；（3）降低黄金在国际金融货币体系中的作用；（4）将特别提款权作为主要国际储备资产；（5）扩大对发展中国家的资金融通。"牙买加协定"的产生奠定了当代国际货币金融体系的基本框架。该协定虽然写进了"扩大对发展中国家的资金融通"的条款，但最大的赢家仍然是美国及其金融寡头：首先，美元在国际金融货币领域的中心地位、霸权地位毫发未损；其次，承认浮动汇率合法化，即汇率形成机制的市场化、自由化，有利于货币资本也即国际金融垄断资本在全球流动；再次，降低黄金在国际金融货币领域的地位，意味着美国国际金融垄断资本对外扩张的黄金制约得以解除；最后，所有这些均表明，"牙买加协定"所构建的现代国际金融货币体系基本框架，为美国金融寡头、乃至整个国际金融垄断资本集团向全球扩张扫清了在金融货币体系方面的障碍。

如果在更广阔的视野内进行观察和分析，我们不难发现，历史进入20世纪六七十年代之后，扫除国际金融货币领域的障碍，不过是美国国际金融垄断资本为控制全球市场而发动的诸多战场中的一个战场。20世纪70年代之后，随着以信息技术革命为标志的新一轮科技革命的兴起，社会生产力获得巨大发展，资本主义的经济实力和扩张力、特别是美国国际垄断资本的经济实力和扩张力极大膨胀。以美国的金融寡头为例：美国封闭型基金会的资产规模1980年为80亿美元，1996年为1200亿美元；开放型基金会资产规模1980年为600亿美元，1996年上升为35400亿美元，增长了59倍多。据统计，20世纪70年代国际投机资本仅占国际短期流动资本的10%，至1999年，国际投机资本已占国际短期流动资本的90%。如此巨额的金融资本，除了在国内进行投资外，必然要到国外寻找投资目标。也就是说，由国家垄断资本构造的世界经济旧格局已不适应美国资本主义进一步发展的要求。在此期间多次发生的所谓"美元危机"、70年代初的"石油危机"及以此为导火线而酿成的长达10年的"经济滞胀"，均不过是由美国国际金融垄断资本推动的对"旧格局"的一种批判而已。其目的在于，为美英两国的国际金融垄断资本在国内和国外发展鸣锣开道。

问：在你介绍的过程中，我特别关注金融自由化的提出及其背景问题。但直到20世纪70年代中后期，包括在你认为的奠定了当代国际金融货币体系基本框架的《牙买加协定》中，也没有明确提出要实行"金融自由化"。是不是这样？

答：你的这一看法十分准确。《牙买加协定》并没有关于"金融自由化"的完整政策表述。该《协定》承认"浮动汇率合法化"，也仅是从汇率决定这一个侧面主张"金融自由化"。这是由 70 年代中期的世界经济、特别是美英两国的经济社会背景所决定的。首先，20 世纪 70 年代，包括美英两国在内的整个资本主义世界均陷入滞胀危机，美国更是接连爆发货币危机，从 60 年代至 70 年代中期，先后发生 9 次货币危机、两次大幅货币贬值，当时的首要任务是稳定货币。其次，学界、特别是新自由主义经济学有关"金融自由化"的理论框架尚处于草创阶段。60 年代末 70 年代初，美籍经济学家雷蒙德·戈德史密斯、美国斯坦福大学经济学教授罗纳德·麦金农和爱德华·肖，针对所谓发展中国家政府对金融的"综合干预症"导致资金短缺现象，主张这些国家改革金融制度，放松对金融机构和金融市场的限制，放松政府对汇率和利率的管制，使之市场化、自由化等。值得注意的是，戈德史密斯、麦金农等的金融自由化主张刚一提出，即在理论界遭遇质疑，如美籍经济学家詹姆斯·托宾认为，实行金融自由化势必造成全球金融市场动荡加剧，并提出了征收著名的"托宾税"的主张，企图用提高金融市场交易成本来降低全球资本的流动性和各国货币汇率的波动性，实际上还是主张对资本流动加强监管。在这种背景下，《牙买加协定》没有从整体上提出"金融自由化"就不足为奇了。

不过，历史并未就此止步。20 世纪 70 年代中期通过"牙买加协定"以后，又经过十多年的"完善"，"金融自由化"逐步形成包括放弃政府干预和监管，汇率与利率市场化、自由化，金融机构混业经营自由化，金融机构准入自由化，资本流动自由化，产品"创新"自由化等一整套主张的金融自由化理论体系。与此同时，经过 70 年代的"滞胀"进入 80 年代，美英两国的国际金融垄断资本进一步恶性膨胀，急于全球扩张。服务于国际金融垄断资本的这一需要，美国政府于 90 年代初炮制了"华盛顿共识"，将"金融自由化"作为其重要内容，强制向全球推行，这标志着适应美国国际金融垄断资本全球扩张的现代国际金融货币体系形成。由此，我们不难发现：所谓新自由主义的金融自由化，就是美英国际金融垄断资本以金融自由化可能带来巨大利益为诱饵，诱使各国跟随美国构建国际金融垄断资本控制全球经济的最重要杠杆或"平台"；通过美元为霸主的金融"扼制",把整个世界经济体系更加牢固地置于自己的股掌之中;以没有监管的滥发美元纸币、没有限制的浮动汇率和大规模的套利套汇,更加肆无忌惮地掠夺世界财富、制造世界经济波动和冲击他国经济。这,便是金融自由化及以其为核心内容的现代国际金融货币体系,乃至整个新自由主义理论体系和实践模式的实质。

三 肇始于美国的国际金融危机标志着新自由主义的破产

问:你关于新自由主义本质的分析,令人信服地说明:对于广大发展中国家而言,新自由主义是祸水,这股祸水流到哪里,哪个国家必然会爆发金融、经济危机,继而国家财富被美国国际金融垄断资本劫掠一空,老百姓遭受深重灾难。在此,我还有一个问题请教,这个问题就是,对于美英这类发达资本主义国家来说,新自由主义是祸水还是福音?

答:如果时光倒退5年,也即在2007年美国爆发金融危机之前,你提的这个问题肯定是一个极具争议性的问题。因为尽管历史刚刚迈入21世纪,美国即陷入经济衰退,新自由主义及其实践模式的衰败之相已经显露,但当时新自由主义模式的经济社会矛盾尚在积累之中,加上美国国际金融垄断资本凭借其对国际话语权的垄断,满世界散布所谓"美国的新自由主义模式是最完善、最具创新活力的市场经济体"的谎言,致使不少人做着"美国梦",真正洞悉美国新自由主义模式反动本质的人是极少数。现在情况不同了,随着2007年美国爆发的金融危机酿成近百年来最严重的国际金融危机和经济危机,美国沦落为"人类灾难的制造者"。在这种背景下,还认识不清美国新自由主义模式的资本主义制度的本质的人,或者公开为之辩护的人即使在美国恐怕也不会太多了。

问:你的意思是说,新自由主义即使是对于美国而言,也是祸水?

答:至少对于美国的广大劳动者来说是祸水。不然,号称代表99%的"占领华尔街"的反抗运动就不会兴起,即使出现也不可能得到美国大多数人的支持,更不可能面对美国当局的疯狂镇压而经年持续下去!

问:据我所知,也有人认为,美国爆发金融危机,是少数金融企业高管操作失误引起的,新自由主义模式的资本主义制度具有很强的自我调节能力,危机很快就会过去。

答：现实同这种看法恰恰相反。五年过去了，美国的金融危机和国际金融危机不仅没有缓解，还在深化、发展，金融危机同国家主权债务危机、经济衰退已经交织在一起，社会危机更是方兴未艾。就在最近，也即2012年年中，又爆出了不久前在雷曼兄弟公司破产案中涉嫌非法操作而被罚巨款的、美国最大的银行摩根大通银行，因在大规模、不透明的复杂衍生品交易中"错得离谱"，仅仅六周时间就亏损达58亿美元而震动美国乃至全球金融界的丑闻！我们知道，在此次美国的金融危机中，出现类似丑闻的不只摩根大通银行，美国华尔街的金融大鳄，如贝尔斯登、雷曼兄弟、房利美、房地美、高盛、摩根士丹利等均因诈骗、豪赌而出现巨亏，有的倒闭，有的仅仅因政府用纳税人的钱去输血救助才得以苟延残喘……如果欺诈、豪赌这类违规操作或操作失误，已经成为一种常态或普遍现象，就绝对不是个别金融企业的个别企业高管操作失误的偶然事件，而是制度问题了。

问：你是说，美国2007年爆发的金融灾难，根源在于新自由主义及其实践模式，也就是美国的新自由主义的资本主义制度？

答：你理解得完全正确。或者换一种说法，美国金融危机以及由美国金融危机所引发的国际金融危机，标志着新自由主义及其实践模式——美国新自由主义模式为基本特征的资本主义制度的彻底破产。关于这一点，我们可以从以下三个方面来观察、来进一步加以说明。

其一，资本主义周期性经济危机的规律依然在起作用。当代资本主义的发展，虽然因为新自由主义及其实践模式的出现而派生出了一些新的现象，但不仅没有改变生产社会化和生产资料私人占有这一基本矛盾，反而由于资本主义由国家垄断加速向国际金融资本垄断过渡，提高了生产社会化的程度，同时在更大的范围内实现了生产资料的私人占有，无疑进一步加剧了资本主义制度所固有的基本矛盾；同时，也没有改变资本的目的就是追求尽可能多的剩余价值这一基本经济规律。由这一资本主义的基本矛盾和基本经济规律所决定，国际金融资本垄断无法解决单个企业生产经营的组织性、计划性和整个世界范围内的生产经营的无政府状态这一矛盾，从而，使资本主义经济只能在危机—萧条—复苏—高涨—危机—萧条—复苏—高涨这一周而复始的轨道上运行。美国此次金融危机的直接导火线是房地产泡沫的破灭，这是美国经济金融化的必然产物。进入21世纪，由于IT产业泡沫的破灭，美国于2001年即陷入新世纪的第一次经济危机。

在这次危机中，除 IT 产业遭重创外，第二产业、第三产业的大部分行业均遭重创，仅房地产业因 30 年期购房贷款利率 60 年来的最低点而使住宅销售尚属差强人意。所以，2004 年美国从经济危机低谷小有反弹之后，形形色色的金融巨鳄们便争先恐后地涌入房地产，将房地产业作为替代 IT 产业的新的"淘金场"，仅仅两三年工夫，就构筑起了巨大的房地产泡沫。进入 2007 年，房地产泡沫开始破裂，所谓"次贷危机"爆发，首当其冲的当然是从事房地产投机炒作的各种基金、投资公司。当年 7 月，贝尔斯登旗下的两只基金破产，拉开了此次金融危机的序幕。所谓"次贷危机"，本质上是"金融危机"。但美国国际金融资本垄断集团及其看门人美国当局为了掩盖真相、稳定人心，大事化小，在公开发布的信息中将金融危机淡化为"次贷危机"，加之应对不当，致使金融危机愈演愈烈：终致不久后，美国最大的 5 家投资公司之一的雷曼兄弟宣告破产，另两家公司房利美、房地美陷入绝境被美国政府收归国有，剩下的两家公司高盛、摩根士丹利也因巨额亏损而负债累累、岌岌可危；与此同时，其他的金融机构也迅速被传染，如美林公司因巨额亏损被并购，美国国际集团（AIG）濒临破产……华尔街的金融巨鳄一个接一个地轰然倒地，美国貌似强大的金融大厦似雪崩一样坍塌下来。由于金融是现代经济的中心、血脉，金融危机从一定意义上讲就是最严重的经济危机。同历次资本主义经济危机一样，这一次金融危机、经济危机，也对美国社会生产力造成了巨大破坏，对各种资源造成巨大浪费。

问：正是从这个意义上来说，资本主义制度必然会被社会主义制度所取代。由此也可看出，新自由主义的鼻祖哈耶克说什么私有制的交易成本比公有制的交易成本低，是多么荒谬。

答：正是如此，从单个企业观察，哈耶克所说的这种现象也可能存在，但从整个社会的角度看，资本主义必然会发生的经济危机所造成的资源浪费是十分惊人的，是单个企业的交易成本所无法比拟的。哈耶克的悲剧在于，他看问题的方法是形而上学的。这也是由他的阶级局限性所决定的。

其二，从体制、机制的角度看，美国新自由主义经济体制、金融体制及经济、金融运行机制，并非像美国金融寡头们吹嘘的那么健全，而是极度腐朽和脆弱。这并不是因为美国人笨，而是制度使然，也就是说，是美国以新自由主义模式为基础的国际金融资本垄断的资本主义制度决定的。

纵观美国近二三十年由国家垄断向国际金融资本垄断过渡的历史进程，国际金融资本在运作过程中已逐步显现出了同国家垄断资本既有某种联系、继承，又有显著差别的若干基本特征，最主要的有六大特征：（1）经济加速金融化，金融资本由服务于实体经济蜕变为实体经济乃至整个经济、政治的主宰；（2）金融虚拟化、泡沫化，在货币循环中通过五花八门的所谓"产品创新"、投机诈骗、高杠杆运作骗取高额回报；（3）金融资本流动、金融运作自由化，取消金融流动和金融运作中必不可少的监管环节，使大大小小在货币循环中凭借欺诈手段"圈钱"的金融巨鳄获得空前"解放"，金融衍生产品大多被毒化，孵化出了一批又一批麦道夫、斯坦福之流的超级金融骗子；（4）实体经济逐步空心化；（5）在所谓"效率优先"、实则"资本优先"的新自由主义政策主导下，加大对普通劳动者的掠夺，美国劳动大众日益贫困化。所谓"效率优先"，是一种经典的"劫贫济富"的政策，正是这一政策，导致美国社会的两极分化在近二三十年进一步加剧；（6）美国经济乃至国家运行的基础债务化，美国民众靠借贷消费，美国企业和政府靠举债维持经营或运转，而国际金融垄断资本利用债券再次进行榨取和诈骗。

以上六个方面的基本特征，是美国为代表的国际金融垄断资本主义的基本矛盾在运行中的基本表现。它反映在资本主义的国际金融资本垄断阶段，生产社会化同生产资料私人占有之间的矛盾在进一步发展，企业内部尤其是金融企业内部的有组织性、计划性同超越国界的全球的无政府状态间的矛盾空前尖锐，生产无限制扩大的趋势同劳动大众相对贫困导致有支付能力的社会购买力不足的矛盾在进一步激化，国际金融垄断资本的寄生性、腐朽性在日益加深。这一切表明，美国当前爆发这一场近百年来最严重的金融危机，并很快席卷全球，绝非偶然，是美国国际金融垄断资本的寄生性和腐朽性日益加深、国际金融垄断资本主义的基本矛盾日益激化的必然结果。美国最近被披露出来的美国三大信用评级机构"为了赚钱，把灵魂出卖给魔鬼"，欺骗投资者的案例足以说明美国国际金融垄断资本体制及运行机制的这种寄生性和腐朽性：美国的三大信用评级机构——穆迪、标准普尔、惠誉，被视为"金融市场看门人"，不仅对美国、甚至对全球的金融企业握有生杀大权。然而，正是这三家评级机构，近几年来为争夺评级市场份额，捞取巨额利润，背弃评定债券信用度的中立、客观的职业标准，将大批"有毒债券"贴上"优质"乃至"3A"级的标记，同华尔街的金融巨鳄们沆瀣一气，欺诈美国乃至全球的投资者。近几年来，标准普尔综合指数中被评为最有价值的181家企业和机构，竟实际背负着3880亿美元的巨额债务；三家机构为次级债评级的收费是为一般公司债券评级收费的3倍，自2002年以来，正是通过给包括大批垃圾金融衍生产品的次级债评级而攫取了高达12亿美元的丰厚收入！面对揭露出来的大量丑闻，穆迪的高管也不得不承认："我们为了赚钱，把灵魂出卖给了魔鬼。"不仅如此，美国的国际金融资本垄断集团为主宰全球，还将这3家信用评级机构作为杀手，用债券降级来封杀、毁灭异己：标准普尔、穆迪等长期压低对中国主权信用及中国企业的信用评级；甚至对其盟友德国也党同伐异——当德国前总理施罗德仅仅因为对美国侵略伊拉克说"不"，便将德国最大的钢铁制造商蒂森克虏伯公司等在内的一些德国企业的信贷评级降至垃圾，使蒂森克虏伯的股价因此而跌至有史以来的最低点，蒙受了巨大损失！此次由美国肇始的国际金融危机爆发后，为打压欧元，巩固美元乃至美国在国际金融货币体系中的霸主地位，将欧元区诸国的主权债务信用评级频频降级，使欧元区的债务危机不断恶化。正是由于美国的评级机构实在欺人太甚，逼使一向在政治上唯美国马首是瞻的欧盟领导人决定，于2012年5月启动针对评级机构的立法程序，通过立法反制美国的评级机构，以打破其评级垄断，监督、规范其评级行为。这一切足以说明，是美国极其腐朽的新自由主义模式的资本主义制度，孕育了穆迪、标准普尔等一类既祸害别人、又祸害美国自己的怪胎！正是这一类怪胎同华尔街的形形色色金融巨鳄们狼狈为奸、胡作非为，使美国在刚刚进入21世纪的头8年，就先后于2001年和2007年两次发生经济危机、金融危机，并于2008年酿成国际性金融危机和经济危机，祸害整个人类！

其三，从未来趋势的角度看，新自由主义及其模式正在走向衰落。关于这一点，考虑到有些人喜欢听洋人的说法，我们在这里不妨再引用几个洋人（主要是美欧发达资本主义国家的学者）和一些国际机构关于这个问题的分析或评论。2008年1月，国际货币基金组织在一份分析世界经济走势的报告中指出：全球主流经济政策正在发生大转变；2008年1月22日，美国《国际先驱论坛》刊发的题为"经济史拐点"的文章，更直接指出，世界经济正在步入一个拐点，即全球主流经济政策正在由自由放任转向政府干预。文章还认为，至此，近代全球主流经济政策经历了三次大转变：第一次是，1929年西方经济大危机后，西方主流经济政策由斯密的古典自由主义经济理论即自由竞争、自由贸易理论转向凯恩斯主义，主张政府干预的凯恩斯主义和福利国家理论成为西方经济的主宰。第二次是，20世纪70年代初美国金融危机和石油危机引发了西方经济危机，凯恩斯主义理论失灵，全球主流经济政策由政府干预转向自由放任，也就是新自由主义政策成为主流经济理论。第三次是现在，经济史的发展方向将要发生改变，将催生一套新的经济政策，又由自由放任也就是新自由主义转向政府干预。最近，诺贝尔经济学奖得主斯蒂格利茨直接以"新自由主义的终结"为题撰文指出，新自由主义一直是为某些利益集团服务的政治教条，从来没有得到经济学理论的支撑。他建议美国政府设立金融产品安全委员会，以确定银行和基金买卖的产品是否"适合人类服用"。欧盟委员会以及欧洲央行行长特里谢等也呼吁，增加银行在证券等金融衍生产品定价信息方面的透明度、终止自由放任以加强金融监管。极具讽刺意味的是，一直鼓吹要"金融自由化"的美国国际金融寡头及其"看守人"，在此次金融危机之中，先是由政府接管五大投资公司之二的房利美、房地美两大公司，接着又实施由政府出资7000亿美元的巨额资金，拯救华尔街一批濒于破产的金融巨鳄，足见政府干预力度之大！海外媒体将美国政府的这种行为讥讽为"社会主义式救市"！

不仅美国学者在反思，欧洲学者也在反思。比如，2008年11月6日，德国著名哲学家和社会学家哈贝马斯在接受德国《时代》周刊专访他的纪实《哈贝马斯谈新自由主义破产后的世界秩序》中指出，随着布什时代的结束和新自由主义所吹牛皮的破裂，克林顿和新工党的纲领也走到了尽头。即将出现的是什么？他希望人们不要再对新自由主义信以为真，而是要新自由主义离开舞台。那些在"市场命令"下毫无限制地征服生活世界的全部计划都必须经受审查。哈贝马斯还指出，新自由主义关于国家职能最小化的主张，比如承认证券商们绝对的主导地位，对日益增长的社会不公无动于衷，容忍底层人群贫困、儿童贫困、低工资现象出现，怀着私有化妄想、削弱国家的核心功能，把公共领域廉价出卖给金融投资商，文化和教育则取决于赞助商们随经济行情不断变化的兴趣和心情，等等，早已丑态百出。在美国，这场危机加剧了业已暴露出来的物质和精神、社会和文化上的弊端，是布什上台以来推行去国有化政策的结果。养老医疗、公共交通、能源供应、判决的执行、军事安全以及学校和高等教育都被私有化了，市镇区乡的文化基础设施也交由私人捐助者的责任心和慷慨来负责,这样一种社会设计所产生的危险和影响同一个社会的和民主的法治国家的平等主义原则严重不符。

问:哈贝马斯的上述谈话,非常值得我们重视和研究。

答:但愿你刚才的意见能够为我国学术界的同行们所认同。至此,我们似乎可以做这么一个结论:这场肇始于美国的国际金融危机,正在推动以私有化、市场化、自由化(特别是"金融自由化")、全球一体化为基本内容的新自由主义走向衰落。

(何秉孟,中国社会科学院学部主席团原秘书长,研究员)

拓展与深化当代资本主义理论研究

罗文东　刘海霞

战后资本主义发生了巨大变化，并对世界格局和社会主义运动产生了广泛深远的影响。加强对当代资本主义的研究，对于坚持和发展马克思主义关于资本主义和帝国主义的基本理论，深化对人类社会发展规律和发展趋势的认识，推动社会主义理论和实践的发展创新，具有十分重要的学术价值和现实意义。从1997年以来，在社科院领导的大力支持下，马列所和马研院一直将当代资本主义研究作为马克思主义学科建设和科研攻关的重点之一，完成了一系列国家社科基金项目和社科院重大课题，培养了一支专门从事资本主义研究的人才队伍，推出了一批资本主义研究的论文、专著和报告，在理论界和社会上都产生了较大影响。现着重对马列所和马研院推进当代资本主义理论研究的大致历程和主要成果进行简要的回顾和总结。

一　起步阶段：所内外合作开展 当代资本主义研究

早在20世纪90年代末，针对苏东剧变引起的世界格局的变化和资本主义对社会主义构成的挑战，时任中国社科院院长的李铁映就倡导加强对资本主义新变化、新动向的研究，力争写出新帝国主义论。1997年，时任马列所所长靳辉明教授同世经政所原所长谷源洋研究员联合主持申报了国家社科基金重大委托项目"当代资本主义新变化与世界社会主义面临的挑战和发展前景研究"。以此课题为依托，马列所的靳辉明、李崇富、张战生、余文烈、罗文东、罗云力、吕薇洲等专家学者与世经政所的谷源洋、王金存、刘国平等同志通力合作，共同研究当代资本主义与世界社会主义的重大理论和现实问题，花了6年时间撰写和出版了一部上下卷共100万字的专著《当代资本主义与世界社会主义》。其中，马列所的专家学者不仅完成了该书下卷《世界社会主义的新发展》的研究和写作，而且还承担了该书上卷《当代资本主义新变化》中第十章"当代资本主义新变化及其对社会主义的影响"的研究和写作。

在靳辉明和谷源洋研究员的带领下，课题组在当代资本主义研究方面取得了较大进展，提出了一些新思想和新观点。该书上卷序言明确提出："没有马克思的《资本论》，就没有科学社会主义的创立和社会主义运动的蓬勃兴起；没有列宁的《帝国主义论》，就没有列宁主义的诞生和社会主义国家的横空出世；没有科学的'新帝国主义论'或'当代资本主义论'，就没有中国乃至世界社会主义运动跨世纪的发展与振兴。因此，对当代资本主义进行跨学科和综合性的研究，无疑具有重要的理论意义和现实意义。"本书宗旨"就在于运用马克思主义的立场、观点和方法，特别是马克思《资本论》和列宁《帝国主义论》中关于资本主义的基本原理，从探讨时代本质、时代阶段性主题入手，对战后资本主义的新变化进行实事求是的分析和概括，阐述当代资本主义的本质特征、发展动因和发展趋势及其对世界社会主义产生的影响"。罗文东从生产力和生产关系、经济基础和上层建筑等方面，对当代资本主义的新变化进行了比较全面的分析，将其本质特征概括为：（1）科技不断进步，经济发展水平有了较大提高；（2）资本组合方式发生变化，资本社会化趋向进一步增强；（3）生产和资本的集中加剧，金融资本的统治进一步扩大和加深；（4）经济全球化和区域经济一体化加快，国际垄断资本势力进一步增强；（5）垄断资本与国家政权相结合，国家垄断资本主义有了新的发展；（6）社会阶级结构不断变化，资产阶级思想文化取得强势地位；（7）政治经济发展日益不平衡，资本主义各种矛盾不断加深。他还全面分析了当代资本主义的新变化对社会主义的影响，认为：一方面，资本主义国家科学技术的进步、生产力的发展、市场经济体制的完善以及合作经济、社会保障、职工参与管理、三大差别的逐步消失、美德的孕育等"新社会因素"，为人类走向社会主义和共产主义奠定了日益雄厚的物质技术基础，准备了充分的社会历史条件。另一方面，发达资本主义国家的科技优势、经济社会的稳定发展及其大力推行的"和平演变"战略,无疑对社会主义国家构成了巨大的压力和挑战。

该课题的研究有力地推动了马列所、世经政所乃至整个社科院的资本主义理论研究和学科建设。马列所的专家学者比较全面地收集和整理了资本主义的历史、理论与现实的学术资料,动员和凝聚了一些专家学者投入当代资本主义研究,罗文东、吕薇洲等专家学者很快成长为该领域的学术带头人和科研骨干,为马列所和马研院独立地开展资本主义理论研究和学科建设打下了一个良好的基础。该课题的最终成果《当代资本主义与世界社会主义》(海南出版社 2004 年 12 月出版),受到同行专家和上级部门的重视和好评,荣获 2006 年度马研院优秀科研成果一等奖和 2007 年度中国社会科学院优秀科研成果二等奖。政治学所陈海莹评论说:"作者运用马克思《资本论》和列宁《帝国主义论》中关于资本主义的基本原理,将当今时代性质界定为社会主义与资本主义共存竞争,经过长期反复较量最终向社会主义过渡的时代;客观地分析和概括了资本主义的新变化;阐述了当代资本主义的本质特征、发展动因和发展趋势及其对世界社会主义产生的影响;论述了科技进步与当代资本主义社会生产力的发展,资本主义所有制结构、分配方式和管理方式的变化,社会阶级结构和阶级关系的变化,意识形态和民主制度的变化,经济全球化过程中资本主义的矛盾和斗争,国际垄断资本主义与霸权主义的新发展,资本主义的基本矛盾和历史地位等重大理论与现实问题,以及当代资本主义的发展变化为社会主义变革提供的新条件及对社会主义构成的压力和挑战等重要内容。""这部著作在借鉴学术界前人有益研究成果的基础上,对当代资本主义的新变化与社会主义的新课题进行了全面系统、深入细致的研究,提出了许多富有启发性和创造性的见解和论点,是近年来该研究领域中不可多见的重大成果之一。"①

二 拓展阶段:马列所组建当代资本主义研究室独立开展资本主义研究

1999 年年底,在时任马列所所长傅青元、副所长李崇富等领导的倡

---

① 陈海莹:《〈当代资本主义与世界社会主义〉述评》,《马克思主义研究》2006 年第 2 期。

议下,马列所抽调罗文东、李国麟、吕薇洲等专家学者,组建了当代资本主义研究室,以加强资本主义理论研究和学科建设。2000 年 6 月 28 日,江泽民同志在中央思想政治工作会议上发表重要讲话,提出四个需要全党同志共同深入研究的大问题,即如何认识社会主义发展的历史进程;如何认识资本主义发展的历史进程;如何认识我国社会主义改革实践过程对人们思想的影响;如何认识当今的国际环境和国际政治斗争带来的影响。他强调:"应该坚持马克思主义的基本原理,注重从理论和实践、历史和现实的广泛结合上,引导广大干部群众正确认识当代资本主义的历史进程。""一方面,绝不能因为资本主义社会在具体演进中产生的一些繁荣现象而否认马克思主义的基本原理和科学论断。另一方面,要加强对当代资本主义自我调节和发展的研究,作出有说服力的理论分析,进一步丰富和发展马克思主义理论。"① 这一论断给理论界研究资本主义提出了新的更高要求,指明了努力的方向和目标。马列所当代资本主义研究室的同志积极响应党中央的号召,和全国同行专家一道,力图运用马克思主义的立场、观点和方法,探索资本主义的历史进程、本质特征、发展趋势及其对世界格局和社会主义运动的影响等前沿问题,很快兴起了一个研究当代资本主义的高潮。到 2005 年年底,马列所当代资本主义研究室已发展为拥有 8 名以中青年科研人员为主体,知识结构全面、业务能力较强的科研团队。五年期间,该室承担多项国家社科基金项目,如"市场社会主义与社会主义市场经济比较研究"(吕薇洲主持)、"当代资本主义世界体系及其与社会主义关系问题研究"(刘海霞主持)和社科院重大重点课题"当代资本主义新变化及其发展趋势研究"(靳辉明、罗文东主持)、"当代西方资本主义理论流派研究"(罗文东主持)、"资本主义向社会主义过渡的理论与实践研究"(吕薇洲主持)、"新帝国主义论研究"(邢文增主持),推出了一系列有较大影响的学术论著和研究报告,很快在资本主义研究领域崭露头角,表现出了较强的战斗力。这期间当代资本主义研究室的科研重点和成果集中体现在以下方面:

(一) 当代资本主义新变化及其动因和趋势

靳辉明和罗文东带领当代资本主义研究室的专家学者通过近五年研

---

① 江泽民:《论"三个代表"》,中央文献出版社 2001 年版,第 59 页。

究，撰写和出版了《当代资本主义新论》（四川人民出版社 2005 年 12 月出版），力求对当代资本主义有一个具体而又完整的把握与论述，将资本主义理论和现实问题的研究向前推进了一步。该书包括前言、四篇、十五章，共 60 多万字，从战后垄断资本主义发展的新阶段入手，全面深入地研究当代资本主义在经济、政治、文化和对外关系等方面的新变化，分析战后资本主义的发展阶段、主要类型或模式、社会结构和本质特征、历史地位和发展趋势，并揭示其对世界格局和社会主义运动的影响。该书第一主编靳辉明在前言中，阐述了国际垄断资本主义产生的历史条件和主要表现、本质特征和历史地位，提出：国际垄断资本主义的实质是资本国际化或资本国际社会化，是资本在国际化运动中实现不断增殖。其基本特征有：（1）垄断已经不是一般的垄断，而是高度集中的国际垄断；垄断组织也不再是最初的"国际托拉斯"，而是庞大的跨国公司以及触角伸向世界各个角落的子公司。（2）金融资本在当今经济全球化中起着决定性作用，在金融资本的推动下，资本和财富迅速集中，在世界上形成了空前巨大的财团、寡头和富豪。（3）资本输出已经成为国际垄断资本主义发展的主要形式。国际垄断资本主义是由私人垄断资本主义逐渐发展起来的，是垄断资本主义或帝国主义发展的新阶段。当代资本主义发生了很大变化，但它的本质并没有改变，列宁所指出的帝国主义的寄生性、腐朽性和垂死性这些特征，不仅没有改变，而且变本加厉，表现得更为突出、更为尖锐。该书第二主编罗文东从社会主义运动的影响、新科技革命的作用、西方国家的自我调节和不合理的国际关系四个方面，对当代资本主义发展动因进行了全面的分析和概括。当代资本主义研究室的罗文东、吕薇洲、刘海霞、邢文增、田哲、吴茜、刘向阳等分别承担了该书的写作任务，因而可以说是当代资本主义研究室集体攻关的成果，是该研究室的奠基之作。该书出版后受到同行专家和上级部门的重视和好评，荣获 2009 年度马研院优秀科研成果一等奖和 2010 年度中国社会科学院优秀科研成果三等奖。西南科技大学许建文教授评论说："该书既坚持马克思主义的立场、观点和方法，又根据战后资本主义发展的最新材料，对当代资本主义的本质特征和历史地位进行了系统的研究，并提出了新的观点和结论，具有理论观点上的创新意义"；"从历史与理论相统一、时间与空间相结合的角度，从资本主义世界体系的视角，对当代资本主义在不同时期和不同地域上表现出来的新变化和新趋势进行历史的、具体的考察，具有研究方法上的创新意义"。① 中央实施马克思主义理论研究和建设工程协调小组办公室还将该书的重要观点编入马克思主义理论研究和建设工程参考资料第 254 期,印发简报,报李长春、刘云山、陈至立、陈奎元同志和中央宣传思想工作领导小组成员。

(二) 当代资本主义世界体系

刘海霞在《论当代资本主义世界体系》一文中,从比较分析沃勒斯坦和马克思的理论入手,运用马克思主义的观点、方法和"世界体系"理论,结合全球化的大背景,论述了资本主义世界体系的起源及其全球扩张,从不同视角考察了当代资本主义世界体系矛盾的深化。在此基础上指出,只有将资本主义世界看作一个整体,才能了解它的真实面貌:资本主义是文明与落后、繁荣与贫困共存的体系;反资本主义世界体系的社会主义是世界体系的未来。该文发表在《马克思主义研究》2002 年第 5 期上,被人大复印资料《社会主义论丛》2002 年第 12 期全文转载,荣获 2003 年度马列所优秀科研成果一等奖。

(三) 当代资本主义与世界社会主义的关系

刘海霞主持的国家社科基金青年项目"当代资本主义世界体系及其与社会主义关系问题研究",以马克思主义经典作家关于资本主义和帝国主义的基本理论为指导,借鉴"世界体系"论的分析框架和全球史观的研究视角,从理论、历史、现实、未来四个层面,研究资本主义世界体系的整体结构、历史形成和当代变迁,分析发达资本主义国家的"盎格鲁—撒克逊模式"和"莱茵模式"两种发展模式和后发资本主义国家(地区)的"东亚模式""拉美模式""非洲模式"三种发展模式,探究了资本主义世界体系在当代尤其是后金融危机时代的新变化以及矛盾的新发展,进一步探讨当代资本主义世界体系的发展趋势及其与社会主义的关系等重大问题,指出资本主义世界体系基本矛盾的扩散加速了资本主义向社会主义的过渡。罗文东的论文《关于当代资本主义与世界社会主义相互关系的理论分析》(《高校理论战线》2004 年第 12 期),着重论述了战

---

① 许建文:《研究资本主义新变化和发展趋势的力作》,《当代世界与社会主义》2007 年第 2 期。

后资本主义进行的不同程度的调整和改良,既是工人阶级和其他劳动人民长期斗争的结果,也是马克思主义对资本主义的揭露和批判以及社会主义国家的示范作用所致。西方发达国家科学技术和生产力的巨大发展,生产的社会化、国际化和全球化程度的提高,为社会主义准备越来越充分的社会历史条件。该文最后提出,我们只有大胆吸收和借鉴资本主义国家的先进文明成果,积极应对资本主义稳定发展造成的严峻挑战,才能推动21世纪世界社会主义的健康发展。

(四) 市场社会主义与社会主义市场经济的关系

吕薇洲撰写的《市场社会主义与社会主义市场经济:模式·比较·借鉴》(研究出版社2005年版),作为她主持完成的国家社科基金青年项目"市场社会主义与社会主义市场经济比较研究"的最终成果,从整体上考察了社会主义与市场经济相结合从理论到实践的艰难过程,并对这一过程中产生的国外市场社会主义和我国社会主义市场经济这两种类型的发展脉络、基本特征等,分别做了深入的探讨。在此基础上,分析市场社会主义和社会主义市场经济在制度和体制层面存在的异同、联系。该书出版后受到同行专家和上级部门的重视和好评,荣获2009年度马研院优秀科研成果二等奖。

三 深化阶段:马研院当代资本主义研究取得新进展

2005年12月,马克思主义研究院成立,当代资本主义研究室更名为社会制度比较研究室,归属于当代世界社会主义研究部。2009年6月,该室又划归到国际共产主义运动研究部,改为"当代世界资本主义研究室"。六年来,我们的当代资本主义研究领域继续扩大、认识不断深化、成果不断涌现,标志着马研院当代资本主义理论研究和学科建设迈上了一个新台阶,在全国处于领先地位。这一时期马研院对当代资本主义的研究重点和成果集中体现在:

(一) 超国家垄断资本主义的实质、动因和影响

罗文东撰写的研究报告《超国家垄断资本主义的兴起及其对世界社

会主义的影响》(《世界社会主义研究动态》2006年度专研之二),明确提出:在经济全球化浪潮的推动下,西方发达国家进入了超国家垄断资本主义发展的新阶段。这种垄断资本主义的高级形态的显著特点是:(1)为了提高国际竞争力,西方国家改变了经济调节的指导思想和方针政策,对经济体制进行改革,不同程度地放松对经济和社会生活的干预和管制。(2)垄断资本既寻求国家支持,又力图摆脱国家限制,超越国界,在全球范围内进行资源配置,获取超额垄断利润。(3)为了适应生产和资本全球化的要求,西方发达国家一方面打破疆域界限,建立各种国际合作组织和地区一体化组织,召开不同层次的国际会议,使国家之间的区域化、集团化不断发展,经济一体化日益增强;另一方面,大肆鼓吹国际贸易和投资的自由化、全面开放市场,放松对金融和资本市场的管制。当代资本主义发展的这些新的特征,已经难以被国家垄断资本主义的概念范畴和理论框架所解释,亟须将马克思主义经典作家关于资本主义和帝国主义的基本原理与当今资本主义最新发展的具体实际相结合,创立超国家垄断资本主义理论来阐明当代资本主义的新变化和发展趋势。从当今资本主义和社会主义的最新发展来看,国家垄断资本主义与社会主义乃至共产主义新社会之间,出现了超国家垄断资本主义的过渡形式。对这种垄断资本主义新形态及时进行研究,对于丰富和发展马克思主义关于帝国主义的理论,探索当代社会主义新的实现形式,具有重要的理论意义和现实意义。该研究报告上报和发表后,受到同行专家和上级部门的重视和好评,先后被《红旗文稿》撰文转载和《中国社会科学文摘》摘登,并荣获中国社会科学院2006年优秀决策信息对策研究类三等奖。该报告还被中央实施马克思主义理论研究和建设工程协调小组办公室编入马克思主义理论研究和建设工程参考资料,印发简报,报李长春、刘云山、陈至立、陈奎元同志和中央宣传思想工作领导小组成员。

(二) 当代西方资本主义理论流派的背景、内容和影响

罗文东主持的中国社会科学院B类重大课题"当代西方资本主义理论流派研究",运用马克思主义的立场、观点和方法,对当代资本主义的历史进程和理论流派进行综合性和跨学科的研究。课题最终成果《当代西方资本主义理论流派》对当代资本主义本质特征和类型或模式的理论流派,对当代资本主义经济、政治和文化的理论流派,对当代资本主义世

界结构、历史地位和未来走向的理论流派等产生的历史条件、社会影响，它们的理论贡献和思想局限作出了客观的、深入的分析和评价。该书主编罗文东在绪论中写道："当代西方出现的主要资本主义理论流派，都从某个角度、某个侧面反映了由国家垄断资本主义向超国家垄断资本主义转变的历史现象和历史过程，在不同程度上揭示了超国家垄断资本主义的某些特点和走向，为我们正确认识当代资本主义的新变化提供了一些有价值的思想材料和有益的参考鉴戒。当然，当代西方资本主义理论流派受各种主客观条件和历史的、阶级的、认识上的局限性，从概念范畴和理论体系都存在各式各样的缺陷和谬误。因此，研究当代西方资本主义理论流派，必须始终坚持和创造性地运用科学的世界观和方法论，即辩证唯物主义和历史唯物主义的观点和方法。只有坚持和运用这一科学的世界观和方法论，我们才能正确地分析和借鉴当代西方资本主义理论流派的研究成果，把握当代资本主义变化发展的本质属性和发展规律，从而丰富和发展马克思主义关于资本主义和帝国主义的理论学说。"该书出版后受到同行专家和上级部门的重视和好评，被誉为国内第一本系统研究资本主义理论流派的专著。

（三）金融危机与资本主义的历史命运

吕薇洲撰写的《国际金融危机中社会民主主义的困境》（《世界社会主义研究动态》2010年4月5日），认为：西方国家思想界主要从三个方面深入探讨和分析了国际金融危机背景下社会民主主义遭遇困境的原因。从国际金融危机背景下社会民主主义的困境和遭遇可以得出两点结论：一是以凯恩斯主义为经济理论基础的社会民主主义不能根除资本主义的制度缺陷，无法消除经济危机的根源；二是要彻底摒弃社会民主主义的影响，在实践中毫不动摇地坚持中国特色社会主义。刘海霞编写的《现在已经进入资本主义世界经济终极危机阶段——美国社会学家沃勒斯坦论资本主义体系危机》（《世界社会主义研究动态》2010年第40期），指出当前的危机是资本主义体系的危机，因为即使发达国家将生产向成本较低的后发资本主义地区转移，也不能扭转人员成本、原料投入成本和税收成本三种基本成本的稳步上升，这导致资本主义体系大大地偏离了平衡；从长时段来看，美国霸权也面临着危机。同时后发资本主义地区拉美和东亚对美国霸权形成了挑战，达沃斯道路和阿雷格里港道路是未来两种可能的解决方案，而哪一个将取得最终胜利尚需拭目以待。这两篇报告上报和发表后受到同行专家和上级领导的重视和好评，同时荣获中国社会科学院 2010 年度优秀决策信息对策研究类三等奖。

（四）新帝国主义论

邢文增主持的中国社会科学院 B 类重大课题"新帝国主义论研究"，采取马列主义基本原理与资本主义发展的现实分析相结合、帝国主义发展的历史与现状相结合的研究方法，通过历史与现实相结合、理论与实践相结合的方法，力图全面总结新帝国主义的特点和实质，并在历史分析的基础上把握其发展的规律。该课题特别注重运用辩证唯物主义和历史唯物主义的观点，尤其是列宁在《帝国主义是资本主义的最高阶段》中所提出的基本原理，在对客观存在进行分析的基础上对新帝国主义作出判断和评价。同时，本课题还对西方左翼和右翼关于新帝国主义不同的理论观点进行比较分析，以把握当前各种不同的帝国主义理论的本质和影响。她撰写的论文《新帝国主义与金融危机》（《理论导刊》2009 年第 4 期）提出：20 世纪 90 年代以来，西方垄断资本利用其垄断优势，通过金融垄断、资本输出等方式从世界各地攫取惊人的财富，从而以新的经济殖民主义取代了传统的殖民帝国主义，以所谓的价值和意识形态"征服"来取代传统的武力"征服"，由此形成了"新帝国主义"。2007 年的次贷危机和 2008 年的金融危机不仅打破了这一幻想，而且使美国乃至整个资本主义世界体系都受到了强烈的影响，陷入了金融危机和经济衰退的泥潭中。金融资本的扩张是帝国主义和新帝国主义的不变特征，金融资本的扩张是新帝国主义金融危机发生的根本原因，金融危机的发生及解决方式宣告了"新帝国"梦的破灭，为建立更为合理的世界新秩序提供了条件。邢文增的这些探讨和论述，对于深化对新帝国主义的本质及其与金融危机的关系的研究，无疑具有十分重要的理论价值和现实意义。

回顾和总结 15 年来马列所和马研院开展当代资本主义理论研究和学科建设的历程、成果和经验，可以看出我们推进资本主义研究的三个特点：(1) 注重"三个结合"：一是历史与现实相结合，既注重资本主义发展史、社会主义发展史的研究，又注重资本主义的新变化和社会主义新发展的研究，从历史的经验教训和本质规律中得出对于现实的启示；二是理论与实践相结合，既注重马克思主义关于资本主义、帝国主义学说的研究，又注重资本主义和社会主义实践的研究，在普遍原理与具体实践的结合中，分析当代资本主义和世界社会主义的特点和趋势；三是资本主义和社会主义研究相结合，从世界社会主义发展的角度把握当代资本主义的历史命运与趋势，同时又联系当代资本主义的变革探讨世界社会主义的历史进程与前景，力求得出经得起历史和实践检验的科学结论。在对当代资本主义新变化进行系统研究的背景下，深入把握各国工人运动和无产阶级斗争，探讨世界社会主义的历史进程和发展前景。在目前国内外学术界，还鲜有能够从这"三个结合"上对当代资本主义进行研究的学科及成果。(2) 强调"两个重点"。一是强调对资本主义发展史的研究，从历史中探寻和把握当代资本主义发展变化的规律；二是强调对当代资本主义的研究，从当代资本主义的新变化中把握当代世界社会主义面临的挑战和发展前景，以加强对坚持和发展中国特色社会主义的学理支撑。(3) 坚持"一个方法"：即运用马克思主义立场、观点、方法，对当代资本主义的新变化及其发展趋势等诸多领域，进行认真剖析，做出客观归纳总结，而不是仅仅停留在简单翻译和介绍西方学者的论著的层面。当代资本主义研究室目前依托于马研院国际共产主义运动研究部，既能借鉴"国际共运史研究室"和"当代世界社会主义研究室"两个研究室的最新研究成果，反过来又能丰富和深化国际共产主义运动的研究。吕薇洲、刘海霞、邢文增分别主持的并于2011年12月结项的三个课题"资本主义向社会主义过渡的理论与实践研究""当代资本主义世界体系及其与社会主义关系问题研究""新帝国主义论研究"，即将陆续出版，可以提升当代资本主义研究室在国内外相关领域中的地位和影响。

（罗文东，中国社会科学院信息化管理办公室主任，研究员，博士生导师。刘海霞，中国社会科学院马克思主义研究院当代世界资本主义研究室主任）

马克思主义理论研究各学科建设的历史回顾

江流与科学社会主义学科

龚 云

江流，山东栖霞人，1922年生。1938年参加革命，1939年到胶东军政学校学习军事与政治等内容，从此开始关注理论学习和研究。1951年进入中共中央马列学院学习，1954年留校任教，在马克思理论园地辛勤耕耘61年。历任中共中央党校科学社会主义教研部副主任、主任、教授、博士生导师、校委委员、教育长，中国社会科学院副院长，中国科学社会主义学会会长，中国政治学会会长，全国哲学社会科学规划马列·科学社会主义学科评审组组长，国务院学位委员会政治学、社会学评议组召集人，中共中央实施马克思主义理论研究和建设工程咨询委员会委员，中国社会科学院学部委员。

江流长期从事马克思主义特别是科学社会主义的教学、研究和宣传工作，发表了大量理论文章，提出了一系列重要的理论观点，是科学社会主义学科的开创者和建设者，为我国科学社会主义学科建设，为科学社会主义理论创新做出了开创性的贡献，被誉为我国科学社会主义学科的一面旗帜。

一

1939年，在胶东军政学校学习时，除了学军事课，还学习马克思列宁主义理论课。在这里，江流读了毛泽东《论持久战》《论新阶段》，还有《辩证法唯物论提纲》（油印本）。1940年学习《新民主主义论》，这篇好几万字的文章当时江流都能背诵下来。这段学习虽然时间短，但收益颇大，提高了抗战的自觉性，从知其然到知其所以然，为江流自学理论培养了兴趣，打下了初步基础，对江流的人生观和政治观点的形成起了重要的作用。江流后来回忆说："我们这代人都是在毛泽东思想培育下成长起来的。按照毛泽东倡导的马克思主义学风进行学习和工作，得益匪浅，终生难忘。"①

1951年，江流考入中共中央马列学院后，一边学习，一边担任助教。在马列学院，他系统地学习了马克思列宁主义理论，接受了中国共产党的马克思主义学风的陶冶。当时，马列学院的教学，坚持马克思列宁主义普遍真理与中国革命具体实际相结合的教育方针，课程设置大体上按历史、理论、现状为顺序，以学习经典著作和自学为主。先学习中外历史（主要是近现代史）、逻辑、语文和作文、经济地理等知识课程，然后是占绝大部分学时的马克思列宁主义发展史课程，分别学习哲学、政治经济学、马克思列宁主义基础（科学社会主义），最后是中共党史和中国革命问题。学校要求学员以马克思列宁主义之矢，射中国革命之的，写出研究论文。马列学院当时还设过"马克思列宁主义基础"专业班，由外国专家讲授。一些专家教条化的学风让江流终生难忘，引为鉴戒。有一次课堂讨论，主题是"斯大林《论列宁主义的几个问题》一书"。一位学员在论述列宁主义的定义时，先引用了季诺维也夫所下的定义，然后讲述了斯大林对季诺维也夫定义的批评。主持讨论的外国教授却大发脾气。他说，"你怎么可以引用季诺维也夫的话呢？斯大林引用他的话，是为了批判，你哪里有斯大林的水平？这样引用季诺维也夫的话，岂不是传播了他的谬论？"

1954年毕业后，留在中共中央马列学院马列主义基础教研室任助教，从事马列主义基础（也就是后来的科学社会主义学科前身）教学。1958年，江流参与商务印书馆翻译圣西门、傅立叶和欧文三大空想社会主义者《选集》的选编工作并写总序，题为《三大空想社会主义者的〈选集〉》，以商务印书馆名义发表。文章运用辩证唯物主义和历史唯物主义的研究方法，以科学社会主义为指导，分析了三大空想社会主义者的特点，指出他们的主要贡献在于对资本主义制度的批判，揭示了一些社会真理以及在对未来社会预测中许多积极的结论。文章同时分析了三大空想社会主义者的

---

① 江流：《一点回忆》，载《中国社会科学家自述》，上海教育出版社1997年版。

缺陷，分析了这种缺陷产生的社会根源和思想根源。文章还提出了研究三大空想社会主义者的著作对于学习科学社会主义的借鉴意义。文章最后强调，"只要我们能够运用马克思列宁主义的立场、观点、方法读他们的著作，只要我们从革命和建设的实际出发，以科学社会主义经典作家论空想社会主义的思想为指导，那么，从三大空想社会主义者的著作中无疑地会得到许多对我们有益的东西"。这篇文章是我国理论界研究三大空想社会主义者思想的重要文献。该文后来在1988年出版的《汉译世界学术名著》第一辑中以作者名义发表。

1961年，江流任中央党校马列主义基础教研室副主任。1964年，中共中央党校成立国际共运教研室，江流兼任教研室副主任。十年"文化大革命"期间，江流遭受政治迫害。

二

"文化大革命"结束后，1977年江流担任中共中央党校科学社会主义教研室副主任。当时中共中央党校第一次开设了科学社会主义课程。江流主讲这门课程，既讲科学社会主义经典著作，又讲科学社会主义原理。1978年11月，江流联系中国的实际和发达国家的实际，为中央党校第3期高、中级学员班讲授了《学习〈社会主义从空想到科学的发展〉》，帮助学员划清科学社会主义与非科学社会主义的界限，认真总结中国社会主义建设的经验教训，起到了拨乱反正、正本清源的作用。1979年9月，江流为中央党校高中级班学员讲授了社会主义基本问题，帮助学员加深对什么是社会主义、怎样建设社会主义的理解和认识。这次讲课的一部分内容以"社会主义在实践中"为题于1979年12月在《理论动态》发表，后在《光明日报》转载。1980年1月8日，《人民日报》全文转载了这篇文章。这篇文章对于当时正在进行的拨乱反正工作，对于启发人们对于社会主义的再认识，对于人们解放思想、探索新问题，起到了积极的促进作用。

把科学社会主义作为一门学科来建设，是"文化大革命"结束以后的事情。1980年12月10日，江流在全国党校系统科学社会主义教学座谈会上做了"关于科学社会主义的学习、研究和课程建设"的主旨发言，说明科学社会主义要回答社会主义实践中面临的新情况、新问题，要在全体干部中普遍进行科学社会主义的再教育，重新学习和研究科学社会主义，从实际出发，坚持科学的社会主义。他还提出要着手编写科学社会主义的教科书，认为这不仅对于今后党校的科学社会主义教学工作有重大意义，对于科学社会主义这门学科的发展，也是一种新的尝试。编写的科学社会主义教科书，应该是有"新内容、新思想、新语言"有分量的教科书。他认为，什么是社会主义，怎么搞社会主义，这是当前科学社会主义研究的重大课题。他强调，编写科学社会主义教科书，建立和建设好科学社会主义这门崭新的学科，必须有一种好的作风，这就是胡耀邦同志提倡的四风：读书之风、思考问题之风、调查研究之风、同人家平等商量问题的风气。

1981年4月，江流为中央党校第6期轮训班学员作了"学习科学社会主义课程的引言"的长篇演讲。着重讲了三点内容：一要系统学习恩格斯的《社会主义从空想到科学的发展》，列宁的《论俄国革命》、《共产党宣言》与《国家与革命》的有关章节。二要认真总结历史经验，研究社会主义，特别要研究中国30多年的社会主义实践。要把正确的思想路线，落实到认识和建设社会主义上来。要从实际出发，坚持科学社会主义。三要清理"左"的思想影响，从理论上端正对社会主义的认识。这次讲课对学员学习科学社会主义理论起到了引领作用。同年，江流在中央党校高中级班讲授《学习列宁的〈论俄国革命〉》，强调要端正思想路线，着重说明经济文化比较落后的国家能不能建立和建设社会主义的问题，启发学员联系中国实际思考社会主义建设的重大实践问题。

1983年，江流在《中州学刊》第2期发表了《建设有中国特色的社会主义与科学社会主义在实践中的发展》一文。这篇文章论证了党的十二大提出的建设有中国特色的社会主义的历史任务及对社会主义特征的新概括的理论和实践意义，阐述了邓小平同志提倡的把马克思主义普遍原理同中国具体实际相结合，走自己的道路，建设有中国特色的社会主义的基本结论是指导社会主义建设新实践的正确指针和道路，指出中国共产党之所以能够提出建设有中国特色的社会主义的理论，取得认识和研究社会主义的重大成果，得益于中外社会主义建设历史经验的积累、实事求是的思想路线的恢复以及对于社会主义理论和政策的深刻研究。

5月，江流与范若愚共同主编的《科学社会主义概论——中国社会主义基本问题》一书由中共中央党校出版社、江苏人民出版社共同出版。

这本著作紧密联系国际国内的实际，特别是把科学社会主义的基本原理与我国的社会主义实践紧密地结合起来，着重回答中国社会主义的基本问题。该书可称得上是我国科学社会主义学科建设的奠基之作。

8月8日，江流在《光明日报》发表《科学社会主义新胜利的指南——读〈邓小平文选〉》一文。文章认为，《邓小平文选》科学地记录了邓小平在推动和指导中国共产党进行拨乱反正、实现伟大历史任务转变过程中所发挥的决策作用和卓越贡献，是科学社会主义新胜利的指南。邓小平同志对于科学社会主义在中国的实践和新发展的贡献，就在于使我们的建设事业重新走上科学社会主义的轨道，找到了建设有中国特色社会主义的道路。

同年，江流任新成立的中国科学社会主义学会副会长。

1984年2月，江流主编的《科学社会主义》由中国青年出版社出版，为普及和宣传科学社会主义和建设有中国特色社会主义理论起到了重要作用。同年，江流担任中央党校科学社会主义专业博士生导师。1985年，担任中国科学社会主义学会会长，任国务院学位委员会第二届学科评议组成员。

1989年苏东剧变后，江流着重思考了中外社会主义建设的历史经验和新情况、新问题，组织了一大批专家学者完成了《苏联剧变研究》、《苏联剧变的历史思考》、《20—21世纪：社会主义的回顾与前瞻》、《当代社会主义的若干问题——国际社会主义的历史经验和中国特色社会主义》等专著和论文集，深刻地总结了国际社会主义的历史经验，展望了社会主义的光明前景。

江流还围绕建设有中国特色社会主义理论和实践进行了研究。2001年，建党80周年之际，他主编了《中国共产党的社会主义建设理论与实践》，全面论述了科学社会主义在当代中国胜利发展的历程、经验和理论成果。在这之前，由他倡议并主编的《有中国特色社会主义大事典》、《中国特色社会主义年鉴》、《建设有中国特色社会主义史纲》、《社会形势分析与预测》等，对科学社会主义学科发展都是具有开创性的基础工作。

江流先后主持了"中国社会主义精神文明的理论与实践"、"国际社会主义的历史经验和中国特色社会主义"、"中国社会主义50年"、"八五期间马列·科社学科的研究现状和发展趋势"、"社会主义精神文明建设研究"等国家课题。这些成果引起了学术界和党政部门的广泛关注。

2002年2月由中央文献出版社出版的《社会主义论集》和2005年1月由学习出版社出版的《江流自选集》，选编了江流十一届三中全会以来撰写的70余篇文章和讲稿，反映了他二十多年来在科学社会主义教学和研究方面的思想历程和理论成果。两部文集不仅记录了中国共产党对社会主义再认识的阶段性成果和突破性进展，而且从科学社会主义理论的高度进行了阐发，字里行间透射出马克思主义与时俱进的理论品质，同时也体现了江流研究社会主义理论问题的独特视角、科学方法和基本思路，对于人们正确地把握什么是社会主义、如何建设社会主义这个首要的基本理论问题发挥了重要作用。

江流长期担任科学社会主义的会长，在历届全国科学社会主义年会上的主旨发言，引领了科学社会主义学科的发展。

2011年6月29日，中共中央党校科学社会主义教研部和中国科学社会主义学会联合在中央党校举办了"江流教授90华诞、60从教暨江流学术思想座谈会"，比较系统地总结了江流对科学社会主义学科的学术贡献，一致公认江流是科学社会主义学科的开创者和建设者，是中国科社学界的一面旗帜和一个里程碑式的人物。

三

江流运用马克思主义的基本原理研究国际国内社会主义实践中的重大问题，提出了一系列新的学术思想，在社会上产生了广泛影响，对中央决策起到了参考作用。

一是提出并论证了"社会主义在实践中"这一理论命题。在1978年的真理标准大讨论中，江流于1979年在《光明日报》发表了题为《社会主义在实践中》的理论文章（随后《人民日报》全文转载了这篇文章），鲜明地提出了科学社会主义理论和实践中的一个重大问题，即怎样科学地认识和对待社会主义理论、社会主义的历史经验、社会主义的现实发展道路。文章总结了中国共产党在社会主义实践中的两次重大失误：一次是1958年的所谓跑步进入共产主义，另一次是1962年以后逐渐形成的在以阶级斗争为纲的基本路线指导下的更大失误。文章认为，经过拨乱反正，我们对社会主义社会的认识有了很大的进展，但是并不能说对社会主义社会的认识就已经清楚了，社会主义在许多方面还是一个没有被我们认识的必然王国，还有许多问题有待我们在实践中研究、探讨、认识。文章强调，必须根据社会主义的实践经验，根据出现的新情况和新问题，来研究社会主义，发展社会主义。文章还指出，实践最有发言权。无视社会主义的经验教训，不倾听实践的声音、不接受实践的检验，按照马列的片言只语来谈论社会主义，就不可能把社会主义建立在科学的基础之上。文章批判了"两个凡是"的错误观点，强调把实践是检验真理的唯一标准落实到社会主义这个时代课题上，把马克思主义与中国实际结合起来搞社会主义，根据社会主义实践经验来检验和修正我们对社会主义的认识，来丰富和发展社会主义。20年后，他又发表了《社会主义在实践中发展》一文。文章指出，社会主义在实践中发展是十一届三中全会以来社会主义新时期的显著特征，体现为理论和实践两方面的成果即邓小平理论和建设社会主义初级阶段的社会形态。社会主义在实践中发展是运用科学理论思维的成果。这就是把马克思主义普遍真理同我国具体实际结合起来，走自己的道路，建设有中国特色的社会主义。它的内涵和要求是理论要结合本国实际、理论要紧密联系路线方针政策、理论要在实践中应用和发展。

在2005年出版的《江流自选集》的前言中，江流进一步阐发了这个问题："从1979年所写的《社会主义在实践中》到1998年所写的《社会主义在实践中发展》，都论述了同一主题。社会主义从理论变为现实以来，无论是作为理论形态的社会主义，还是作为社会形态建设的社会主义，都在实践中经受检验，在实践中被不断认识，在实践中不断发展。对社会主义的历史经验，应当这样认识和总结，对正在进行的社会主义建设和改革发展创新，也需要这样认识和对待。在如何认识和如何建设社会主义的问题上，这是一个重要的立足点。我们党的最终目标是实现共产主义制度，社会主义是共产主义的第一阶段，社会主义建设是长期的。中国还处在社会主义初级阶段，建设有中国特色的社会主义还有很长的路要走。现实的社会主义始终处于不断实践、不断改革、不断创新、不断发展的进程中。社会主义新社会的社会形式，首先是社会主义初级阶段的社会组织形式，都要在不断探索的实践中创立并不断完善和发展，正如列宁所说：'在到达完全的共产主义之前，任何形式都不是最后的。'社会主义还在实践中。"

二是提出并论证了"社会主义是全面的"这一理论命题。1989年7月，在吉林召开的"中国社会主义十年理论研讨会"上，江流提交了

《社会主义是全面的》一文，该文发表在《新长征》1989年第11期和《理论动态》第857期上。文章结合历史和现实的经验，回顾了十一届三中全会前和十一届三中全会以来社会主义建设中存在的两个片面性。先是忽视经济建设，后来又忽视精神文明建设。文章从三个方面得出"社会主义是全面的"这一结论。第一，科学社会主义作为真理是全面的，它不是片面的、狭隘的学说；第二，社会主义按照历史发展规律是全面发展的社会，与畸形发展的资本主义社会有本质的区别；第三，要建设全面性的社会主义，就要求社会主义建设必须全面发展。对于这个命题，江流在该文发表之前都论述过。早在1979年9月11日中央党校的一次讲课中，他就强调，无产阶级上升为统治阶级，争得民主之后，要在实践中发展社会主义民主。与生产和占有的社会化相适应的，就是政治的民主化；与全体人民共同享有对生产资料不同形式的所有权、支配权相适应的，就是共同享有管理国家的最高权力。没有社会主义的民主，没有广大人民群众的实践，社会主义就会成为一句空话。换言之，社会主义要加强政治民主建设。关于社会主义与文明的关系，江流从20世纪80年代初就开始探索。1982年8月，在长春召开的全国党校系统科学社会主义教学座谈会上，江流做了《社会主义与高度文明》的发言。这篇文章后来发表于《探讨》（试刊）第4期。文章从马克思主义发展史和社会主义历史经验上论证了社会主义与人类文明密不可分这一基本道理，阐述了社会主义与物质文明、精神文明密不可分的观点，得出"只有社会主义国家才能达到高度的文明，没有高度的文明就没有完全的社会主义社会，社会主义与高度文明是不可分离的"结论。该文是我国理论界比较早提出并研究社会主义与文明之间关系的力作，对推进社会主义精神文明建设发挥了指导作用。为了推进社会主义精神文明研究，江流还组织编选、编译、编写了一系列书。江流所说的社会主义是全面的包含了物质文明建设、精神文明建设和政治民主建设等。他后来在自选集中进一步论述："'社会主义是全面的'。党的十一届三中全会以来，中国社会主义事业蓬勃发展，面临的机遇与挑战，都越来越显示出社会主义的这个内在属性。党对社会主义实践经验的总结，新的建设指导方针的制定也越来越体现出社会主义的这个内在属性。社会主义社会是全面发展的社会，因而社会主义建设和改革也应该是全面的。按照全面建设中国特色社会主义的思路，收入文集中的许多文章都论述了这一问题。例如，《社会主义是全面的》结合现实的经验，从科学社会主义的理论上和社会发展的客观规律上集中论述了这一命题。《社会主义与高度文明》从马克思主义发展史和社会主义历史经验上论证了社会主义与人类文明密不可分这一科学社会主义的基本原理。《社会主义精神文明的灵魂》着重论述了马克思主义理论在社会主义精神文明建设中的首要地位。《在实践中发展社会主义民主》等文章论述了社会主义与民主密不可分的关系,等等。"江流的这些论述,有助于人们全面认识社会主义和社会主义建设的全面展开。

三是提出并论证了"社会主义是发展的"这一理论命题。江流在1998年11月为纪念改革开放20周年撰写了《社会主义在实践中发展》一文。2008年12月写的《科学社会主义的新实践和新发展:纪念改革开放三十周年》(发表于《科学社会主义》2008年第6期)一文,回顾了社会主义从空想到科学、从理论到实践、从一国到多国、从不发达阶段到发达阶段的发展,指出十七大报告所讲的"十个结合"是科学社会主义根植于中国国情的新经验、新发展:中国特色社会主义的具体化,马克思主义中国化的继续和发展,我们党的理论思维创新的应用和发展。文章认为,中国特色社会主义的重要特色,就在于它把科学社会主义与世情、国情和民情相结合,合乎时代的潮流、中国的国情,为人民所拥护,凸显了世情、国情和民情在社会主义发展中的意义和作用。

江流认为,科学社会主义是发展着的理论,社会主义社会是经常变化和改革的社会,中国特色社会主义既是根植于发展着的中国实际,又是结合时代与时俱进不断创新的事业。从世界社会主义发展历史来看,自从社会主义由理论变为现实以来,中国特色社会主义是继"苏联模式"之后社会主义发展的新阶段、新模式。"苏联模式"曾在开创社会主义新世界时发挥了带头作用。中国特色社会主义在中国开创出一条社会主义建设和改革的成功之路,也为苏联剧变后世界社会主义的振兴提供了一个先例。社会主义还在不断发展中。

四是系统论述了"改革与社会主义"的关系。1985年7月,江流在全国党校科学社会主义年会上,做了题为《改革与社会主义》的主旨发言。该文登在《理论动态》第616期,发表于《红旗》1986年第14期。文章认为,改革是社会主义本身发展的要求,是社会主义社会的一种普遍的、发展中的必然现象,也是社会主义社会之所以能够生气勃勃的活力所在。离开了改革,社会主义社会就不能继续前进。改革意味着社会主义的日益完善，日益成熟和日新月异地发展。文章根据马克思主义基本原理和社会主义的历史经验，揭示了改革与社会主义的关系：社会主义在改革中前进，改革一定要沿着社会主义轨道前进；改革是解决社会主义社会的矛盾，实现自我完善和自我变革的适当形式。该文是国内学术界关于"改革与社会主义"关系的较早论述，科学地回答了"如何正确地认识和坚持改革的社会主义性质"这一重大时代命题，对推进社会主义改革和坚持改革的社会主义方向具有重要警示意义。

江流在其漫长的学术生涯中，作为一个马克思主义理论家，始终坚持理论与实践的统一，坚持党性与科学性的统一，坚持知与行的统一，对推进科学社会主义学科的发展，特别是推进中国特色社会主义学科的发展，做出了重大贡献，为理论工作者树立了榜样。就像中央领导同志评价的那样：江流同志是我们理论界的老前辈，是坚持用马克思主义中国化的立场、观点和方法指导科社研究的代表性人物。[1]

（龚云，中国社会科学院马克思主义研究院邓小平理论研究室原主任，现为党建党史研究室研究员）

---

[1] 转引自冷溶 2011 年 6 月 29 日在江流教授座谈会上的致辞。

改革开放与马克思主义经济学创新

程恩富

一 六次思想解放推动经济改革开放

我国社会主义经济体制改革的演进与思想解放和经济理论发展是紧密相连的。所谓思想解放，就是在摆脱各种错误思维定式束缚后的一种认识升华和观念创新。反思想僵化或反"左"、反右或反自由化，都属于思想解放。新时期30年来，大小程度不同的思想解放有六次。

第一次思想大解放，始于1978年5月，主题是提出实践是检验真理的唯一标准。这次思想解放对于经济体制改革的影响是巨大的，开始突破传统计划经济体制，实行计划经济为主、市场调节为辅的新体制，试行对内搞活和对外开放的各项措施。

第二次思想大解放，始于1984年10月，主题是制定经济体制改革的纲领。此次思想解放直接作用于经济体制改革，掀起了整个经济领域的革命。开始建立由商品市场、资金市场、劳务市场和技术市场等在内的社会主义市场体系，提倡市场竞争和运用经济杠杆，启动有计划的商品经济体制。

第三次思想大解放，始于1987年10月，主题是确立社会主义初级阶段的理论。这次思想解放促进了经济体制改革的较快发展，加快了缩小指令性计划的速度，转向以间接管理为主的宏观经济调节体系，分阶段地进行计划、投资、物资、财政、金融、外贸等方面体制的配套改革。

第四次思想大解放，始于1992年2月，主题是设定要建立社会主义市场经济体制。此次思想解放直接促成向社会主义市场经济体制的全方位改革，在充分发挥市场配置资源的基础作用的同时，积极改善宏观调控机制，逐步实现了"低通胀、高增长"的新局面。

陈奎元向程恩富颁发学术委员证书

第五次思想大解放，始于 1997 年 9 月，主题是公有制的实现形式和社会主义初级阶段的基本经济制度理论。这次思想解放促使经济体制改革进入攻坚阶段，股份制、股份合作制和非公有制发展迅猛，实施科教兴国战略和可持续发展战略。

第六次思想大解放，始于 2003 年 10 月，主题是坚持以人为本，树立全面协调可持续的科学发展观。这次思想解放促使经济体制改革进入最后完善阶段，转变经济发展方式，全面推动人口资源环境的可持续发展体制建设，并突出自主创新和创新型国家的体制建设，全面开展"八个统筹"为主要内容的统筹兼顾体制建设，注重以人为本和民生取向的社会主义和谐社会体制建设。

伴随着六次思想大解放所进行的 30 年经济体制改革，其实质是依据社会生产力和现代市场经济发展的内在要求，重构和完善社会主义初级阶段的基本经济形态：一是建立和完善公有主体型的多种类产权形态；二是建立和完善劳动主体型的多要素分配形态；三是建立和完善国家主导型的多结构市场形态；四是建立和完善自力主导型的多方位开放形态。

二 改革以来马克思主义经济学八大创新

改革以来理论界流传一种论调，说马克思主义经济学家一贯思想僵化，反对社会主义改革。近年来，中外真正的马克思主义经济学家联合新老凯恩斯主义者和左翼经济学家等，都在重点批评新自由主义经济学，更是被扣上"极左""走回头路""反对改革"的帽子，包括深受"三民主义"影响的郎咸平教授（本人已确认这一影响）也被强加这些政治帽子。其实，中央领导已经做出了科学的判断：批判新自由主义，要长流水，不断线，抵御其对我国改革的负面影响；现在全党正在"三个代表"重要思想的指引下进行理论创新，要高度警惕自由化分子接过理论创新的旗帜，成套搬用资产阶级新自由主义的理论，把改革引向西方政治家和理论家鼓吹的方向和轨道上去。中央领导的这番话，也是坚定了马克思主义经济学家和广大人民的共识。

笔者想说明一个事实，即创新的马克思主义经济学家（"新马派"）是我国改革的最早倡导者！由于马克思主义经济学家一贯比较谦虚，反对市场炒作和学术泡沫，而自由市场本又极易导致学术市场"假冒伪劣理论商品"的泛滥，因而容易出现一批被中外媒体吹捧的"主流经济学家""著名经济学家"。其中有些"改革家"只是社会主义市场取向改革的"同路人"，实质属于资本主义市场取向改革的"改革家"或"改向家"（类似匈牙利的经济学家科尔奈、苏联的经济学家波波夫）。前年，西方媒体再次发挥"西强我弱"的攻势，又选择了几乎都在西方国家获得学位的"华尔街版的中国十大经济学家"，试图影响我国正在激烈进行的"现代马克思主义经济学与现代西方经济学关系"的争论。值得欣慰的是，广大网民猛烈抨击某些所谓"主流经济学家""媒体经济学家"，这本质上是广大人民群众自觉地反对资产阶级自由化和新自由主义经济思潮的一种正义行动。

可以列举许多事例证明，现在仍然坚定的马克思主义经济学家是我国改革的最早倡导者。不过，他们往往不是市场塑造的"媒体经济学家"或"主流经济学家"，而是学界较为认同的"杰出经济学家"。现仅以中国人民大学孟捷教授的文章依次介绍的经济学家及其八大理论创新如下：刘国光、于祖尧、苏星、卫兴华、杨圣明、张薰华、许涤新和后继者刘思华、程恩富。

中国社会科学院刘国光研究员是主张缩小指令性计划和市场改革取向的最早倡导者和创新者。在1979年7月一次关于经济体制改革取向问题的座谈会中他明确提出，高度集权的苏联模式仅是社会主义经济体制模式之一，东欧国家偏重分权、偏于分散的市场体制和用经济办法管理经济的模式，也是社会主义经济体制的重要模式之一。我国经济体制改革在选择模式时，"要解放思想，按照实践是检验真理的惟一标准来决定我们的取舍……只要有利于经济的发展和人民生活水平的提高，都是可以采取的，没有什么政治帽子问题，只有适不适合一个国家各个时期的具体历史条件和经济发展条件的问题，也就是适不适合一国国情的问题"，市场机制是实行分权管理体制的重要手段。[①] 随后，在与人合著的《论社会主义经济中计划与市场关系》一文中，从生产与需求脱节、计划价格脱离实际、供给制资金分配体制的缺陷、企业结构上自给自足倾向的原因等方面，翔实论证了社会主义经济中计划与市场相结合的必然性，并对计划经济条件下如何利用市场的问题和市场机制条件下如何加强经济发展的计划性问题，提出了完整、系统的改革举措与政策建议。这一报告受到当时国内经济学界、特别是政府决策部门和中央领导的高度重视，对我国社会主义市场改革取向的抉择产生了重要影响。中国经济体制改革初期的不同意见是激烈的，在20世纪80年代初期，刘国光教授因他在改革取向抉择关键时期的这一历史性贡献而受到高层批评，但他没有退却。1984年，刘国光课题组提出《建设有中国特色的经济体制的总体设想》，开始独创性地阐述"双重模式转换"目标，逐步形成经济学的创新理论和政策体系，成为对改革影响最大的马克思主义经济学家。

1979年4月，在江苏省无锡市举行的全国价值规律理论讨论会，是中共十一届三中全会以来，也是解放以来中国经济学界规模最大的一次盛会。非常值得一提的理论突破是，在这次会议上，中国社科院经济研究所

---

① 座谈会中刘国光教授的发言题目为《对经济体制改革中几个重要问题的看法》，后载于《经济管理》1979年第11期。

于祖尧研究员提交的《试论社会主义市场经济》一文，是国内最早正式提出"社会主义市场经济"概念和理论的。文章指出："社会主义既然实行商品制度，那么，社会主义经济在本质上就不能不是一种特殊的市场经济，只不过它的性质和特征同资本主义市场经济有原则的区别。……为了加快实现四个现代化，搞好经济改革，应当怎样正确地对待市场经济，这是我们经济学界需要认真研究的重大课题。"① 此后30年来，于祖尧发表了关于建立和完善社会主义市场经济体制的一系列论著，深刻地阐明中国特色社会主义经济理论和政策。可见，现在仍坚定的马克思主义经济学家于祖尧（套用一句流行的话，应当是"于市场"），是我国社会主义市场经济理论的最早倡导者和杰出贡献者。

1983年7月，中央党校苏星教授在《红旗》第14期上发表的《试论工业公司》一文中明确指出："社会主义社会的物质技术基础也是社会化的大生产。在消灭生产资料的资本主义私有制、建立生产资料公有制以后，依然需要利用股份公司和托拉斯一类的社会化大生产组织形式，利用它们的管理经验，使之为社会主义经济服务。……股份公司一类经济组织，作为社会化生产的组织形式，按理应当更适合于生产资料公有制的性质。因为在生产资料公有制的条件下，企业之间的根本利益是一致的，它们在国家政策的引导下，可以遵循自愿互利的原则，广泛组织公司和其他各种形式的联合体，不存在私有制的限制。当然，社会主义的公司和资本主义的公司在性质上是根本不同的。我们向资本主义的公司和托拉斯学习，主要是学习它们组织社会化大生产，特别是专业化和联合的经验，而不能照抄照搬。"以后，他对所有制和农村改革发展等一些问题，都发表过理论和政策探讨的论著。可见，今年刚去世的著名马克思主义经济学家苏星（套用一句流行的话，应当是"苏股份"）是我国社会主义股份制理论的最早倡导者和杰出贡献者。

在1986年《江西社会科学》第4期刊发的《关于我国经济体制改革的理论问题》一文中，中国人民大学经济学院卫兴华教授提出："社会主义经济体制似不应仅仅归结为一个管理体制问题。社会主义经济体制，首先包括社会主义经济制度运行和实现的具体形式，如公有制的运

---

① 《经济研究资料》第50期（1979年3月28日），并编入会议文集《社会主义经济中计划与市场的关系》，中国社会科学出版社1980年版。

行和实现形式,按劳分配的运行和实现形式,以及其他社会主义生产关系的运行和实现形式等。"在同期发表的其他论文中,也强调提出:"发展和完善公有制,就需要完善公有制的实现形式。"他在《经济经纬》2004年第6期发表的《不要混同"公有制形式"和"公有制实现形式"》一文中又进一步指出,"国有经济和集体经济是公有制的存在形式,不是实现形式,股份制的性质取决于入股资本的性质,私有资本组织的股份制,依然是私有制。……也不能认为,股份制成为公有制的主要实现形式,就否定或取代国有经济和集体经济这两种公有制形式"。卫兴华在所有制、分配、经济运行和经济发展等一系列经济现实问题都有研究,对马克思主义经济学许多基本原理均进行过深入探讨,是高质高产的马克思主义理论家。

1984年1月,中国社科院杨圣明研究员在《中国经济发展战略问题研究》一书中明确提出:"寻找出适当的收入差距,既促进经济效率的提高,又有利于社会平等,乃是重要的战略问题。……我国是社会主义国家,既不能放弃平等,也不能失去效率,要兼而有之。过去我们比较重视平等,但在一定程度上轻视效率。今后我们要重视效率,扩大收入差距,但是,决不能忽视平等问题。……我们在相当长的时期内强调效率,扩大收入差距,并不是最终目的。我们要从目前的比较平等开始,经过扩大差距、提高效率的阶段,最终实现真正的社会平等。这种论断,根本不同于50年代库兹涅茨提出的所谓'倒U字形'假说。……与资本主义各国的情况不同,我国已经实现了生产资料社会主义公有制,通过对居民收入的有计划有步骤地调节,能够把效率和平等有机地结合起来,防止社会的两极分化,使我国最终创造出比资本主义更高的劳动效率。"[①] 此后,在一些论著中,又进一步阐明和创新公平与效率以及与此相关的劳动价值论和分配论。可见,现在坚定的著名马克思主义经济学家杨圣明,是我国社会主义公平与效率理论的最早提出者和杰出贡献者。

1984年,在港澳经济研究会成立大会上,杰出的《资本论》研究专家、复旦大学张薰华教授提交了论文《论社会主义经济中地租的必然性》,从理论到实践阐述这一思路。论文载于《中国房地产》杂志1984年第8期。1985年初,由于中央对土地管理体制改革的重视,上海市

---

① 《杨圣明文集》,上海辞书出版社2005年版,第440—442页。

委研究室注意到这篇文章，嘱再写一篇《再论社会主义商品经济中地租的必然性——兼论上海土地使用问题》（以下简称《再论》），载于该室《内部资料》第6期（1985年1月21日印发）。文中指出，"土地的有偿使用关系到土地的合理使用和土地的公有权问题。级差地租应该成为国家的财源之一，港澳的租地办法可以采用"。《再论》这篇文章又受到中央书记处研究室注意，嘱再补充，标题改为《论社会主义商品经济中地租的必然性》，1985年4月10日载于该室内刊《调查与研究》第5期，发至全国各省市领导机关。这就为中国土地批租制度的建立提供了理论依据。根据以上机理，土地国有化不仅排除了土地私有制，而且排除了土地集体所有制。因为集体单位使用土地带来级差超额利润，也是社会转移来的价值，不是劳动创造的价值。同理，国有企业也不应无偿使用土地。无偿划拨土地实质上是将国有土地变为企业土地。1987年，在深圳参加"城市土地管理体制改革"讨论会上，张薰华教授就此提出论文《论土地国有化与地租的归属问题》。后来，深圳市政府将该市农村土地全部收归国有。改革以来，张薰华率先发表关于价格改革、保护环境、发展交通等一些现实经济问题的论著，对马克思主义经济理论有重要贡献。

1980年3月，中国社科院经济研究所许涤新研究员在全国《资本论》研究会年会上所做的会长主旨报告是《马克思与生态经济学》，是我国第一个提出要重视环境和构建生态经济学的杰出马克思主义经济学家。他就此发表了相关论文。作为许涤新生态环境经济研究团队的主要学者和继承人刘思华，1987年8月在定稿《理论生态经济学若干问题研究》一书时，论证社会主义生产的直接目的是保证人民的全面需要，就深刻地论述了社会主义满足人民生态、物质、精神三类需要的实现过程，也就是三大文明建设过程。他指出："社会主义制度下，人民群众的全面需要及其满足程度和实现方式，是社会主义物质文明、精神文明、生态文明三大文明建设的根本问题。"[①]

2003年5月，在《在创建世界的工厂过程中实施知识产权优势战略》一文中，笔者提出："比较优势是由一国资源禀赋和交易条件所决定的静态优势，是获取竞争优势的条件；竞争优势是一种将潜在优势转化为现实

---

① 刘思华：《理论生态经济学若干问题研究》，广西人民出版社1989年版，第275页。

优势的综合能力的作用结果；比较优势作为一种潜在优势，只有最终转化为竞争优势，才能形成真正的出口竞争力。要实现我国出口产品的结构升级，就必须以国际经济综合竞争为导向，将现有的比较优势转化为竞争优势，而其中的关键就在于创造和培育我国的知识产权优势或知识产权型竞争优势。所谓知识产权优势，是指通过培育和发挥拥有自主知识产权的经济优势，是相对于比较优势、竞争优势而言的第三种优势。它避免了笼统的竞争优势的理论缺陷，而突出了以技术和品牌为核心的经济优势或竞争优势。它不仅应体现在我国的高新技术产业部门及具有战略意义的产业部门，必须掌握自主研究、自主开发、具有自主知识产权的核心技术，建立以自主知识产权为基础的标准体系，而且还体现在我国传统的民族产业或低端产品部门，包括劳动密集型产业部门，也必须塑造在国际上具有一定影响力的民族品牌和名牌。"[①]

从上述现代马克思主义经济学家理论联系实践的创新、甚至是原创中可以表明：中国政治经济学的转型，不是从传统政治经济学转向现代西方经济学，而是在科学扬弃和超越苏联经济学和现代西方经济学的基础上转向现代马克思主义政治经济学，包括现代社会主义市场经济和现代资本主义市场经济的基本理论。就理论经济学来说，世界主流经济学是西方经济学，而马克思主义经济学则是非主流经济学；改革后社会主义中国的主流经济学是现代马克思主义经济学，而现代西方经济学则是非主流经济学。共产党执政的社会主义国家，是不可能将资产阶级执政党奉为主流的经济学作为本国主流经济学的。同现代西方经济学一样，现代马克思主义政治经济学既是学术体系，又是一种理论信仰和意识形态，应当在学术和意识形态两个相关领域都发挥指导作用。如果只赞成马克思主义经济学作为经济意识形态的指导地位，而不赞成它在经济学教学和研究中的学术指导地位，则会架空马克思主义经济学。

三　经济学现代化的总体创新原则

改革以来，"中国经济学向何处去"一直是经济理论界热门话题。

[①] 《国际经贸探索》2003 年第 3 期。

1994年初，程恩富在《21世纪：重建中国经济学》①一文中曾对中国经济学的发展阶段和前景作了总体判断，后引起连锁反响。近年来，这个话题又被一些学者以如何推进中国经济学的"国际化"、如何推进"现代经济学的本土化"等形式提了出来。在上述问题引导下，目前理论界流行诸如"西方经济学本土化"、"西方经济学中国化"、"中国经济学必须西方化或国际化"、"经济学要与国际接轨"、"西方经济学是现代经济学"、"政治经济学不是学术"、"马克思主义经济学被西方经济学取代是改革方向"、"中国经济学的国际化只有先从组织上让非马克思主义的'海龟'执掌院校"之类的解答。这是很值得商榷的。

中国经济学作为应当科学地揭示当代中国经济运行和发展规律的重要理论，必须适应当代国际经济环境对中国社会主义经济提出的挑战，必须适应中国社会主义初级阶段的经济科学发展的要求。因而，对于中国经济学发展趋势的正确提问，就绝不是如何与现代西方经济学的接轨、使现代西方经济学"本土化"的问题。而应当是如何在唯物史观的指导下，推进中国经济学在科学轨道上实现现代化的问题。进一步说，也就是我国的经济学教学和研究如何适应现代社会主义经济全球化和市场经济的科学发展的需要，实现马克思主义经济学在中国的现代化、具体化的问题。

分析如何推进中国经济学现代化这个问题涉及方方面面，就其解决这个问题的基本学术方针和总体创新原则而言，可以扼要地概括为："马学为体、西学为用、国学为根，世情为鉴、国情为据，综合创新。"② 下面拟阐述对这一基本学术方针和总体创新原则的一些看法。

---

① 2006年4月3日在首届论坛的共识宣言指出："新古典经济学已经成为世界上许多国家主流的经济学研究方法，其所主张的经济政策使世界人民付出了巨大的经济代价，并成为解决各种社会经济问题的障碍。马克思主义经济学为分析当代世界经济问题，以及分析资本主义制度和社会主义制度，提供了最好的理论基础。它为不断解决当今世界经济的严重问题打下了基础。同时，它也为社会主义和共产主义在世界范围内最终取代资本主义指明了方向，这正是人类实现其社会经济发展潜力所必需的。我们决心发展马克思主义经济学，并运用它来分析和解决当代人类所面临的社会经济问题。为此，我们要联合世界各国的马克思主义经济学家，并推动我们共同事业的发展。我们将努力扩大现代马克思主义经济学在学术活动、公共政策讨论以及其他领域的影响。"详见《海派经济学》（季刊）2006年总第14辑。

② 程恩富：《21世纪：重建中国经济学》，《社会科学报》1994年4月7日。

（一）关于"马学为体"

"马学"是指中外马克思主义知识体系。"体"，在中国古代哲学语言中具有"根本的、内在的"含义。[①] 强调中国经济学现代化必须坚持"马学为体"，就是要始终坚持马克思主义经济学是中国现代经济学的根本和主导。这就是说，中国经济学的现代化在研究方向上，必须始终毫不动摇地坚持唯物史观的指引，遵循着马克思的理论的道路前进；在内容上，必须毫不动摇地以马克思主义经济学知识体系中的基本范畴、科学原理为主体，面对新的历史条件拓展和创新；在处理中外多元经济思想的关系上，必须毫不动摇地坚持马克思主义经济学的指导地位。

"马学为体"是中国经济学现代化必须强调的根本原则，一旦偏离这一原则，理论创新将难以为继，经济学的现代化将偏离科学化的轨道。必须充分认识，中国经济学的现代化，绝不是一个简单的时空发展概念，而是在时空发展中的不断科学化的过程。只有"马学为体"，才能保证实现中国经济学的现代化创新始终沿着科学的轨道前进。强调"马学为体"，有必要纠正近些年来流行的一些对马克思主义经济学的认识误区：一是把马克思主义经济学视为与西方经济学各种流派相提并论的一种理论流派；二是简单地把马克思主义经济学分割为"革命的经济学"与"建设的经济学"；三是宣扬马克思主义及其经济学只是意识形态非学术；四是认为生产力先进的美欧国家，其经济学也一定是先进的。

在追求经济学科学化的意义上，可以说，越是坚持"马学为体"，就越能促进中国经济学的现代化。而越是偏离"马学为体"，越是追随西方现代经济学，中国经济学越难以实现科学的现代化，而且有可能使中国经济学陷入当代资产阶级经济学"学术殖民地"和"马前卒"的可悲地位。

---

① 关于"体用"概念，人们往往想到张之洞在1898年《劝学篇》中提出的"中学为体，西学为用"的主张。他所说的"用"，突破前期洋务派所划定的"西方技艺"，即器械与自然科学的范围，包含了"西方政艺"的部分内容，亦即主张在学校、赋税、武备、法律、通商等领域实施某些西方的模式；但是，他的"中学为体"，是要以儒家的"三纲五常"等伦理道德作为立国的不能更改的根本原则，所谓"西学为用"，不过是作为维护中国封建皇权和地主阶级统治的一种手段，从实质内容上看是改良主义的。但是，这并不妨碍我们从语言角度对"体用"概念的使用。我们完全可以赋予"体用"以崭新的现代科学含义。

（二）关于"西学为用"

撇开自然科学不论，西学是指西方马克思主义以外的社会科学知识体系，本文主要指阐述近现代主流经济思想的西方经济学。就整体看，西方主流经济学仍然保持着当年马克思揭示的资产阶级经济学的非科学的固有特征，如：表面性、片面性、主观性、虚伪性、辩护性和庸俗性，因而从整体上说，现代西方经济学不是科学的经济思想体系。

但是，不能"西学为体"，并不等于不要"西学为用"。我们所说的"西学为用"，当然不是"西学为体"意义上的"为用"，而是在"马学为体"前提下对"西学"的借鉴和利用。按照我国古代哲学的"体用"一般含义，"'体'是最根本的、内在的，'用'是'体'的表现和产物"①。用这种"体""用"一致的思想看"马学"同"西学"，可以看到，两者之"体"存在唯物史观和唯心史观基本思想的根本区别；相应的，两者的"用"或者说表现形式和发生作用的方式也存在一系列差异。例如在理论形式上，西方经济学分为微观经济学和宏观经济经济学两大缺乏内在联系的理论板块；马克思主义政治经济学则从抽象到具体，是一个再现一定历史条件下的经济的社会形态的有机理论体系。然而，如果把"马学"与"西学"的"体用"区别绝对化，以为"马学为体"就绝对不能借鉴、利用"西学"，那就陷入了孤立地对待"马学"、"西学"的形而上学误区，在思想方法上就连近代的张之洞都不如了。

我们在坚持"马学""体用"一致的同时，有必要提出"西学为用"。在西方经济学众多流派中，有的描述了社会分工制度、市场竞争机制对于生产力发展的促进作用，有的承认了资本主义社会失业、危机的不可避免，有的创建了宏观经济运行的总量分析、调控和预测方法，有的揭示出产业发展和经济增长的某些规律，有的对企业管理一般制度做了不同角度的研究，有的形成了经济政策学，凡此种种，或多或少地反映了资本主义市场经济的客观状况。只要我们能够剥离其不科学的成分，加以改造和充实，就能提炼出科学的经济思想。在对待"西学"的态度上，马克思在《资本论》中为我们树立了讲科学的榜样。许多原本是资产阶级经济学的范畴和原理，经过马克思革命性的批判、分析和借鉴，以崭新的含

---

① 参见《辞海》语词分册（上），上海辞书出版社1999年版，第200页。

义纳入了马克思主义经济学的系统。

这里有必要指出,绝不能把"西学为用"与一种流行的倾向混同起来。这种倾向认为,马克思主义经济学没有应用价值,在解决市场的实际经济问题方面只能用"西学"。改革以来,中国马克思主义经济学在应用领域进展受阻,因为一些应用经济学的学科负责人以基本照搬西方应用经济学为"创新",存在一种"学术惰性",由此产生只有西方经济学才有应用价值这种错觉。我们必须克服这一"学术惰性",树立中国特色的学术创新自信和自觉,努力构建或完善马克思主义的现代应用经济学学科体系,如文化经济学、消费经济学、土地经济学、交通经济学、劳动经济学、产业经济学、国际贸易学、经济心理学、经济美学等。为此,也决定了我们应当尤其重视现代西方应用经济学,努力吸收"西学"这方面的有益元素,加快马克思主义的应用经济学的大发展、大繁荣。这样的"西学为用",是为丰富和发展马克思主义学术及其中国化的"体"服务的,也是中国马克思主义经济学现代化的内在要求。

(三) 关于"国学为根"

撇开自然科学不论,国学是指中国古近代的社会科学知识体系,本文主要指古近代的经济思想。国学为根,就是要在中国经济学现代化过程中,重视自古以来经济思想中反映的一般经济规律和中国特殊经济国情的精华。正如毛泽东所强调的"古为今用","我们这个民族有数千年的历史,有它的特点,有他的许多珍贵品。""从孔夫子到孙中山,我们应当给以总结,继承这一份珍贵的遗产。"[①] 在中国经济学现代化的进程中,这对于形成中国特点、中国气派和中国风格具有不可低估的价值。

在唯物史观看来,中国本土历史上形成的各种经济思想,都是一定历史时期经济事实的反映。它们直接、间接甚至扭曲地反映着的,不仅有在相同历史条件下各国普遍存在的经济因素,而且有中国特殊的国情和文化因素。这些特殊性因素属于中国从古到今的"根"或者借用生物学的说法,属于中国经济形态的"基因"。只要中国作为民族国家还存在,这些"基因"就会存在。在中国经济学的现代化进程中,始终重视中国的特殊国情和历史传统因素,才有助于形成具有中国特色的现代马克思主义经济

---

① 参见《辞海》语词分册(上),上海辞书出版社1999年版,第200页。

学。诚然，我们所说的"国学为根"，并不是说可以简单地、不分青红皂白地弘扬"国学"，而是主张剔除其封建性的经济思想糟粕，吸收其体现中国优良传统的、科学性的精华。

历史地看，中国古近代经济思想中，包括许多给当代人诸多启发的科学成分。它们是很了不起的。例如，我们在史书中可以读到"劳则富"①、"节用而爱人，使民以时"②、"治国之道，必先富民"③、"俭节则昌，淫佚（逸）则亡"④，等等，这些经济思想认识到劳动创造财富，富民才能强国，主张爱护劳动力，珍惜劳动时间，崇尚节俭，反对浪费；我国古籍中关于预先规划国家经济活动（如《管子》的"国规"思想）、封山禁猎、封湖禁渔等记载，包含着从全局布局生产力，力求经济持续发展等，可以说是现代宏观调控、可持续发展思想的先声。这些思想反映了人类社会经济运动的一般要求，具有长远的历史价值。

研究中国古近代知识体系中的经济思想，还有助于增强推进中国经济学现代化的民族自信力，纠正那种一讲经济现代化，就想到西方经济学的自卑乃至盲目崇洋心理。历史展示出我国古近代产生过许多卓越的经济思想，如春秋战国"百家争鸣"时期，产生了《管子》这样的系统论述经济管理的著作，内容涉及经济哲学思想、经济与政治的关系、财富与劳动的关系，阐释了分配、消费、增长、贸易、财政以及市场、货币、价格等广泛的经济范畴，堪称世界范围内的罕见的经济学辉煌巨著；产生了一批具有深刻思想的大家，如墨翟把"利"归结于物质财富，那时就提出了与西方近代斯密思想相近的"交相利"的思想（彼此相利，利人就是利己）⑤；范蠡提出了可能是全世界最早的经济循环论，这些思想都可与西方古希腊色诺芬等思想家对人类的贡献相媲美。就近代具有进步意义的经济思想而言，洪秀全的《天朝田亩制度》和《资政新篇》，反映了农业空

---

① 《毛泽东选集》第 2 卷，人民出版社 1991 年版，第 533—534 页。
② 《大戴礼·武王践祚·履屦铭》，载胡寄窗《中国经济思想史简编》，中国社会科学出版社 1981 年版，第 2 页。
③ 《论语·学而》，载胡寄窗《中国经济思想史简编》，中国社会科学出版社 1981 年版，第 47 页。
④ 《管子·治国》，载周伯棣《中国财政思想史稿》，福建人民出版社 1984 年版，第 2 页。
⑤ 《墨子·间诂·辞过》，载周伯棣《中国财政思想史稿》，福建人民出版社 1984 年版，第 104 页。

想社会主义和工商业资本主义的经济思想和政策主张；康有为在政治上虽然是保皇的改良主义者，但他的《大同书》是用"国学"语言和智慧来表达社会主义的经济思想和终极经济模式，是具有中国风格的最具想象力的空想社会主义著作，足以名列世界伟大空想社会主义思想家之列，并在一定意义上成为"国学"的集大成者和终极者，成为"马学"的同盟者。体现新生资本主义生产关系发展要求的经济思想也并不单纯是西方的舶来品，以孙中山为代表的、反帝反封建、扶助农工的中国式的民族资本主义思想，以及平均地权和抑制私人大资本的小资产阶级经济思想，也有"马学"和建设国有经济为主导和控制力以及公有制为主体的初级社会主义可溯源、可借鉴之元素。

（四）关于"世情为鉴"和"国情为据"

"马学"、"西学"和"国学"，这三大知识体系本身都属于思想资料和理论来源的范畴。要真正推进中国经济学的现代化，还必须结合当代国内外新的经济实践，以"世情为鉴"和"国情为据"。

1."世情为鉴"

"世情"有丰富的含义，从经济学的角度指整个世界及各国经济的历史、现状和未来的演化和发展状况。"世情"的真相是中国经济学在现代化进程中把握正确方向的重要借鉴。例如，世界新自由主义主张非调控化的市场原教旨主义、宣扬"私有产权神话"、反对建立国际经济新秩序、主张福利个人化。在美英等发达国家推行下，一度成为全球盛行的经济学思潮。然而，综观近10年的这种思潮主导下的经济全球化实践，可以清晰地看到：苏东出现倒退的10年，拉美是失去的10年，日本是爬行的十几年，美欧是缓升的十几年。被联合国认定的49个最不发达的国家（亦称第四世界），并没有通过私有化和发达资本主义国家主导的经济全球化途径富强起来，有的反而更加贫穷。近年来，拉美国家纷纷倾向社会主义，这显示出，新自由主义主导全球化阶段正逐步走向衰败，经济全球化终将趋向社会主义主导的阶段。以上述"世情"为鉴，中国现代经济学对美国和世界经济发展的正反两方面经验和新自由主义经济理论和政策应采取分析和甄别的科学态度。

2."国情为据"

构建和完善具有中国特色、中国气派和中国风格的科学现代经济学，只能依据由生产力水平最终决定的社会形态、文化传统、自然环境等复杂因素构成的国情，其中又包含着省情、市情、县情以及城、乡差别实情。改革开放 30 年来，广大人民群众最重要的实践就是围绕和努力实现社会主义公有制与市场经济的高效结合。中国经济学有必要总结这方面的成功经验。要充分看到，中国城市已经出现了一批富有实力、活力和竞争力的国有大型和特大型企业及企业集团；中国农村也出现了一批坚持社会主义公有制，在市场经济环境中实现共同致富的典型，如河南的南街村和刘庄、江苏的华西村、长江村等。从它们的实践经验中，可以发现前无古人的市场经济与公有制有效结合的新规律。只有从这些富有创造性的社会主义经济实践经验中汲取营养，才能真正推进中国马克思主义经济学的现代化。

（五）关于"综合创新"

上述理论上的"马学为体"、"西学为用"、"国学为根"，实践上的"世情为鉴"和"国情为据"，最终要落实到中国经济学现代化进程中的"综合创新"上。经济学现代化的"综合创新"，要求在综合前人经济思想的基础上，结合现代历史条件下的中外经济实践，科学创新已有的经济理论。没有分析，就不可能综合；没有在不断分析过程中的相应的不断综合，也就不能做到深入的分析和全面的综合。因此，中国经济学现代化进程中的"综合创新"，是在结合当代中外实践的基础上，对"马学"、"西学"和"国学"三大知识体系提供的经济材料进行分析与综合的过程。"综合创新"，意味着正确处理三大知识体系之间的相互关系，以及对它们的分析综合与实践检验之间的关系。

中国经济学现代化过程中的这种"综合创新"，乃是追求真理的经济学者在唯物史观指导下发挥主观能动性的过程。也就是说，要以马克思主义科学经济学为根本，以西方非马克思主义经济学知识和合理元素为借用，以古近代的经济思想资料为弄清中国国情特征的历史源头，进行可持续的综合创新和理论超越。中国经济学现代化的"综合创新"，为的是形成具有中国特色、中国风格和中国气派的中国现代马克思主义经济学。应当从简单引进和模仿外国经济学的自在方式，实现向理论创新的自觉或自为方式的转变。这意味着，要实现两个超越：既在具体化的意义上超越马列经典经济学，又在科学范式的意义上超越当代西方经济学；要体现两种实践：既体现东西方市场经济实践，又体现有中国特色的社会主义实践；要显现两种创新：既要有经济学的某些常规发展，又要有其范式的革命。它将是一种科学反映经济现代性的"后现代经济学"，同时也将是一种"后马克思经济学新综合"，也就是在唯物史观指导下，以世界眼光，坚持"马学"这个根本，在当代国外经济学继续分化和局部综合的基础上，去实现全面系统的科学大综合。其中包括分析和借鉴西方马克思主义经济理论、西方激进经济理论、凯恩斯左翼经济理论、克鲁格曼国际经济理论、发展经济学、比较经济学以及"中心—外围"等发展中国家经济理论；积极汲取当代哲学、伦理学、美学、心理学、法学、政治学、系统学、场态学、生物学、数学等多学科的可用方法。[①]

四 经济学现代化的五个创新基石

新时期30年，中国现代政治经济学总体上以马克思主义及其中国化经济思想为指导，以中外市场经济为实践源泉，取得了人类经济学说发展史上的重大成果，并对高绩效的中国经济发展和改革开放作出了巨大的贡献，体现出中华民族伟大的经济智慧，为全世界的经济学发展提供了具有"中国学派"色彩的系统经济理论。

创新马克思主义经济学范式的基石是什么？或者说"核心带"理论是什么？在笔者看来，现代马克思主义经济学的基石或"核心带"理论，至少可以创新出五个最主要的理论假设并逐渐达成共识。

第一，新的活劳动创造价值假设。依据马克思关于活劳动创造为市场交换而生产的商品价值，以及纯粹为商品价值形态转换服务的流通不创造价值的科学精神，我们认为，凡是直接为市场交换而生产物质商品和精神商品，以及直接为劳动力商品的生产和再生产服务的劳动，其中包括自然人和法人实体的内部管理劳动和科技劳动，都属于创造价值的劳动或生产劳动。这一新的"活劳动价值说"，不仅没有否定马克思的核心思想和方法，而且恰恰是遵循了马克思研究物质生产领域价值创造的思路，并把它扩展到一切社会经济部门后所形成的必然结论。

第二，利己利他经济人假设。马克思主义经典著作家没有全面阐述经

---

① 胡寄窗：《中国经济思想史简编》，中国社会科学出版社1981年版，第27—31页。

济人理论，近现代西方经济学的经济人理论又有严重错误，那么，什么样的理论才是科学的？依据人类实践和问题导向，并受马克思主义的思想启迪，笔者认为必须用一种新"经济人"假说和理论来为社会主义市场经济奠定基本假设和理论基础。其方法论是整体主义、唯物主义和现实主义的，具体也包含三个基本命题：（1）经济活动中的人有利己和利他两种倾向或性质；（2）经济活动中的人具有理性与非理性两种状态；（3）良好的制度会使经济活动中的人在增进集体利益或社会利益最大化的过程中实现合理的个人利益最大化。至于社会上利己和利他哪种行为特征突出或占主导地位，那就取决于社会制度和各种环境。因为人的利己与利他是一种社会网络中的互动行为，具有交互性的内在机理，总是与特定的社会整体大环境和群体小环境相关联。

第三，资源和需求双约束假设。从辩证思维和假定的一致性或对称性来分析，尽管西方经济学家对资源与需求相互关系的描述有相当的道理，但仍然存在明显的逻辑缺陷。这是因为，当假定资源有限时，暗含着以一定的时点和条件为前提，而假定需求或需要无限时，并没有以一定的时点和条件为前提。把两个前提不一致或不对称的事物和概念放在一起，假定为是它们之间唯一的一对矛盾，这显然过于简单化和绝对化，缺乏完整的逻辑性和辩证性。从资源利用方面看，资源在一定条件下或在某个时点上是有限的，但又是无限的，因为包含资源在内的整个宇宙本身是无限的，科技发展也是无限的。从需求欲望方面看，需求在一定条件下或在某个时点上也是有限的，而且在商品经济中实际的需求，还是指有货币支付能力的需求，并非指人们脱离现实生产力和货币状况的空想性需要。合理需要本身也是有约束和限制的。因此，我们作这样的假设可能更全面和科学，即假定资源和需求都是有约束的，简称资源和需求双约束假设。

第四，公平与效率交促同向变动假设。经济学意义上的公平，是指有关经济活动的制度、权利、机会和结果等方面的平等和合理。经济公平具有客观性、历史性和相对性。经济学意义上的效率，是指经济资源的配置和产出状态。对于一个企业或社会来说，最高效率意味着资源处于最优配置状态，从而使特定范围内的需要得到最大满足或福利得到最大增进或财富得到最大增加。经济效率涉及生产、分配、交换和消费各个领域，涉及经济力和经济关系各个方面。它包括宏观经济效率和微观经济效率两大效率问题。经济公平与经济效率是交互促进并发生同方向变动的，即越是公平，越有效率；越是不公平，越是无效率。这同最近中央强调公平与效率的有机统一和更加注重社会公平是一致的。

第五，公有制高绩效假设。从马克思经济学中概括出来的公有制高绩效假设，是指在计划经济条件下生产资料归全社会成员共同所有的公有制体系能达到社会绩效最大化。从邓小平经济理论中概括出来的公有制高绩效假设，是指在市场经济条件下生产资料全民所有制和集体所有制能达到社会绩效最大化。但其中均存在多种复杂的前提条件，如不存在严重的社会腐败，委托代理双方权责是合理的，国企承担额外社会义务需另行核算，政府的管理、政策和操作没出现大失误，选聘的经营者有较高素质，等等。只有大体同时具备这些前提条件，社会主义公有制与计划经济或市场经济的结合才能呈现高绩效。倘若过去或现实生活中搞好社会主义公有制的前提条件缺失而导致某些低绩效现象，这并不能证明计划经济或市场经济的条件下公有制经济不可行和必然低绩效。

五　经济学现代化的五大态势

改革开放以来，我国一大批老中青马克思主义经济学家事实上是以此为原则进行理论研究和政策探讨的，传承和创新工作成效显著。近年有更大的进展，从而中国经济学的现代化呈现出五大科学发展态势。

一是注重对重大现实经济问题进行体现科学发展观的理论和政策探讨。中国经济学的现代化必须紧密结合马克思主义中国化理论和中国特色社会主义经济理论体系。经济学家于祖尧、项启源、杨圣明、卫兴华、纪宝成、张宇等已发表了许多论著，准确阐发马克思主义中国化的最新理论成果。近来，著名经济学家刘国光依据党的十七大精神，又撰文阐明"发挥国家计划在宏观调控中的导向作用"的意义，指出国家计划同财政政策、货币政策一样，是重要的宏观调控手段，强调市场必须"在国家宏观调控下"起资源配置的基础性作用是非常重要的；阐明"坚持和完善基本经济制度"的意义，提出公有制在社会总资产和经营性资产中占优势比例可能丧失这个问题；阐明我国贫富差距扩大最根本的原因在于所有制结构的变化，需要从基本经济制度来最终地阻止向两极分化推进的趋势。经济学家杨承训探讨科学发展观与社会主义市场经济的依存机理，认为完善的社会主义市场经济体制为科学发展提供保障，针对市场经济的缺陷，须用科学发展观引领社会主义市场经济健康发展。

二是注重对经济学原理的超越性发展。中国经济学的现代化必须加强马克思主义经济学的方法、假设、原理的学术创新。现代马克思主义经济学已经强调理论假设和研究方法的现实性、科学性和辩证性，因而具有更大的理论认知功能和社会建设功能。以《中国社会科学》去年发表的两篇论文为例。笔者在《现代马克思主义政治经济学的四大理论假设》长文中，主张在坚持马克思主义政治经济学基本精神与批判现代西方主流经济学假设的基础上，现代马克思主义政治经济学需提出并坚持四大理论假设，即"新的活劳动创造价值假设"、"利己和利他经济人假设"、"资源和需要双约束假设"、"公平与效率互促同向变动假设"；经济学家何干强在《论唯物史观的经济分析范式》一文中，论述思维中应当自觉运用的经济辩证法是客观辩证法在经济领域的特殊形式在头脑中的反映，作为经济分析工具，它包括具有分析功能的马克思主义经济学范畴、原理和形成唯物史观分析路径的辩证法要素这两个方面；与西方经济学分析方法对比，唯物史观经济分析范式具有显著的科学特征和优势。

三是注重对政治经济学理论的数学表达和分析。中国经济学的现代化必须继承《资本论》最先高度重视数学的优良学术传统，并科学借鉴现代西方经济学采用数学的方法。前年"全国首届现代政治经济学数学分析研讨会"在上海财经大学召开便是一个重要标志。冯金华、马艳、白暴力、丁堡骏、孟捷、余斌等一批知名中青年教授一致认为，现代政治经济学应该继承马克思重视数学分析的优良传统，充分借鉴数学分析的工具，进行马克思主义经济学原理的论证、阐述和发展，以弥补定性分析和规范分析的不足。诚然，现代政治经济学在运用数学分析方法进行理论传承和创新以及弥补现代政治经济学的缺憾时，应当坚持唯物辩证法为总的方法论原则，应当避免数学分析的形式主义和滥用，应当把数学分析与现代马克思主义政治经济学前提假设和理论基础结合起来，以期实现数学分析与现代政治经济学的有机结合。他们提交的论文和学术界发表的论著还从数学分析的视角，对现代政治经济学的劳动创造价值、价值转型、再生产循环、物质生产优先增长、利润率变动趋势等前沿问题进行了研讨。体现数学分析的《新编现代政治经济学》教材今年问世。

四是注重用现代政治经济学引领应用经济学创新。中国经济学的现代化必须体现在理论经济学和应用经济学的各个学科，而积极运用现代政治经济学的创新理论来指导和引领其他理论经济学、尤其是应用经济学,属于当务之急。前年在贵州大学召开的"全国首届现代马克思主义政治经济学与应用经济学创新"国际研讨会便是一个转折性发展态势,中外经济学家已经倡导用发展着的现代政治经济学理论引领应用经济学的创新和发展,充分发挥现代马克思主义理论经济学和应用经济学在学术研究、政策制定、经济管理中的作用;强调要建立和健全政治经济学与应用经济学的互动互促关系,发表更多的学科交叉成果;主张要运用现代政治经济学的方法和理论,在有扬有弃地借鉴现代西方应用经济学的基础上,真正实现学术原创和应用高效。目前,文化经济学、可持续发展经济学、劳动经济学、产业经济学、贸易学、金融学、财政学等,已产生用与时俱进的现代政治经济学观点进行理论创新的一些成果;就连似乎较难做到的会计学,国内外也有一定进展。同时,《新编现代政治经济学》等经济学教材已开始追溯经济思想的国学之根,弘扬中华文明。

五是注重与国外马克思主义经济学的互动和借鉴。中国经济学的现代化必须与国外当代马克思主义经济学实行"引进来、走出去"的双向交流,因为国外经济学科学的主要学术前沿在马克思主义经济理论研究领域。近年全球学术团体——世界政治经济学学会在中国上海、日本和中国北京分别成功举办"经济全球化与现代马克思主义经济学"、"世界劳资关系的现代政治经济学观察"、"马克思主义与可持续发展"三届论坛,并发表了相关理论的共识宣言。[1] 从 20 多个世界主要国家的百位经济学家提交的众多论文来看,具有中国特色的经济学理论已经越来越受到各国学者的高度重视,越南日前也已出版笔者主编的《新编现代政治经济学》教材;同时,我国学者正在选译 100 本国外马克思主义经济学名著,美国大卫·科茨、日本伊藤诚、法国迪劳内等世界著名马克思主义经济学家的前沿理论,已经被中国学者所关注和借鉴。这种双向学术交流和借鉴是中国经济学现代化的重要走势和图像。

(程恩富,中国社会科学院马克思主义研究院原院长)

---

[1] 程恩富:《范式革命与常规理论发展——经济学的分化与综合》,《光明日报》2004 年 1 月 20 日。

"西方马克思主义"研究在我国的开展

徐崇温

"西方马克思主义"研究，现在属于我国的国外马克思主义研究的一个组成部分。然而，由于种种原因，这个方面的研究却直到20世纪70年代以后在我国实行改革开放政策时才有所开展。在此之前，我国对国外马克思主义的研究，主要局限于苏联模式的马克思主义，而且把它误认为就是马克思主义。那么，"西方马克思主义"研究在我国为什么会开展起来，这个开展的进程又是怎样的呢？这里，仅就我所参与的部分，做一些回顾性的阐述。

一 从临时性的政治任务到较长时期的研究专业

在1977—1978年间，胡乔木来中国社会科学院主持工作不久，就找学术情报和哲学两个研究所的领导说，中央某领导在出访欧洲期间，接触到一种叫"西方马克思主义"的思潮，要他让中国社会科学院提供一份这方面的材料来供参考。但这两位所领导都说没有听说过这种思潮。这时，在场的哲学所现代外国哲学研究室杜任之主任就向胡乔木反映了他在我的文稿中看到过这方面信息的情况。胡乔木当即要我整理出一份系统地反映"西方马克思主义"情况的材料，几个月后这样的一份材料在经胡乔木的首肯后上报中央。哲学所科研处的同志为让更多的同志了解这方面的情况，就让我在哲学所的一个小范围内做一些介绍。谁知这个信息很快传到了院外，中央联络部西欧局邀我去讲葛兰西，高教部邀我去他在上海、哈尔滨等地举办的高校暑期政治教师讲习班讲"西方马克思主义",接着是全国许多高校、党校、部队院校和一些讲习班、研讨班纷纷邀我去讲"西方马克思主义"。这种强烈的社会需要促使我把对"西方马克思主义"的研究由临时性的政治任务转变成为我在尔后十多年内的研究专业。

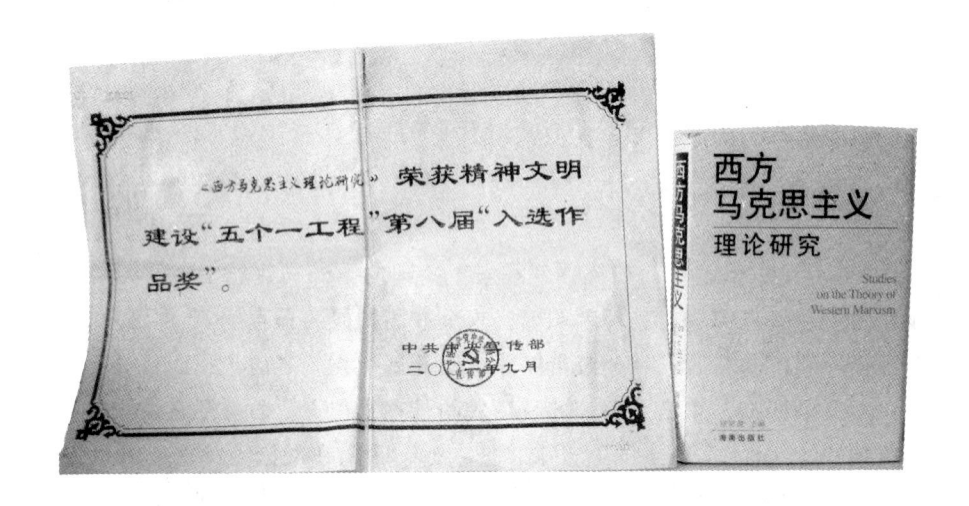

从表面上看来,"西方马克思主义"研究在我国的开展具有偶然性,但在实际上,这里有必然性在强烈地发挥着作用。这个必然性就是把我们党的对外开放政策也贯穿到精神文明建设中去,贯穿到对马克思主义的研究中去。马克思主义是一个开放的体系。在过去,马克思主义之所以赢得世界历史性意义,就是因为它在吸取和改造两千多年来人类思想和文化发展中一切有价值的东西中形成起来的;在今天,在世界发生着巨大变化,人类对自然、社会历史和人的思维本身的认识日益深化,并且在新的探索中提出种种新的学说、新的思想、新的理论、新的观念的时候,研究当代各种思潮,吸取和改造其中一切有价值的东西,显然为我们坚持和发展马克思主义所必需。而在对当代各种思潮的研究中,对于那些研究马克思主义和社会主义思潮的考察,对于我们发展马克思主义、发展中国特色社会主义的宏伟事业来说,尤其具有特殊的意义,因为这直接有助于我们在与当代各种思潮的比较、交流和撞击中,全面准确地把握马克思主义的基本精神,破除对马克思主义的教条式理解和附加到马克思主义名义下的错误

观点，并结合我国亿万人民在党的领导下建设社会主义现代化的伟大实践，把马克思主义、把中国特色社会主义的伟大事业推向前进。

二 《西方马克思主义》一书的出版及其社会影响

我对"西方马克思主义"的研究，在一段时期里是和讲课交叉进行的。在经过研究—讲课—再研究—再讲课的多次循环以后，我应邀于1982年在天津人民出版社出版了题为《西方马克思主义》的著作（468千字）。

我对"西方马克思主义"性质的认识，也经历了一个发展过程：开始时，我曾习惯性地按照苏联模式马克思主义的观点去看这种思潮；但随着研究的逐步深入，我渐渐感到苏联模式关于"西方马克思主义"的观点，有一些是无限上纲、站不住脚的；而"西方马克思主义"批评苏联模式的观点，有一些却是事出有因、并有一定道理的。这使我认识到必须重新确立观察和评价"西方马克思主义"思潮的理论坐标：不能以苏联模式的观点为标准，而必须以马克思的新唯物主义世界观为评价指针。

在马克思的新唯物主义世界观的指引下，我觉得"西方马克思主义"是西方社会的一种左翼激进主义思潮。一方面，它的许多代表在主观上希望发展马克思主义，并确实提出了一些在马克思主义发展中有见地的见解。但由于从一开始它就用西方形形色色的唯心主义流派的精神去解释、发挥、补充和"结合"马克思主义，把不同哲学世界观的折中混合奉为指导思想，同马列主义相抗衡，这就使它同马克思主义区别了开来，不能把它和马克思主义画等号，不能认为它就是马克思主义；而在另一方面，它又提出了在马克思主义的发展过程中遭到忽视乃至偏离的问题，又冲破了苏联模式教条主义的束缚，考察了当代资本主义的一些新情况和新问题，揭露和批评了苏联模式社会主义的一些缺陷和弊端。这就决定了要把它看成是在我们重新认识资本主义和社会主义、坚持和发展马克思主义时所必须认真研究和参考的思想资料。根据这样的认识，我在1982年发表了《西方马克思主义》这一专著。

我对"西方马克思主义"的这种看法，既区别于苏联东欧一些学者把它说成是"打着红旗反红旗的反马克思主义"的看法，又区别于西方一些新"左"派学者把它说成就是"马克思主义的现代化"、"当代发达资本主义社会的马克思主义"的看法。

《西方马克思主义》一书出版以后，产生了较大的社会反响。

继一些报刊发表书评积极评价本书之后，1983年第1期《新华文摘》长篇摘载了该书第1章；

1985年10月，国家教委高校文科教材办公室把它确定为高校文科教材；

1987年第51期《瞭望》杂志发表中共中央党校校长高扬的《读〈西方马克思主义〉前后》一文，希望对马克思主义经典较为熟悉和鄙薄的人都来读这本书，以便进行比较和鉴别；

香港《广角镜》杂志第126期发表鲁凡之的文章，说本书"可以说是我所见过的最系统而完整的一本讨论西方马克思主义问题的中文著作"；

1988年第9期《求是》杂志发表该刊记者的采访文章《发展马克思主义的一个重要方面——徐崇温谈我国对西方马克思主义的研究》，报道了本书对"西方马克思主义"的看法；

1988年12月5日，英文版《中国日报》以1/4版的篇幅，发表题为《对西方马克思主义的中国看法》的文章，把《求是》杂志的上述文章摘译成英文对外报道；

在台湾，本书被谷风出版社排成繁体字版本出版以后，又被其他一些书商多版翻印。台湾《中国论坛》杂志第359期发表的潘光哲的文章就此指出："在台湾，大陆的优秀作品颇能引起共鸣。当然也就造成一书数版的现象。如徐崇温的《西方马克思主义》一书曾在台北知识界带来一阵风潮，各种地下版群雄并起"；

1992年10月，上海辞书出版社出版冯契主编的《哲学大辞典》，书中除设《西方马克思主义》辞条介绍这一思潮的内容外，还专设辞条介绍本书的内容，并评价本书"着重于原著的引证与重要概念的分析，既有综合性的论证，也有分析性的阐明，并以马克思主义原理为指导，该书是中共十一届三中全会以后开始研究西方马克思主义的第一批著作之一"。

1993年1月26日，《中国青年报》发表该报记者的采访文章，说本书作者"堪称中国研究西马第一人"。

1993年12月，本书获中国社会科学院1977—1991年首届优秀科研成果奖。

三 围绕着应该怎样认识西方马克思主义的性质所展开的讨论和论战

随着改革开放的深入发展，究竟应该怎样认识"西方马克思主义"的性质的问题，被日益频繁和迫切地提上了议事日程。

"西方马克思主义"是在第一次世界大战以后，无产阶级革命在俄国取胜而在西方却相继失败的情况下，在一些西方国家出现的一股在理论上同列宁主义相对立而又自称是马克思主义的思潮。它从理论和实践两个方面批评共产国际和苏联共产党的内外政策。在政治方面，在对现代资本主义的分析和对社会主义的展望上，在无产阶级革命的战略上，它提出了不同于列宁主义的见解；在哲学方面，它提出了不同于苏联模式对马克思主义的解释，而主张借助于现代西方的一些唯心主义流派的思想去重新发现马克思原来的设计。

我国学术界开始研究"西方马克思主义"以来的历史说明，在我们党强调反对精神污染和资产阶级自由化的时候，学术界有一些同志就倾向于接受苏联、东欧一些学者把"西方马克思主义"说成是"打着新马克思主义旗号的反马克思主义"的看法，从性质到作用把它说得一无是处，予以全盘否定；而当我们党强调改革开放的时候，学术界有一些同志就倾向于接受西方新"左"派学者把它说成就是"马克思主义的现代化"的看法，把它等同于马克思主义，或者鼓吹指导思想多元论，而这样那样地反对用马克思主义去评析它的思想内容。

倾向于全盘否定"西方马克思主义"的意见认为，它"在马克思主义外衣的掩盖下，贩卖资产阶级私货"，"在本质上和马克思主义相对立"，而且"从它诞生之时起，就在无产阶级革命实践中起着消极作用"，"极大地损害着进步的革命运动"。这种说法显然是不符事实的。因为尽管"西方马克思主义"有许多错误和失误，它毕竟提出了或者重申了在马克思主义发展过程中曾经遭到忽略或者偏离的问题，考察了发达资本主义社会中出现的许多新情况、新问题，试图引进20世纪西方的理论发展作为研究日常生活微观领域的思想工具，并揭露和批评了苏联模式社会主义的一些弊端和缺陷。他们在长期的探索和研究中推出的大量理论著作，为我们从历史的比较和国际的观察中，深入研究社会主义运动中一些重大问题，并依据马克思主义的基本理论和基本方法探索解决我们面临的种种新问题，提供了极其重要的思想资料。所以，无论在性质还是作用上，对于"西方马克思主义"都是不能全盘否定的。

然而，全盘否定"西方马克思主义"的意见，在我国学术界毕竟只占极少数，更加大量得多的意见，则是对"西方马克思主义"用西方唯心主义去"结合"马克思主义这一本质属性视而不见或者估计不足，因而竭力主张把它等同于马克思主义，或者鼓吹指导思想多元论的观点。正是这种意见和观点，从1988年开始，在我国引发了一场历时多年、扩展到海峡对岸的有关"西方马克思主义"的讨论和论战。

在这场讨论和论战中，有一种意见把"西方马克思主义"实行的现代西方哲学同马克思主义的"结合"，等同于马克思主义基本理论同本国实际的结合。这种意见显然是把两种不同类型的"结合"混淆了起来：马克思主义基本理论同各国具体实际的结合，导致的是世界观的统一和切合各国不同具体情况的多样化发展；而现代西方哲学同马克思主义的"结合"，则并不是理论和实际的结合，而是两种不同的哲学世界观的折中混合，它导致"公说公有理，婆说婆有理"的真理多元化，在我国则导致指导思想的多元化。

在这场讨论和论战中，有一种意见把"西方马克思主义"实行的这种折中混合，说成是"不把马克思主义从人类文化发展的整个氛围中孤立出来"。这显然是把马克思主义主张广泛吸取人类文化发展的一切有价值的成果同马克思主义坚持哲学的党性原则而反对折中主义这样两个相辅相成的命题割裂了开来，用前者去否定后者了。"西方马克思主义"发展的历史说明，实行现代西方哲学同马克思主义的"结合"，并不能真正有效地克服教条主义，恢复和发展马克思主义，而只能导致对马克思主义作出和教条主义方向相反的歪曲，导致指导思想的多元化。

在这场讨论和论战中，有一种意见借口在"西方马克思主义"思潮中各派观点迥异，其代表人物在不同历史时期的理论倾向也不尽相同，因而反对给"西方马克思主义"笼统定性。然而，在事实上，"西方马克思主义"各派之间的差异性，同一个代表人物前后不同的倾向性等具体情节，并没有改变"西方马克思主义"各派、各种不同倾向都用西方的唯心主义流派的精神去解释、发挥、补充和"结合"马克思主义的这个共性，而正是这个共性在决定着我们不能在"西方马克思主义"和马克思主义之间画上等号。

在这场讨论和论战中，有一种意见把葛兰西和卢卡奇的实践哲学同马克思的实践唯物主义等同起来，以此作为在"西方马克思主义"和马克思主义之间画上等号的根据。这种说法是不符合事实的。事实是：由于葛兰西、卢卡奇都用黑格尔—新黑格尔主义去解释、发挥、补充、"结合"马克思的实践观，这就使他们的实践哲学不能不成为一种不同于马克思的实践唯物主义的东西。

在《狱中札记》中，葛兰西认为，在马克思逝世以后，以普列汉诺夫为代表的正统派企图把马克思主义和传统唯物主义结合起来，第二国际的修正主义者则回到了康德主义。这样，马克思在关于费尔巴哈的第一条提纲中批判的唯物主义和唯心主义彼此片面的立场就又重现了，因而在马克思主义发展的更高水平上进行综合仍然是必要的。葛兰西提出了高扬实践、恢复马克思强调实践作用的哲学世界观的方案，这无疑是值得肯定的一件很有意义的重大事情。然而，在实际上，葛兰西高扬实践的动机却表现为主张把自然包括在人类历史之下，把它归结为被人所支配和利用的对象，把客观事物融解于人的实践中，强调要从人同自然的关系上去认识客观实在和物质，并把马克思主义解释成一种认为外部自然界依存于人的实践，是实践内部的对立的同一性中的一方的唯实践主义。据此他说："实践哲学是绝对的历史主义，绝对的世俗化和思想的世俗性，一种历史的绝对的人道主义。人们必须沿着这条路线追踪新世界观的线索。"

卢卡奇则在《历史和阶级意识》一书中，提出"自然是一个社会范畴"，意识即实践，"意识的行为就推翻着它的对象的客观形式"，以及把实验和工业排除在外的观点。卢卡奇提出和重申自然是一个社会范畴，无疑有一定的积极意义，但由于卢卡奇的这个命题在集中注意力于考察作为物化劳动的"第二自然"的时候，忘记了去考察"第一自然"在人类生活中的作用，在力求解决自然和历史的两分法的时候，干脆忘却了自然，在要求废除主观和客观的两分法时，完全否认了客观性的要求，这就使卢卡奇陷入到和实证主义唯心主义方向相反的、浪漫主义反自然主义的泥潭中去了。而把意识本身说成就是能改变对象的实践，那就更加唯心了。

正因为这样，葛兰西和卢卡奇就没有能够像他们在主观上所希望的那样，纠正机械唯物主义和新康德主义对于马克思哲学世界观所作的歪曲，恢复和发展马克思的实践观，而是对马克思的实践观做了一个和机械唯物主义、新康德主义方向相反的歪曲。事情正如卢卡奇在1971年会见英国《新左派评论》记者时所说的那样："在20世纪20年代，柯尔施、葛兰西和我曾经企图以不同的方式解决第二国际遗留下来的社会必然性和对它的机械解释的问题。我们继承了这个问题，但是我们谁也没有解决掉它，葛兰西也许是我们三个人中最好的一个，但是他也未能解决它。我们都错了，今天如果搬出那个时期的著作，说它们在今天正确，那会是完全错误的。"对于我国的那些竭力把"西方马克思主义"等同于马克思主义，特别对于那些鼓吹"要想研究20世纪的马克思主义，要想发展今天的马克思主义，就不能不去深入研究卢卡奇的思想"，认为卢卡奇所"开辟的道路就是我们理论工作者今天正在进行的改革之路"的同志来说，重温卢卡奇的这些经验之谈，重温"西方马克思主义"发展历史上的这一段经验教训，无疑能帮助我们清醒头脑、辨明方向，因而是有重要意义的。

在这场讨论和论战中，为了把"西方马克思主义"等同于马克思主义，有一种意见认为，在其创始阶段，"西方马克思主义"只是在回答西欧革命道路的战略、策略，乃至理论的侧重点上不同于列宁，而这是由东西方具体条件不同、文化背景不同所造成的，所以，不应把它同马列主义对立起来，而应把它看作是对列宁主义的必要补充。这种说法是不符合客观事实的。以柯尔施的《马克思主义和哲学》一书为例，他在其中把列宁主义同考茨基的新老正统派当作一方，同以卢卡奇和柯尔施自己为代表的"今天的无产阶级运动中一切批判的和进步的理论趋向"作为另一方，在"一切主要的和决定性的问题上"明确划分开来和对立起来；他宣称列宁还是一个黑格尔派，而否认唯物主义和唯心主义是两条根本不同的哲学路线；他指责列宁坚持马克思主义的唯物主义路线，就是回到关于思维和存在、精神和物质的绝对两极性，使唯物和唯心的整个辩论倒退到康德、黑格尔的德国唯心主义哲学所已经超越的历史舞台上去；他指责列宁坚持反映论就是摧毁了存在和意识、理论和实践的辩证的相互关系，用倒退的方式修正马克思恩格斯，而赞赏康德主义的二元论；他还指责列宁把其唯物主义哲学变成评价各学科发现的"最高司法权威"，造成了"特种的意识形态专政"。这就说明，"西方马克思主义"和马克思列宁主义这两者的不同，是在哲学的基本原理和路线上的根本对立，因而是两种理论思潮的不同。

在这场讨论和论战中，为了把"西方马克思主义"等同于马克思主义，有一种意见根本否认其创始人用西方的唯心主义哲学去折中融合马克思主义的问题。这显然是在抹杀无可否认的客观事实。先以卢卡奇为例，他在《历史和阶级意识》一书中提出的意识即实践的命题，就是一个用黑格尔唯心主义去解释、发挥、补充、结合马克思主义的典型实例。在那里，他在论证无产阶级是历史同一的主体和客体的观点时，说"既然意识在这里并不是对于对立的对象的认识，而是对象的自我认识，那么意识的行为就推翻着它的对象的客观形式"，当然，"只有无产阶级的实际的阶级意识，才具有改变事物的这种能力"，"那就是说，当无产阶级的阶级意识开始表述其要求的时刻，当它是潜在的和理论的时候，必须也是它创造着一个将能动地干预整个过程的相应现实的时刻"，卢卡奇据此把无产阶级革命归结为意识的一种活动，并认为意识形态斗争在推翻资本主义的斗争中具有首要的地位。十分明显，卢卡奇的这种意识即实践的实践观，来源于青年黑格尔派的黑格尔唯心主义思想，来源于用这种黑格尔主义去解释和结合马克思主义，而且在实际生活中只能带来有害的后果，因为它根本忽略了无产阶级为了夺取政权，还必须进行激烈的政治斗争，而不仅是意识形态的斗争。所以，卢卡奇在《历史和阶级意识》1971年的再版序言中，明确指出该书中提出的实践观是一种"抽象的唯心主义的实践观"，它"滑到唯心主义的思辨之中"，如果它能"变成革命的实践的话，那才真是一个奇迹了"。再以葛兰西为例，他用"实践哲学"作为马克思主义的代名词，但他赋予实践哲学的含义，却并不是马克思主义的，而是企图超越唯心主义和唯物主义的实践一元论。这种实践一元论一是把自然统摄在人类历史之下，把它归结为被人所支配和利用的对象，二是把客观事物溶解在人的实践之中，三是认为物质本身不是我们的主题，成为主题的，是如何为了生产而把它们组织起来。所以，这种实践哲学是一种只讲实践而不讲唯物主义的哲学。葛兰西本来企图把马克思主义从克鲁齐的黑格尔唯心主义对它所作的工具性使用中赎救出来，但结果却把突出性给了马克思主义中那些被克鲁齐唯心主义挑选出来和孤立起来的特征，而当葛兰西一旦接受了唯心主义者认为唯物主义和宗教一样是"先验的"和"形而上学的"诡辩，他在某种程度上成为他原打算反对的、在唯心主义内吸收马克思主义的一方，就成为不可避免的事情了。

在这场讨论和论战中,为了把"西方马克思主义"说成也是马克思主义,有一种意见提出了"原本意义的马克思主义"和"引申意义的马克思主义"的关系说,认为只要引申意义的马克思主义,同原本意义的马克思主义"有某种继承关系",又"提出了与原本意义的马克思主义不同的新理论",那就都是马克思主义,不存在辨析它是否马克思主义的问题,"西方马克思主义"就是这样。这种说法显然是不符合马克思主义的发展历史,也同马克思本人对待马克思主义这个概念所持严肃态度相悖的。因为在马克思主义的发展历史上,只有那些坚持和发展了马克思主义的基本理论和由此构成的科学体系的理论,在思潮的性质上才是马克思主义的;反之,要是只搬用了马克思主义的个别论断、词句和术语,那是不能保证这种思潮的马克思主义性质的;同样地,提出了与原本意义的马克思主义不同的新理论,其是不是具有马克思主义的性质,还得依它是否以马克思主义基本理论和基本方法为指导线索、是否符合时代特征和客观实际为转移。历史的事实是:自从马克思主义形成、在工人运动中发生影响以来,就出现了对马克思主义的多种多样的、有时甚至是跟马克思的本意截然相反的解释和阐述,以马克思主义自诩的思潮有如过江之鲫,多如牛毛,对于这众多思潮,是否都要不加辨析地说成都是引申意义上的马克思主义?马克思本人的答复是否定的:1890年8月27日,恩格斯在致保·拉法格的信中,针对当时许多年轻的资产者纷纷拥入党内"都在搞马克思主义"的情况指出:"关于这种马克思主义者,马克思曾经说过'我只知道我自己不是马克思主义者'。"所以,用西方的唯心主义思潮去解释、发挥、补充、"结合"马克思主义的"西方马克思主义"思潮这种引申意义上的马克思主义,是和马克思主义有着原则的区别的,不能说它就是马克思主义。

四 系统地翻译出版"西方马克思主义"原著

为了使我国学术界的同志,能够不是凭想象、凭主观上的好恶,而是根据客观事实、根据原著,对"西方马克思主义"的性质和作用做出正确的判断,从1988年起,我在重庆出版社的大力支持下,主编出版了《国外马克思主义和社会主义研究丛书》,1989年出版11本,1990年出版9本,1993年出版13本,1997年出版9本,累计共出版了42本。

在这套丛书中，属于"西方马克思主义"各派代表人物的基本著作之列的，有：

卢卡奇的《历史和阶级意识》，《关于社会存在的本体论》上、下卷；

柯尔施的《马克思主义和哲学》，《卡尔·马克思》；

葛兰西的《实践哲学》；

赖希的《法西斯主义的群众心理学》；

霍克海默的《批判理论》；

霍克海默和阿多尔诺的《启蒙的辩证法》；

阿多尔诺的《否定的辩证法》；

马尔库塞的《理性和革命》，《单向度的人》；

哈贝马斯的《交往与社会进化》，《交往行动理论》第一、二卷；

施密特的《历史和结构》；

列斐伏尔的《论国家》；

德拉-沃尔佩的《卢梭和马克思》；

莱斯的《自然的控制》；

科亨的《卡尔·马克思的历史理论》；

威廉·肖的《马克思的历史理论》；

罗默的《社会主义的未来》；

还有一本为帮助大家了解"西方马克思主义"各派代表基本情况而选译的罗伯特·戈尔曼编《"新马克思主义"传记辞典》。

属于我国学者阐述和评析"西方马克思主义"原著和思想之列的，有：《"西方马克思主义"论丛》；《用马克思主义去评析西方思潮》；《"西方马克思主义"的当代资本主义理论》；《法兰克福学派研究》；《哈贝马斯的"晚期资本主义"论述评》；《哈贝马斯的"批判理论"》；《"西方马克思主义"的美学研究》；《"西方马克思主义"的文化哲学思想研究》；《分析学派的马克思主义》，等等。

五　从重点分析"西方马克思主义"的哲学基础到全面揭示它的基本理论

由于"西方马克思主义"是以现代西方唯心主义流派的精神去解释、发挥、补充、结合马克思主义的一种思潮，因此，彻底弄清楚它的性质，就必须分析它的哲学基础，厘清它同现代西方某个唯心主义哲学流派的联系。在这方面，我在"西方马克思主义"的两种思想倾向中，各选一种作为重点来分析其哲学基础：在人本主义思潮倾向中，选择萨特的"存在主义的马克思主义"，我在《存在主义哲学》等著作中，分析了它的哲学基础；在科学主义思想倾向中，则选择阿尔都塞的"结构主义的马克思主义"，我在《结构主义与后结构主义》、《阿图色》（即阿尔都塞）等著作中分析了它的哲学基础。

现代西方的存在主义哲学，是资产阶级文明遭到严重冲击的一种哲学表现，它反映和表达了人们被捆绑在资本主义制度的机器上，认为自己处在一个异己的世界里，完全没有安全感的感觉和心理状态，它企图从资本主义社会中人被抛入到非理性的、无法控制的事件洪流中以及他所经历的种种苦难历程和严峻考验上去研究人。这种哲学在一战以后的德国肇始，而在二战以后的法国特别流行，它的著名代表之一便是法国哲学家萨特，其代表作则是《存在与虚无》。萨特对马克思主义在20世纪30年代时持盲目抨击的态度，在40年代中参加反法西斯抵抗运动和在40年代末和50年代初参加反对帝国主义和殖民主义的斗争以后，态度有所改变，在1956年发生匈牙利事件以后，萨特一方面同苏联、法共断绝来往，另一方面又在其存在主义伙伴梅洛-庞蒂又是建议又是批评的帮助下，致力于把马克思主义同存在主义结合起来，用存在主义去补充马克思主义，在1960年发表的《辩证理性批判》第一卷（以及在其生前未曾发表的第二卷）便是这种"存在主义马克思主义"的代表作。由于在1968年的法国"五月风暴"中，萨特积极参加和支持学生和工人的造反运动，《辩证理性批判》一书又被认为惊人地预示了"五月风暴"中发生的许多事情，因而，萨特就被推崇为造反青年的精神导师，他的"存在主义的马克思主义"则被奉为指导青年造反活动的思想理论基础。

萨特之所以要用存在主义去补充马克思主义，是因为它一方面"把马克思主义看作我们时代的不可超越的哲学"，另一方面又把苏联的所作所为混同于马克思主义，从而认为马克思主义排斥人、把人吞没在概念里，"如果不把人本身作为它的基础而重新纳入自身之中，那么，它将变质为一种非人的人学"，解决的办法就是把"在凡是有人所在的地方到处去寻找人"的存在主义，补充到马克思主义中去，搞"存在主义的马克思主义"。但由于存在主义的主观的、个人主义的方向，同马克思主义的客观的、社会的方向，是相互冲突而不可调和的，所以，所谓用存在主义去补充马克思主义的"存在主义的马克思主义"实际上只是用存在主义去攻击和取代马克思主义。如用"［个人的］存在先于［个人的］本质"的纯粹内在主观性，去抨击和取代唯物主义；用［意识"自己规定自己"的］内省体验论去抨击和取代能动的反映论；用［作为人学普遍适用的方法和普遍适用的规律的］人学辩证法去抨击自然辩证法、取代唯物辩证法；用［异化—造反—再异化—再造反以及个人实践—群集—集团的］历史人学去取代历史唯物主义。

对于我对"存在主义马克思主义"的上述评析，台湾《东海哲学研究集刊》第一辑发表蒋年丰的《沙特，在大陆》一文评论说，它"对沙特从《存在与虚无》到《辩证理性批判》的思想转变以及这个转变与梅洛-庞蒂之间的纠结有着极其宝贵的道理，尤其可贵是徐先生还介绍了尚未出版的《辩证理性批判》第二卷的内容，其步伐已赶上欧美，这些学术成就绝非台湾学界所能望其项背的"。

在 20 世纪 50—60 年代，法国思想界就发生了结构主义取代存在主义的情况，特别在 1962 年列维-斯特劳斯在《野蛮人的心灵》中猛烈抨击萨特的《辩证理性批判》时，结构主义就轰动地登上了法国的思想舞台，但却只是随着"五月风暴"的失败，法国政治哲学气氛的转变，结构主义才确立了它在法国思想界的统治地位。在哲学原理上，如果说存在主义顽强地把人的主观性作为哲学思维的出发点，认为世界上的一切存在物都因人而取得意义，只有主体才是能动的，从而引出其人本主义的话，那么，结构主义则与此相反，认为人只是构成结构的复杂的关系网络中的一个关系项，它本身没有独立性，只是由结构所决定的，所以，不是人赋予世界以意义，而是结构赋予人以意义。1965 年，当法国共产党党员阿尔都塞对国际共产主义运动中人道主义广泛泛滥的政治形势进行理论干预，发表《保卫马克思》《读解"资本论"》的时候，他所依据的就是这种结构主义，所以，被人们称作创立了"结构主义的马克思主义"。尽管由于种种原因，阿尔都塞矢口否认人们给他贴的这个标签，但他的理论建构却充分说明这是一种"结构主义的马克思主义"：他一是主张在阅读马克思著作时，要用［他经过法国的结构主义精神分析学家拉康而从弗洛伊德那里借用来的］"对症解读"法，从深处拖出其理论框架；二是认为在马克思的思想发展史上存在着一个从［以主体为唯一构成要素的］意识形态时期到［主体只发挥由过程的机械装置指派给它的作用的］科学时期"的认识论上的断裂"；三是认为马克思主张［与黑格尔的表现因果观以及笛卡尔的线状因果观相反的］结构因果观和多元决定论；四是认为马克思主张反经验主义认识论，进而提出"理论也是一种实践"的、"理论实践就是它自己的标准"的"理论实践论"，以及存在着"实在客体"和"认识客体"的"两个客体论"；五是和结构主义否认思维主体能够在认识论上居于哲学思考的中心的"主体移心论"相呼应，认为马克思主义是一种［从历史是一个无主体过程的观点出发，否认人在历史发展中的作用的］"理论上的反人道主义"；六是认为马克思主义是一种反历史主义；七是主张在强制性国家机器之外，意识形态也是一种国家机器。

考虑到自从20世纪七八十年代"西方马克思主义"思潮被介绍到我国以后，我们对它的评价大都以流派和代表人物为主，虽然在当时这是必要的和有益的，但也有一些负面影响，这就是使我们的一些同志在不了解"西方马克思主义"理论全局的情况下，不是从这种思潮的基本理论的高度，而只是从它的一些代表人物的思想渊源、党派归属、思想动机上去判断这种思潮的性质，由此不仅引发出对于"西方马克思主义"思潮本身的种种不符合客观实际的理解，而且影响到对于马克思主义同"西方马克思主义"的关系的辨识，乃至把一些同马克思主义基本理论明显不符、甚至相悖的思想观点也奉为马克思主义，从而形成指导思想上的多元论，影响马克思主义在意识形态领域的指导地位。为此，我在重点分析"西方马克思主义"一些流派的哲学基础之后，又主持了国家社会科学基金"九五"重点项目《西方马克思主义理论研究》，打算借此系统地展示和用马克思主义去评析"西方马克思主义"基本理论的方方面面。

在《西方马克思主义理论研究》一书的第一章"西方马克思主义的基本状况"中，首先从国际共产主义运动的六个关键时机上去考察"西方马克思主义"的形成和发展；接着阐述"西方马克思主义"的人本主义和科学主义两种思想倾向所包含的各个流派及其基本特征；随后详细论证了为什么必须以是否根据和运用马克思主义的基本理论和基本方法，研究新情况、解决新问题为衡量标准，去判断"西方马克思主义"的性质，并指出"西方马克思主义"既提出了在马克思主义发展过程中遭到忽略、在社会主义实践过程中遭到偏离的一些问题，又在不同哲学世界观上折中混合，以致把正确的观点和错误的观点、积极的作用和消极的作用交织在一起，我们必须对其理论观点进行细致的分析研究，做出实事求是、恰如其分的评价，既吸取其在探索中获得的一切有价值的积极成果，又摒弃其错误的倾向和观点，并从中吸取经验教训。

该书第二章"西方马克思主义的资本主义理论"，从异化、合理性批判、科学技术与意识形态、阶级、国家、危机六个问题上展示了"西方马克思主义"对于当代资本主义的既不同于资产阶级自由主义和社会民主主义、又不同于马列主义的独特的新"左"派观点。

该书第三章"西方马克思主义的社会主义理论"，从对苏联模式的批评、社会主义在当代要由科学到乌托邦论、强调社会主义的生物学基础、日常生活批判应该成为社会变革的中心、争取社会主义的新战略、社会主义革命的新主体、未来社会主义的设想七个方面加以展开，并重点评析了"西方马克思主义"的乌托邦社会主义观和日常生活批判理论。

该书第四章"西方马克思主义的本体论和认识论理论"，从八个方面具体展开，而又重点评析其中易于使人模糊认识、混淆视听的两种理论：在本体论方面，以作为实践本体论的典型的葛兰西的实践哲学为代表；而在认识论方面，则以作过较系统论证的阿尔都塞的反经验主义认识论为代表。

该书第五章"西方马克思主义的辩证法理论"，展示了"西方马克思主义"人本主义和科学主义各派提出的形形色色的辩证法观：有的把焦点放在辩证法是主体和客体的相互作用而否定自然辩证法的客观存在上，有的把焦点放在马克思辩证法同黑格尔辩证法的关系，到底是继承还是彻底决裂上，有的认为马克思主义辩证法主张多元决定论，有的认为马克思主义辩证法的本质是绝对的否定等，而把重点放在剖析多元决定论上。

该书第六章"西方马克思主义的社会历史理论"，展示和评析了"西方马克思主义"以马克思主义是人道主义还是理论上的反人道主义，是人的无限自由还是历史决定论，各个自由的个人如何创造出人类历史等问题为轴心的种种社会历史理论，而重点评析了认为理论反人道主义的底蕴就是历史决定论的观点。

我所主编的《西方马克思主义理论研究》一书在2000年由海南出版

社出版（600千字），在2001年获中央宣传部颁发的精神文明建设"五个一工程"奖。

（徐崇温，中国社会科学院荣誉学部委员、中国社会科学院马克思主义研究院特邀研究员）

马克思主义理论研究与建设工程在中国社会科学院实施的述评

秦益成

实施马克思主义理论研究和建设工程，是以胡锦涛同志为总书记的党中央立足新的时代，从深入推进马克思主义中国化、时代化、大众化的战略高度，作出的一项重大决策。2004年1月，中共中央发出《关于进一步繁荣发展哲学社会科学的意见》，提出实施马克思主义理论研究和建设工程。之后，中共中央办公厅转发《中央宣传思想工作领导小组关于实施马克思主义理论研究和建设工程的意见》，对实施马工程建设作出部署。在当今世界社会主义运动处于低潮的情况下，上述举措表明了中国共产党人坚强的理想信念和坚定的政治态度。

中国社会科学院作为党中央国务院直接领导的国家哲学社会科学研究机构，认真研究并积极落实党中央的相关决定及要求，创造性地开展各项工作，取得了一定成绩。

一 认真落实我院承担的中央马克思主义理论研究和建设工程的各项任务

在中共中央宣传部的正确领导下，我院专家学者以高度的政治热情积极参与中央马克思主义理论研究和建设工程的各项工作。我院中国特色社会主义理论体系研究中心同时履行我院中央马克思主义理论研究和建设工程办公室的职能，认真组织落实中央马工程的各项工作。

马克思主义学科建设和理论研究座谈会

（一）组织我院专家学者积极参与毛泽东思想和中国特色社会主义理论体系研究宣传工作，参加各种理论读物的编写工作

近年来，中央马克思主义理论研究与建设工程围绕毛泽东思想和中国特色社会主义理论体系，推出了一批理论成果，产生了重大的社会反响。比如，《中国特色社会主义理论体系学习读本》、《科学发展观学习读本》、《社会主义核心价值体系学习读本》、《理论热点面对面》、《六个为什么——对几个重大理论问题的回答》、《划清"四个重大界限"学习读本》等；以及电视理论专题片，比如，十七大召开前制作的《复兴之路》、改革开放30周年时的《伟大的历程》、新中国成立60周年时的《辉煌60年》、建党90周年时的《旗帜》等。在中宣部的统一安排下，我院组织相关专家学者积极参与这些工作，这里面有我院马克思主义理论工作者的汗水和贡献。

（二）组织我院专家学者积极参与推进重大理论问题和现实问题研究

我院专家学者以首席专家或主要成员的身份参加《马克思主义经典著作基本观点研究》课题组，对马克思主义基本观点进行分类研究。我院学者积极参加一些重大理论和现实问题（如应对国际金融危机冲击、加快经济发展方式转变、社会主义市场经济体制改革、中国特色社会主义民主政治建设、生态文明、党的建设等问题）的研究，并拿出了有价值的研究成果。我院学者还以首席专家或主要成员的身份承担或参与了若干重点选题（如中国特色社会主义民主政治建设研究、中共党史若干重大问题研究、中国统一战线理论研究等）的研究。在中央马工程的统一安排下，我院专家学者针对一些社会思潮进行了专门研究，如对新自由主义、民主社会主义、历史虚无主义和所谓普世价值等错误思潮进行评析，产生了重要的理论成果，引起中央有关部门和领导的高度重视。

（三）组织我院专家学者认真落实中央马工程重点教材的编写工作

中央马工程咨询委员中，我院有刘国光、江流、汝信、王伟光、李慎明5位同志，经常利用星期天、节假日参加评审教材等工作。中央直接组织编写的41种教材中，我院参与了27项。其中首批13种重点教材中，我院参与了9项。我院首席专家26人，主要成员35人，其中第一首席7人，承担了7本中央马工程重点教材的编写工作，它们是《马克思主义政治经济学概论》（第一首席刘树成）、《当代国际政治》（第一首席李慎明）、《中华人民共和国史》（第一首席程中原）、《国际共产主义运动史》（第一首席吴恩远）、《中国近代史》（第一首席张海鹏）、《马克思主义哲学经典著作导读》（第一首席侯惠勤）、《世界现代史》（第一首席于沛）。其中《马克思主义政治经济学》和《马克思主义哲学经典著作导读》已经出版。《当代国际政治》、《中华人民共和国史》、《中国近代史》、《世界现代史》正在根据专家意见进行修改；《国际共产主义运动史》已经由中宣部组织专家审阅，于2012年2月上旬报送中央。另外，我院专家还以首席专家的身份参加了中央马工程首批重点教材《马克思主义哲学》、《科学社会主义概论》、《政治学概论》、《社会学概论》、《法理学》、《史学概论》、《文学理论》、《新闻学概论》；第二批重点教材《宪法学概论》和第三批重点教材《宗教学概论》、《西方社会学理论评析》、《马克思主义经济学说史》的编写工作。

(四）组织我院专家学者在中央主流报刊上以"中国特色社会主义理论体系研究中心"的名义发表理论宣传文章

近几年来，在全院广大科研人员的共同努力下，我院以"中国特色社会主义理论体系研究中心"名义发表文章的工作取得了较好成绩。在全国七大"中国特色社会主义理论体系研究中心"中，我院发表宣传理论文章的数量和质量均处于偏上水平。

二 利用自身特点，找准工作定位，发挥能动作用，立足全院，面向全国，推动中国社会科学院的马克思主义理论学科建设与理论研究

中国社会科学院以落实中央对其"三个定位"要求为总体目标，在中央统一部署的大格局下、在中央马工程精神的指导下，利用自身特点，找准工作定位，发挥能动作用，立足全院，面向全国，推动中国社会科学院的马克思主义理论学科建设与理论研究。我院马克思主义理论学科建设与理论研究工作，是贯彻落实中央马工程工作的组成部分，同时又具有中国社会科学院的特点。比如，中央马工程的一项重要工作是推进体现马克思主义中国化最新成果的学科体系和教材体系建设。关于教材体系建设，上面已经讲了；关于学科体系建设，则是调整学科体系设置，将马克思主义理论设为一级学科，下设6个二级学科。中国社会科学院马克思主义研究院就是在这一精神下创立和设置学科建设等工作的。同时，我们还在全院范围内资助相关研究所设立马克思主义理论类别研究室，推动马克思主义理论二、三级学科的建设，构建我院马克思主义理论研究学科群；编辑出版马克思主义经典作家专题摘编和各种马克思主义专题研究文丛，发挥马克思主义学术名家的作用，设立宣传马克思主义的学术论坛等，推动我院马克思主义理论学科建设与理论研究工作。中国社会科学院决定，把马克思主义理论学科建设与理论研究作为一项"长期工程、长远工程、基础工程、战略工程"抓好抓实。

（一）加强领导，发扬民主，达成共识，制定颁发《中国社会科学院加强马克思主义理论学科建设与理论研究实施方案（2009—2014）》（以下简称《实施方案》）

2008年下半年，在开展学习实践科学发展观活动中，中国社会科学院党组决定把加强马克思主义理论研究与学科建设作为一项重要工作来抓。陈奎元同志对该项工作做出"突出重点、循序渐进、切实加强"的重要指示。

2009年2月，中国社会科学院领导决定，在院党组领导下，成立中国社会科学院马克思主义理论学科建设与理论研究工作领导小组，党组副书记、常务副院长王伟光任组长；党组副书记、副院长李慎明，副院长武寅任副组长；李慎明负责具体工作的实施。领导小组下设办公室，负责日常工作，并开始起草《实施方案》。

2009年3月，在中国社会科学院2009年度工作会议上，党组副书记、常务副院长王伟光同志代表院党组提出，制定并实施加强马克思主义理论学科建设与和理论研究方案，加强马克思主义理论创新体系建设和人才队伍建设。

2009年7月13日，院党组书记、院长陈奎元主持召开第209次党组会议，审议了《实施方案》等事宜。奎元同志在会上强调，我院实施马克思主义理论学科建设与理论研究工程，是落实中央对我院"三个定位"要求、巩固马克思主义哲学社会科学领域指导地位的一项重要举措。搞好马克思主义理论学科建设与理论研究，培养大批马克思主义理论人才，是我院一项长期任务，要持之以恒地抓好这项工作。奎元同志还对方案稿的结构框架、主要内容、重点工作、实施步骤等方面，提出了具体的要求和指导意见。

李慎明同志主持了《实施方案》的起草工作，王伟光、武寅同志全程参加了《实施方案》的起草、修改工作。《实施方案》历时8个月，先后修改15稿。王伟光同志对每一稿都认真审读，并提出修改意见；武寅同志以及院党组其他成员也对方案稿的修改完善提出了宝贵的意见。

2009年8月3—9日，中国社会科学院所局级主要领导干部管理强院专题研讨会在北戴河召开，会议的主要内容之一即是对《实施方案》进行讨论。与会代表就《实施方案》进行讨论，进一步达成了共识。

《实施方案》的制定是一个发扬民主、广泛讨论、密切配合、集思广益的过程，包括院领导、院顾问、学部主席团成员、相关学部委员、相关研究所党委书记和所长、院机关各部门领导同志以及广大科研人员，上下一心、群策群力、共同协商，通过座谈会、专题讨论会、书面征求意见等多种方式，调动各方面积极性和创造性，努力形成一个既科学、规范、严谨，又符合我院实际、切实可行的《实施方案》。从《实施方案》的具体内容看，无论从标题、框架、结构，还是相关学科建设、研究室建设等，都是经过反复酝酿、逐步改进的。《实施方案》是集体智慧的结晶。

《实施方案》的研究、制定过程，也是院属各单位不断统一和深化认识、形成共识、理清本单位加强马克思主义理论学科建设与理论研究的工作重点的过程。对于马克思主义理论学科建设，大家达成以下共识：马克思主义理论学科建设与理论研究分为三类或三个层次：一是作为一级学科的马克思主义理论（下属马克思主义基本原理研究、马克思主义中国化研究、马克思主义发展史、国外马克思主义研究、思想政治教育、中国近现代史基本问题研究六个二级学科），这是从总体上研究马克思主义理论的基本学科；二是马克思主义哲学、政治经济学、科学社会主义以及马克思主义政治学、法学、新闻学、历史学、社会学、民族学、宗教学、国际问题、文艺理论等学科理论；三是作为与马克思主义相关联的学科而提出的学科建设任务，如马克思主义与人类学、考古学、语言学以及自然科学等。这表明，加强马克思主义理论学科建设，绝不仅仅是某一两个单位的事，而是直接间接涉及中国社会科学院的所有研究单位。

2010年3月23日，王伟光同志在中国社会科学院2010年度工作会议上的工作报告中，又代表院党组和奎元同志全面部署了中国社会科学院2010年九个方面的工作，位于首位的是："以落实马克思主义理论学科建设与理论研究实施方案为主要抓手，推进马克思主义坚强阵地建设。我院的马克思主义理论学科建设与理论研究工作全面展开。"

（二）突出重点，以加强马克思主义理论类别研究室建设为抓手，把中国社会科学院马克思主义理论学科建设与理论研究工作抓好抓实

加强马克思主义理论类别研究室建设是推进我院马克思主义理论研究和学科建设工作的关键环节，是重中之重。要使科研活动、学科建设、人才培养、基层党建等各项工作真正依托于研究室这个最基础的研究实体之上。

2010年8月底，我院北戴河工作会议的重要议题之一就是讨论加强研究室的工作。2010年10月我院下发了《中国社会科学院关于加强研究室建设的若干意见》。

2011年1月初，我院专门召开加强研究室建设工作会议，院党组副书记、常务副院长王伟光，党组成员、副院长高全立、武寅、李扬，党组成员、中纪委驻院纪检组组长李秋芳，党组成员、秘书长黄浩涛出席会议。王伟光强调："加强研究室建设是一项'抓基层、打基础'的基础性、战略性工作，一定要抓好落实。"

在科研局、人事教育局的共同协助下，2010年我院有14个单位新设立16个马克思主义理论类别研究室（其中2个更名），把马克思主义理论类别的研究室初步建立起来。院里还决定对每一个新设立的马克思主义理论类别研究室都给予经费资助，资助标准是每年7万元。

从2011年开始，转到充实队伍，提高水平上来。研究室的建设始终是马工程工作的重中之重，各单位的党政一把手要切实负起责任，把这件事办好。要从各个方面多加关心、扶持，对这方面的人才要留意发现、引进、培养，促进本单位马克思主义理论学科的发展。要帮助和鼓励各研究室主任大胆开展工作，为研究室的建设多思考、多谋划。就目前的情况来看，绝大多数负责人都很好地推进了马克思主义理论类别研究室的工作。

在加强马克思主义理论类别的研究室建设的同时，我们也十分重视马克思主义理论类别的非实体研究中心建设。在中心数量不超标的情况下，新成立非实体研究中心5个，它们分别是：文学研究所的马克思主义文艺与文化批评研究中心，外国文学研究所的马克思主义文艺思想研究中心，马克思主义研究院的当代理论思潮研究中心，欧洲研究所的马克思主义与欧洲文明研究中心，政治学研究所的马克思主义政治学研究中心。这些已有或新成立的非实体研究中心，充分发挥了组织社会学术资源的优势，开展了一系列有影响的学术活动，如世界社会主义研究中心，马克思主义研究院的马克思主义经济社会发展研究中心，信息与情报研究院的当代社会思潮研究中心，文学所的马克思主义文艺与文化批评研究中心，外文所的马克思主义文艺思想研究中心等。在组织社会学术资源方面的优势，积极开展有影响的学术活动。

（三）面向现实，把握方向，引领思潮，以若干重大理论与现实问题的跟踪研究为抓手，就有关问题为党和国家提供对策建议，发挥思想库、智囊团的作用

我们重点启动几个方面的研究：（1）当代西方新社会运动研究；（2）当代西方社会文化思潮研究；（3）国际金融危机经济危机与当代资本主义社会矛盾研究（含欧洲工人大罢工、华尔街运动等跟踪研究）；（4）思想理论问题及动态跟踪研究。课题研究以委托交办方式组织落实。同时，根据国际国内形势需要，安排若干应急交办课题。

（四）夯实基础，巩固提高，以加强马克思主义经典著作的学习和研究为抓手，大力提高我院马克思主义基础理论研究水平，促进我院马克思主义理论学科建设

抓好34项马克思主义经典作家专题摘编和21项基础理论专题研究，举办各类"马克思主义经典著作读书班"。抓好马克思主义经典作家专题摘编和基础理论专题研究项目的结项、出版等工作。根据课题组的实际情况，以完成"马克思主义经典作家专题摘编"为基础和前提，把"马克思主义经典作家专题摘编"推进到"马克思主义基础理论专题研究"阶段，深化对马克思主义基础理论的专题研究。

为了加强马克思主义经典著作和基础理论的学习，直属机关党委组织举办院职能部门机关工作人员学习马克思主义基本理论，每个季度安排一次马克思主义理论讲座；9月初，院党校组织举办马克思主义类别研究室理论骨干经典著作读书班，读书班采用集中办班形式、安排专家讲座、讨论等形式，学习马列经典著作，同时交流研究室的建设经验，读书班的成员要在学习之后撰写学术论文，结集出版；院青年中心、院团委组织举办我院青年经典著作读书班，读书班根据青年人的特点，采用集中办班、安排专家讲座讨论以及其他青年人喜闻乐见的形式等，学习《共产党宣言》等经典著作。

研究生院切实加强和改进研究生的马克思主义理论课的教学和管理，贯彻党的教育方针，教书育人，加强相关专业课改革与创新，充实马克思主义理论的有关内容。研究生院与马工程领导小组办公室相互协作，拿出方案，把这件事办好，不辜负院党组的希望。

（五）创新机制，拓展范围，以开设相关学科马克思主义论坛、出版《马克思主义理论学科前沿研究报告》等工作为抓手，加强我院各类研究和宣传马克思主义新机制新平台建设

1. 支持开设相关学科马克思主义论坛

自 2012 年开始，先期资助设立下列 5 个相关学科的"马克思主义论坛"，发挥马克思主义理论学术名家的作用，加强马克思主义研究的学术交流和宣传平台建设，扩大马克思主义理论研究的影响力，引领社会思潮，推动学科发展，培养学术队伍，推出科研成果。这 5 个论坛分别是："马克思主义哲学论坛"、"马克思主义经济学论坛"、"马克思主义（科社）论坛"、"马克思主义史学理论论坛"、"马克思主义与国际问题论坛"。

马克思主义是理论与实践的统一，以上几个论坛作为一个整体设立。其中，"马克思主义哲学论坛、马克思主义经济学论坛、马克思主义（科社）论坛"，作为马克思主义的"三个组成部分"，其侧重点在马克思主义基础理论，着重从理论上回答"什么是马克思主义，怎样对待马克思主义"的问题。

"马克思主义史学理论论坛"着眼于马克思主义理论在历史研究中的运用，着眼于运用马克思主义的立场观点和方法研究中共党史、当代中国史，着眼于"怎样看中国"，反对历史虚无主义。历史虚无主义思潮的哲学基础就是否认人类社会普遍规律的存在，否认历史学的客观性和科学性，将客观存在的历史视为历史学家的主观构建。马克思主义史学理论研究是中国共产党人的科学的意识形态建设的重要组成部分。

2. 出版《马克思主义理论学科前沿研究报告》

撰写前沿报告是推动研究室建设、推动学科建设、培养人才队伍进入学术前沿、推出科研成果的重要举措和有效途径。院马工程领导小组决定，自 2011 年起，受院"马工程"资助的马克思主义理论类别研究室每年要撰写该学科的前沿报告，并结集出版。前沿报告在内容上要避免只是材料的堆积与罗列，要突出问题意识，反映实践中提出的重大理论问题和现实问题。要增加对文献的评论，既要反映该学科领域最新的研究成果，又要反映该学科领域的重大理论争鸣和学术进展。

从 2012 年开始，院马工程领导小组办公室将连续 5 年请 3 位学术背景相同的马克思主义理论名家对每一篇报告进行逐一审读，这是实现新老结合、以老带新的有效方式，也是推动研究室建设的有效方式。这种方式，对研究室的青年科研人员是一种压力和动力，对评审专家也是一种信任和责任。相信只要我们这样坚持做下来，必然会形成一支队伍。在今后前沿报告的撰写中，各研究室要在写作前召开研讨会，明确问题，理出线索，全室人员应共同参与研究和写作。

在现已出版的《马克思主义理论学科前沿研究报告（2010）》中，有个别篇目写作质量不是很高，一定程度上影响了该报告的权威性。今后我们将严格筛选，如果不符合要求，将不予出版。《马克思主义理论学科前沿研究报告（2011）》的写作已经发出通知，大家要认真组织落实。

3. 抓好我院学术期刊马克思主义研究专栏建设

要继续拓展马克思主义理论研究阵地，及时跟踪反映国内外马克思主义研究动态和学术成果，刊发马克思主义中国化的最新研究成果。围绕党的十七届六中全会决议提出的重大理论与现实问题，重点组织专题文章。

4. 编辑出版马克思主义专题研究文丛和文集

"马克思主义专题研究文丛"系列丛书作为长期项目，每个专题每年推出一本。2012年，在征求有关单位意见的前提下，《马克思主义专题研究文丛》（2011）将在原有的基本原理、哲学、经济学、史学理论、文艺理论、国际问题、当代中国史研究7本专题研究文丛的基础上，扩大到10本左右。继续编辑出版《中国社会科学院马克思主义研究文集（2011）》，继续翻译出版《马克思主义研究》杂志英文年度精选文集。

三　工作述评

3年来，中国社会科学院马克思主义理论学科建设与理论研究工作按照中央有关精神的要求，认真贯彻院党组的决定和陈奎元同志的有关指示，创造性地开展各项工作，取得了一定成绩。

（一）初步建立了我院马克思主义研究机构的立体格局、构建了我院马克思主义理论研究的学科群、形成了我院马克思主义理论人才的成长机制

1. 我院马克思主义研究机构立体格局的第一方阵

它们由哲学研究所（下设马克思主义原理研究室、马克思主义哲学史研究室、马克思主义哲学中国化研究室3个研究室）、经济研究所（下设政治经济学研究室,又名《资本论》研究室)和马克思主义研究院(下设18个马克思主义理论类别研究室)构成。

2. 以分布在我院其他各单位的马克思主义理论类别研究室(共13个)为第二方阵

它们是历史研究所的马克思主义史学理论与史学史研究室,近代史研究所的马克思主义史学理论研究室,世界历史研究所的唯物史观与外国史学理论研究室,中国边疆史地研究中心的马克思主义国家边疆理论研究室,世界宗教研究所的马克思主义宗教观研究室,新闻与传播研究所的马克思主义新闻学研究室,政治学研究所的马克思主义政治学研究室,世界经济与政治研究所的马克思主义世界政治经济理论研究室,拉丁美洲研究所的马克思主义与拉美问题研究室,中国社会科学出版社的马克思主义理论编辑室,社会科学文献出版社的马克思主义理论编辑室,研究生院的马克思主义基础理论课教研室和当代中国研究所的理论研究室。

3. 以分布在我院各单位的马克思主义理论类别的半实体和非实体研究中心为第三方阵

它们是中国社会科学院中国特色社会主义理论体系研究中心,中国社会科学院世界社会主义研究中心,文学研究所的马克思主义文艺与文化批评研究中心,外国文学研究所的马克思主义文艺思想研究中心,马克思主义研究院的马克思主义经济社会发展研究中心,信息情报研究院的当代理论思潮研究中心,欧洲研究所的马克思主义与欧洲文明研究中心,政治学研究所的马克思主义政治学研究中心。

4. 以分布在我院各个单位的马克思主义理论研究人才为第四方阵

这是一支非常重要的队伍,他们不包括在上述各个研究室和研究中心里面。我院马工程的项目覆盖全院各个单位,其中相当一批项目是分布在这第四方阵之中。

以上述马克思主义理论类别研究机构为依托,我院逐步形成了马克思主义理论学科群,构建起了我院马克思主义理论一级学科、二级学科和三级学科的立体网络,连同第四方阵中的马克思主义理论人才的组织和项目资助,初步形成了我院马克思主义理论人才的成长机制。

2012年,我院马工程领导小组办公室将协助有关部门,结合创新工程的精神,制定《中国社会科学院马克思主义理论人才成长计划》,"努力造就一批马克思主义基本理论功底扎实、熟悉中国国情、具有理论创新能力的马克思主义理论家和中青年骨干人才"。

（二）马克思主义理论出版机构和宣传阵地建设基本形成

中国社会科学出版社、社会科学文献出版社、中国社会科学杂志社和我院各类学术期刊在我国学术成果出版和宣传方面有着举足轻重的地位。加强这些出版宣传机构的马克思主义理论研究成果出版和编辑队伍建设，对于繁荣和发展马克思主义理论有着极为重要的意义。2010年3月，在我院"马工程"的资助下，这三家单位专门设立了马克思主义理论编辑室或马克思主义部。

中国社会科学出版社作为国内有影响力的哲学社会科学学术出版社，一直重视马克思主义研究著作的出版工作。2011年，他们积极参与承担我院"马克思主义理论研究和建设工程"图书出版任务，出版了"中国社会科学院马克思主义理论学科建设与理论研究系列丛书"，其中"马克思主义专题研究文丛"和"马克思主义经典作家专题摘编"系列丛书出版后，在学界引起了较好的反响。另外，还出版了《马克思主义理论学科前沿研究报告（2010）》、《中国马克思主义研究前沿》、《马克思主义理论研究与学科建设年鉴（2010、2011）》、《社会矛盾论》、《马克思主义宗教理论研究》等权威、前沿、对学科建设有重要意义的图书。在国内图书影响力排名中，该社马克思主义理论图书稳居前列。

2011年，社会科学文献出版社出版了近60种马克思主义理论图书（比上年度增长38%），比如，《世界社会主义研究》丛书、《当代国外马克思主义研究文库》和《国家哲学社会科学成果文库》，国家社科基金后期资助项目；国家社科基金重大项目，如《马克思主义若干重大问题研究》；院重大课题项目和院重点学科建设项目，如院重点研究课题项目和"十一五"国家重点出版项目《当代国外马克思主义研究文库》等。院重大课题成果《居安思危：苏共亡党二十年的思考》的社会反响强烈，引起了中宣部、中组部、国资委等多个重要部门的高度重视。目前该著作共印刷10次，印数达数万册，取得良好的社会效益和经济效益。

当代中国研究所的当代中国出版社，自1991年成立以来一直重视马克思主义理论著作的出版，特别是反映国史研究成果的政治、经济、科学技术、文化教育等方面的图书、音像和电子出版物，推出了一系列马克思主义理论工作者的文集，在我国出版界有着特殊的地位。工业经济研究所的经济管理出版社和中国地方志领导小组办公室的方志出版社近年来也随着形势的发展，逐渐培养马克思主义理论编辑人才，出版马克思主义理论著作。

中国社会科学杂志社在《中国社会科学》"马克思主义理论"栏目的编辑工作中，以马克思主义理论话语掌握哲学社会科学领域的话语权和创设研究议题，组织和编发了一系列有重要理论和学术价值、能体现当代中国马克思主义最新成就的重点文章，强化了《中国社会科学》坚定的马克思主义学术立场和思想倾向，增强了马克思主义理论在学术领域的话语权和影响力。自2011年6月起，《中国社会科学报》创办"马克思主义月刊"，每月一期，每期四版。"马克思主义月刊"具有鲜明特色，注重思想性和原创性，主要分为"时代变革与马克思主义理论重大问题"等不同版块。到目前为止，总计发表105篇文章，先后约请了100多位中外学者从不同的视角，对理论与现实中的马克思主义思想价值、对世界与中国的社会主义发展进步、对历史与未来的人类演进规律等，进行了广泛而深入的探讨。另外，《中国社会科学内部文稿》、《中国社会科学文摘》同样编发了不少马克思主义理论类别的文章和调研报告等。杂志社的"六刊一报"不愧是我国学术研究宣传的最高阵地，是宣传马克思主义理论的最高阵地，希望中国社会科学杂志社再接再厉。

2011年1月1日中国社会科学网作为我院主管、主办的大型门户网站正式上线。中国社会科学网把"建设高水平的马克思主义理论宣传网"作为第一定位，在其显著位置开设了马列主义、中国化马克思主义、国外马克思主义等栏目，大力宣传马克思主义的理论成果，及时策划和推出宣传马克思主义的专题，采访马克思主义研究的热点话题和专家学者，增强对错误理论的鉴别能力和抵制功能，逐步引领网络舆论。中国社会科学网还开设了英文频道。该网上线以来，开拓性地开展工作，在学术界逐渐产生了影响。

在加强以上学术出版宣传单位的马克思主义理论编辑队伍建设和成果推介的同时，我们还积极推动全院期刊的马克思主义研究栏目建设，增发研究马克思主义理论的文章。2011年有22家单位的31种学术期刊开设马克思主义研究栏目或刊发马克思主义研究的文章，比2010年有所增加。《政治学研究》、《当代中国史研究》、《经济学动态》、《哲学研究》、《哲学动态》、《史学理论研究》、《国外社会科学》、《世界社会主义研究》

（内刊）、《思想理论研究动态》（内刊）、《新闻与传播研究》、《社会科学管理与评论》、《文学评论》等刊物积极开动脑筋，定期开展组稿会，办好马克思主义研究专栏。马克思主义研究院的《马克思主义研究》、《马克思主义文摘》和这些马克思主义研究专栏在我国马克思主义理论研究中具有重要的地位。

《2010世界社会主义黄皮书》发布会——仲河滨摄

（三）初步产生了一批马克思主义理论研究成果

自2010年初我院开始实施马克思主义理论学科建设与理论研究的各类项目以来，我们着重抓了"马克思主义经典作家专题摘编"，共28项，后来根据需要又增加了6项。当前第一批28项已经有17项结项，其中《马恩列斯论西亚非洲》已经出版；《马恩列斯论拉丁美洲》、《马恩列斯论意识形态》、《马恩列斯论农业、农村、农民》、《马恩列斯论新闻出版》、《马恩列斯论历史人物评价问题》5本在出版之中；《马恩列斯论俄国——苏联和东欧中亚》、《马恩列斯论宗教》两本正在根据专家意见修改；《马恩列斯论社会形态》、《马恩列斯论民族民间文艺》、《马恩列斯论美国》、《马恩列斯论人口》、《马恩列斯论文艺与文化》、《马恩列斯论民族》、《马恩列斯论私法》7本正处于专家评审阶段；《马恩列斯论东方》、《马恩列斯论社会学》两本已经完成，计划结项送审；马克思主义专题研究课题《马克思主义经济理论与当前西方金融危机研究》已经完成专著，正在评审。

《马克思主义专题研究文丛》（2011）共7本，已经出版。它们是《马克思主义基本原理研究》、《当代中国史研究》、《马克思主义经济学研究》、《马克思主义史学理论研究》、《马克思主义文艺理论研究》、《马克思主义哲学研究》、《马克思主义国际问题研究》。

《中国社会科学院马克思主义研究文集（2010）》和《马克思主义理论学科前沿研究报告（2010）》，已经出版。

这些已经出版的成果，获得了良好的社会反响。相信只要我们坚持不懈地抓下去，必将有所收获。

中国社会科学院马克思主义理论学科建设与理论研究工作是科研工作的基础甚至是灵魂。随着时间的推移，以陈奎元同志为班长、王伟光同志为副班长的中国社会科学院上届党组所抓的中国社会科学院马克思主义理论学科建设与理论研究工作的重要性会愈加显现出来。

（秦益成，中国社会科学院马克思主义研究院科研处处长）

马克思主义理论一级学科的建立及意义

秦益成

马克思主义是科学的世界观和方法论，是工人阶级和广大劳动人民争取自身解放和全面发展的强大的思想武器。它是工人阶级的意识形态，同时也是科学真理。近代以来，无数仁人志士为了中华民族的独立解放和繁荣富强，一直在黑暗中探索、苦斗。自从有了马克思主义，中国革命的面貌为之一新。中国人民在中国共产党的领导下，取得了新民主主义革命、社会主义革命与建设的胜利，开启了改革开放建设中国特色社会主义的道路。中国改革开放和社会主义现代化建设的伟大成就是马克思主义普遍真理与中国具体实践相结合的胜利，是马克思主义的胜利。

恩格斯曾经指出，马克思主义不是教条，而是行动的指南。马克思主义是改变世界的思想武器，是无产阶级的"头脑"，它随着实践的发展而发展；马克思主义是科学，需要我们去研究。另一方面，由于苏东剧变，世界社会主义处于低潮，"马克思主义过时了"在我们国家也有一定市场。

在这样的背景下，以胡锦涛同志为总书记的党中央，高瞻远瞩，着眼新的形势，立足新的实践，提出实施马克思主义理论研究和建设工程，其中就包括把马克思主义理论设立为一级学科，开创了我国马克思主义理论研究的新时期。加强马克思主义理论研究和建设，不仅对中国乃至对世界都是一件影响深远的大事。

一　马克思主义理论一级学科的设立及其结构[①]

2004年1月，中央发出《关于进一步繁荣发展哲学社会科学的意见》，提出实施马克思主义理论研究和建设工程。之后，中央办公厅转发《中央宣传思想领导小组关于实施马克思主义理论研究和建设工程的意见》（以下简称《意见》）。《意见》指出，实施马克思主义理论研究和建设工程，是关系党和国家事业发展的战略工程，是中央加强党的理论建设的重大举措，对于巩固马克思主义在意识形态领域的指导地位，用马克思主义中国化的最新成果武装全党、教育人民，对于加强党的执政能力建设，巩固党的执政地位，对于动员全党全国人民全面建设小康社会，不断开创中国特色社会主义事业的新局面都具有十分重大的意义。

2004年8月，中共中央、国务院发出《关于进一步加强和改进大学生思想政治教育的意见》，提出要结合实施马克思主义理论研究和建设工程，精心组织编写反映毛泽东思想、邓小平理论和"三个代表"重要思想的哲学社会科学教材，努力形成以当代中国马克思主义为指导的具有中国特色、中国风格、中国气魄的哲学社会科学学科体系和教材体系。

2005年5月11日，中宣部和教育部联合下发了《关于加强和改进高等学校哲学社会科学学科体系和教材体系建设的意见》，其中提出要大力开展马克思主义理论体系、马克思主义发展史和马克思主义中国化的研究，在一级学科中，设立马克思主义理论学科。同时，对高校四门思想政治理论课做了明确的规定。

2005年12月23日，国务院学位委员会和教育部联合下发《关于调整增设马克思主义理论一级学科及所属二级学科的通知》（64号文件）。《通知》指出，根据《中共中央国务院关于进一步加强和改进大学生思想政治教育的意见》和《中共中央关于进一步繁荣发展哲学社会科学的意见》精神，为了加强马克思主义理论体系研究、马克思主义发展史和马

[①] 参阅国务院学位委员会、教育部《关于调整增设马克思主义理论一级学科及所属二级学科的通知》（学位）（[2005]64号）及附录；《关于增设"中国近现代史基本问题研究"二级学科的通知》（学位[2008]15号）及附录。

克思主义中国化研究、思想政治教育研究，推进党的思想理论建设和巩固马克思主义在高等学校教育教学中的指导地位，加强高校思想政治理论课建设、培养思想政治教育工作队伍，经专家论证，决定在《授予博士、硕士学位和培养研究生的学科、专业目录》中增设马克思主义理论一级学科及所属二级学科。原"马克思主义理论与思想政治教育"由二级学科上升为马克思主义理论一级学科，在马克思主义理论一级学科之下设立五个二级学科。2008年4月，国务院学位委员会、教育部发出通知，决定在马克思主义理论一级学科之下增设一个二级学科，即"中国近现代史基本问题研究"。

马克思主义是科学的世界观和方法论，是反映客观世界特别是人类社会的本质和规律的科学真理。它既应该从哲学、政治经济学、科学社会主义等方面进行分门别类的研究，更应该进行整体性研究，完整地把握马克思主义的科学体系。"马克思主义理论"就是一门从整体上研究马克思主义基本原理和科学体系的学科。它研究马克思主义基本原理及其形成和发展的历史，研究它在世界上的传播与发展，特别是研究马克思主义中国化的理论与实践，同时把马克思主义研究成果运用于马克思主义理论教育、思想政治教育和思想政治工作。它包括六个二级学科：马克思主义基本原理、马克思主义发展史、马克思主义中国化研究、国外马克思主义研究、中国近现代史基本问题研究和思想政治教育。

马克思主义基本原理，是马克思主义科学体系的基本理论、基本范畴，是其立场、观点和方法的理论表达。这些基本原理和范畴是人类社会的本质和发展规律的科学概括。马克思主义科学真理是绝对和相对、普遍性和特殊性的辩证统一，是理论与实践、科学性与阶级性的高度结合。这是马克思主义学说的精髓。马克思主义是完整的科学体系，也是发展的理论。马克思主义不论对社会实践，还是对哲学社会科学的发展都有重要的指导意义。马克思主义基本原理学科，旨在研究马克思主义主要经典著作和基本原理，从整体上研究和把握马克思主义科学体系。与马克思主义哲学、政治经济学和科学社会主义分门别类的研究不同，它要求把马克思主义的这三个组成部分有机结合起来，揭示它们的内在逻辑联系，从总体上研究和掌握马克思主义，给学生以马克思主义的完整概念，并引导学生运用马克思主义立场、观点和方法来分析现实社会问题、认识问题和科学发展中的问题。要按照科学性、整体性、实践性和创新性原则建设好马克思主义基本原理这门学科。

马克思主义发展史是一门研究马克思主义产生、发展的历史过程和规律的科学。马克思主义是发展的科学，它适应时代的需要而产生，并在无产阶级和人类解放的实践中，在不断吸取人类文明成果的基础上，在与种种非马克思主义思潮的斗争中，不断地丰富和发展。本学科旨在系统研究马克思主义理论产生的时代背景和历史必然性，考察马克思主义发展的历史过程及其基本历史阶段，总结马克思主义自身发展和指导实践的历史经验，揭示马克思主义发展的一般规律和在不同历史阶段上发展的特殊规律，特别是与各国实际相结合而不断发展的规律。马克思主义发展史学科，对于我们正确认识马克思主义的本质和特征，学习和研究马克思主义基本原理，把握马克思主义与时俱进的理论品质，加深对马克思主义中国化的认识，坚持和发展马克思主义，具有重要的理论和实践意义。

马克思主义中国化研究，是专门研究马克思主义中国化的基本经验、基本规律，以及马克思主义中国化理论成果的学科。马克思主义的强大生命力，它的伟大力量，就在于它能够同各个国家的具体实际相结合，并通过一定的民族形式在各个国家的具体实践中发挥指导作用，并在新的实践中获得新的发展。对于我们中国来说，就是把马克思主义的基本原理应用于中国的具体环境，实现马克思主义的中国化，使马克思主义在其每一表现中带有中国的特性，带有中国的作风和气派。马克思主义中国化是一个历史进程，它的实质是马克思主义的基本原理同中国的具体实际和时代发展相结合。在马克思主义中国化的历史进程中，先后产生了三大理论成果，即毛泽东思想、邓小平理论和"三个代表"重要思想，这些成果是中国化的马克思主义。马克思主义中国化是一个历史进程，中国化的马克思主义也会在新的实践中得到新的发展。这个学科的研究和建设，将以马克思主义中国化为主线，以中国化的马克思主义为主题，以建设中国特色社会主义的理论和实践为重点，密切结合中国共产党领导人民在中国特色的新民主主义革命道路、社会主义改造道路和社会主义建设道路的探索中所进行的艰苦实践和理论总结，深入研究党的几代领导集体不断推进马克思主义中国化的历史进程和基本经验，系统掌握马克思主义中国化的三大理论成果的主要内容和精神实质，深刻揭示马克思主义中国化和中国化的马克思主义不断发展的基本规律。

国外马克思主义研究是对当代国外马克思主义相关的理论、思潮、流派的发生、演进及基本思想进行研究的学科。它包括国外共产党的理论家对马克思主义的研究与创新，国外学者、特别是左翼学者对马克思主义的研究与阐释，以及"西方马克思主义"的研究。自从马克思主义产生以来，人们就从不同的角度研究马克思主义。特别是一些国家的共产党人在将马克思主义普遍真理与本国实践相结合的过程中大大推进了马克思主义的研究，马克思主义的科学社会主义由理论变为现实并不断发展。"苏东剧变"以来，尽管国际共产主义运动受到严重挫折，但有关马克思主义的研究并没有停止，而且更加活跃。各种各样有关马克思主义的理论、思潮和流派风起云涌，斑斓多彩。在当代世界，国外马克思主义的研究主要有四个方面：一是外国共产党人根据时代变化和本国实际对马克思主义的研究，其中包括发达国家和发展中国家共产党的研究，社会主义国家执政的共产党的理论与实践；二是对资本主义持批判态度的左翼学者对马克思主义的研究；三是既批判资本主义又批评现实社会主义的"西方马克思主义"的有关研究；四是由马克思主义文本出发研究马克思主义的思想流派等。在这些研究中，有的取得了丰富的理论成果，为发展马克思主义做出了重要贡献。有的学说和思潮尽管并不科学，但它毕竟是复杂多变的时代的客观反映，并在实际生活中曾经或者还在产生较大的影响，甚至对马克思主义理论构成严峻挑战。研究当代国外马克思主义，有利于我们吸收和借鉴当代马克思主义研究的最新成果，科学分析各种与马克思主义相关的学说和思潮，并在比较鉴别中充分认识马克思主义的科学性，从而深化对马克思主义的认识，推进马克思主义理论研究。

中国近现代史基本问题研究，是围绕历史和人民怎样选择了马克思主义、中国共产党和社会主义道路，即中国的发展举什么旗、走什么路、由谁来领导等中国近现代史的基本问题，专门系统研究中国近现代的历史进程及其基本规律和主要经验的学科。中国近现代史基本问题研究学科，是在中国近现代史研究基础上发展而来。随着近些年我国近现代史研究的不断深入，研究中国近现代史的基本问题，研究中国近现代发展的历史规律和经验教训，研究中国人民在中国共产党领导下选择社会主义、走中国特色社会主义道路的历史进程和主要经验，坚定在中国共产党领导下走中国特色社会主义道路的决心和信心，已经成为推进马克思主义中国化理论的研究和加强对大学生思想政治理论教育的一项重要任务。中国近现代史基本问题研究学科，要在广泛了解中国近现代经济、政治、文化及社会发展历史的基础上，深入研究中国近代以来抵御外来侵略、争取民族独立、推翻反动统治、实现人民解放和国家现代化的历史，在全方位的分析和比较中阐明历史和人民是怎样选择了马克思主义，选择了中国共产党，选择了社会主义道路。中国近现代史基本问题研究学科，要从历史和理论相结合的角度，深入开展中国共产党的基本理论、基本路线、基本纲领、基本经验研究，深入开展中国改革开放历史研究，深刻认识高举中国特色社会主义伟大旗帜是实现中华民族伟大复兴的必由之路，进一步增强坚持改革开放不动摇的自觉性和坚定性。

思想政治教育是运用马克思主义理论与方法，专门研究人们思想品德形成、发展和思想政治教育规律，培养人们正确世界观、人生观、价值观的学科。它主要对思想政治教育的性质、规律、功能、内容、方法，中国共产党思想政治工作史与基本经验，马克思主义理论教育，中国化马克思主义教育，思想政治教育创新与发展，新时期世界观、人生观、价值观教育规律与特点，经济全球化条件下爱国主义教育与民族精神培养，思想政治教育案例，高校学生思想政治教育与管理工作，大学生职业道德教育，未成年人思想道德建设等进行研究。思想政治教育在我国革命和社会主义现代化建设中，发挥着"生命线"和"中心环节"的作用，积累了丰富的实践经验和理论成果，是我们党和社会主义国家的优良传统和政治优势。

二 设立马克思主义理论一级学科的意义[①]

马克思主义产生于19世纪40年代。它是在资本主义和科技发展的推动下，批判地继承了人类历史上创造的一切优秀思想成果的基础上，总结了当时工人运动和社会实践经验而形成的科学理论。它是工人阶级和广大劳动人民认识世界和改造世界的强大思想武器，同时也是推动我国哲学社会科学繁荣发展的指导思想。马克思主义经典著作很多，体现了各个历史时期它的代表人物对马克思主义理论的丰富和发展。比如，马克思主义创始人的主要著作有：《德意志意识形态》、《共产党宣言》、《资本论》、

---

① 靳辉明：《关于马克思主义理论学科建设的几点思考》，《思想理论教育导刊》2006年第11期。

《反杜林论》、《社会主义从空想到科学的发展》以及恩格斯晚年的著作和通信等。这些论著集中阐明了马克思主义的唯物史观和剩余价值学说，以及以此为理论基础的科学社会主义，涵盖了哲学、法学、政治学、经济学、社会历史理论等各个领域。在以后的各个历史时期，马克思主义的基本原理，在新的科技发展和哲学社会科学成果的基础上，结合时代特征和当时的社会实践又有新的丰富和发展。

马克思主义产生一个半世纪以来，对工人运动、对人类社会历史，产生了深刻的影响。20世纪社会历史的伟大变革，特别是社会主义国家的诞生，无可辩驳地证明了马克思主义真理的无比正确性。马克思主义产生以来，经历了从理论形态到实践形态、再到制度形态的转变，也经历了从部分地区向全世界传播发展的过程，在世界上形成了许多马克思主义流派。马克思主义对人类社会和人们思想都发生了深刻影响。

马克思主义基本原理同本国具体实践相结合是当今马克思主义发展的重要特点和历史趋势。在这个过程中，由于同本国具体国情相结合，就形成了各具特色的马克思主义，这是马克思主义发展过程中多样性和生动性的表现，是马克思主义一般性同特殊性的关系。它有利于马克思主义的深入发展。马克思主义中国化，就是马克思主义基本原理同中国具体实践相结合的过程。研究马克思主义中国化的实践经验和理论成果，重点研究中国特色社会主义，它是马克思主义、科学社会主义在当代中国的发展，并且把这些科学成果用于指导我国的社会实践。

马克思主义，特别是中国化的马克思主义，是我们国家的主流意识形态。我们党历来都十分注重主流意识形态的建设，注重坚持马克思主义在意识形态中的指导地位，中央实施马克思主义理论研究和建设工程，以及作为其重要组成部分的马克思主义理论一级学科的确立，就是我们党重视主流意识形态建设、重视马克思主义指导地位的突出表现。这些重要举措，必将对在我国坚持和发展马克思主义、对中国特色社会主义建设实践、对广大人民特别是青年学生的社会主义精神和道德情操的培养产生极为深远的影响。马克思主义理论一级学科建设有以下重要意义：

一是马克思主义理论一级学科的确立，对于加强高校马克思主义理论和思想政治教育课程的建设和提高教学水平，具有重要意义。在高等学校开设马克思主义理论和思想政治教育课程，是我们社会主义国家教育的重要特征，是我国社会主义制度的性质和未来发展的必然要求。所以，它理所当然地成为我国教育体系和学科体系中的重要组成部分和必要环节。同时马克思主义理论一级学科的确立，也使得我国高校一级学科体系更为合理、更为完整。马克思主义理论学科同其他学科一样作为学科来建设，必然会增强其科学性、理论性和学术性，从而提高马克思主义理论研究的水平，提高马克思主义理论教育和思想政治教育的质量，使马克思主义理论和思想政治教育不断获得新的发展。

二是马克思主义理论一级学科的建立，有利于稳定和巩固高校马克思主义理论研究和教学队伍，有利于巩固和扩大高校马克思主义阵地。我国高校有一支庞大的马克思主义理论研究和教学队伍，人数众多，素质也比较高，他们兢兢业业，过去和现在都为我国高校马克思主义理论研究与思想政治教育作出了巨大贡献。但是，在当前，面对新的形势，确实遇到了很多新的问题和困难，以致出现了队伍不稳定和流失的现象。马克思主义理论一级学科的确立，有利于稳定、巩固和扩大我们这支队伍，有利于补充新的力量，使马克思主义理论研究和教学队伍常新常青，不断发展壮大。特别是，几年之后，当马克思主义理论一级学科的博士生、硕士生培养出现，充实到我们的队伍中来，那时我们高校马克思主义理论研究和思想政治教育就会有一个很大的飞跃，高校马克思主义阵地就会进一步扩大和巩固。

三是马克思主义理论一级学科的建立，势必会对在我国坚持和发展马克思主义，巩固马克思主义在意识形态中的指导地位，产生深远的影响。我国社会的性质决定了在哲学社会科学中，在整个意识形态领域，必须坚持马克思主义的指导。这是我国社会主义建设事业的重要保证。而关键问题在于培养马克思主义理论研究和建设人才，也就是中央领导同志一再讲的三个"一批"，即要着力造就一批学贯中西、享誉中外的马克思主义理论大家，一批政治方向正确、理论功底扎实、勇于开拓创新、善于联系实际的马克思主义学科带头人，一批中青年马克思主义理论研究和教学骨干。而这个任务主要是靠我们高校教育来完成。马克思主义理论一级学科的建立，就为我们培养马克思主义理论研究和教育人才提供了可靠保证。为了完成这一重要的历史使命，我们必须建设好马克思主义理论学科。这是历史的重托，是党和人民的重托。

三 中国社会科学院马克思主义研究院的学科建设[①]

马克思主义研究院成立于2005年12月26日。设有马克思主义原理研究部（下设马克思主义基本原理研究室、马克思恩格斯思想研究室、列宁斯大林思想研究室以及思想政治教育研究室）、马克思主义中国化研究部（下设毛泽东思想研究室、中国特色社会主义理论体系研究室以及党建党史研究室、马克思主义无神论研究室）、马克思主义发展研究部（下设马克思主义发展史研究室、经济与社会建设研究室、政治与国际战略研究室、文化与意识形态建设研究室）、国际共产主义运动研究部（下设国际共产主义运动史研究室、当代世界社会主义研究室、当代世界资本主义研究室）、国外马克思主义研究部（下设国外左翼思想研究室、国外共产党理论研究室、西方马克思主义研究室）、《马克思主义研究》编辑部、《国际思想评论》编辑部，另外办有《马克思主义理论研究与学科建设年鉴》、《马克思主义文摘》等刊物，以及网络信息室、办公室、科研处、党办人事处等科研及管理部门。中国历史唯物主义学会、中华外国经济学说研究会、中国经济规律系统研究会和中国无神论学会由马克思主义研究院主管。

2002年，在原马列所，"中国特色社会主义理论"学科确立为重点建设学科。2008年，该重点学科建设项目结项。2009年，社科院启动新一轮重点学科建设，"中国特色社会主义理论"学科根据实践需要，发展为"马克思主义中国化研究"学科，并纳入院新一轮重点学科建设。

2005年年底，马克思主义研究院成立。2006年，在科研局的精心安排下，马研院启动了3个重点建设学科，它们是：马克思主义基本原理、马克思主义发展史、国外马克思主义研究。2009年，社科院启动新一轮重点学科建设，马克思主义基本原理、马克思主义发展史、国外马克思主义研究这三个学科与院新一轮重点学科同步建设。

2005年年底，马研院成立时设立"国际共产主义运动史研究部"

[①] 关于中国社会科学院马克思主义理论学科建设与理论研究，请参阅本书《马克思主义理论研究与建设工程在中国社会科学院实施的述评》。

(1979年中国社科院马列所成立时建有国际共产主义运动史研究室,后在1994年撤销)。2009年7月,在马研院重点学科的调整中,"国际共产主义运动"确立为重点建设学科。同时,"国际共产主义运动史研究部"更名为"国际共产主义运动研究部"。

这样,马研院现有5个重点建设学科。它们是:马克思主义基本原理、马克思主义中国化研究、马克思主义发展史、国外马克思主义研究、国际共产主义运动。

马克思主义基本原理、马克思主义中国化研究、马克思主义发展史、国外马克思主义研究4个学科是马克思主义理论一级学科下属的二级学科。

2009年,中国社会科学院开始实施"马克思主义理论学科建设与理论研究"。马研院根据党和国家需要,对已有的个别研究部和研究室的名称进行了微调,并新设立3个研究室,它们分别是思想政治教育研究室(在原理部)、党建党史研究室(在中国化部)、马克思主义无神论研究室(在中国化部),并对这些研究室的建设进行资助,包括依托这些研究室进行学科建设。其中思想政治教育是马克思主义理论一级学科下属的二级学科,党建党史研究的设立则是考虑马研院的实际情况和"中国近现代史基本问题研究"这个二级学科的综合结果,马克思主义无神论研究的设立是根据院党组的决定和安排进行的。

(秦益成,中国社会科学院马克思主义研究院科研处处长)

马克思主义基本原理学科建设历程回顾

胡乐明　张建云

马克思主义基本原理学科是马克思主义理论一级学科所属的一个二级学科，"马克思主义基本原理"作为一个学科体系来研究和设置，在当代中国马克思主义原理研究史上是一个重大成绩，标志着马克思主义原理研究进入了一个新的发展阶段。

一　马克思主义基本原理学科设立之前的基本情况

(一)国内整体概况

马克思主义基本原理学科设立之前，受传统的把马克思主义理论划分为马克思主义哲学、政治经济学和科学社会主义三大组成部分思想的影响，马克思主义基本原理的教学和研究分散在马克思主义哲学、政治经济学和科学社会主义三个部分中。从学科设置上看，当时，马克思主义理论不是独立的一级学科，而哲学和经济学都是传统的独立的一级学科，绝大部分从事马克思主义原理教学和研究的教师、学者，受所接受的专业教育的影响，在教学和研究过程中自然驾轻就熟，也习惯于把马克思主义原理分为哲学、政治经济学和科学社会主义三个部分进行。

从哲学、政治经济学和科学社会主义三个方面分门别类地研究和讲解马克思主义原理，其优点是，便于人们深入到马克思主义原理内部，站到理论前沿来把握马克思主义基本原理，也有利于马克思主义理论分支学科的建设。但问题的关键是我们不能只有部分而没有整体，只有分散而没有综合。长期以来，我们在分部分的教学和研究方面多是"各自为政"，各自在自己的领域内独自发展并越走越远，甚至在研究和教学中片面夸大某一部分的意义和作用，如有些研究或讲授马克思主义哲学原理的，片面强调哲学在马克思主义思想体系中的作用；而研究和讲授马克思主义政治经济学原理的，片面强调政治经济学在马克思主义思想体系中的作用；研究科学社会主义的则只重视自己所辖范围内的研究，很少涉及马克思主义哲学和政治经济学研究。事实上，在马克思主义原理体系中，三个方面都同等重要，它们辩证统一，相辅相成，共同构成马克思主义完整的体系。马克思主义原理是一个完整的理论体系，马克思主义的本质和精髓体现在它的整体性之中，马克思主义生命力也体现在这一整体性之中。离开了整体性，就不能把握马克思主义的本质，也不能准确把握马克思主义基本原理。加强马克思主义基本原理整体性研究，有利于人们把握贯穿在马克思主义各理论组成部分、各历史时期的根本精神，有利于人们理解马克思主义一脉相承的"脉"，这是当前迫切需要的。

以往我们分三个部分研究和讲授马克思主义原理，甚至将马克思主义原理肢解化、碎片化，只见部分不见整体，只见树木不见森林，所带来的弊端和负面影响是巨大的。首先，影响了人们对马克思主义本质内涵和根本精神的认识和理解，降低了人们运用马克思主义基本原理解释和解决现实问题的能力，从而极大削弱了马克思主义的理论力量。任何现实的社会现象、事件、问题等都是政治、经济和思想文化综合作用的结果，仅仅从某一个方面去认识很难把握事物的真相，无疑，肢解化、碎片化研究降低了马克思主义原理的现实解释力。当人们运用马克思主义原理不能很好地分析现实问题、解答现实困惑、解决现实困难的时候，马克思主义理论魅力在人们心中自然会淡化，人们对马克思主义必然心存疑虑。其次，当今时代，各种非马克思主义和反马克思主义思潮往往用肢解的手法，把马克思主义原理这一整体拆解为它的各个部分，不仅使这些部分失去了马克思主义的意义，而且也使马克思主义不复存在，从而使马克思主义原理相互矛盾，以至于面目全非，从而达到诋毁马克思主义的目的。整体性研究的淡化，降低了回击非马克思主义和反马克思主义的力度。只有加强整体性研究，说明马克思主义三个主要组成部分之间及其内部各个原理之间的相互联系，才能有力反击非马克思主义、反马克思主义思潮用肢解手法来诋毁马克思主义的企图。

总之,加强马克思主义基本原理的整体性研究,既是回归马克思主义本来面貌的需要,也是时代发展的客观要求,是大势所趋,势在必然。

(二) 本学科基本情况

中国社会科学院马克思主义研究院是在原中国社会科学院马克思列宁主义毛泽东思想研究所的基础上于 2005 年 12 月成立的,与马克思主义基本原理二级学科设立的时间相同。在马研院成立之前,受传统的把马克思主义划分为三大组成部分的影响,原马列所的研究方向倾向于科学社会主义理论及运用科学社会主义原理解释和解决现实问题,与当时哲学所的马克思主义哲学研究以及经济学所的马克思主义政治经济学研究有着不成文的、约定俗成的界限区别。三个组成部分的研究分别在三个不同的研究所,各自的研究有着各自的界限,科研人员无论在理论研究还是在课题申报等方面,都恪守着不成文的规定,马列所研究科学社会主义,哲学所研究马克思主义哲学,经济学所等研究政治经济学。分学科研究的优长之处,使各个研究所在各自的研究领域特别是在前沿问题上取得了重大成绩,但是这种分学科研究的弊端却是日益显露。表现在:一是因为马克思主义原理原本是统一的整体,在实际研究中,科研人员经常会遇到"到别人的地盘抢别人的饭吃"的情况;科研人员在课题申报等过程中,也常常因为题目不是本所的研究方向而遭到"封杀",这无疑给马克思主义原理研究造成很大损失。二是最大的损失在于,严重束缚了人们的思想,把人的思想局限在一隅之内,禁锢了视线,僵化了思维,使科研人员特别是青年科研人员对马克思主义原理整体性的认识和理解日渐贫乏,使青年科研人员对马克思主义原理精髓、对马克思主义根本精神的认识和理解日渐模糊,使他们在运用马克思主义基本原理解释和解决现实问题的时候常常感到困惑,从而降低了青年科研人员对马克思主义的信仰。

二 马克思主义基本原理学科设立后的建设情况及所取得的成绩

(一) 国内整体概况

事实上,倡导开设"马克思主义基本原理"课,从总体上研究和讲授马克思主义基本理论,在二十多年以前就提出了,只是由于种种原因没有坚持下去,其中主要原因是教师队伍和科研队伍培养滞后,缺乏相应的必要的制度保证和配套措施。在总结高校思想政治理论课教学经验和研究当前存在问题的基础上,党中央颁布了《中共中央国务院关于进一步加强和改进大学生思想政治教育的意见》和《中共中央关于进一步繁荣发展哲学社会科学的意见》。根据意见精神,中共中央宣传部、教育部于2005年2月7日发出了《关于进一步加强和改进高等学校思想政治理论课的意见》,提出了设立马克思主义理论一级学科的任务。国务院学位委员会和教育部于2005年12月23日发出了《关于调整增设马克思主义理论一级学科及所属二级学科的通知》(学位〔2005〕64号),正式设立马克思主义理论一级学科,设置于"法学"门类内,下设"马克思主义基本原理"等5个二级学科(后增加为6个)。"马克思主义基本原理"作为一个学科体系来研究和设置,最直接的意义就是可以培养硕士研究生和博士研究生,从而解决了师资队伍和科研队伍的人才培养问题,从制度上保证了"马克思主义基本原理"学科的建设和研究。

1. 学科建设概况及所取得的成绩

马克思主义基本原理学科设立后,学科建设即成为各学科点高度关注的问题。各学科点通过搭建或依托实体机构、引进和培养人才、建立和完善相关制度,迅速建立和完善硬件设施。与此同时,各学科点结合自身优势确定学科发展方向,制订科研目标,深化科学研究。学科建设在较短时间内取得了重大成绩。

从学科规划情况看,学科设立后,各学科点都提出了本学科三年期、五年期甚至更长时期的发展规划,对学科发展的主攻方向、特色、预期成果、学术交流形式、队伍培养目标、经费投入及用途等都作了详细规划。从学位点建设情况看,学科设立后,马克思主义基本原理学位点一直处于不断建设和完善之中。2007年,马克思主义理论一级学科博士点覆盖的院校有21个,学科硕士点覆盖的院校有94个;马克思主义基本原理博士点有32个,硕士点有163个。从学科队伍建设和人才培养看,学科设立后,各学科点普遍重视学科带头人队伍和导师队伍的建设,同时着力培育"具有坚定的马克思主义信仰和社会主义信念、德智体美全面发展、熟悉马克思主义经典著作,有比较深厚的马克思主义理论功底"的高层次人才。从学术交流情况看,学界通过各种形式的学术会议、学术研讨,就学科建设和理论研究进行了积极、广泛的交流，对学科建设起到了直接推动作用。如 2008 年 1 月 12 日在北京举行的"马克思主义基本原理及其学科建设"研讨会，围绕"马克思主义基本原理及其学科体系"和"马克思主义基本原理学科内涵及建设"两个主题展开研讨，对加强马克思主义基本原理学科建设具有重要意义；再如 2009 年 4 月在苏州大学召开的全国"马克思主义基本原理与当代价值"研讨会，围绕"什么是马克思主义，怎样正确对待马克思主义"展开深入研讨，促进了马克思主义基本原理学科建设。从教学实践上看，随着学科建设的推进和思想政治理论课"05 方案"在高校的落实，"马克思主义基本原理概论"课程从 2007 年秋学期开始在全国各高校普遍开设，高校的教师以极大的热情投入马克思主义基本原理的教学和研究之中。为了把"马克思主义基本原理概论"讲成学生真心喜爱、终身受益的"精彩一课"，增强马克思主义基本原理教育时效性，学者们见仁见智。一方面，从不同视角对马克思主义基本原理课程建设的基本理论问题进行了较为深入的探讨；另一方面，就更新教学理念、改进教学方法、丰富教学手段进行了不懈的探索。从科学研究情况看，科学研究是学科建设的核心内容和主体内容，离开科学研究，没有科研成果，学科建设终会落空，因此，必须把科学研究作为学科建设的一项关键性工作。马克思主义基本原理学科设立后，各学科点即规划了本学科的科学研究的目标，并把体现学科建设水平和质量的标志性成果作为学科建设的重要内容。

2. 理论研究概况及所取得的成绩

马克思主义基本原理学科设立后，学界即围绕着马克思主义基本原理概念界定及内涵概括、整体性研究、学科边界、地位和意义、学科建设等问题进行了广泛而深入的研究，形成了一系列初步的、对学科建设起着奠基意义的科研成果。

（1）关于什么是马克思主义基本原理问题的研究

学科设立后，回答"什么是马克思主义基本原理"及其内涵如何概括，即成为马克思主义基本原理学科首要的、基本的问题，也是近几年学术界关注的热点课题。学者们从不同角度、不同层面进行了全方位探讨，有些学者主张从层次性角度界定，主张从马克思主义最核心层次界定马克思主义基本原理，有人认为是世界观和方法论，有人认为马克思主义哲学才是其"硬核"。有些学者坚持主张从整体性出发把握马克思主义基本原理，具体角度有所不同，一种是从马克思主义三个组成部分综合的角度来理解整体性，另一种观点是从理论与实践相结合的角度理解整体性。有些学者从文本角度界定，主张从经典文本出发把握马克思主义基本原理，最能代表马克思恩格斯关于马克思主义基本原理核心思想的，是《共产党宣言》的核心的基本思想。还有学者认为，在马克思主义文本研究中，可以发现一个特点，即凡属马克思主义的基本原理，都是在马克思和恩格斯全部著作中不断重复出现的，等等。以上这讨论都深化了人们对马克思主义基本原理的认识，对学科理论研究起到了实质性的推动作用。①

（2）关于马克思主义基本原理整体性研究

马克思主义基本原理整体性在于，它是对整个世界的本质和发展过程最普遍规律的科学反映，包括自然界、人类社会和思维及其各个层面的相互关系，是理论与实践、理想与现实、真理观与价值观、科学性与阶级性等的高度综合和辩证统一。马克思主义基本原理学科建立后，学界对马克思主义基本原理整体性问题进行了深入探讨，取得了初步进展。表现在，一是全面深入揭示马克思主义基本原理自身的整体性，学者们从多个角度、多个层面进行全面揭示，有学者从马克思主义哲学、马克思主义经济学和科学社会主义三个组成部分辩证统一的角度，有学者从哲学与政治经济学内在逻辑角度，有学者从真理观、价值观和历史观等辩证统一的角度，有学者从理论与实践统一的角度，等等，从不同层次、不同视角来认识和理解马克思主义基本原理整体性，极大深化了人们对马克思主义基本原理的认识。二是多方面探讨理解、认识和掌握马克思主义基本原理整体性的途径和方法。对于整体性的马克思主义基本原理如何把握是一个大难题，很多学者对此提出了自己的看法，这些方法包括："思想史"理解路径、"概念"理解路径、学科整合法、思维路径法、借鉴法、等等。无疑，这些方法对人们正确认识、理解和把握马克思主义基本原理具有重要

---

① 主要代表成果：《关于马克思主义基本原理若干理论问题的思考》（黄枬森，2007年），《论坚持和发展马克思主义基本原理》（张雷声，2009年），《论马克思主义基本原理及其当代价值》（陈先达，2009年），《什么是马克思主义基本原理——五个马克思主义文本有关论述的研究》（梅荣政，2009年），《深入研究马克思主义基本原理的几点思考》（靳辉明，2009年），《关于马克思主义基本原理的追问和思考——从一个平常问题谈起》（李德顺，2005年）。

启示意义。①

（3）马克思主义基本原理学科边界、地位、意义以及如何进行马克思基本原理学科建设

"马克思主义基本原理"学科的研究范围是：马克思主义经典著作和基本原理，马克思主义基本范畴及科学体系，马克思主义基本原理的形成和发展，马克思主义与当代社会思潮，马克思主义理论教育规律和方法。关于马克思主义基本原理在马克思主义一级学科中的定位，普遍认为，马克思主义基本原理学科研究对象的特性决定了该学科在马克思主义理论一级学科中处于基础或核心的地位，马克思主义基本原理学科决定和影响着马克思主义理论一级学科和所属其他二级学科的发展，马克思主义理论一级学科中的其他二级学科均是马克思主义基本原理学科的展开形态和发展形态，或者是它的具体运用形式。关于如何进行学科建设，学界亦进行了多方探讨，有学者强调要确立学科意识，有学者强调要按照科学性和阶级性的统一、整体性和分科性的统一、理论和实践的统一、继承和创新的统一等原则来推进学科建设。此外，学者们就"马克思主义基本原理学科建设的原则"，"马克思主义基本原理学科建设的内容"，"马克思主义基本原理学科的人才培养"等问题进行了深入思考和研究，极大地推动了学科发展。②

（二）本学科建设情况及初步成绩

1. 学科体制、机构建设

为贯彻中央精神、加强马克思主义理论学科的发展，经中国社会科学院马克思主义研究评审委员会评审、中国社会科学院院务会议批准，

---

① 主要代表成果：《论马克思主义基本原理的整体性》（吴宏政，王玉柱，2008年），《关于整体把握马克思主义科学体系的几个问题》（"整体把握马克思主义科学体系研究"课题组，2010年），《整体性视角下的马克思主义基本原理》（寇清杰，2008），《深化对马克思主义基本原理的认识和创造性运用的思考》（梅荣政，2008年），《马克思主义整体性与基本原理体系的建构》，（梁树发，2007年）。

② 主要代表成果：《把握"马克思主义基本原理"学科建设的三大要点》（顾钰民，2008年），《关于"马克思主义基本原理"及其学科建设》（张雷声，2009年），《试论确立马克思主义基本原理学科意识问题》（张雷声，2006年），《试论马克思主义基本原理的学科内涵和建设思路》，（张云飞，2007年），《对马克思主义基本原理学科建设若干问题的思考》（梅荣政、李静，2009年），《关于马克思主义理论一级学科的设立和建设》（刘书林，2006年）。

"马克思主义基本原理"学科于2006年8月被正式确定为中国社会科学院重点学科建设工程项目,学科负责人为程恩富教授,主要依托马研院马克思主义原理研究部进行建设。2009年7月,中国社科院开始实施"重点学科建设计划",经过马研院学术委员会审议,同意马克思主义基本原理学科立项为"重点学科建设计划"项目,与马研院签订了"重点学科建设计划"项目协议书,学科负责人为程恩富、胡乐明教授,马克思主义基本原理学科纳入马研院新一轮"重点学科建设计划"中。

作为立院之本,马研院十分重视本学科建设,学科发展较快。2009年5月,马研院根据社科院工作会议"加强马克思主义理论研究与学科建设"的精神,按照马克思主义理论一级学科、二级学科建设的布局,对研究部和研究室等机构进行了调整和健全。马克思主义基本原理学科依托建设的马克思主义原理研究部增设了两个研究室,一个是马克思主义基本原理研究室,另一个是思想政治教育研究室,加上原来的马克思恩格斯思想研究室、列宁斯大林思想研究室,共四个研究室,这就使学科体系建设更加完善,研究平台更加开阔、厚实。

2. 人才队伍建设

马克思主义基本原理学科建立之初,有研究人员18名,其中,正研3名,副研2名,博士11名。此后,学科队伍每年都在扩大充实。目前增加到23名科研人员,其中正高职称的研究员3名,副研究员8名,博士17名。学科组老、中、青相结合,年龄结构比较合理,专业、知识结构也比较全面、协调,既有侧重马克思主义哲学、政治经济学和科学社会主义研究的,也有从事西方经济学和当代经济问题研究的;既有侧重于马克思主义基本原理研究的,也有侧重社会发展重大现实问题研究的。同时,学科充分发挥老一代马克思主义理论家的领军作用,积极推进各研究室的合理分工,加强研究工作的协调统一,发挥整体研究合力;不断完善系统性的学习制度,树立钻研经典原著的学风,大大提高了科研人员的政治素质和业务素质。

3. 学术活动与交流情况

学科设立后,即开展并参加了一系列学术交流活动:如"世界政治经济学学会"的系列论坛,"中国经济社会发展智库高层论坛"系列学术会议,马研院的"中外马克思主义报告会"系列学术活动,等等。

各类学术活动和学术交流促进了马克思主义学术活动与理论宣传相统一、马克思学术研究和政策建议相统一，促进了学科发展，提升了学科影响力。

学科研究人员积极参加各类座谈会、研讨会、各类论坛、各学会年会和各类研究机构组织的学术会议及各类调研活动，与会人员提交论文，发表观点，展现了中国社会科学院马克思主义基本原理学科建设的成果和学科队伍的综合实力。同时，学科研究人员通过学术访问、讲学、学术报告、工作访问等各种形式不断扩大学术交流，通过国际学术交流加强了与国外学者的联系，通过国内学术交流既深化对马克思主义基本原理的现实解读，又开阔了视野，丰富了知识，提高了自身科研能力和水平，收到了较好效果。

4. 科研工作情况

学科设立后，马研院原理研究部即以各类课题为依托，以日常科研工作为基础，丰富学科研究内容，在重大问题研究方面，在宣传马克思主义等方面发挥了积极作用。

在重大问题研究方面，本学科研究既有对当前学科前沿、热点问题的关注，也有对学科建设重大问题的跟踪，科研人员注重运用马克思主义基本原理对这些重大、热点问题进行分析，充分显示了马克思主义理论解决现实问题的力度和深度。学科设立以来，科研人员就"关于马克思主义经济学理论的创新和发展"问题，"运用马克思主义基本原理分析当前国际金融危机"，"关于什么是马克思主义基本原理"问题，"关于自觉划清马克思主义同反马克思主义的界限"等问题进行了深入探讨和研究，取得了一定成绩。经过学科研究人员的努力，学科科研成果丰硕，目前已经发表的成果有500多篇（部）。

三 当前马克思主义基本原理学科 存在的问题与未来的发展

（一）国内整体概况

回顾几年来的马克思主义基本原理学科建设和理论研究工作，毋庸置疑，取得了重大成绩，但由于学科建立时间比较短，学科建设和理论研究也存在很多问题。这些问题有待于在实践探索中不断得到解决。

1. 从学科总体发展上看，加强规范化建设是当前学科建设的首要任务

加强学科的规范化建设是当前马克思主义理论学科建设的重要任务，也是当前马克思主义基本原理学科建设的首要任务。马克思主义基本原理作为一个新设立的学科，是由原来的马克思主义哲学、政治经济学、科学社会主义等学科整合而来的，各学科点依托不同的院系和研究所而设立。在管理机制上，存在着管理体制不健全、管理制度不规范、保障机制不到位等问题，有些单位仅搭建了一个空架子，缺乏真正的马克思主义基本原理学科建设内容。在科研规范方面，许多学科点的研究方向和所承担的课题与本学科不相关比例很大，论文选题不规范，甚至偏离学科的要求。在教学规范上，各个学科点在导师的基本要求上、研究生招生和培养的基本制度上等，要求各异，缺乏共性。在学术规范上，还在一定程度上存在着盲目追求数量，低水平重复研究，粗制滥造等的现象。这些现象和问题的存在无疑影响和制约了马克思主义基本原理学科的健康发展。加强学科的规范化建设，加快学科各项制度建立和完善，旨在形成学术共同体，完善学术研究范式，最终形成马克思主义基本原理学科的基本信念、规则和方法，创造共同的学术语境和场域，从而促进学科健康发展。

2. 理论研究方面，马克思主义基本原理整体性研究仍任重而道远，如何运用马克思主义基本原理解释和解决现实问题尚缺少力度

（1）马克思主义基本原理整体性研究仍任重而道远

从马克思主义基本原理学科设立之日起，整体性研究就是一个主题，几年来，学者们经过多方努力，也取得了一定成绩，但与马克思主义博大精深的理论以及与人们的预期相比，还很不如意，主要表现是，机械综合，缺乏内在的有机统一，因而仍停在表面，没有深入。

在教学上，由于过去长期分门别类地研究和讲授马克思主义基本原理，教师原来接受的也都是马克思主义哲学、政治经济学和科学社会主义等分部分知识，对某个部分熟悉，但对整体不怎么熟悉。所以，现在不少单位马克思主义基本原理课的讲授由几位老师分头担任，熟悉哲学的讲世界观和方法论，熟悉经济学的讲剩余价值、资本主义发展规律等，熟悉科学社会主义的讲社会主义革命和建设规律、共产主义等，实际上仍然按照马克思主义哲学与政治经济学、科学社会主义三门独立课程来教研和讲授。

在研究上，很多马克思主义基本原理研究人员仍然是从研究者原有专业背景和知识结构出发选题和写作，马克思主义基本原理的内容被分解在马克思主义哲学、政治经济学和科学社会主义等学科之中，马克思主义基本原理变成了三个方面内容的简单拼连，仅是一个形式上的整体，而其内在的统一性、关联性却难以体现出来。例如，人们都理论性地、一般性地知道马克思主义基本原理是真理观与价值观的辩证统一，但是由于缺乏真正的整体性的思维和能力，在具体研究中常常把马克思主义基本原理的真理判断与价值判断、真理观与价值观割裂开来，或者以现实生活中的不合理现象怀疑甚至否定马克思主义价值理想和社会主义建设事业，或者停滞于非日常生活的宏大叙事，无视现实生活的矛盾和冲突，对问题的分析缺乏全面的辩证的眼光，缺乏发展的历史的眼光。当然，真正达到马克思主义基本原理的整体性研究也不是一蹴而就、说一说就能实现的。这需要马克思主义基本原理学科界的每个理论工作者长期不断地努力，在自己专业的背景下，不断深入探讨其他领域知识，像马克思那样深入钻研哲学、政治学、经济学、各国文化历史，特别是最新自然科学成果，这样才能写出真正体现马克思主义理论整体性的经典著作。

（2）如何运用马克思主义基本原理解释和解决现实问题尚缺少力度

从总体看，当前的马克思主义基本原理研究尚缺少那种熟练驾驭马克思主义基本原理深入分析和解决现实问题的精品力作，存在着把基本原理当成单纯工具，机械地、实用主义地"嫁接"和"搬用"，甚至不恰当解释等现象。这是当前马克思主义基本原理学科理论研究需要努力的地方，也是学科发展最有希望出优秀成果的地方。

展望学科未来发展，马克思主义基本原理研究必须要在深刻把握国内国外局势的基础上，深入实践发展前沿，感悟时代发展先声，用马克思主义基本原理解释和解决社会主义建设中出现的问题，并在这一过程中使理论本身得到升华，这是马克思主义基本原理发展的最高境界。对于当前国际金融危机问题、中国经济发展所面临的碳排放、金融体制改革、贸易保护等问题，对于改革开放以来现实提出的、世界关注的重大理论与实践问题，如"中国模式"、城乡关系、人与资源环境关系等，需要从马克思主义基本原理的视角做出系统、全面、深刻的分析。这事关马克思主义基本原理学科建设的生命力，马克思主义基本原理研究要在这方面有所作为。总之，深入理解马克思主义基本原理的根本原则和精神实质，进一步挖掘其当代意义,并通过解释和解决现实问题的切实的创造性研究,在当代语境中提升和发展其当代价值,这是学科理论研究的一项长期的重要课题。

3. 专业人才队伍看,加强马克思主义基本原理专业研究人才培养是当务之急

队伍建设是学科建设的根本。可以说,当前马克思主义基本原理学科整体性理论研究不尽如人意的根本原因在于专业研究人才的缺乏。

对于马克思主义基本原理学科的科研人员来说,他必须具备的理论素质是:对马克思主义基本原理有深刻的理解和掌握,对现实问题的研究要体现出马克思主义综合、整体研究的宽阔视野和思想深度。从当前马克思主义基本原理学科研究人员队伍看,由于长期以来缺少马克思主义基本原理的整体性研究,较多进行分部分研究,所培养的人才也大都是专科人才,结果,当马克思主义基本原理学科建立起来后,我们的科研队伍和师资队伍的学科背景、研究成果不能与之相匹配,满足不了学科建设快速发展的需要。目前从事马克思主义基本原理研究的人员基本上都是从别的专业上转过来的,各自有各自的专业背景和知识背景,各自从自己的背景出发,很难达到对马克思主义基本原理的总体认识和把握。

马克思主义基本原理学科必须要培养自己的专业研究人才,这是马克思主义基本原理学科健康发展的根本保证。没有一支理论功底扎实、理论视野宽阔、富有创造力的学科队伍是不可能完成学科健康发展任务的,学科队伍的素质决定着推进学科建设的内容、质量和方式。在学科队伍建设上,可以从以下两方面努力。

一是切实提高青年学者的马克思主义理论素养。通过经典著作研读会、各种专题报告会等,为青年学者学习马克思主义基本原理、领会马克思主义根本精神创造条件、搭建平台,要通过制定规范,增加学习的压力和动力,提高学习效率。

二是努力培养学科拔尖人才。学科队伍整体素质的提升有赖于高水平者的带动和影响,拔尖人才多了,彼此互相切磋,互相提高,学科整体科研水平才能提高。要创造条件,使那些理论功底深厚、有创新思想的学者有机会发挥自己的才能,同时也要给以适当压力,使他们尽快成长起来。同时,应当加大资金投入、完善课题制度,加强对拔尖人才的重点扶持,使他们逐步成为有影响的理论工作者。对崭露头角的学术新秀应重点培养,提高他们的理论水平,使他们逐步成为中青年拔尖人才,并着力打造

学术创新团队，培养一批高素质的后备人才。

(二) 本学科发展存在的不足及未来发展

经过几年的努力，本学科建设经验不断积累，成绩不断提高，但是，相比较学科发展目标，当前还存在很多亟待解决的问题，未来任重而道远。

1. 当前本学科发展存在的问题

第一，基础理论的研究需要加强。马克思主义基本原理学科的学术研究有两点同等重要，一是对马克思主义基本原理的基础理论研究，二是运用马克思主义基本原理解释和解决现实问题。学科设立几年来，总体上看，本学科比较注重运用马克思主义基本原理解释和解决现实问题，但对马克思主义基础理论研究还不够系统和深入，特别是马克思主义哲学原理，这是马克思主义理论最基本层面，这个部分的欠缺会影响整个学科理论研究的长远发展。切实加强基础理论研究，做扎实细致的工作，是我们学科需要努力的地方。同时，学科发展还存在着如何切实将马克思主义基本原理理论研究与当代中国社会主义建设进一步密切联系起来的问题，本学科研究人员致力于将基本原理与现实实践相结合的工作，争取在这方面多出成果，出精品成果。

第二，从研究方法上，存在着如何将马克思主义基本原理整体性研究与分部分研究协调统一起来的问题。加强整体性研究是当前马克思主义基本原理学科所迫切需要的。但是，从本学科现有人员的专业背景和知识结构看，都是比较擅长于分部分研究，这是以往学校教育分部分授课以及理论界分部分研究的结果，这样的专业背景和知识结构有利于学科研究人员从时代发展最前沿来研究马克思主义基本原理，但是却不适应马克思主义基本原理整体性研究的要求。如何将整体性研究和分部分研究统一起来，自如地发挥各自的优点，这是本学科建设需要解决的问题。

第三，人才培养上看，如何将青年学者们的发散性创造思维和科研热情与学科建设的规范性要求有机结合起来，是当前主要问题。本学科科研队伍中有很多青年学者，他们思维活跃，有很多创见和闪光点，但是科研经验积累不多，很多道理还需要在科研实践中磨砺、体会，最重要的是：从事马克思主义基本原理研究不仅仅是一份科研工作，更多的是一种责任和使命。把青年学者培养成为杰出的马克思主义基本原理研究人才还需要时间和努力。

2. 学科未来发展设想与方略

总体来说，当前本学科建设的重点仍是加强学科规范化建设，学科内容的基本规范、人才培养的基本制度、学科建设的考核标准等都要在实践中深入探索，继续加以完善。

第一，科研方面，在理论研究上，要加大马克思主义整体性研究的力度和深度，既要在马克思主义原理基础理论研究和学习上下工夫，又要着眼现实，将视角转入日常生活领域。一是加强学科基础理论建设，要制订马克思主义基本原理基础理论研究规范方案，量化每个科研人员的科研任务。同时，以各类课题为依托，做好各类课题申报工作，鼓励申报马克思主义基本原理基础理论研究方面的课题。二是继续完善学科资料数据库。实践表明，原始资料和前沿资料的滚动式跟踪式积累对学科建设长期发展是非常有益的，学科建设要把进一步完善文献资料数据库作为一个重要工作。三是继续做好经典著作研读工作，经典著作研读是马克思主义基本原理学科深化理论的一个重要内容，未来本学科要在全方位、立体式研读的基础上，继续探索全景式研读与精细研读的关系，使本学科在原著学习方面有更大作为。

第二，科研队伍建设方面，一方面，优秀的团队是产出高质量学术成果的人才保证。没有团队，形不成合力，就难以产生有影响的精品力作。20世纪以来，科学研究的发展越来越依靠团队的力量，自然科学如此，社会科学也一样，以强化学科建设为契机，争取尽快培养一批学术骨干和学术领军人物，提升团队意识，通过集体攻关，全力合作，产生一批有影响的精品力作。另一方面，做学术研究积累很重要，特别是青年学者更如此，要加强原著学习，要舍得花时间和精力，对经典文献反复研读。学科要切实提高青年学者的马克思主义理论素养，通过经典著作研读会、各种专题报告会等，为青年学者学习马克思主义基本原理、领会马克思主义根本精神创造条件、搭建平台，要通过制定规范，增加学习的压力和动力，提高学习效率。

（胡乐明，中国社会科学院马克思主义研究院马克思主义原理研究部主任，研究员，博士生导师；张建云，中国社会科学院马克思主义研究院马克思主义基本原理研究室主任）

马克思主义发展史学科建设的回顾与展望

辛向阳

一 进一步认识马克思主义发展史学科建设的重大意义

中国社会科学院历来重视马克思主义理论研究和学科建设。2008年下半年，在中国社会科学院深入开展学习实践科学发展观活动中，院党组决定把加强马克思主义理论研究与学科建设作为一项重要工作来抓。院党组书记、院长陈奎元对该项工作作出"突出重点、循序渐进、切实加强"的重要指示。2009年2月，院党组决定，成立中国社会科学院马克思主义理论学科建设与理论研究工作领导小组，党组副书记、常务副院长王伟光任组长；党组副书记、副院长李慎明，副院长武寅任副组长；李慎明负责具体工作的实施。2009年7月13日，陈奎元同志主持召开第209次院党组会议，审议了《中国社会科学院马克思主义理论学科建设与理论研究实施方案》等事宜。陈奎元同志在会上强调，我院实施马克思主义理论学科建设与理论研究工程，是落实中央对我院"三个定位"要求、巩固马克思主义在哲学社会科学领域指导地位的一项重要举措。搞好马克思主义理论学科建设与理论研究，培养大批马克思主义理论人才，是我院一项长期任务，要持之以恒地抓好这项工作。

2006年，"马克思主义发展史"被确定为中国社会科学院重点学科，予以扶持。马克思主义发展史重点学科建设，依托中国社会科学院马克思主义研究院，以马克思主义发展研究部为主要力量，同时整合全院的优势资源，把马克思主义发展史学科建设成为国内一流的、有较大国际影响的学术前沿和阵地。

在新的历史条件下，如果不能对马克思主义发展史学科重新定位，重复出马克思主义发展史方面的论著就没有多大的意义。马克思主义不能定位于西方流派的一种，它从诞生时就是国际性的思潮、世界历史性的学说。我们的学科建设要根据党的十七大精神，立足于世界社会主义产生和发展的历史进程和中国特色社会主义的伟大实践，将马克思主义中国化和社会主义的民族化作为主线，来梳理马克思主义发展史。因此，要突破传统的马克思主义哲学、政治经济学、科学社会主义三大板块的模式，紧紧抓住某一特定历史阶段突出的问题，把社会主义实践的生长点和马克思主义理论的创新点结合起来，实现由"从世界看中国"到"从中国看世界"的转变，着重研究中国特色社会主义理论形成和发展的历史及其在整个马克思主义发展史中的地位和作用。马克思主义通史、国别史、阶段史和专题史都应围绕研究和阐明中国特色社会主义理论的发展史。这是对当前我国马克思主义发展史学科的一种新的定位。

当然，马克思主义不是纯粹的历史现象，而是当代现象。马克思主义发展史属于马克思主义理论学科，史论结合，以史为据，以论为纲，论从史出，体现当代性、实践性、综合性的特点，不能局限于用历史学的方法研究马克思主义发展史。马克思主义发展史的争论从根本上说不是由历史材料、文献版本决定的，而是由社会实践、由对历史事实的判断决定的，版本学、史料学不起决定性的作用。马克思主义发展史研究过去基本上是搞通史，弱的是专题史、阶段史。在这个关键时期，我们的学科建设意义重大。要对该学科已有学术成果梳理一遍，把马克思主义中国化的实践逻辑与马克思主义的理论逻辑结合起来研究，避免低水平重复，发挥我们的特长和强项，形成我们的特色和优势，确立能站在学科发展前沿的相对稳定的研究方向，拿出标志性成果和精品力作。

二 认真贯彻落实马克思主义发展史重点学科建设规划

（一）马克思主义发展史重点学科建设的主要内容

马克思主义发展史重点学科建设，以马克思主义研究院马克思主义发展研究部为主体，学科第一负责人是马克思主义研究院原副院长侯惠勤，第二负责人是马克思主义发展研究部原主任罗文东。该重点学科现有研究人员25人，其中教授1人，研究员5名，副研究员7名，助研12名。

1. 总体目标：保持和发挥"马克思主义发展史"学科在国内外现有的特点和优势，立足马克思中国化的伟大实践，致力于服务社会，扩大国际交流，力争经过五年的建设与发展，组建一支政治思想过硬、专业素质优秀、学术造诣深厚、外语基础扎实的科研队伍，创出一批在同领域居领先水平的科研成果，使马克思主义研究院"马克思主义发展史"学科在整体上成为在国内处于领先地位，在国外有较大影响的学科。

2. 学科发展定位：根据本学科的历史和现状，将近期的学科发展定位为，深入研究马克思主义产生、发展和在世界各主要国家传播的历史，把马克思主义、列宁主义和在中国的传播、发展所形成的毛泽东思想和中国特色社会主义理论体系有机结合起来，揭示它们的内在逻辑联系，从整体上研究、把握和创新马克思主义的科学体系；高举中国特色社会主义的伟大旗帜，坚持马克思主义的立场、观点和方法，结合当代资本主义和社会主义的实践与变化趋势，研究马克思主义在回答和解决世界各主要国家的革命和建设的重大问题中获得了怎样的发展，揭示马克思主义发展的规律。

3. 主要研究方向与研究领域：着眼世界变化，立足新的实践，系统研究马克思主义理论产生的时代背景和历史必然性，考察马克思主义产生、发展和在世界各国传播的历史过程及其基本历史阶段，总结马克思主义自身发展和指导实践的历史经验，揭示马克思主义发展的一般规律和在不同历史阶段上发展的特殊规律，特别是与各国实际相结合而不断发展的规律，力争在马克思主义通史、马克思主义国别史和阶段史、马克思主义专题史、马克思主义文献学方面取得较好的理论成果；在充分收集、掌握马克思主义发展史的史料，梳理、揭示马克思主义发展史一般规律的基础上，侧重从两个方面拓展学科领域：一是加强对于以往研究薄弱的某些专门史或部分史的研究，如"马克思主义意识形态史"、"马克思主义基本范畴史""第二国际理论论战史"与"列宁主义的形成和发展"等；二是加强马克思主义中国化的历史规律、理论创新和思想逻辑体系研究，如"马克思主义中国化研究丛书""十六大以来党的基本理论创新研究"和"中国特色社会主义历史经验和发展道路研究"等，并形成相应的理论成果和教学用书，开设相关的研究生课程，为创建"中国马克思主义学"

奠立基础。

4. 科研队伍建设：根据学科建设需要，通过各种渠道（调入、研究生分配等）拟增补科研人员 20 人，使在职科研人员达到 40 人左右，初步完成人员合理配置。在马研院内外特聘研究人员，形成学科建设的合力；新来人员应具有博士学位，特殊情况至少应具有硕士学位，注意吸收留学回国人员；全体人员至少应比较熟练掌握一门外语，能与国外学者直接用外语进行基本的学术交流；每个研究人员均可根据工作需要享有一次国内进修的机会，费用由本学科资助；在条件许可的情况下，资助研究人员出国进修访问或参加国际性学术会议；在现有博士生导师和硕士生导师的规模基础上，争取培养 5 名博士研究生导师；逐步扩大现有博士、硕士研究生招生名额，每年增加招收一定数量的博士、硕士研究生，以及国外各类学生，形成一支结构（含知识、年龄、科研方向）合理、学术水平一流的教学和科研队伍，确保学科处于国内领先地位。

5. 学术基础建设：高质量完成国家社科基金项目和总院的课题；以这些课题为基础，编写一部总院研究生马克思主义发展史教材；在马克思主义基本理论和国内外社会主义运动研究基础上，继续进行各主要国家马克思主义流派、人物和理论传播专题的研究，为今后更全面、更系统的研究打下基础；着手筛选、组织对国外研究马克思主义发展史方面的重要学术著作的筛选和翻译。

6. 科研手段现代化建设：依托马克思主义研究院的资源优势，将国内外关于马克思主义发展史的重要著述数字化，利用网站平台建成网络数据库；完善本研究部科研设备的配置；真正实现科研人员的研究工作的全程计算机化和网络化。

（二）积极发挥自身优势，科学整合科研力量

马克思主义发展史重点学科的主要依托部门，是马克思主义发展研究部。该部在马研院刚成立时为"中国马克思主义研究二部"，当时下设科学发展观、党建与政治、文化与哲学、国际战略四个研究室。马克思主义发展史学科建设的基础在研究室，要把研究室的权利与责任统一起来，充分发挥各个研究室在学科建设中的主体作用。学科发展规划要落实到研究室的工作中，课题研究要与每个研究室的研究方向结合起来。研究室要结合各自的研究领域明确学科建设的主攻方向，体现出各研究室的专业特长

和优势。

2007年4月24日，马克思主义研究院"马克思主义发展史"重点学科召开了工作会议。2007年12月8—10日再次召开学科建设专题研讨会。这两次会议就学科定位、研究方向、特色优势这些需要宏观把握的学科发展的重大问题展开深层次的研讨和交流，明确了学科建设的定位和发展方向。通过深入研讨，四个研究室围绕马克思主义发展史学科建设确立了四个重点研究课题：（1）科学发展观研究室以马克思主义发展思想史论为重点研究课题；（2）党建与政治研究室以马克思主义党建思想史论为重点研究课题；（3）文化与哲学研究室以马克思主义文化范畴发展史论为重点研究课题；（4）国际战略研究室以马克思主义国际关系思想史论为重点研究课题。力争通过3—4年的集体研究和攻关，在马克思主义专题史和范畴史方面，取得突破性的进展，创作出经得起实践和历史检验的科研成果。2009年6月，马克思主义发展研究部重新组建成立，下设马克思主义发展史研究室、经济与社会建设研究室、政治与国际战略研究室、文化与意识形态建设研究室。我们的研究任务也做了相应的调整：马克思主义理论创新史（依托马克思主义发展史研究室）、马克思主义经济与社会建设思想（依托经济与社会建设研究室）、马克思主义文化与意识形态学说（依托文化与意识形态建设研究室）、马克思主义政治与国际战略思想（依托政治与国际战略研究室）。

学科建设，一是出人才，二是出成果。人才是第一位的。在学科建设中，我们把学科发展的规划落实到每个科研人员的身上和每个科研项目之中，要求每一个科研人员都要考虑个人在这个学科建设中处于什么位置？个人在学科建设中承担的具体职责是什么？只有落实各研究室和各科研人员关于马克思主义发展史学科建设的责任制，才能分步骤、分阶段地实现学科建设的发展目标。我们强调，科研人员找准个人的研究方向与学科发展方向的结合点，把读马恩列斯经典著作与理论创新结合起来，切实抓好研究选题和课题研究。特别鼓励青年科研人员要勇于超越自己，现有的优势是过去积累的结果，现在完全可以继续积累形成新的学科优势。每一位科研人员都会随着学科的建设和发展尽快成长，在学科建设中取得新的更大的成绩。我们对青年研究人员的学习深造、外出参加学术交流均提供便利的条件，鼓励研究人员走出院门、走出国门，加强学术交流，尽快成长为各自研究领域的一流人才。青年科研人员的健康成长，为马克思主义发展史研究提供坚实的后备力量。

（三）积极吸收借鉴国内外研究成果

马克思发展史的研究和学科建设，我们必须继承前人，借鉴国内外既有的科研成果，不应该也不可能是"另起炉灶"。马克思主义发展史的研究对象是，自1848年《共产党宣言》发表以来，马克思主义理论发展的历史进程，特别是紧密结合马克思主义中国化的历史与现实，阐明马克思主义理论产生、发展的客观规律，揭示马克思主义基本原理的当代意义和永恒价值。马克思主义诞生以来，体现出三种发展路径：第一，是由马克思恩格斯、列宁开创的，把马克思主义基本原理同具体的时代特征以及各个国家、各个民族的实际结合起来，不断改造主客观世界的革命建设改革的历史进程；第二，是在恩格斯逝世以后，从第二国际伯恩施坦、考茨基开始的，结合资本主义世界的变化而发展起来的社会民主主义和改良主义的一股潮流；第三，是把马克思主义完全看作是一种纯粹的社会理论，把它与其他理论归并、杂糅和改造从而创造出的各种"学院派"理论的历史。我们研究的马克思主义发展史，重点是研究第一种发展路径和发展历史，同时，也吸收、批判和借鉴后两种思潮中有意义的成分。

目前，国内马克思主义发展史的研究成果很多，队伍较大。其中，代表性的著作有：黄楠森主编的《马克思主义哲学史》8卷本和《马克思主义哲学发展史》；孙伯鍨、侯惠勤主编的《马克思主义哲学的历史与现状》；庄福龄的《简明马克思主义史》；顾海良、梅荣政主编的《马克思主义发展史》等。很多高校也开设了马克思主义发展史学科的本科专业和硕士、博士点。这些专业中涉及了马克思主义通史、马克思主义专题史、马克思主义国别史和阶段史、马克思主义传播史等。国内一些学者认为：马克思主义发展史是一门科学。对马克思主义发展史这门科学的学习和研究，要全面理解马克思主义的时代特征、历史发展和理论体系的基本内涵，紧密结合当代世界发展的实际，紧密结合当代中国发展的实际，紧密结合中国化马克思主义发展的实际，探索马克思主义发展的科学规律及当代趋势。马克思主义发展史是马克思主义理论学科中的一门历史科学。对这门历史科学的学习和研究，要求我们能够站在历史发展的高度，真正分清哪些是必须长期坚持的马克思主义基本原理，以更全面地把握马克思主义理论的精髓；真正分清哪些是需要结合新的实际丰富和发展的理论判断,以更有力地推进马克思主义理论在现时代的创新;真正分清哪些是必须破除的对马克思主义的教条式的理解,以更切实地弘扬马克思主义与时俱进的理论品质;真正分清哪些是必须澄清的附加在马克思主义名下的错误观点,以更利于准确理解马克思主义的精神实质和科学内涵。

国外研究马克思主义发展史的著作很多。例如,卡尔·科尔施的《马克思主义和哲学》、依林·费切尔的《卡尔·马克思和马克思主义》、艾里克·霍布斯鲍姆等编的《马克思主义史》、列泽克·科拉科夫斯基的《马克思主义的主要流派》、乔治·利希海姆的《马克思主义——历史和批判的研究》、赫伯特·马尔库塞的《苏联马克思主义——一种批判的分析》、普雷德腊格·弗兰尼茨基的《马克思主义史》、梅洛-庞蒂的《辩证法的历险》、戴维·麦克莱伦的《马克思以后的马克思主义》、本·阿格尔的《西方马克思主义概论》、佩里·安德森的《西方马克思主义探讨》、沃尔斯勒的《马克思和马克思主义》、刘易斯的《马克思的马克思主义》、罗克默尔的《马克思主义以后的马克思》等。有的西方学者认为:自从列宁逝世以后,"正统的马克思主义"研究并"没有显示出任何显著的成就",苏联哲学和社会理论所做出的任何进步也"不是在马克思主义基础上取得的"等。还有一些成果多是打着所谓"学理"研究的旗号,对革命思潮和革命理论采取了批判的态度,有的还故意割裂了马克思和恩格斯的关系,割裂了马克思、恩格斯与列宁的关系,否认毛泽东思想对马克思主义的继承性,对中国特色社会主义理论关注也不够。这些都是我们开展马克思主义发展史研究要重点回答的问题。

三 马克思主义发展史重点学科建设取得的重要成果及展望

马克思主义发展史学科建设得好不好,第一步在于准确定位。简言之为"三准":(1)找准特色和突破口;(2)看准学科发展的整体形势和面临的挑战;(3)找准对手,即以国内相关领域内分担相似课题、能力相当的团队为对手。我们根据对国内马克思主义发展史学科建设现状的对比研究,认为马克思主义发展史学科建设的大方向是马克思主义意识形态思想史、社会主义核心价值观以及主流意识形态建设。从根本上,要做到把好重大理论关口,明确学科建设的大方向。在这一学科定位思想的指导下，本学科涌现了一批在社会上产生较大影响，理论紧密联系实际的相关著作，如《马克思的意识形态批判与当代中国》、《新中国意识形态史论》、《中国特色社会主义理论体系新论》、《中国特色社会主义道路研究》、《侯惠勤自选集》等。

要搞好马克思主义发展史学科建设，第一是回答清楚一个本源性的问题，即什么是马克思主义，如何对待马克思主义，分清马克思主义和反马克思主义的本质界限；第二是进行细节研究，对一些概念范畴的源流和发展要力求考证详细，梳理清晰。在具体的理论突破点上，我们强调要突破原有学科框架，突破把马克思主义发展史划分成哲学、政治经济学、科学社会主义三大板块的结构，建立新的框架，用新角度和新理念，新的方式写出新的马克思主义发展史，按照历史与逻辑相一致的方式，本质地、历史地再现马克思主义的发展。这是我们学科建设近几年的核心内容，也是我们所面对的最大挑战。马克思主义发展史学科建设，要在实现局部突破的同时，进行总体性突破，而且以总体性突破为重，关键在于摆脱逻辑发展恶的无限性，通过科学认识的"圆圈"，做到历史与逻辑相一致。具体实现方式有两种：（1）以辩证综合的马克思主义发展史概念范畴为生长点，续写唯物主义一元历史观的概念发展史。这类概念范畴大致梳理，可分为五种：实践概念、观念论、价值论、经验论、和谐论。（2）贯彻批判改造之后的黑格尔的圆圈思想，真正做到历史和逻辑相一致，打破现在以历史阶段为主书写马克思主义发展史的格局。具体而言，要从人的解放出发，在雇佣劳动与现代无产者、工人阶级及其阶级意识、革命理论和革命实践、帝国主义与民族解放、时代主题与社会主义改革、经济全球化和民族国家、劳动的解放与劳动的复归七个环节着力，吸收新观点、新材料和新探索，开创马克思主义发展史的新局面。

真正的马克思主义理论研究从来不是"学院派"的。马克思主义发展史重点学科建设，当然要坚持理论与实践紧密结合，需要我们不断面向现实，坚持不懈地跟踪热点问题，把握理论创新点。马克思主义是实践的理论，马克思主义发展史是实践的历史，所以马克思主义发展史的学科建设一定要注重对现实热点问题的关注，才能牢牢把握住学科发展清晰的脉络，从而全方位掌控学科发展的正确方向，作出有益于社会、有益于现实的理论成果。作为马克思主义发展史学科建设重要成果的《马克思的意识形态批判与当代中国》（侯惠勤著，中国社会科学出版社 2010 年版）

一书，提出马克思恩格斯通过"意识形态批判"实现了最伟大的哲学变革。马克思以批判德意志意识形态、现代（资产阶级国家）意识形态和商品拜物教，创造了以辩证唯物主义、历史辩证法为标志的新型世界观，实现了认识论、逻辑和辩证法的统一，以及自我意识、阶级意识和人类意识的统一。该观点从理论和实践的统一、历史和逻辑的统一上，有理有据地回应了国内外一些人对于我国主流意识形态的种种歪曲和责难，从根本上推倒了"非意识形态化"的马克思学根据，为在新的历史条件下坚持和发展马克思主义的党性原则、建构当代中国的富有活力的意识形态阵地提供理论支撑。该成果在社会上引起了热烈的反响，引发人们对意识形态问题的严肃思考。

目前，马克思主义研究院"马克思主义发展史"学科建设，已经组建起一支政治思想过硬、专业素质优秀、学术造诣深厚、外语基础扎实的科研队伍，创出一批在同领域居领先水平的科研成果，使马克思主义研究院"马克思主义发展史"学科在整体上居于国内领先地位。本学科在研课题，包括国家社科基金项目、中国社会科学院重大课题、马克思主义研究院重点课题、中国社会科学院国情调研重点项目、中纪委交办课题、中国社会科学院重点课题、中国社会科学院青年科研启动基金项目等课题类型。近年来，我们不断扩大学术交流的广度和深度，加强了与国内外学者的联系。我们鼓励科研人员接受新闻媒体的访谈，就当前重大理论问题发表观点，有些访谈被《人民日报》、《光明日报》、《解放日报》、新华网、人民网、中国广播网等广泛刊登转载。科研人员积极参加国内外多种形式的学术研讨会，提高了该学科的研究能力和研究水平，展现了重点学科队伍建设的综合实力，扩大了我院马克思主义发展史学科的社会影响力。经过近五年的发展和建设，"马克思主义发展史"重点学科已基本建立起科学发展观专题文献、中国特色社会主义经济建设、党建专题、中国特色社会主义政治建设、马克思主义发展史、中国特色社会主义文化建设、对外关系国际战略、中国特色社会主义社会建设八个文献资料库，随着研究的不断深入还将继续充实和完善。

中国的发展离不开世界。中国的问题也日益成为世界的问题，世界的问题也开始不断地转化为中国的问题，中国特色社会主义理论的科学指导更加迫切，中国特色社会主义制度的现实意义更加明确，中国特色社会主义道路的国际地位更加突出，推进马克思主义中国化的历史任务更加繁重。马克思主义形成 160 多年来，在理论上从来没有遇到过如此多的挑战，当然挑战和机遇并存，机遇大于挑战，理论发展空间很大。与此同时，资本主义也遇到了诞生以来最多的挑战，资本的神话被打破了。西方思想家要马克思主义反思，资本主义更应该反思。为了站在时代的高度回应各种对马克思主义的挑战，目前我们正在组织撰写重点学科建设成果"马克思主义发展史论纲"。我们的研究就是要给当代马克思主义理论与实践的发展以思想启发。从这个角度看，我们的成果不是要增加一个"马克思主义发展史"的版本，而是要进行理论创新，为马克思主义理论与实践的发展创新，为中国特色社会主义事业的发展创新贡献我们的力量。

（辛向阳，中国社会科学院马克思主义研究院马克思主义发展研究部副主任，研究员，博士生导师）

马克思主义中国化重点学科建设的回忆和新进展

赵智奎

一些学者认为，中国社会科学院的马克思主义中国化重点学科建设，是 2009 年 7 月由马克思主义研究院上报中国社会科学院科研局，被批准后实施的。其实，这只是表面情况。实质上，马克思主义中国化这一重点学科，早在马克思主义研究院成立之前，在马列所时期就已经按照规划有条不紊地实施建设了。只是当时学科的名称，还没有统一到全国现在所一致确定的二级学科。这当然有一个变化、发展的过程。这一学科至今也已十多年了。

一　马克思主义中国化重点学科确立之前的情况

马克思主义中国化重点学科确立之前的名称为中国特色社会主义理论学科。

中国特色社会主义理论学科，是马克思主义研究院的前身——马克思列宁主义毛泽东思想研究所承担的中国社会科学院重点学科。它涵盖了毛泽东、邓小平、江泽民三代中央领导集体以及以胡锦涛同志为总书记的新一届中央领导集体关于中国特色社会主义的理论和实践，是马克思主义研究中实践性最强的学科。中国特色社会主义理论学科的研究和建设成果，对于推进中国特色社会主义发展具有现实意义。

赵智奎

中国特色社会主义理论学科经历了较长时间的成长、完善过程。

1994年初,中共中央宣传部理论局局长靳辉明同志调任中国社会科学院马列所所长,随即组建了中国特色社会主义理论研究室,并兼任该室主任。翌年,王煜同志接任研究室主任。

1996年8月,依托在马列所中国特色社会主义研究室的"中国特色社会主义理论学科",成为中国社会科学院"九五"发展规划中实行目标管理责任制的学科之一,进行重点扶植,时间至2000年12月31日终止。1997年5月我任马列所中国特色社会主义理论研究室副主任。党的十五大召开之后,中国特色社会主义理论研究室更名为邓小平理论研究室。1999年5月我接任邓小平理论研究室主任。责任制期满时,该学科以优良成绩,受到院科研局表彰。

2002年8月,在邓小平理论研究室的基础上,与马列所毛泽东思想研究室共同组建"中国特色社会主义理论学科",成为中国社会科学院57个重点学科之一,截至2007年。学科负责人由马列所所长李崇富担任,由邓小平理论研究室主任赵智奎和毛泽东思想研究室主任王宜秋协助,并列为该学科牵头人。两个研究室精诚团结、互相支持与促进,形成了学科建设蓬勃发展的局面。

2005年12月,马克思主义研究院成立。学科建设在原有基础上进一步加强研究力量。马克思主义研究院成立时设中国马克思主义研究一部,下设毛泽东思想、邓小平理论、"三个代表"重要思想3个研究室,并由该研究部主任赵智奎研究员担任中国特色社会主义理论重点学科的执行负责人。

2006年3月,马研院提出学科建设的总体任务是:"选拔、培育、建设国内一流且具有国际影响的重点学科。我院将在继续加强原有的社科院重点学科'中国特色社会主义理论'建设的基础上,再申报、建设三个社科院级重点学科,即'马克思主义基本理论研究'、'马克思主义发展史'和'国外马克思主义',并在此基础上,整合全院力量,申报国家级重点学科'马克思主义中国化研究'。以上述重点学科建设为平台,促进人才梯队、理论成果、学术交流和其他学科建设工作的开展。"① 我们从这个规划中可以看出该学科在马克思主义研究院中的重要地位。

中国特色社会主义理论学科确定的研究方向主要是:马克思主义中国化研究;中国特色社会主义理论与马克思主义关系研究;中国特色社会主义理论形态研究;中国特色社会主义理论与国外社会主义理论及其流派的比较研究。五年来(2002—2007),学科建设在以下几个研究领域已形成了一定的特色、取得了许多成果。例如,毛泽东思想及其社会主义实践研究领域;邓小平理论科学体系及其理论与实践形式研究领域;"三个代表"重要思想及党的第三代中央领导集体对邓小平理论的坚持、发展和创新研究领域;中国化的马克思主义在国外传播和影响的研究领域。此外,因现实课题需要,在科学发展观和党的建设等研究领域也有所扩展。

学科建设一直把"有明显优势,有自己特色,有发展后劲,在全国处于本学科发展前列,并完成一批有学术水平和社会影响的优秀科研成果"作为自己发展的目标。学科在责任期内,基本上按照既定计划健康、稳定、有序的发展,整体上达到了国内同行的领先水平。五年来,学科建设达到了目标。在原有专著《中国特色社会主义理论体系研究》(靳辉明主编、王煜副主编)荣获第七届中宣部"五个一工程奖"的基础上,学

---

① 参见《马克思主义研究院"十一五"事业发展规划》,2006年3月。

科的研究成果相继获得国家、省、院、所等众多奖项。据不完全统计，截至 2007 年年底已发表论文 180 余篇，约 125 万字，其中大部分刊载于中央和省部级报刊或学术研究的核心期刊上；出版专著 9 部，约 302 万字；研究报告 11 篇，约 23 万字。其中，李崇富和吴波撰写的论文《"三个代表"：全党全国人民团结奋斗的共同思想基础》获得中宣部第九届"五个一工程奖"；李崇富的专著《较量——关于社会主义历史命运的战略沉思》、赵智奎的专著《邓小平理论的范畴体系》和李崇富、赵智奎主编的《"三个代表"重要思想青年读本》，相继获得院级、省级和国家新闻出版总署颁发的奖项；另有 14 位同志获得了中国特色社会主义理论学科的科研成果奖。此外，学科在学术积累与服务现实相统一、基础研究与对策研究相统一的基础上，又形成了一批理论成果。如专著《毛泽东与中国社会改造》和《"三个代表"与中国共产党执政规律》，在学术界产生了较大影响，获得了较高评价。还有的研究成果得到国家社会科学基金办公室的高度评价；有的同志荣获国务院颁发的政府特殊津贴等。这些都是对学科研究人员的表彰和鼓励，也体现了学科建设的突出成果。

至 2007 年年底，重点学科建设的任务已基本完成。拟等待院科研局下一步对学科建设进行调整。

这期间，2008 年 12 月由人民出版社出版的《改革开放 30 年思想史》（上、下卷，108 万字，赵智奎主编），是马研院成立后该研究部承担的第一个中国社会科学院重大课题，成果结项的鉴定等级为优秀，被列入中宣部、新闻出版署的"强国书系"和"纪念改革开放 30 周年 100 种重点图书"。这项成果，也被视为马克思主义中国化重点学科建设的重大成果。

二 马克思主义中国化重点学科确立之后

2009 年 7 月，中国社会科学院对重点学科建设进行了新的部署。马克思主义研究院原有的中国特色社会主义理论重点学科，更名为马克思主义中国化重点学科。填写上报的申请表封面是："学科：马克思主义中国化；负责人：赵智奎；研究所：马克思主义研究院；责任期：2009 年至 2014 年；填表日期：2009 年 7 月 2 日。"

申请表填写的重要内容：

(一) 学科发展总体目标与定位

在保持现有特点和优势的基础上，经过5—8年的发展，从整体上达到国内同行的领先水平，力争在国际上具有一定的知名度和影响力。

(二) 主要研究方向与研究领域

运用马克思主义的立场、观点和方法，以研究马克思主义中国化的历程和实践形式为基础，以研究中国改革开放和现代化建设的重大理论与现实问题为中心，探索和总结马克思主义中国化以及中国特色社会主义建设的基本经验和规律性，推进中国化马克思主义理论的发展和创新。

主要研究方向：毛泽东思想、邓小平理论、"三个代表"重要思想、科学发展观与马克思主义中国化理论创新研究；中国特色社会主义实践形式研究；中国共产党的历史与党的建设新的伟大工程研究。

主要研究领域：马克思主义中国化的基本历程；马克思主义中国化的实践形式；马克思主义中国化的基本经验及规律性；马克思主义的大众化；马克思主义民族化、本土化比较；毛泽东思想与中国特色社会主义理论体系两大历史性飞跃比较；新时期党的建设新的伟大工程的基本经验；党风廉政建设的绩效与对策；马克思主义中国化发生学；马克思主义中国化传播学（解释学）；等等。

(三) 科研队伍建设

高举中国特色社会主义理论的伟大旗帜，坚持马克思主义的立场、观点和方法，全面贯彻科学发展观，努力培养和造就出一批善于把马克思主义基本原理同当代中国实践相结合的马克思主义理论工作者和专家。在现有科研人数的基础上，按上述研究方向和领域配备研究力量，经过5年的建设，争取发展为30人左右的科研骨干队伍。其中，争取新培养2名博士研究生导师和3名硕士研究生导师；每年增加招收一定数量的硕士、博士研究生。

(四) 学术基础建设和科研手段现代化建设

以研究部和研究室为依托，不断加强学术积累，加强本学科的文献和资料库建设，加强调研基地建设，提升科研手段现代化建设水平。

鉴于上述，学科在未来 5 年发展的思路，可概括为 "54321 计划"，具体内容是：

"5 项战略举措"。狠抓 "5 项战略举措"：一抓文献资料的长期积累，夯实研究基础。二抓人才，以本研究部、室为主，借助特邀研究员优势，适当整合马研院力量，促进本学科人才脱颖而出。三抓成果，陆续推出马克思主义中国化基本历程研究等丛书。四抓教育和宣传，其中包括学科成员自身的培训和对外宣传，继续办好系列学术报告会和重点学科《学术通讯》。五抓对外交流与国际化，实施 "走出去" 战略。

"4 类研究课题"。竞争和管理好 "4 类课题"：一是国家社科基金课题，在 2009 年我研究部在青年项目中连中三元的基础上，力争每年有新的递增。二是中国社科院重大课题，在已完成 1 项、仍在研 1 项的基础上，5 年内再争取获得 2 项。三是中国社科院重点课题和马研院重点课题，学科骨干力争每人获得总院重点课题，马研院重点课题全面覆盖研究部、室。四是横向课题，在相关领域和社会上争取 3—4 项以上。

"3 个调研基地"。建设和完善 "3 个调研基地"：在完善原有 1 个调研基地（河南新乡七里营镇）的基础上，5 年内在浙江、广东等地再建立 2 个调研基地。

"2 个研究中心"。成立 "2 个研究中心"：第一个研究中心，是在已经长期积累的基础上，成立 "中国社会科学院（农村）集体经济研究中心"，这一方面是我国农业改革和发展的迫切需要，另一方面也是贯彻党的十六大关于 "坚持两个毫不动摇" 方针的务实举措。例如，中国社会科学院早已成立中国民营经济研究中心，却没有公有制经济研究中心。多年来，学科已经具备了这方面的研究实力。第二个研究中心，是成立马克思主义研究院 "中国特色社会主义实践形式研究中心"，这个研究中心主要是对波澜壮阔的改革开放和现代化建设实践进行理论总结，对其道路、方法、模式进行跟踪研究。十余年来，学科也已具备了扎实的研究条件和基础。该中心主要为在国内开展横向联系，创造载体和平台服务，其中也包括国际化的交往和联系。

"1 个学术论坛"。举办 "1 个学术论坛"：马克思主义中国化论坛。这个论坛的特点是，网络和实地相结合。首先，建立一个网络式的论坛。网络论坛以马克思主义中国化研究部的专家学者为主体，联合马研院其他各部的专家学者，展开马克思主义中国化的多领域、多视角、多方法的讨论。网上开辟并设立多种区域和时段，展开讨论。该论坛是常态、稳定性的，并且不断更新。其次，在网络论坛的基础上，针对某一个主题，召开全国性或者区域性的实地论坛；在条件成熟时，还可以召开国际性的论坛，进一步扩大马克思主义研究院的影响。

现在，该学科建设已经过去了三年。应该说，取得了较好的成绩。"54321 计划"中的具体项目，2/3 已经完成。

例如，"5 项战略举措"中的各项都有了不同的进展。一抓文献资料的长期积累，夯实研究基础。这方面，学科建设始终重视，文献资料的积累渐成规模。二抓人才，以本研究部、室为主，借助客座和特约研究员优势，适当整合马研院力量，促进本学科人才脱颖而出。目前，已有 1 人被新增选为博士研究生导师，1 人晋升为研究员，4 人晋升为副研究员。三抓成果，陆续推出马克思主义中国化基本历程研究等丛书。由金民卿主编的《共和国起步》丛书已经在 2009 年 9 月出版，取得了很好的社会影响。四抓教育和宣传，其中包括学科成员自身的培训和对外宣传，继续办好系列学术报告会和重点学科《学术通讯》。这一项已经被目前每年编辑出版的《马克思主义中国化研究报告》文集代替，目前已出版了 3 卷，年内还要出第 4 卷。五抓对外交流与国际化，实施"走出去"战略。这一项工作抓得实，抓得紧。目前学科多数成员已经先后出访日本、越南等国家，且有对方学者相继回访。

例如，"4 类研究课题"的竞争和管理，有了新的进展。2009 年学科成员在国家社科基金青年项目中连中三元的基础上，现在又有一项国家社科基金一般项目的收获；中国社科院重大课题又新增 1 项。横向课题的立项，一直没有间断。无论是宁波文化课题、青海碱业课题、山东钢铁课题，都使学科成员得到了锻炼并找到施展智力和才华的舞台。

又如，"一个学术论坛"的建设已经搞起来，且在国内有较大影响。目前"马克思主义中国化论坛"已连续开办了两届，国内主要媒体都相继有跟踪报道。学科成员在论坛上发挥了重要作用。与论坛直接关联的网站也办得有声有色，赵智奎、金民卿、习五一同志分别担任该论坛（网站）的执行主席。

当然，也有一些不尽如人意的地方。例如，原来拟成立两个中心，由于社科院对新成立的中心严加控制，未能如愿。至于拟新增三个调研基地，这几年在数量上实际已经突破，但是都没有正式签约，没有履行挂牌程序。

三 马克思主义中国化重点学科建设的主要特点

马克思主义中国化重点学科建设具有比较鲜明的特点，有自己独特的认识和实践。

首先，起步较早，起点较高。这是从马列所算起实施中国特色社会主义理论学科建设的自我评估。1994年初，中共中央宣传部理论局局长靳辉明同志调任中国社会科学院马列所所长后，随即组建了中国特色社会主义理论研究室，并亲自兼任该室主任。在靳辉明教授的带领下，该室首先开展了对邓小平理论的研究。与此同时，对国外社会主义运动和流派的跟踪研究也在大力推进，特别注重对苏联解体、东欧剧变的原因进行深入分析。由于在这个研究背景下以及用新的视角和方法，马列所对邓小平理论研究的起点和势位都比较高，为深入研究中国特色社会主义理论打下了良好的基础。

其次，研究有重点，从院扶植学科到列入院重点学科。马列所"中国特色社会主义理论学科"是"九五"发展规划中确定为实行目标管理责任制的学科之一，依托在邓小平理论研究室。时间从1996年8月开始，至2000年12月31日终止。五年来，在院、所领导的高度重视和双重领导下，在院科研局大力扶植和支持下，该学科已取得了较大的发展。1999年4月，根据院领导李铁映同志指示，建立由中国社会科学院邓小平理论研究中心和马列所双重领导邓小平理论研究室的科研体制。2002年8月，又在依托邓小平理论研究室的基础上，与本所毛泽东思想研究室共同组建"建设有中国特色社会主义理论学科"，成为中国社会科学院57个重点学科之一。

再次，成果有特色，努力使本学科在全国处于发展前列。"有明显优势，具有自己特色，有发展后劲，在全国处于本学科发展前列，并完成一批有学术水平和社会影响的优秀科研成果"，始终是马列所中国特色社会主义理论学科努力的目标。1998年12月出版的《中国特色社会主义理论体系研究》（靳辉明主编、王煜副主编）一书，获中宣部第七届"五个一工程奖"，理论界给予了较高的评价；《邓小平理论的范畴体系》（赵智奎著）在邓小平理论科学体系研究方面，也是一部有自己特色的力作；中央党校沈宝祥同志写的《邓小平理论科学体系述评》一文,把这两本书作为全国研究邓小平理论体系的代表著作。此外,由本学科多数成员集体撰写的《邓小平理论青年读本》,第一版发行了10万册,在青年中引起了好评,获得团中央"五个一工程奖"。《马克思主义与邓小平社会主义》(孙连成主编)、《邓小平社会发展战略》(赵智奎著)、《公平和效率新论》(郭志鹏著)、《精神文明建设论》(赵智奎著)等著作也受到理论界同行的关注。在中国特色社会主义实践形式方面,取得了阶段性成果,已出版了《中国农村改革发展的道路》、《企业职工持股制研究》(柳可白著),这两部专著也得到理论界特别是经济领域专家的好评。

本学科成员撰写的许多论文,在社会上引起较大反响。特别是关于"三个代表"重要思想研究的论文多次在全国重要报刊上发表。例如,《"三个代表"重要思想与历史唯物主义》(李崇富)、《"三个代表":全党全国人民团结奋斗的共同思想基础》(李崇富、吴波执笔)等,其中,《"三个代表":全党全国人民团结奋斗的共同思想基础》获得中宣部"五个一工程奖"。由集体撰写的专著《"三个代表"青年读本》,获得全国优秀青年读物二等奖和团中央"五个一工程奖"。发表在《光明日报》头版《20多年改革开放实践告诉我们什么?》一文(赵智奎、孙应帅、张剑撰写)得到了中宣部理论局的好评。此外由该研究室集体撰写的调研报告《浙江台州民营经济发展调查报告》、《河南农村集体经济发展调查报告》,也受到院内外专家的肯定,并写成《要报》报送中央和国务院领导参阅。

最后,强调"走下去"和"走出去"。

这应该是该学科建设的最大特点。主要表现是:立足学科建设,深入开展主题鲜明、富有实效的国情调研。调研活动呈现如下特点。

1. 层次多样,内容丰富

近年来,研究部和学科相继主持、承担或参与了院省(市)重大合作调研、社科院重点国情调研、上级交办及其他相关调研课题等近20项。2005—2006年、2007—2008年,赵智奎等8位同志参加了社科院同浙江省、广东省的重大合作项目"科学发展在浙江"、"广东省贯彻落实科学发展观、构建社会主义和谐社会的实践经验和理论探索"的调研,承担党建方面的调研任务和报告写作,金民卿还作为广东调研总课题组秘书承担了总报告起草和课题组联络协调工作。2009—2010年,金民卿等4位同志参加了社科院同宁波市的重大合作项目的调研,承担了宁波现代化国际港口城市文化力提升课题和应对国际金融危机课题的调研和报告起草工作。2008年、2009年，赵智奎、金民卿分别主持了"农村集体经济实现形式与新农村建设"、"西部新农村建设问题"等社科院重点调研课题。仅以2009年为例，就开展了如下较大规模的调研活动：赵智奎等3人赴黑龙江省兴十四村、内蒙古团结村调研；金民卿等4人赴陕北9个农村围绕农村集体经济与新农村建设问题调研；王宜秋等4人赴湖南考察农村集体经济问题；李伟等4人赴重庆等地考察新农村建设问题；金民卿等3人三次到宁波调研；赵智奎等6人到河南刘庄调研；等等。

2. 主题鲜明，紧扣学科特点

研究部人员所主持或参与的调查研究非常丰富，但主题非常突出，即紧紧围绕着中国特色社会主义经济、政治、文化建设和党的建设等方面来展开。通过这些国情调研活动，研究人员一方面增强了对中国国情的深入了解，增强了对中国特色社会主义的信念，同时也深化了对马克思主义中国化学科的理解，积累了丰富的研究资料，为进一步开展理论研究奠定了思想、资料上的基础。

3. 长期追踪，形成特色优势

在实地调查活动的基础上，致力于建立长期合作关系，通过建立调研基地和研究中心，把调查研究工作制度化、长期化。学科建设在农村集体经济调研方面富有特色、成绩突出，掌握了许多第一手资料，并积极为政府开展新农村建设服务，得到了相关部门和调研对象的承认和好评。目前已与河南省新乡县七里营镇签订合作协议，建立了本学科的农村调研基地；与黑龙江省甘南县兴十四村、河南省新乡市刘庄村也建立了密切的合作关系，就农村集体经济问题进行长期追踪调研。

4. 注重实效，服务决策参考

2010年以来在农业部组织的农村实用人才培训活动中，赵智奎、龚云、彭海红、陈志刚、徐文华、陈亚联、沈阳等同志先后多次受邀为该培训班授课，把调研成果转化为授课内容，为农村集体经济发展作出应有贡献。金民卿撰写的研究报告《宁波发展文化产业的做法及启示》在中国社会科学院《要报》和《领导参阅》刊发后，中宣部有关领导在短时间内就要求再提交简报形式供上级参考，宁波市文化系统也把其中的主要观点吸收到该市"十二五"文化发展规划中。

四 马克思主义中国化重点学科建设的新进展

（一）从"走下去"和"走出去"到"深进去"

强调以调查研究为契机，获取学术生长点和驱动力，促进理论研究深入展开。

第一，通过调查研究，加深对中国特色社会主义理论和实践重大问题的认识，捕捉学术研究的生长点，推进马克思主义中国化的深度理论研究。赵智奎、龚云、彭海红等在调研中发现，集体经济问题是当前实践中的重大问题，为此他们致力于集体经济同中国特色社会主义的内在联系，并把集体经济实现形式问题同邓小平的两个飞跃思想联系起来，在探索解决重大时间问题的同时深化对邓小平理论的研究。金民卿、李建国等对文化和意识形态问题作追踪调研，并把这种调研同社会主义核心价值体系研究、文化产业问题研究等联系起来，深化对中国特色社会主义文化的理论探索。王宜秋、陈志刚、戴立兴等把调查研究同党的建设理论研究联系起来，致力于在党内民主、党群关系等问题做深度理论分析。贺新元在援藏三年期间，坚持调查研究，思考了一些重大理论问题。回到中国社会科学院以后，担任研究室主任和学科学术带头人，所做的学术报告和撰写的研究报告，具有较高的水平，得到专家学者的高度评价。

第二，通过调查研究，激发科研人员的理论研究兴趣，为学术研究注入了活力，增加了驱动力。2008年、2009年，金民卿等5人到江西、延安等革命老区调研。调研中他们深为革命先烈的理想信念所感染，为中国共产党人在艰苦条件下的理论创造精神所打动。回来后，他们静下心来认真梳理各种文献资料，着力探索中央苏区时期党的理论创新历程和成果，创作了《共和国起步》丛书（五本个人专著），分别从理论、道路、政党、军队、政权等五个方面，探索了马克思主义中国化初步形成的历史经验和规律性认识。王佳菲在国际金融危机爆发后多次到宁波等地调研，在调研中倍感《资本论》对分析当代金融危机的重大理论指导意义，于是她重新系统阅读《资本论》，创作了《揭开经济危机的底牌：透过〈资本论〉看新危机时代》一书。与此同时，研究部还积极申报并承担了社科院重大研究课题"改革开放30年思想史"、"马克思主义中国化的历史经验和规律性认识"等。

第三，在调查研究的基础上，本着学术积累与服务现实相统一、基础研究与对策研究相统一的原则，形成了一批较为重要的理论成果。有的是调研成果的理论提升，如金民卿在《人民日报》发表的《发展文化产业要正确处理三大关系》，在社科院《要报》发表的《积极推进环保良好型欠发达地区的经济社会发展》等论文。有的是在调查研究基础上的学术研究成果，如赵智奎主编的《"三个代表"与中国共产党执政规律》、《中国社会主义六十年》，金民卿主编的《共和国起步》丛书等。有的是基础理论研究成果，如赵智奎主编的《改革开放30年思想史》、李伟的《毛泽东与中国社会改造》等著作，金民卿在《光明日报》发表的《历史转变时期的理论创新》等论文。

（二）以调查研究为平台，提高能力和素质，促进青年科研人才的快速成长

第一，通过调查研究，强化青年科研人员理论联系实际的学风。由于马克思主义研究院成立较晚，研究部的大部分人员都是近年毕业分配的博士。他（她）们出生于20世纪70年代中后期，思想活跃，创造性强，经过系统的理论学习，有比较好的学术基础。但是，因为年轻，又都是从校门到校门，缺乏实践锻炼，对国情的了解也比较少。鉴于这种情况，学科建设着力把研究重大理论问题与重大现实问题紧密结合起来，把理论研究与实地调查紧密结合起来，把人才培养与调查研究紧密结合起来，鼓励和推动青年科研人员参加调查研究，强化理论联系实际的学风，为人才的成长创造了良好的条件。像彭海红、李建国、王佳菲、贾可卿、王永浩等同志，都先后深入江西、浙江、重庆、河南等地从事实地调研，在国情认识、学科理解、学风培养、研究能力等方面有较大提升。

第二，通过调查研究，既培养了青年科研人员合作攻关的精神，也提升了他们独立研究的能力。以社科院重点国情调研课题"我国农村集体经济发展与社会主义新农村建设"、"西部新农村建设问题调研"等为纽带，从调研提纲设计、外出调查访谈、撰写调研报告等不同方面开展合作，形成了强有力的合作团队，青年科研人员在这些团队中发挥了重要作用。这种合作攻关精神在理论研究课题中充分显示出来。如我主持承担的社科院重大课题"改革开放30年思想史"、"马克思主义中国化的基本经验及规律性认识"等,绝大部分青年科研人员都参加了创作。此外,正是在集体攻关的过程中,青年科研人员的独立研究能力也得到较大提升,逐步成为科研骨干。有的开始独立承担调研工作,如李建国在宁波文化战略调研课题中已经开始独当一面。有的开始独立承担课题研究工作,如王佳菲、贾可卿、彭海红都已经开始独立承担国家社科基金的青年课题。以调查研究锻炼队伍、以课题研究培养人才、以集体攻关提高能力的构想,在学科建设中成效显著。贾可卿发表的专著《分配正义论纲》荣获中国马克思主义研究基金会"第二届马克思主义中国化研究优秀成果奖"。

第三,通过调查研究,帮助青年科研人员树立乐于奉献的精神和服务大局的意识。李建国、彭海红、贾可卿、于晓雷等先后担任研究部的秘书,承担了大量的服务联络工作,默默无闻但都无怨无悔。李建国还长期承担《马克思主义文摘》的编辑工作。学科建设还为其他单位输送了优秀人才,如中国社会科学杂志社副主编、《历史研究》副主编、《中国社会科学报》编辑部主任兼新闻中心主任李红岩,马研院党委委员、人事处处长徐文华等。特别值得提到的是,先后有贺新元、陈亚联两位青年科研人员积极参加援藏工作,分别于2007年和2010年自愿到西藏工作三年,又分别担任西藏社会科学院科研处处长和马列所副所长。陈亚联曾较长时间坚守在边远山村,非常艰苦,担任驻村工作队负责人。他们这种乐于奉献、服务大局的精神得到了马研院领导和全体同志的高度评价。

应该指出,随着马克思主义中国化重点学科建设的发展,在原有的基础上,现又从中分出了党史党建学科、马克思主义无神论学科。原有的学科成员也相继进行了调整。这是该重点学科深入发展的结果。这种新的整合,并没有减弱马克思主义中国化重点学科的研究力量;相反,三个学科相互促进、共同发展,使学科建设迈上了更高的台阶。

以上所述,是我对马克思主义中国化重点学科建设的若干回忆和认识。其中,参考了金民卿研究员在2010年8月北戴河会议上代表马克思主义中国化党支部的汇报发言。如果问我:十几年来致力于马克思主义中国化重点学科建设,有什么体会?我要说:最大的体会是:出成果、出人才,培养青年学者,形成团队合力,为中国特色社会主义建设事业提供智力支持。如果说该学科建设曾作出了某些成绩,这也是和马克思主义研究院院长程恩富、党委书记侯惠勤的悉心指导和大力支持分不开的。特别是学部委员李崇富始终关心并指导研究部健康发展。当然,我作为学科带头人也努力做到身体力行、率先垂范。总之，我们始终站在了中国改革开放伟大实践的前沿，形成了一支脚踏实地、敢于拼搏、努力创新、能打硬仗的学术团队。当然，我也清醒地知道，学科建设还存在着一些问题，同"三个强院"战略的要求还相距很远。自2011年2月起，由于年龄原因，我已不再担任马克思主义中国化研究部主任职务，但仍然是该重点学科带头人。出于需要，我还将继续工作到该学科建设5年期完成为止。现在，研究部已经有了新的负责人，有能力且有新思路，作出了令人鼓舞和欣慰的业绩。我将继续配合研究部负责人搞好工作，继续努力为本学科建设作出新的贡献。

附学科建设工作图片一张。

学科建设工作

（赵智奎，中国社会科学院马克思主义研究院马克思主义中国化重点学科负责人，研究员，博士生导师）

国外马克思主义研究的历程、热点问题与述评

冯颜利

归纳、总结、反思我国国外马克思主义研究 30 多年的历程，全面、深入、准确把握其热点问题，述评其整个研究的观点、方法、路向，无论是对推进国外马克思主义研究学科的发展，进而创新与发展马克思主义理论，还是对发展繁荣中国特色社会主义伟大事业，都具有特别重要的理论与实践意义。

一 国外马克思主义研究的历程

国外马克思主义研究在我国大多是从西方马克思主义研究开始的，从西方马克思主义范式来探索国外马克思主义研究始于中国社科院的徐崇温先生。徐先生 20 世纪 70 年代末主要融合法国梅洛－庞蒂《辩证法的历险》（1955）和英国学者佩里·安德森《西方马克思主义探讨》（1976）中关于西方马克思主义的界定，从流派上接受了安德森囊括人本主义和科学主义两大思潮的成果，在评价上采纳了梅洛－庞蒂将西方马克思主义看做是列宁主义的对立面的观点。徐先生特别强调不能只是客观介绍，而必须以马克思主义为指导进行分析和评论。30 多年来，我国大多数的国外马克思主义研究范式，所用的大部分是西方马克思主义。

在我国的国外马克思主义研究中，还有部分学者采用西方的新马克思主义研究范式。倡导新马克思主义研究范式的代表人物，最初主要是中央

编译局杜章智先生。新马克思主义的研究范式其实是对美国学者罗伯特·戈尔曼的研究范式的移植，罗伯特·戈尔曼主编的《新马克思主义传记辞典》使新马克思主义的研究范式传播开来。

在国外马克思主义研究中，我国曾经以徐崇温先生的西方马克思主义为一方，以杜章智先生的新马克思主义为另一方，进行了多次激烈的争论，因为他们移植借鉴的研究范式不同，使得他们在许多问题上的观点与看法都不同。

但是，国外马克思主义并不仅仅指西方马克思主义或新马克思主义，对马克思主义有创新和发展的国外共产党的理论与实践、信仰马克思主义和社会主义的所有学者、虽不信仰马克思主义但从纯学术角度研究马克思思想的专业学者等，都应该包括在国外马克思主义研究这个范畴内。西方马克思主义或新马克思主义仅是西方学者从自己的立场和观点出发研究、解释马克思主义，把它等同于国外马克思主义研究，就会影响我们对国外马克思主义研究整体现状的理解与把握。

我国对国外马克思主义研究如果从徐崇温先生引进西方马克思主义的研究算起，至今已有30多年了。30多年前，我国对国外马克思主义研究是作为一种哲学流派或思潮来介绍和评论的。起初是现代外国哲学的分支之一，而后又主要作为马克思主义哲学的分支之一。经过学人30多年来的努力，我国对国外马克思主义研究领域和学科性质有了清楚的认识，科学地界定它为国外马克思主义研究，到2005年，教育部正式把它确认为马克思主义理论这个一级学科中的5个二级学科之一，与"马克思主义基本原理"、"马克思主义发展史"、"马克思主义中国化"、"思想政治教育"4个二级学科相辅相成。30多年来我国对国外马克思主义研究进行了大量研究，特别是对市场与社会主义的结合、苏联演变的教训、20世纪社会主义的历史经验以及21世纪世界社会主义的现状与前景的研究，取得了一系列研究成果[①]，为国外马克思主义研究和学科建设提供了良好基础。国外马克思主义研究学科的确立，是我国哲学社会科学自我创新的结果，这是一个真正具有中国特色的哲学社会科学学科。国外马克思主义

---

① 段忠桥：《市场为何能与社会主义"联姻"?》，《马克思主义研究》2000年第5期；徐崇温：《苏联东欧剧变后国外社会主义研究的几个热点问题》，《马克思主义与现实》1997年第2期。

研究学科既是当代中国发展马克思主义的需要,承担着为当代中国继承和发展马克思主义提供理论资源的重任,同时,它也是当代中国继续改革开放、解放思想的需要,承担着为当代中国进一步改革开放、解放思想提供宏观的决策参考的重任。由于采纳国外马克思主义研究的新研究范式,以往争论中用西方马克思主义和新马克思主义研究范式难以处理的问题,现在都能比较好地得到合理解决。

30多年来,国外马克思主义研究有一些新的变化:一是研究地域分布重心的变化,从以往具有深厚马克思主义传统的拉丁语国家,特别是德国和法国,转向过去缺乏马克思主义传统的英语国家,特别是英国和美国;二是研究主题的变化,从对发达资本主义批判转向市场社会主义研究,出现多种流派,研究重心从文化问题转向社会政治、生态等现实问题;三是研究人员的变化,自由左翼知识分子取代过去具有政党背景的左派知识分子成为研究阵营中的主体;四是研究领域的变化,起初主要是哲学研究,当今政治学、文学、文化研究、社会学、历史学、经济学、生态学、空间地理学与人文地理学等都已成为国外马克思主义研究的重要领域。[①]

国外马克思主义研究的一系列变化也带来了我国国外马克思主义研究的新特征,概括为五个方面:第一,回到或走进马克思[②]。苏东欧剧变引发了国外马克思主义研究界对传统的马克思思想的理解方式和阐述方式的深刻反思,在起初的危机论、过时论的喧嚣归于平淡与沉寂的同时,逐渐形成旨在面对原始文本,回到马克思当年的历史语境,重新阐释其思想的研究路向。第二,走近马克思[③]。众所周知,对马克思思想的理解存在着一个解释学的视角,由于理解是相对的、有条件的、不完善的、历史地发展的,这就必然导致对马克思文本的解释呈现出多样性的面向,差异与误解是由于解释者与文本的时间距离和环境变化而产生的,还由于解释者对作者心理个性的不了解造成的,所以,不可能回到原本意义上的马克思,而只能不断地走近马克思。第三,重读马克思。重读马克思

---

① 吴宁:《30年来我国国外马克思主义研究的新特征、问题及其对策》,2009年1月13日人民网-理论频道http://theory.people.com.cn/GB/49150/49152/8668878.html。
② 张一兵:《回到马克思》,江苏人民出版社1999年版。
③ 陈学明:《走近马克思:苏东剧变后西方四大思想家的思想轨迹》,人民出版社2002年版。

的研究进路，本身就蕴含着两个基本判断：一是认为阅读马克思的文本是有价值的，二是认为马克思的文本又是需要重读的；前者体认着马克思理论的当代价值，后者则包含着反思人们解读马克思思想的状况。第四，超越马克思。持超越马克思观点的学者一是认为马克思主义作为时代精神的精华和人类文明活的灵魂，在不同的时代应有不同的理论形态；二是认为马克思的有关思想已被历史的发展所推翻，因而一系列论点都需要加以超越。因此，在继承马克思思想的基础上超越马克思、创立新的马克思主义理论就成了发展马克思主义的一个大胆而有重要意义的研究路径。第五，重建马克思。持该观点的学者认为，苏东剧变表明教条的、传统的马克思主义的某些观点已经终结，但开放的、非教条的马克思主义依然存在，它将继续为现时代提供理论源泉。但要做到这一点，马克思主义理论必须要有新的发展，建立新的、适应时代要求的理论体系，这就要重建马克思。

面对国外马克思主义研究的新变化与我国国外马克思主义研究的新特征，国内不少学者试图仍用西方马克思主义或新马克思主义的旧酒瓶来盛国外马克思主义研究的新酒。这种做法显然无法完整、准确把握当今国外马克思主义研究，反而只能使本来就非常复杂的问题变得更加复杂，正确的做法应当是依据新的发展态势确立新的研究路向，进而加以分门别类地进行国外马克思主义研究的个案与专题研究，从而不断深化与拓展国外马克思主义研究的深度与广度。

二 国外马克思主义研究的热点问题

中国社科院马研院国外马克思主义研究部主要从国外共产党、西方马克思主义与国外左翼思想三个方面研究国外马克思主义，因此，我们主要从这三个方面把握其热点问题的研究与进展。

（一）国外共产党研究的热点问题与研究进展

1. 发展中国家共产党的变化研究

在发展中国家，印度和尼泊尔的共产党组织发展迅速，影响较大，颇受学界关注。印度的三个共产党组织，即印共、印共（马）和印共（毛），在国际金融危机爆发后都获得了巨大发展。印共和印共（马）主张通过议会合法斗争和平掌握政权，逐步过渡到社会主义，各有60万和80万党员，这两个党目前在印度议会中共有48名议员，印共（马）还在西孟加拉邦、喀拉拉邦和特立普拉邦执政达30年之久。但是，2011年5月，在印度西孟加拉邦的选举中，印共（马）丧失了根据地，遭到惨败。① 主张暴力革命的印共（毛）是由印度最主要的两个纳萨尔组织在2004年合并而成，国际金融危机爆发后的革命活动以"惊人的速度"增加。②

尼泊尔活跃着10多个共产党组织。在这些共产党组织中，以尼共（毛）和尼共（联合马列）的实力为最强。自美国次贷危机开始的国际金融危机爆发以来，两党都曾执掌过国家政权。在2008年4月尼泊尔的制宪会议选举中，尼共（毛）赢得多数席位，尼共（毛）执政。2009年5月23日，尼共（联合马列）得以再次执政。2011年2月3日，尼共（联合马列）以多数票胜出，当选为新一任尼泊尔总理。③

2. 发达资本主义国家共产党现状与理论政策研究

学界对发达资本主义国家共产党的研究主要包括以下几个方面内容：第一，总结发达国家共产党理论变革的经验和教训；第二，分析发达国家共产党的政治现状与地位；第三，探讨共产党的危机理论与政策；第四，对发达国家共产党现状与理论政策的国别研究；第五，对重要理论争论的总结与评析。

3. 社会主义国家执政共产党的现状与理论变革

对越南、朝鲜、老挝、古巴四个社会主义国家执政的共产党的现状与理论变革研究是国内学界关注的焦点之一。④

越南共产党对当前自身所处历史阶段的界定是处于"向社会主义过渡时期的初级阶段"。有学者指出，越南共产党对社会主义市场经济的认识经历了一个从否定商品经济，到形成初步认识，再到明确提出建立社会

---

① 王耀东：《印共（马）忽视民生丢了"根据地"》，《文汇报》2011年5月20日。
② 刘志明：《国际金融危机后世界共产党获得重大发展》，《马克思主义研究》2011年第9期。
③ 同上。
④ 中国社会科学院马克思主义研究院当代世界社会主义研究室：《变革中的社会主义四国——2010—2011年越南、古巴、老挝、朝鲜四国社会主义研究报告》，《当代世界与社会主义》2011年第5期。

主义市场经济体制这样一个过程,最终形成了具有越南特色的社会主义市场经济理论。① 越南政治革新已经进行了20多年,在加强执政党自身民主化建设的同时,不断调整和完善宪法,并逐步推进国会改革,加强对公共权力的监督制约,取得了很大的成就。但同时,也存在着诸多不可忽视的矛盾和问题。②

从20世纪90年代开始,朝鲜劳动党一直把"核战略"作为对外战略中最重要的一环。③ 近年来,朝鲜劳动党逐渐将政策重心转移到国内经济建设和对外经贸合作上。一系列经济政策措施表明,朝鲜正在探索朝鲜式的经济发展方式。

随着冷战的结束,老挝人民革命党逐步摒弃了"一边倒"的外交观念,在20世纪80年代中期确立了全方位外交方针和政策。经过20多年的实践,老挝全方位对外交往活跃,在深化与传统友好国家关系的同时,与世界各国建立了广泛联系,老挝与中国的关系也获得了长足发展和较大突破,并成为老挝发展全方位务实外交关系中的重要关系。④

苏东剧变前,古巴依靠苏东国家的支援,政治经济稳定发展。苏东剧变后,古巴失去了苏东国家的经济支持,陷入空前困境,古共随即宣布进入和平年代的特殊时期,调整了内外政策,稳定了局势。在建设过程中,古巴共产党实施全民社保、免费医疗、免费教育等立足底层民众、具有鲜明社会主义特色的社会政策。⑤ 2006年7月,劳尔主政后,提出更新社会主义发展模式的主张。

4. 苏联共产党建设经验的总结与亡党教训的反思

在对苏联共产党兴衰成败的经验教训进行总结的过程中,国内学界出现了两种对立的观点:一种观点认为,苏联建立的社会主义体制并不符合马克思主义的精神实质,在马克思恩格斯设想的社会主义社会里,

---

① 盛文颖:《浅析越南社会主义定向市场经济理论》,《吉林工程技术师范学院学报》2011年第3期。
② 门晓红:《越南政治革新的成就与局限》,《当代世界与社会主义》2011年第5期。
③ 金祥波:《评析朝鲜的核战略》,《东疆学刊》2011年第4期。
④ 方芸:《老挝全方位外交政策与老中关系》,《东南亚南亚研究》2011年第2期。
⑤ 张丽、李雅杰:《试论古巴共产党政权保持长久活力的根源》,《群文天地》2011年第12期。

人民享有比资本主义更多的物质财富，具有比资本主义更多的民主权利以制约国家权力机关，防止其变成压迫民众的工具，苏联的体制却与此背道而驰。因此，苏联剧变的根本原因是其体制背离了人类社会的发展潮流，背离了民众的需要。如果苏共策略选择得当，本可以对此进行改革，使之更符合民众的需要和社会主义的本质，但是，戈尔巴乔夫等苏共领导人犯了一系列错误，不但没有把社会主义改好，反而加速了苏联的解体。① "苏联剧变的根本原因在于斯大林—苏联模式的社会主义制度本身。"② 另外一种观点认为，"苏联解体的根本原因，在于从赫鲁晓夫集团到戈尔巴乔夫集团逐渐脱离、背离最终背叛了马克思主义、社会主义和最广大人民群众的根本利益"③，苏联解体"致命的政治性根本原因是以戈尔巴乔夫为首的苏共领导集团背叛了马克思主义和科学社会主义"④。"戈尔巴乔夫改革的方向性错误、其对马克思主义基本原理和广大人民群众利益的背叛，既是苏联剧变的直接的、也是根本的原因。"⑤

5. 原苏联地区共产党的发展现状与理论调整

目前原苏联地区15个国家总计有26个共产党，影响较大的有俄罗斯联邦共产党、乌克兰共产党、摩尔多瓦共产党、白俄罗斯共产党。这些党组织机构健全，成员人数多，在国际、国内政治生活中都有一定的影响。⑥

俄罗斯联邦共产党是苏联共产党的继承者，苏联解体后一度成为俄罗斯政坛影响力最大的政党。但是随着社会的发展，俄罗斯联邦共产党的影响力开始逐渐减弱，党内纷争不断，党的建设面临新时代的考验。⑦ 白俄罗斯共产党是目前唯一不对当局的政策持反对立场的政党。白

---

① 左凤荣：《苏联解体20年：对苏联剧变原因的探究》，《俄罗斯学刊》2011年第2期。
② 陆南泉：《苏联剧变的根本原因和中国应吸取的教训》，《当代世界社会主义问题》2011年第3期。
③ 李慎明：《苏共的蜕化变质是苏联解体的根本原因》，《山东社会科学》2011年第7期。
④ 程恩富、丁军：《苏联剧变主要原因的系统性分析》，《中国社会科学》2011年第6期。
⑤ 陈之骅：《苏联剧变历史之再考察》，《中国社会科学》2011年第6期。
⑥ 陈爱茹：《原苏联地区15国共产党现状》，《世界社会主义研究动态》（内刊），2011年。
⑦ 李兴耕：《2007年以来俄共的党内斗争评析》，《当代世界与社会主义》2011年第4期。
李兴耕：《俄共深陷组织危机》，《社会观察》2011年第6期。

俄罗斯共产党现有党员 2 万多人。①

摩尔多瓦共产党人党是原苏联地区唯一曾上台执政的共产主义政党。21 世纪以来，该党连续执政 7 年，党主席弗拉基米尔·尼古拉耶维奇·沃罗宁曾出任该国总统。目前，该党共有成员 2 万多人。② 在乌克兰政治生活中共产党人也发挥着积极的作用。乌克兰共产党约有党员 10 万人。乌克兰共产党中央委员会第一书记是彼得·尼古拉耶维奇·西蒙年科。该党对国内现行统治制度持不可调和的反对派立场。③

此外，波罗的海沿岸各国共产党、中亚各国共产党、外高加索共产党尽管影响力不如以上提到的几个党，但也都积极在国内外展开斗争活动，深入对马克思列宁主义理论的研究，代言底层民众，对社会主义必将代替资本主义充满信心。

（二）西方马克思主义研究的热点问题与进展

1. 对西方马克思主义各学派的研究继续深入

在西方马克思主义创始人的研究方面，有的指出，卢卡奇的理论影响力一方面表现在《历史和阶级意识》以物化、总体性、阶级意识、主客体统一的辩证法等建构的西方人本主义马克思主义的理论范式；另一方面则与他后期思想的转折所引发的争论密切相关。这两个方面在当今国内外思想界中依旧是理论家们关注的热门话题。有的通过对卢卡奇学术生涯的总体考察，细致地分析了其一以贯之的对文化家园的执着追求以及这种追求在不同时期的演变。有的探讨了卢卡奇阶级意识理论及主体性哲学、柯尔施的马克思主义哲学观、葛兰西的政治思想、布洛赫的社会历史哲学等。

在分析的马克思主义研究方面，有的以"马克思是赞成还是反对正义""马克思缘何批判资本主义""平等是社会主义的价值目标吗"这三个问题为主题，系统地梳理了分析马克思主义的正义理论，并认为，尽管分析马克思主义离马克思主义还有很大一段距离，但其对马克思主义正义论的探讨在当代仍然具有一定的积极意义。

---

① [俄] 德·格·诺维科夫：《现阶段苏联地区的共产主义运动》，陈爱茹译，《当代世界与社会主义》2011 年第 4 期。
② 同上。
③ 同上。

2. 关于西方马克思主义的概念问题的研究

有的认为，在西方马克思主义概念的界定问题上存在"西方马克思主义"、西方马克思主义和新马克思主义三种基本观点，同时不应舍弃有特定内涵和外延的"西方马克思主义"和西方马克思主义这两个概念。为了弄清西方马克思主义与正统马克思主义、东欧"新马克思主义"、国外马克思学，以及西方马克思主义与后马克思主义、英美马克思主义的关系，有的认为有必要澄清"国外马克思主义研究"的四条不同阐释路径，即"正统马克思主义"、东欧"新马克思主义"、"西方马克思主义"、"国外马克思学"阐释路径，这在一定程度上有助于使西方马克思主义的界定清晰化。有的提出了四种不同的、但又可以共存的狭义和广义的"西方马克思主义"概念，并且认为即使概念范围再广，西方马克思主义的时间下限也已经于1985年终结了。

3. 对西方马克思主义意识形态理论的研究

有的认为，意识形态在马克思恩格斯的著作中具有"虚假意识"与"观念上层建筑"的双重内涵，早期卢卡奇与法兰克福学派继承并发展了"虚假意识"的内涵，提出了社会批判理论，完成了西方马克思主义意识形态研究的认识论转向，而阿尔都塞、齐泽克与詹明信则继承并发挥了"观念上层建筑"的内涵，着力于意识形态与社会现实关系问题的研究与分析，完成了西方马克思主义意识形态的存在论转向。有的认为，西方马克思主义的意识形态理论经历了一个从早期争夺文化领导权，到法兰克福学派以文化批判为中心建立其意识形态批判理论，再到阿尔都塞把文化作为意识形态来分析的理论嬗变的过程。

4. 后马克思主义研究

有的分析了马克思主义传统内部从卢森堡经由法兰克福学派到巴里·辛德斯、保罗·赫斯特、鲁道夫·巴霍、厄内斯特·拉克劳和尚塔尔·墨菲等理论的异议倾向，探讨了后马克思主义的未来前景。有的分析了后马克思主义产生的背景、特征、核心概念及基本结论、前景对其所倡导的"非暴力"革命理论的影响，成为国内研究此领域的力作。

有的断然指出，后马克思主义不是西方马克思主义发展的新形态，它在根本上是一种反马克思主义的思潮，它试图解构马克思主义的所有概念和范畴；在政治立场上，后马克思主义与西方的政治自由主义有一种内在联姻，它是资本主义制度的维护者而非颠覆者；在现实行动上，后马克思主义是一种远离政治斗争的"精神社会主义"。

5. 西方学者关于马克思经典文本的研究

最近几年的国际金融危机更是证明了马克思《政治经济学批判大纲》（以下简称《大纲》）对资本主义的批判的重要意义。有的认为，马克思主义理论的基本框架在《大纲》中被提出而在《资本论》中进一步发展，提出了无产阶级的核心概念和构成以及其主体性和行动的能力。阅读作为马克思政治批判基础的《大纲》，将会远远超越经典马克思本身。如果想要继续讨论马克思主义，那就应该在那些马克思已有的回答以及批判性的发展之外去寻求马克思主义新发现的潜在可能性。由于 MEGA2 的工作，促使一些研究马克思的学者对马克思的原著进行重新解读，由理查德·贝洛菲尔与罗伯特·芬奇主编的《重读马克思——历史考证版之后的新视野》就是这方面的代表作，对这些问题的探讨无疑会推进经典马克思主义的研究工作。

（三）国外左翼思想研究的热点问题与进展

1. 俄罗斯左翼思想的研究

苏联解体后，俄罗斯在过去 20 年里发生了本质变化，面临着与以往完全不同的问题和挑战。这些变化不仅涉及经济和政治，而且影响到了主要阶层居民的生活方式及其对现实环境的感知。当代俄罗斯社会的价值基调也有明显改变，各种社会价值观念形形色色，没有达成一种社会共识，甚至在基本价值观方面都有明显分化。[1]

有学者对俄罗斯当代社会民主主义左翼理论——新社会主义思想进行了诠释。苏联解体后，鲍·斯拉文反思"旧"社会主义模式，分析自由资本主义主导下的俄罗斯，探究社会主义未来发展道路。他综合了人道主义和民主主义，中和了资本主义和社会主义，并在此基础上阐释了他的新社会主义思想。鲍·斯拉文的新社会主义属于批判马克思主义学派和当代社会民主党左翼理论，其实质是当代社会民主主义左翼理论。[2]

---

[1] 李瑞琴：《现代俄罗斯的社会价值：描述与分析》，《国外社会科学》2011 年第 5 期。
[2] 马桂萍、张东亮：《俄罗斯当代社会民主主义左翼理论——鲍·斯拉文新社会主义思想诠释》，《国外社会科学》2011 年第 1 期。

2. 生态学马克思主义研究

21世纪以来的西方绿色左翼政治理论，对当代资本主义的政治生态学批判，已经从"资本主义的内在矛盾"扩展到现实世界中资本主义经济全球化所带来的全球性生态危机和资本主义"绿化处方"的全球性失效或无能。同时对未来生态社会主义的制度想象与设计，已经从马克思恩格斯等的设想扩展到对生态社会变革的诸多问题的具体分析。[①]

有的指出，奥康纳探讨的生态学社会主义思想是对"正义性社会"的一种憧憬。奥康纳认为，在生产社会化已高度发展的今天，"分配性正义"根本不可能实现，人们应该从对"分配性正义"的迷恋中挣脱出来，转而追求"生产性正义"，进而提出了生态学社会主义的两个核心命题："正义之唯一可行的形式就是生产性正义"、"生产性正义的唯一可行的途径就是生态学社会主义"。但是，人们对正义的诉求从来都是多视角、多领域的，这就决定了"生产性正义"不可能是"正义之唯一可行的形式"，从"分配性正义"转向"生产性正义"不能否定"分配性正义"的诉求；从社会主义理论与实践的多样性看，"生态学社会主义"也不可能是"生产性正义的唯一可行的途径"。[②]

有的指出，阿格尔的生态学马克思主义是生态危机下"人的解放"理论。阿格尔将当代资本主义现实的生态危机模式与马克思的异化理论、资本主义"内在矛盾"理论统一起来，希冀马克思主义在当代西方社会能够重新发挥政治功能。此外，他还将充分反映时代特征的"自然的解放"概念纳入马克思主义"人的解放"的传统视阈之中，探寻人与自然双重解放的社会主义变革道路。但由于其理论本身的不彻底性，阿格尔提出的"期望破灭了的辩证法"并不可能真正奏效，同样，"零增长"的稳态经济模式也只能是一个无法实现的美好愿望而已。[③]

有的指出，福斯特的生态思想最显著的特点是：他以对马克思生态学的发掘、构建为基础，以对资本主义积累逻辑和全球生态环境破坏的

---

① 郇庆治：《21世纪以来的西方绿色左翼政治理论》，《马克思主义与现实》2011年第3期。

② 冯颜利、周文、孟献丽：《生态学社会主义核心命题的局限——评詹姆斯·奥康纳"生产性正义"思想》，《中国社会科学》2011年第5期。

③ 赵卯生：《生态危机下人的解放——阿格尔生态学马克思主义理论评析》，《国外社会科学》2011年第1期。

现实批判为中轴,以纵向资本主义环境破坏史的考察和纵横双向生态帝国主义全球扩张的批判为两翼,以实现社会生态可持续的社会主义社会为目标,构成了自己的以批判和构建为特征的思想体系。无论是其对资本主义的生态批判,还是对马克思生态思想的阐发,特别是他对马克思新陈代谢断裂理论的建构,不仅彰显了马克思主义对现代资本主义的批判功能,而且对解决当代生态危机包括中国的环境与发展问题极具价值启示,具有重要现实意义,同时也为马克思主义生态理论的时代化做出了重要贡献。①

3. 当代国外左翼理论研究的热点问题与进展

有学者认为,目前很难在国外马克思主义研究动态中归纳出一个统一的发展趋势。但总体上,大致可以区分为超越与回归两种趋势。分析的马克思主义,结构主义与解构主义、后结构主义的马克思主义,法兰克福学派的文化批判理论都可以归入超越的发展趋势,因为这些学派不再固守马克思主义的基本理论,并且对马克思主义的问题域进行了转换。但是严格来说,他们都坚守着马克思主义的人类社会进步、平等、解放的基本精神。重读马克思的文本学派,可以归入回归马克思的发展趋势。该学派尝试借助于历史考证版提供的原始资料,对马克思的政治经济学理论进行重新解读,对马克思的价值与货币理论、价值—价格转换理论、利润率不断下降理论等都做出了自己的解读。随着2008年金融危机的爆发与蔓延,这一学派对《资本论》及其手稿的研究更加为人们所关注。②

有学者注意到,当今国外心理学研究中出现了各种马克思主义流派,除了精神分析马克思主义、人本心理学马克思主义和辩证法心理学等思潮之外,还涌现出了实证主义的马克思主义、女性主义心理学的马克思主义和批判心理学的马克思主义新取向。它们从不同方面对心理学的发展做出了积极的贡献,体现了马克思主义的生命活力和创新精神。随着国际政治局势的变化,马克思主义的心理学研究也遇到了巨大的阻抗。认识和运用国外马克思主义的心理学理论资源,推动心理学的研究,是中国心理学界

---

① 康瑞华:《批判 构建 启思:福斯特生态马克思主义思想研究》,中国社会科学出版社2011年版。

② 魏小萍:《国外马克思主义研究的新动态新趋势》,《中国社会科学报》2010年11月3日。

需要研究和解决的重大问题之一。①

三　国外马克思主义研究简评

（一）国外左翼思想研究述评

总体看来，学界对国外左翼思想研究的领域比较宽，如西方左翼、俄罗斯社会思潮、南亚共产党动态、日本马克思主义等都有涉及，世界主要左翼思想阵地基本能够顾及到。未来国外左翼思想研究应着力形成整体优势与独立研究相结合的学术发展思路。既能够对世界左翼思想、思潮、运动做整体的研究与推动，也能够针对具体国家的左翼思潮进行深入、跟踪研究，以形成学科的规模优势。

具体来说，就研究对象而言：首先，左翼思想研究突出的特点是涵盖面广，例如，对现代性问题、对当代社会民主主义左翼理论问题、对西方红绿政治理论的研究等。"红绿"政治理论对当代资本主义的政治生态学批判，已经从"资本主义的内在矛盾"扩展到现实世界中资本主义经济全球化所带来的全球性生态危机（尤其在广大发展中国家）和资本主义"绿化处方"的全球性失效或无能（例如可持续增长和消费或反增长）。其次，反思后马克思主义理论成为左翼研究的一个主要方面。学者们认为，尽管20世纪80年代中期出现的后马克思主义在解构传统马克思主义的基础上，提出了新的社会主义策略，力图突破西方左翼思潮长期面临的理论困境。但是西方左翼思潮数十年来的痼疾并未在后马克思主义理论中得到根本解决，问题的症结看来在于左翼经济理论何以建构的问题。再次，从地域性着眼，英国的马克思主义研究影响不断扩大。如学者们关注到汤普森对马克思的"基础—上层建筑"模式进行了改造，构筑了"基础—经验—上层建筑"辩证运动的新模式。这些新观点的提出都服务于一个终极理论目标：历史进程当中人的主体性地位的重新确认。

就研究主体来说：首先，马克思主义理论上升为一级学科时间很短，作为二级学科的国外马克思主义研究，学科建设的任务非常重，许多方面都有待于思考和解决。需要根据国际国内形势的变化、国内外理论研究和

---

① 魏萍、霍涌泉：《国外马克思主义心理学研究的新特点与贡献》，《安徽师范大学学报》2011年第4期。

发展状况，完善和丰富其建设；需要进一步开拓学术视野，将研究置于国际国内的大环境大背景下，努力用马克思主义的基本理论说明当代纷繁复杂的社会思潮与人类社会发展大趋势的本质关系，努力研究新情况、新问题，为中国特色社会主义事业服务。这是国外马克思主义研究长期面临的问题和重要任务。其次，国外左翼思想研究应立足于长远目标，思考学科建设的未来远景。即按照马克思主义学科的设置要着眼于中国人的视野、立场、目标、要求，不仅把马克思主义理论作为学术，而且还要赋予其鲜明的时代特征。鲜明的特色和内涵，决定了马克思主义研究一定是高瞻远瞩、超越性的。要面向世界，面向实践，从中国出发研究马克思主义，从马克思主义出发研究中国。由此，国外左翼思想研究的未来发展也必须立足于马克思主义理论学科设置的根本目的，根据一级学科定位和总体战略思考，来把握国外左翼思想研究室的发展方向和前景，不断与时俱进，符合世界发展和时代要求。再次，在学科建设中不断锻炼队伍，拓宽学术视野，增长年轻学者的才干。按照学科调整与体系创新的设想和规划，积极稳妥地推进学科体系创新，形成具有特色、布局合理、优势突出、适应国家发展需要的学科体系。

（二）国外共产党研究方面

整体上说，国外共产党研究取得了相对较好的成绩。一方面，是研究的范围更加广泛，除了对当今具有较大影响的各国共产党进行跟踪研究外，对一些小国的共产党、在国际上影响力相对有限的共产党也开始有学者跟踪研究并介绍给国内学界，这有利于我们把握国外共产党的总体状况。另一方面，是研究更有深度，除关注国外共产党的状况外，更加重视国外共产党所进行的理论创新和实践探索。今后为进一步推进国外共产党研究和学科建设，需要使用大量一手材料，需要与国外共产党相关组织机构和人员建立紧密联系，并立足中国国情，深化问题的研究，以服务于中国特色社会主义建设实践。

尽管国外共产党研究取得了较好的成绩，但是在学科研究内容、研究的深度和广度、研究人员和研究队伍的培养等方面，仍有待进一步加强。

首先，综合2011年的国外共产党研究成果，可以发现，大多数涉及国外共产党研究的文章，多囿于介绍国外共产党自身的状况及其理论变化，而没有将国外共产党放在各国政治舞台上、放在国际政治舞台上去分析和介绍，这就导致对国外共产党的研究以"研究点"的形式呈现出来，导致对国外共产党的研究具体但不全面，今后应将国外共产党的研究放在国内、国际政治的大舞台上，以点带面，加强国外共产党研究的全面性、系统性。

其次，对国外共产党的理论创新和实践探索跟踪滞后是国外共产党研究的一个不容忽视的问题。作为资本主义制度内最重要的左翼力量，绝大多数共产党都在积极进行理论创新和实践探索。它们在社会主义革命、社会主义建设模式、党的建设等一系列问题上提出了许多积极的见解。同时，在反对资本主义的实践斗争中，在捍卫社会正义、维护中下层社会群体利益的过程中，它们也提出了许多有价值的认识和主张。在这些方面，国内相关研究跟踪不够及时，研究深度也不够。深入研究国外共产党的这些理论观点和主张，对于世界社会主义发展低潮中的社会主义理论创新，对于丰富和发展科学社会主义，对于推进中国特色社会主义建设具有重要的理论和现实意义。今后国外共产党研究应加大这方面研究的力度。

再次，国外共产党研究的覆盖面过小。全世界共有近130个共产党组织，而国内每年跟踪研究的共产党不过区区几十个，发表的有关国外共产党的学术论文也不足50篇，这表明国外共产党的研究无论在广度上还是深度上，都还有很大的拓展空间。

此外，尽管围绕国外共产党研究形成了我国学界比较有影响的三大中心——中国社会科学院马克思主义研究院、中联部和华中师范大学，但从事国外共产党研究的人员仍然相对匮乏。打造一支政治强、业务精、在"国外共产党理论"研究领域有独特专长的科研队伍，是目前国外共产党研究学科的一项紧迫任务。

（三）西方马克思主义研究方面

近年来西方马克思主义研究总体上有以下几个特点：第一，注重对西方马克思主义经济学方向的研究，以弥补"没有经济学的西方马克思主义"之缺陷。第二，关注海外中国特色社会主义研究。随着中国改革开放的推进和国际地位的提升，海外学者围绕中国特色社会主义的研究和争论也越来越多。第三，对西方马克思主义研究原来只注重各理论流派的学院式研究，现在开始将马克思主义原理、西方马克思主义理论家的进步思想与现代资本主义、国际共产主义运动、工人阶级运动及全球范围内的弱势阶层的反抗运动进行理论与实践的有机结合，将西方马克思主义的研究视阈扩展至当前时代的全球化语境之中。这不仅有利于赋予西方马克思主义研究以鲜活的生命力，同时也更符合马克思主义的本来精神，因为马克思主义自创始以来就绝不是那种书斋里的学问，它不仅要解释世界，更要改造世界。第四，在关注时代问题的同时，依然没有放松对西方马克思主义基本理论的研究。

当然在西方马克思主义研究方面还有很多不足，仍然面临着许多困难，如学术队伍建设力度尚需加强，研究力量比较分散、不够集中等，需要逐步加以解决。

（冯颜利，中国社会科学院马克思主义研究院国外马克思主义研究部主任，研究员，博士生导师）

国际共运研究再起步

刘淑春

我国"国际共产主义运动"学科的发展经历了20世纪50—60年代的初创、"文化大革命"期间的停滞、80年代的恢复和繁荣、90年代的萧条和近年的调整和重振这样一个曲折的历程。1997年国家学科专业调整后，国际共运史与科学社会主义合并，列入"科学社会主义与国际共产主义运动"二级学科，归属于"政治学"一级学科。中国社会科学院马列主义毛泽东思想研究所早在1984年成立时就建有国际共产主义运动史研究室，该研究室在1994年撤销，国际共运史的研究人员转入当代世界社会主义、资本主义和西方马克思主义研究。2005年12月，中国社会科学院马克思主义研究院组建时设立"国际共产主义运动史研究部"，该部在2009年马研院学科调整时将其名称改为"国际共产主义运动研究部"，成为中国社科院"国际共产主义运动"重点学科的依托单位。

本文试图在回顾我国国际共运学科发展历程的基础上，重点介绍马研院国际共运学科的建设情况以及近年来我国国际共运若干学术问题的研究进展。

一 我国国际共运学科建设的历史沿革

在我国，"国际共产主义运动史"作为一门独立学科，始于20世纪50年代中后期。当时，中国人民大学、北京大学等高校陆续开设国际共运史课程，有的学校开始招收共运史专业本科生。1958年，由中国人民大学马列主义基础系编写的《国际共产主义运动史》教材（两卷本）问世，这是我国自主编写的第一部国际共运史教材。60 年代，中国人民大学历史系马列主义基础教研室编辑出版了 13 卷本的《国际共产主义运动史资料汇编》，三联书店等出版机构相继出版了关于三个国际的历史资料。这一时期国际共运史的研究在某种程度上受"左"倾思想的影响，因此，研究成果带有一定的片面性。

"文化大革命"期间国际共运史的教学与研究和其他学科一样受到冲击，处于停滞状态。

20 世纪 70 年代末 80 年代初，伴随着我国解放思想、改革开放的步伐，国际共运史的研究开启了一个大发展、大繁荣时期。这一时期，研究机构迅速扩大，中国人民大学、北京大学、山东大学、华中师范大学、中央党校等都成立了国际共运史研究室或研究所，国家有关部门也设有专门机构从事国际共运史的研究和资料翻译，如中央编译局于 1979 年成立国际共运史研究室（后改为研究所），专门研究第一、第二、第三国际。北京市共运史学会、中国国际共运史学会相继在这一时期成立，学术活动频繁。国际共运专业学术刊物增多，中央编译局、中联部、中国人民大学、山东聊城师范学院等单位都办有国际共运类专门杂志。学术研究活跃，学界冲破教条主义束缚，力求正本清源，不断推动学术研究向深度和广度拓展，并打破部门界限，通力合作，推出一系列学术成果。例如，高放和张汉卿分别主编的《国际共产主义运动》教材在高校被广泛使用；由中国国际共运史学会发起、多家单位参与编译的《国际共产主义运动史文献》汇编开始出版（计划出 60 卷，当时出版 21 卷）；关于三个国际的研究专著及国际共运史历史人物、事件等方面的专著和译著纷纷问世。与此同时，学科建设大大推进，教学和科研队伍不断壮大，高校开始招收培养国际共运史专业的硕士生、博士生。

20 世纪 90 年代以来，由于苏东剧变使国际共产主义运动遭受重大挫折，国际共运史学科也随之陷入衰落境地。国内相关研究机构纷纷撤并或改名，专门研究国际共运史的单位所剩无几，研究队伍青黄不接，后继乏人；高校的教学和研究力量不断流失，整体素质下降；"科学社会主义"和"国际共产主义运动"合并为一个二级学科后，大学本科国际共运专业被撤销，研究生专业其课程设置和研究方向大都转向"科学社会主义","国际共产主义运动"处于弱势;学科发展缺乏整体规划,学科缺少科学的、相对稳定的基本理论体系,存在过于时政化的倾向;研究力量缺乏整合机制,缺少跨地区、跨单位的分工合作;研究成果鲜见拳头产品,往往低水平重复。

然而,中国特色社会主义道路开拓探索的进程,始终伴随着思想领域各种观点的争论。例如,中国特色社会主义的本质是什么?建立社会主义市场经济体制时,要不要坚持公有制为主体?加强社会主义民主建设时,要不要搞多党制?苏联解体的根本原因是什么?我们从中吸取什么教训?类似的争论关乎中国改革的方向,也涉及对马克思主义科学社会主义的理解,涉及对国际共产主义运动、尤其是近百年来世界范围的社会主义革命与建设的历史的评价。现实与历史难以割裂。事实上,人们在争论现实问题时自然要到历史中寻找参照物。对历史经验教训的客观总结,会变成前进的动力。而虚无历史,则会迷失方向。在这些年,有人以反思历史、重评国际共运史历史旧案为名,公开否定革命,鼓吹民主社会主义。因此,如何处在新的历史时代认真研究国际共运史,为我国社会主义建设事业提供理论借鉴,显得极为紧迫,具有重要的现实意义。不仅如此,苏东剧变后国际共运史某些档案的解密也为深化共运史研究,揭开共运史中的谜团,提供了客观条件。正是在这样的背景下,以研究国际共运史为主旨的科研单位——中国社科院马研院国际共产主义运动史研究部诞生了。它的诞生标志着我国国际共产主义运动学科重振的开始。

二 马研院国际共运部的创立与发展

2005年12月26日,中国社会科学院马克思主义研究院成立。据参与马研院组建工作的马研院第一任党委书记吴恩远同志回忆,中国社科院陈奎元院长提出,马研院的建制要体现"古今中外",其中的"古",就是要有研究国际共运史的部门。关于成立国际共运史研究部的意义,时任中国社科院党组副书记、副院长、马研院院长的冷溶同志在中国社会科学院马克思主义研究院成立大会上的讲话中指出:"马克思主义研究院要科学总结国际共产主义运动的历史经验。国际共产主义运动史是马克思主义研究的重要分支学科,研究马克思主义理论,离不开对国际共产主义运动史的研究。"[①] 由此可见，中国社科院领导的高瞻远瞩，为国际共产主义运动史研究部的设立奠定了基础，指明了方向。

国际共运史研究部成立时下设两个研究室：19世纪国际共运史研究室和20世纪国际共运史研究室。研究人员仅有6名。我受聘主持研究部的工作。研究部成立之初，在马研院领导的指导下，我和同事们几经商议，制订了共运部发展规划，初步确定了学科建设的主要任务：跟踪和研究国际共产主义运动中的重大理论问题、重大历史事件和重要历史人物，全面系统地总结国际共产主义运动的历史经验，尤其是正确总结东欧剧变、苏联解体的经验教训；培养一支政治立场坚定、学风严谨、在国际共产主义运动史研究领域学有专长的精干队伍，为中国马克思主义理论的研究和发展服务，为我国的社会主义建设事业和我党的执政能力建设服务。我们根据现有人员的学术积累和现实需要，确定了近期的重点研究领域：（1）20世纪国际共产主义运动的历史经验，尤其是东欧剧变、苏联解体的经验教训；（2）当代世界（侧重原苏东地区）共产主义运动的理论与实践。作为中长期目标，扩充科研队伍，搜集资料，编写新版《国际共运史》。

国际共运部成立至今已走过六个春秋。在这六年多里，国际共运部在社科院"人才强院、科研强院、管理强院"战略方针的指引和相关政策的惠顾下，在马研院领导的具体领导和部署下，由成立之初只有6名科研人员、两个研究室的弱小部门，发展为今天的拥有17名科研人员、3个研究室并有1个独立重点学科的研究部。国际共运部的成长历程，每一步都与马研院的发展、创新息息相关。

（一）落实"人才强院"战略，加强人才引进和培养，组建学科队伍

为落实社科院"人才强院"战略，马研院在人才引进、调配使用方面逐渐形成了良性机制，尊重用人部门选人、用人的意见，并由院、部两级领导面试把关。马研院领导针对国际共运部严重缺人的情况，支持我们部直接到相关院校选人招聘。2009年，马研院根据社科院实施"重点学科建设计划"的统一安排，对内部重点学科进行新的布局，并对内设研

---

① 冷溶：《高举马克思主义伟大旗帜 积极推进理论创新为中国特色社会主义事业而努力奋斗》，《马克思主义研究》2006年第1期。

究机构进行了调整。在这一调整中，共运部申报的"国际共产主义运动"重点学科获得社科院的批准，共运部成为这一学科的依托单位。同时，共运部的研究室得以增加（调整后的研究室为：共运史研究室、当代世界社会主义研究室和当代资本主义研究室），研究领域得以扩展，研究队伍得以扩大。这一调整为共运部的发展增添了生机。我们根据国内其他高校和科研机构在国际共产主义运动研究领域的专长，从服务于中国特色社会主义理论的现实需要出发，确定了自己的学科发展方向和定位，力求"人无我有""人有我强"，发挥优势，突出特色。我们决定围绕"国际共运史"、"当代世界资本主义"和"当代世界社会主义"三个研究方向，以国际共运史重大理论问题研究、当代世界共产主义运动研究和古巴、越南、老挝、朝鲜的社会主义理论与实践研究以及当代资本主义国家的发展模式、理论思潮和工人运动研究为重点，从历史与现实、理论与实践、社会主义与资本主义相结合的视角，对国际共产主义运动进行纵向和横向研究。在研究中注重"两个强调"：一是强调对国际共产主义运动史的研究，从历史中探寻和把握国际共产主义运动发生发展的规律；二是强调对现实世界社会主义运动的研究，从当代资本主义的新变化中把握当代世界社会主义面临的挑战和发展前景，以此来加强对坚持和发展中国特色社会主义的学理支撑。我们要发挥外语人才众多的优势，及时跟踪世界社会主义发展的最新动态，准确把握其发展特点和趋势，提供相关信息，为中央决策提供理论参考，以此增强学科建设的服务功能。我们将学科发展目标定位为"国内领先、有一定国际影响"。

经过几年的努力，我部已经有了由17人组成的科研队伍，其中研究员3名，副研究员2名，硕士生导师2名，博士生导师1名。这支队伍的优势在于：研究人员的知识结构合理，涵盖经济学、哲学、科社与共运、国际政治、语言等专业；外语人才济济，语种齐全，有懂俄语、英语、法语、意大利语、西班牙语、越南语、朝鲜语、老挝语等语种的人才；年龄结构以中青年为主。当然，这一优势同时也有其不利的一面：现有研究人员中具有共运史专业背景的人才极少，外语人才的共运史理论功底不足，相关专业知识欠缺。针对这一现实问题，研究部注意从如下方面加快人才培养：第一，鼓励出国留学（先后有3名留学）和在国内深造（已有3名在职博士完成学业）；发挥学科带头人、室主任的作用，做好传帮带，帮助新人确定研究方向、选择研究题目，带领青年学者申报课题并合作完成项目；邀请院内外同行专家讲课，举办部门内的学术沙龙，针对国际共运热点难点问题进行学术交流；鼓励青年学者在干中学，如指导他们参与年终学科前沿报告的撰写，让他们在写作中了解学科发展前沿，掌握跟踪技巧，积累学科知识。经过努力，整个队伍的学术水平和研究能力不断提高。

（二）落实"科研强院"战略，加强学术研究，不断推出学术成果，发挥"三个职能"作用

马研院成立之初，就把加强科研工作作为"十一五"发展规划的重中之重，要求各部门一心一意搞科研，扎扎实实出成果。几年来，我部科研人员积极承担国家社科基金、中国社科院和上级交办的各项课题，推出了一系列研究成果，锻炼了队伍，提升了本部门在国内外学界的学术地位，为履行社科院的"马克思主义坚强阵地、人文社会科学的最高殿堂和党中央国务院的思想库、智囊团"这三大职能做出了贡献。举例来说，我部人员刘淑春、庞晓明等承担并完成了吴恩远主持的社科院《世界社会主义重大历史与现实问题研究》重大课题的两个子课题，以最新资料展示了世界各国共产党人关于国际共产主义运动历史的思考和当前实践的探索；吴恩远、刘淑春参与完成了中央交办的《加强马克思主义理论研究和建设问题》重大国情调研课题，刘淑春等完成了吴恩远主持的社科院《部分知识分子对和平演变认知情况》重大国情调研课题，刘淑春主持完成了社科院《历史题材作品对受众价值观的影响》重点国情调研课题等，为中央决策部门加强马克思主义对意识形态领域的指导地位提供理论和政策依据；庞晓明协助吴恩远完成了中央马克思主义理论研究和建设工程的《国际共运史》教材的编写工作，为振兴国际共运学科打下基础；吕薇洲主持完成了社科院《资本主义向社会主义过渡的理论与实践问题研究》重点课题，潘金娥主持完成了社科院《越南社会主义体制改革及其与中国的比较》重点课题，邢文增主持完成了社科院《"新帝国主义论"研究》重点课题，刘海霞主持完成了国家社科基金青年项目《当代资本主义世界体系及其与社会主义关系问题研究》，这些成果从不同视角考察了当代资本主义和社会主义的新变化。

国际共运的研究本身具有很强的政治性。几年中，我部人员积极参与了学界关于第二国际与伯恩斯坦、十月革命、斯大林评价、苏联解体原因、民主社会主义、现实社会主义国家政治经济改革、拉美 21 世纪社会主义、资本主义危机与社会主义未来等国际共运重大历史与现实问题的研究与争鸣，在《马克思主义研究》、《中国社会科学报》、《国外社会科学》、《当代世界与社会主义》、《科学社会主义》等权威期刊发表相关论文多篇。我部人员积极跟踪研究当代世界社会主义的新变化，及时为党和国家决策部门提供动态分析报告，成为中国社科院世界社会主义研究中心依托的骨干力量。

六年来，我部人员先后出版专著 18 部、译著 10 部，文集 2 部，论文 220 篇，研究报告 23 份，译文 40 篇，出版《国际共运史研究》通讯 3 期，《国际共运研究文集》1 辑，《国外共产党数据库》初步建成。近三年来，我部人员获得社科院优秀专著类成果一等奖 1 项，获得马研院优秀专著类二等奖 2 项，获得社科院优秀对策信息类成果奖多项。通过研究积累，我部人员在国际共运史重大理论研究，当代资本主义发展趋势、模式和理论思潮研究，当代世界社会主义运动以及古巴、越南、老挝、朝鲜等社会主义国家的理论与实践研究等方面取得了许多丰硕成果，其中刘淑春关于世界共产主义运动的研究成果，吕薇洲关于当代资本主义的研究成果，潘金娥关于越南社会主义理论与实践的研究成果等，在国内同行中位于前列。

（三）加强国际国内学术交流，践行"走出去"战略，提升本学科的影响力

马研院十分重视与国外马克思主义学术机构、学者以及共产党的交流，鼓励我们走出去，请进来，广泛开展国际国内学术活动。几年来，我部充分发挥外语优势，承办了几次大型国际学术会议，如在北京（2006 年）和莫斯科（2008 年）举行的第一、二届"中俄思想家论坛"；在南京（2007 年）举行的"十月革命与东方社会主义"国际学术会议；在北京（2009 年）和海防（2011 年）举行的第一、二届"中越马克思主义论坛"；在北京（2011 年）举行的"中国社会科学论坛——苏联解体 20 周年国际学术研讨会"等。每次办会，我部人员不仅承担与国外学者的联系、接待工作，还负责会议论文的翻译、会议文件的起草和综述报告的撰写以及会议现场的传译。通过举办国际会议，不仅增进了我们与同行的学术交流，而且促进了学术研究的深入、学术成果的发表和人才队伍的培养，提升了本学科在国际学界的影响力。此外，这些年我们先后派人出访俄罗斯、美国、英国、日本、保加利亚、越南、老挝、朝鲜等国，参加国际会议，直接与这些国家的共产党领导人及左翼学者交流。还与来访的美国、英国、意大利、葡萄牙、俄罗斯、越南、墨西哥、日本等国的学者举行座谈和交流，建立学术联系。

我们努力拓展与国内单位的合作，通过走出去和请进来的方式，加强了与国内同行的联系。例如，到山东大学世界社会主义研究中心、聊城大学共运史研究基地进行学科调研，就共运史的研究交换看法；到重庆工学院、河北师范大学、辽宁大学、陕西师范大学进行国情调研；邀请聊城大学、南开大学马克思主义学院的领导和教师参加我院国际共运问题的学术会议；与北京航空航天大学联合召开纪念《共产党宣言》160周年学术会议；邀请世界历史所、俄罗斯东欧中亚所研究人员参与课题研究，等等。我们每年都有一些学者参加国内各种学术会议，刘淑春在中国国际共运史学会、当代世界社会主义学会和社科院世界社会主义研究中心担任常务理事、副会长等职务，发挥了重要作用。

三　我国国际共运若干问题的学术研究进展

近年来，国际共产主义运动学科以国际共产主义运动重大历史与现实问题为主线，对国际共产主义运动的历史、对当代世界社会主义运动的理论与实践及其发展趋势等问题，进行了深入研究和学术争鸣，推出了一系列重要著述，使国际共产主义运动在理论研究方面取得了新的进展。

（一）关于国际共运史若干问题的研究

在国际共产主义运动史研究中存在着许多难点问题，有些问题引起的分歧和争论相当激烈。国际共产主义运动史研究的意义就在于将历史研究与现实研究相结合，在厘清共运史研究中的难点、疑点问题的同时，从历史中探寻和把握国际共产主义运动发生发展的规律，揭示这些规律对现实问题的启示。近年来，国际共产主义运动史的研究充分体现了史论结合这一特点，学术界围绕国际共运史基本概念、重大理论、重要人物、重大事件等问题进行了深入探讨，取得了不少新进展。

1. 厘清了国际共产主义运动史中的一些基本概念

目前,在国际共产主义运动史基本概念方面仍存在不少争论,若这些基础性问题不解决,势必影响对其他问题的研究。近年来,国内学术界围绕国际共产主义运动史的一些重要概念进行了深入探讨。

例如,关于"国际共产主义运动"的概念,有学者认为,这是列宁于 1920 年在《共产主义运动中的"左派"幼稚病》一文中首次提出的。国际共产主义运动作为马克思主义、无产阶级革命的真正代表和传承者,在 20 世纪不断发展、壮大,并取得了社会主义由一国到多国的胜利。这一运动将共产国际作为各国共产党进行世界革命的统一指挥中心,将无产阶级夺取政权、建立无产阶级专政作为初期的基本战略目标,后又通过共产国际的布尔什维克化运动和共产国际六大之后的第三时期理论,赋予其特定的内涵和理论机制。但伴随着 20 世纪的结束,由一个中心指挥、各国联合起来进行世界革命的这一政治运动已经不复存在,其概念应该有所改变。况且,在国际共产主义运动 160 年的实践中,这一运动的称谓不断变化,人们对这一运动内涵的认识也在不断深化。新的经验与认识赋予我们今天所说的"国际共产主义运动"以崭新的内涵。[①] 在整个世界上,追求共产主义这一崇高价值选择以及有此传统的政治运动仍然存在着,因此,"国际共产主义运动"与"世界共产主义运动"今天可以通用。"世界"与"国际"仅有两字之差,但其政治含义和基础却发生了很大变化。在 21 世纪的今天,无论在谈论国际共产主义运动还是在谈论世界共产主义运动时,大家在认识上都已经摆脱了过去"左"的影响,上述两种概念的通用也有其合理性。

2. 深化了对国际共产主义运动史中一些重要理论的研究

近年来,学界关于国际共产主义运动中的修正主义、民主社会主义等重大问题的争论异常激烈,这看似是学术问题,实际上却与政治问题相交织,直接关乎中国社会主义的前进方向。

争论由谢韬为辛子陵《千秋功罪毛泽东》一书所写的序言《只有民主社会主义才能救中国》而引起。谢文认为,第二次世界大战后,民主社会主义制度"既演变了资本主义,又演变了共产主义,民主社会主义

[①] 程玉海:《"国际共产主义运动":概念的由来与演变的新考察》,《当代世界与社会主义》2009 年第 1 期。

正在改变世界"①。谢文赞赏辛子陵"为批了多年的所谓'修正主义'翻案，为民主社会主义正名，为中国共产党向民主社会主义转变扫清了障碍"②。谢文还试图从恩格斯的话中寻找为修正主义"正名"的根据，认为"伯恩施坦只是重复恩格斯的话，继承和发挥了恩格斯对马克思和他共同创立的革命理论的反思和修正。倒是列宁违背了马克思主义关于社会主义在先进资本主义国家共同胜利的思想，提出了在落后的东方国家一国建设社会主义的理论。列宁主义是布朗基主义的继承和发展"③。

谢文发表后，陆续有学者撰文予以反驳。例如，徐崇温撰文驳斥了把民主社会主义编造成马克思主义的正统，把修正主义鼻祖伯恩施坦说成"只是重复了恩格斯的话"，把列宁说成是"最大的修正主义者"的观点。文章在引证恩格斯的论述和伯恩施坦的引申的基础上，指出了二者的本质区别，认为，恩格斯只是要求党根据客观条件的变化调整无产阶级的革命斗争策略，认为在当时的条件下利用普选权、开展议会斗争在宣传和争取群众方面能获得最大效果，以便保存力量到"决战的那一天"，在"决战的那一天"可以行使自己的"革命权"；而伯恩施坦却歪曲地引申说，有了普遍和平等的选举权，通过投票、游行示威以及诸如此类的威逼手段，就可以实现一百年前需要进行流血革命才能实现的变革，统治者的殿堂就会自动崩溃，资本主义社会就会和平长入社会主义。由此，作者认为，国际共产主义运动史和马克思主义发展史都表明：伯恩施坦不是重复了恩格斯的话，而是全面修正了马克思主义的基本理论；"一国建设社会主义理论"不是违背了马克思主义，而是与时俱进地推进了马克思主义；列宁恢复共产党名称，不是标新立异，而是恢复原先的马克思主义称号。④ 有许多学者认为，民主社会主义在西方国家的社会管理等领域固然取得很大成就，但不顾国情地在中国照搬民主社会主义是行不通的。

然而，为修正主义、民主社会主义"正名"者并不认同上述反驳观点，继续为自己的主张辩护。自 2009 年起，辛子陵又提起所谓"恩格斯宣布放弃共产主义理论"的说法。为此，学界就他所说的"恩格斯的 93

---

① 谢韬：《民主社会主义模式与中国前途》，《炎黄春秋》2007 年第 2 期。
② 同上。
③ 同上。
④ 徐崇温：《列宁与伯恩施坦：到底是谁修正了马克思主义？》《毛泽东邓小平理论研究》2007 年第 7 期。

个字"展开争鸣。反驳者完整地引述恩格斯的话,进而认为,辛文所说的"93 个字"恰恰是恩格斯认为错误的、需要纠正的观点,而不是用它来否定"整个共产主义理论体系"。辛文是在伪造恩格斯的观点,以误导群众。① 还有学者撰文认为,把恩格斯的这段话与恩格斯一贯的思想联系起来看,不难得出以下三点结论:第一,恩格斯反对脱离工人阶级解放而抽象地谈论全人类的解放;第二,恩格斯坚决反对鼓吹所谓超阶级的社会主义观;第三,恩格斯晚年并没有放弃无产阶级革命原则和共产主义理想。把这段话看成恩格斯在晚年主张走民主社会主义道路的"文献事实"并且说"93 个字"否定了"三大名篇"是荒谬的。②

这一争鸣推动了学界对第二国际及伯恩斯坦主义的研究。其实,学界在 20 世纪 80—90 年代就已根据史料对第二国际的历史地位、后期分化的原因等问题作过较为全面而客观的分析。③ 在这次争鸣中,有学者从马克思主义发展史和世界社会主义运动的视角强调加强第二国际研究的意义,认为第二国际是马克思主义发展史链条中最为关键的一环。它既造成了马克思主义在 19 世纪的全盛时代,也构成了从"原生态马克思主义"向"马克思之后的马克思主义"的过渡阶段;既是马克思主义和社会主义运动从欧洲走向世界的时期,也是马克思主义分化为"西方马克思主义"和"东方马克思主义"、社会主义运动分化为"社会民主主义"和"革命共产主义"的时期。第二国际后期的分化,是东、西方社会发展歧路使然,即"社会民主主义"或"民主社会主义"是西方发达资本主义国家的社会改良主义,"革命共产主义"实际上反映了东方落后国家非资本主义现代化道路的要求。④ 还有学者通过重新阅读历史文献,试图对伯恩斯坦修正主义形成的历史原因、具体主张和观点进行考证,强调要对其持科学的态度,具体问题具体分析,不能笼统地将其视为异端。⑤

---

① 靳辉明:《驳"恩格斯宣布放弃共产主义理论"谬说》,《光明日报》2011 年 8 月 29 日,第 11 版。
② 汪亭友:《如何理解恩格斯的"93 个字"论述》,《光明日报》2011 年 8 月 29 日,第 11 版。
③ 其代表作是中央编译局殷叙彝等学者撰写的专著:《第二国际研究》,中央编译出版社 1998 年版。
④ 姚顺良:《应该重视和加强对第二国际的研究》,《国外理论动态》2008 年第 6 期。
⑤ 徐觉斋:《关于伯恩斯坦几个观点的评析》,《当代世界与社会主义》2007 年第 6 期。

此外，学界关于国际共运史重要人物如考茨基、普列汉诺夫、卢森堡、托洛茨基、布哈林等，都有新的研究成果问世。

3. 推进了关于苏联解体原因及教训的研究

苏联解体、东欧剧变是 20 世纪世界历史上的重大事件，导致国际共产主义运动陷入低谷，世界格局发生改变。20 年来，学界对这一事件原因及教训的研究成为热点问题，研究成果可谓汗牛充栋，由此引发的争论始终没有停息。2011 年，在苏联解体 20 周年之际，围绕着苏联解体这一重大事件对国际共运和世界历史的影响，学术界举办了多场学术研讨会，其中规模最大的是 2011 年 4 月 23 日中国社会科学院主办的"中国社会科学论坛——苏联解体 20 周年国际学术研讨会"，来自中国、越南、俄罗斯、德国和美国等 10 几个国家的 260 余位学者参会。这一年，相关著述也纷纷问世，如李慎明主编的《居安思危——苏共亡党二十年的思考》和《历史在这里沉思——苏联解体 20 周年祭》（社会科学文献出版社出版）。中国社会科学院世界社会主义研究中心继 2006 年推出《居安思危》DVD 党内教育系列参考片《居安思危——苏共亡党的历史教训》后，又于 2011 年制作了《居安思危——苏联亡党亡国 20 年祭（俄罗斯人在诉说）》，通过 20 年后俄罗斯人的反思，进一步从政治上的多党制、经济上的私有化、指导思想上的多元化等方面总结苏联亡党亡国的教训。学界对于苏共亡党、苏联解体这一国际共产主义运动史上的重大历史事件进行了深入思考。

关于苏共垮台和苏联解体的原因，学界在一点上基本达成共识，即苏联解体的原因是错综复杂的，是多重因素综合作用的结果，即是一种"合力"的结果。但在苏联解体的根本原因问题上，至今存在着明显的分歧。一种观点认为，苏联解体的根本原因在于苏共逐步蜕化变质，在于从赫鲁晓夫集团到戈尔巴乔夫集团逐渐脱离、背离乃至最终背叛马克思主义、社会主义和最广大人民群众的根本利益。[1] 另一种观点将苏联解体的主要原因归咎于斯大林模式，认为苏联剧变的根本原因在于斯大林—苏联模式的社会主义制度本身，"弊病太多，已经走不下去了，已走入了死胡同，失去了动力机制……无论从政治上还是经济上来看，斯大林—苏联模式的社会主义与马克思主义经典作家的设想都相去甚远，在其主要方面并

---

[1] 李慎明：《苏共的蜕化变质是苏联解体的根本原因》，《科学社会主义》2011 年第 4 期。

不反映科学社会主义的本质内容,这一模式的失败并不意味着科学社会主义的失败"①。

还有一种观点认为,苏联解体的根本原因在于苏联的官僚管理体制。如参加社科院国际研讨会的美国学者大卫·科茨指出,苏联解体的根本原因在于苏联所宣称的社会主义原则与其建立的体制之间存在着根本的矛盾。在他看来,苏联社会主义制度是一种为将利益给予劳动人民而设计的体系,然而随着时间的推移,苏联大部分的党与国家的高层官员从致力于社会主义事业的革命家转变为追求政治和物质利益特权的官僚。这些党政精英发展到一定程度,势必想方设法用资本主义取代社会主义,因为这样做不仅能保住他们的特权地位,而且还能通过将有价值的国家资产占为己有,而不再作为为了人民的利益而管理这些资产的公仆来巩固其特权地位。戈尔巴乔夫的改革为苏联政权中由叶利钦为首的倾向于资本主义的力量提供了机会。这些人借机将党政精英中倾向于资本主义的人集结起来,伺机而动,终于在1991年推翻了社会主义,解散了苏维埃共和国。② 这一观点实际上认为,苏联社会主义制度是好的,但体制有问题,揭示了党政精英蜕变倒逼制度改变的逻辑。

关于苏联解体对世界社会主义运动造成的影响,学者大都认为,苏联解体是人类社会发展史上的巨大灾难。有学者指出,苏联解体是世界社会主义运动和人类历史的大逆转,给原苏联地区人民、世界社会主义运动和广大发展中国家及发达国家的人民造成巨大灾难。③ 还有学者认为,1991年苏联的解体打破了地缘政治力量的平衡,社会主义运动由此丧失了第一个也是历时最长的具有替代资本主义性质的制度模式。这一事件的结果,使人们广泛接受了公有制和计划经济无法长期有效运作的观点。这使得许多社会主义者放弃了替代资本主义的社会主义观念。④

另有些学者分析了苏联解体对世界格局的影响。有学者指出,苏联解

---

① 陆南泉:《苏联剧变的根本原因和中国应吸取的教训》,《当代世界社会主义问题》2011年第3期。
② [美]大卫·科茨:《苏联解体与当今国际社会主义运动》,载李慎明主编《历史在这里沉思——苏联解体20周年祭》,社会科学文献出版社2011年版,第541—542页。
③ 李慎明:《苏共的蜕化变质是苏联解体的根本原因》,载《科学社会主义》2011年第4期。
④ [美]大卫·科茨:《苏联解体与当今国际社会主义运动》,载李慎明主编《历史在这里沉思——苏联解体20周年祭》,社会科学文献出版社2011年版,第542页。

体使世界走到了美国单边霸权主义的阴影之下，原先两极体制对立掩盖下的民族、领土、宗教、资源等争端激化，传统安全问题依然存在的同时，非传统安全问题如恐怖主义、毒品走私、经济危机等日益突出；苏联解体使世界意识形态单一化，西方社会的所有政治元素——多党制议会民主、言论自由、信息开放、市场经济等，成为所有苏联解体后独立的国家乃至转型国家效仿的对象。[①]

关于苏联解体的教训，学界多从未来社会主义发展的角度进行思考。例如，保加利亚亚历山大·利洛夫教授指出，未来的社会主义事业需要从苏东剧变中吸取三个教训。第一，任何一种社会制度，包括社会主义制度在内，如果没有内部的自我发展，就注定会停滞、僵化、衰退和崩溃。而社会主义社会自我发展的首要条件是，在相应的历史时期对正在发生的决定性进程和趋势做出正确的选择。第二，社会主义现代化不是一个自发的过程。它既需要牢固、持久的理论和政治战略，又需要强有力的伟大历史人物来实现这种战略，为此，选拔正确的领导者非常关键。第三，永远不应忘记内乱是苏联解体的根本原因，因此社会主义社会及其执政党应该坚持自己的原则、传统和价值，防止其腐化变质。[②] 我国学界则强调：警惕对社会主义历史的否定，以防止现实的社会主义制度被颠覆；警惕党内特别是党的高层领导出现修正主义，以防止资本主义制度复辟；警惕特权阶级的形成，防止社会公仆向"社会主人"的蜕变乃至社会主义国家的蜕变；警惕西方帝国主义对社会主义国家实施"和平演变"战略，以防止外部势力对社会主义国家的西化、分化。

（二）关于当代世界共产主义运动若干问题的研究

苏东剧变后，当代世界社会主义问题成为国际共运学界关注的一个研究重要领域。当代世界社会主义问题研究范围较广，且与科学社会主义学科相交叉，因此，这里不准备全面涉猎此范畴的研究，仅就其中的当代世界共产主义运动问题的研究进展作一概述。

---

① 于洪君：《苏联解体 20 年：影响远未结束》，载李慎明主编《历史在这里沉思——苏联解体 20 周年祭》，社会科学文献出版社 2011 年版，第 331—338 页。

② ［保］亚历山大·利洛夫《苏联模式社会主义解体的三个教训》，载李慎明主编《历史在这里沉思——苏联解体 20 周年祭》，社会科学文献出版社 2011 年版，第 550—552 页。

1. 关于苏东剧变后国外共产党的发展态势

对苏东剧变以来国外共产党发展的总体情况，学界从宏观和微观角度进行了较为全面的研究。中央组织部党建研究所课题组的研究报告指出：20 世纪 90 年代以来，面对全球化信息化的挑战和世界社会主义运动的挫折及失败，各国共产党根据新的经济和政治环境，不断革新党的思想观念、组织结构、运行机制和活动方式，借助反全球化运动和反自由主义运动的平台，拓展生存和活动空间，在新的历史条件下获得了新的发展。目前，世界上大约 100 个国家中有 127 个政党仍然保持共产党称谓或坚持马克思主义性质。从地区分布看，亚洲 29 个、非洲 8 个、欧洲 55 个、大洋洲 3 个、美洲 32 个。其中，执政和参政的共产党约 25 个。党员总数 1500 多万，其中，执政的共产党（中国共产党除外）拥有 800 多万党员，非执政的共产党有 700 多万。[①]

国外共产党所处的国情和境况不同，学者们把现有的 100 多个共产党分为社会主义国家执政党、发展中国家共产党、转型国家共产党和发达国家共产党四种类型。其中，社会主义国家执政党在革新开放中得到加强，越南共产党、朝鲜劳动党、老挝人民革命党和古巴共产党现分别有党员 310 万人、400 多万人、14.8 万人和 85 万人，是国外所有政党中党员总数占所在国家人口比例最大、组织力量最强的政党；发展中国家共产党继续在困难中探索，其中南亚、南非、拉美等地的一些共产党的影响有所扩大，如印度共产党（马克思主义）拥有 79.6 万党员，南非共产党拥有 2.3 万党员，巴西共产党约有 20 多万党员，但其他为数众多的共产党力量分散，大多缺乏走上政治前台的实力和途径；原苏东地区的"转型国家"共产党力量衰退，派别众多，其中俄罗斯联邦共产党、捷克和摩拉维亚共产党、乌克兰共产党、阿塞拜疆共产党、摩尔多瓦共产党人党等较有影响，其他共产党多处于队伍萎缩、生存困难的状态；发达国家的共产党虽已走出苏东剧变后的动荡期，但整体力量和影响普遍下降，发达国家中最大的共产党当属日本共产党，有 40 万党员。[②]

有学者对苏东剧变以来世界共产主义运动的发展态势概括如下：

[①] 中央组织部党建研究所课题组：《低潮中的变革与奋进——全球化信息化背景下国外共产党的发展趋势研究》，《当代世界与社会主义》2009 年第 2 期。

[②] 同上。

(1) 组织上，阵地尚存，但队伍分散；(2) 理论上，调整中有共识，但存在分歧；(3) 实践上，执政党得到巩固，在野党处境艰难；(4) 国际上，没有统一的指挥中心，但有聚会的平台。[①] 还有学者用"低潮中的奋进、变革与转型"等词汇来描述近20年来世界共产主义运动在曲折中前行的历程，其根据在于：社会主义国家的共产党在改革开放中开拓前进；资本主义国家共产党在调整和变革中探索前行；各国共产党之间新的国际联系正在重新建立和发展。[②]

2. 关于当代世界共产主义运动的新特点

学者们通过跟踪研究各国共产党对社会主义道路的理论与实践的探索，总结出当代世界共产主义运动的一些新变化、新特点。第一，国外共产党普遍强调创造性地运用和发展马克思主义，马克思主义"本国化"、"时代化"已成为国外共产党革新发展的一大共同趋势。第二，国外共产党对社会主义的理论和实践进行新的探索，对未来社会主义的构想赋予了更多的民族特性，社会主义模式呈现"多样化"的趋势。第三，非暴力、和平民主的斗争方式已成为大多数国外非执政共产党共同的选择。第四，国外共产党为了应对社会结构的变化，巩固和扩大党的社会基础，试图重新自我定位，不同程度地出现了由"工人阶级政党"向"群众性政党"转变的趋势。第五，国外共产党为适应现代社会的需要，不断改变活动方式，使其更加现代化。第六，国外共产党近期目标更加关注经济、社会和民生等现实问题，更多地强调社会公正、民主参与和实现可持续发展。第七，国外共产党主张建立与劳动者的广泛联盟，加强了共产党之间在国际层面的交流、协作和联合行动，但不将自己的主张强加于人，保持各自的独立自主发展道路。[③]

3. 关于金融危机以来国外共产党的应对

2008年以来，由美国次贷危机引发的国际金融经济危机，是20世纪30年代大萧条以来最为严重的世界性金融危机和经济危机。危机导致的

---

① 刘淑春：《世界社会主义事业的复兴之火——当前国际共产主义运动的整体态势》，《国外社会科学前沿2010》第14辑，上海人民出版社2011年版，第15—27页。

② 聂运麟：《低潮中的奋进——1990—2010年的世界社会主义运动》，《马克思主义研究》2010年第8期。

③ 中央组织部党建研究所课题组：《低潮中的变革与奋进——全球化信息化背景下国外共产党的发展趋势研究》，《当代世界与社会主义》2009年第2期。

西方国家的经济复苏乏力、失业率居高不下、欧债危机蔓延以及"占领华尔街"运动和大规模罢工、游行、示威抗议活动的此起彼伏,都凸显了资本主义这次危机的体制性、系统性。这场危机对资本主义制度是一次沉重的打击,为世界共产主义运动走出低谷创造了契机。在国外共产党人看来,资本主义新一轮的危机使"历史终结论"的神话不攻自破,暴露了资本主义作为一种社会制度的内在局限性,再次揭示了社会主义取代资本主义的历史必然性。各国共产党根据新的形势变化,调整斗争策略,以积极的行动迎接这一历史机遇。国内学者及时跟踪研究国外共产党的新动向,从不同角度介绍了危机以来国外共产党在思想理论、行动策略、队伍建设和国际联合等方面的积极应对。国外共产党的应对主要表现在如下方面:第一,用马克思主义观点向人民揭示危机的性质、根源,从理论上阐释社会主义替代资本主义的必然性,证明共产主义运动存在的合法性和为社会主义斗争的必要性;第二,明确行动纲领,把开展阶级斗争、争取无产阶级政权作为政治任务重新提上日程,并调整斗争策略,从防守转为进攻,广泛联合左翼力量,提出反危机措施,通过议会立法和群众抗议活动,为劳动者争取权益,把捍卫国家主权的斗争与争取社会解放和阶级解放的斗争结合起来;第三,扩大党的组织,加速党的队伍的年轻化、现代化,以增强党的战斗力;加强国际联合和协调行动,抵御反共浪潮,为振兴世界共产主义运动而共同努力。[①]

4. 关于世界共产主义运动面临的挑战与机遇

学界普遍认为,虽然资本主义危机为世界社会主义的振兴创造了机遇,但资本主义还有自身调节的能力,"资强社弱"的国际力量格局还未根本扭转,以复兴社会主义为使命的世界共产主义运动当前面临的挑战仍大于机遇。

当前,国外共产党面临的挑战主要表现在:(1)"资强社弱"的国际政治格局以及全球化信息化趋势的深入发展,使国外共产党面临复杂的生存环境;(2)多数共产党受制于现行政治制度和体制,难以有效拓展政治空间;(3)共产党自我变革和创新能力普遍不足,难以应对全球化信息化发展要求;(4)宗派主义仍然困扰着国外共产党实现左翼联合国际合作,影响社会主义力量的团结壮大;(5)国外共产党尚未找到自身在

---

① 刘淑春:《金融危机爆发以来国外共产党的新动态》,《红旗文稿》2010年第4期。

左翼运动中的准确定位。

然而,学界认为,资本主义的危机再次证明,资本主义无法克服自身固有的矛盾,"资产阶级的灭亡和无产阶级的胜利是同样不可避免的"。因此,社会主义在今天仍然具有强大的生命力,国外共产党的发展机遇也前所未有。这主要表现在:(1)执政的共产党政权稳定,革新开放为社会主义制度焕发了生机,给予众多共产党精神上的支持和鼓舞;(2)一些党调整思想路线,巩固阶级基础,政治影响力有所上升,对其他共产党的发展具有积极的示范作用;(3)金融经济危机的爆发和蔓延,激化了资本主义固有的社会矛盾,客观上为国外共产党带来了新的发展机遇;(4)工人运动及其他新社会运动的兴起,为国外共产党的发展提供了新的借助力量和斗争平台。学界认为,只要共产党执政的社会主义国家能成功地抵御资本主义危机的侵害并取得社会主义建设的新胜利,只要全世界的共产党及其左翼力量坚持奋斗,社会主义事业复兴之火就能形成燎原之势,"另一个、社会主义的世界"不仅是可能的,而且会变成现实。[①]

四 结语

近年来,中央为加强国际共产主义运动研究及学科建设采取了一些举措。2005年,中央批准马研院设立国际共运部,这本身就具有振兴国际共运学科的示范作用。2008年,中央又将《国际共运史》列入马工程第三批教材编写计划之中,这对共运史教学和研究者给予很大鼓舞。在这样的背景下,我国国际共运史的研究趋热,相关著作不断问世,跨单位合作的最新成果——《国际共产主义运动历史文献》重新编辑出版,并于2012年4月推出首批12卷。但不能不看到,国际共运学科曾经历了近20年的衰落期,要重新振兴非一日之功。该学科亟需国家的重视和扶持,更需学界同仁的齐心努力。作为我国为数不多的国际共运专职研究机构,我们中国社科院马研院国际共运部肩负重任。我们深知,我部目前还存在科

[①] 中央组织部党建研究所课题组:《低潮中的变革与奋进——全球化信息化背景下国外共产党的发展趋势研究》,《当代世界与社会主义》2009年第2期;刘淑春:《世界社会主义事业的复兴之火——当前国际共产主义运动的整体态势》,《国外社会科学前沿2010》第14辑,上海人民出版社2011年版,第15—27页。

研力量相对薄弱，学术积累不够丰厚，共运史人才匮乏等不利因素。在未来的发展中，我们将继续引进和培养专门人才，夯实整体队伍的理论功底，提高科研人员的研究能力，加强与国内外学界的交流与合作，为推进国际共运学科的振兴与繁荣贡献力量。

（刘淑春，中国社会科学院马克思主义研究院国际共产主义运动研究部主任、研究员）

思想政治教育学科发展历程回顾

余 斌 李春华

在改革开放之前，我国师范院校都有"政治教育"专业，这主要是对应中学"政治课"而设置，培养的对象是中学政治课教师。1984年"思想政治教育学科"正式设立，但1997年又调整为"马克思主义理论与思想政治教育"学科，直到2005年马克思主义理论一级学科设立，"思想政治教育"作为其中的二级学科之一，又重新获得了独立地位。自学科成立以来，思想政治教育学科经历了"科学化"、"学科化"、"体系化"的发展历程，学科日强、新论屡见、著述丰硕、人才辈出，已成为我国哲学社会科学中不可或缺的重要学术领域。有学者对其发展历程给予了形象的概括："思想政治教育学科从无到有、由半独立走向独立，由非重点学科走向重点学科，由低层次走向高层次，经历了一个迅速发展的过程，取得了令人瞩目的成就"；"从经验形态走向科学形态，从一家一本论著走向百花齐放、争奇斗艳的繁荣局面，从单一学科走向学科群，从没有项目资助走向获得不少国家级科研资助项目，取得了累累硕果"。这一概括可谓如实反映了30多年来思想政治教育学科的发展状况。

阶段一：开展思想政治工作科学化大讨论，思想政治教育学科的确立（1978—1983年）

虽然我党历来重视思想政治工作，但把思想政治工作作为一门科学来研究，即所谓从学科意义上进行建设，是在党的十一届三中全会之后。思想政治工作是中国共产党的伟大创造，我们党在这方面积累了丰富的实践经验，在世界无产阶级革命实践中堪称典范。毛泽东曾说过，我们对政治工作的研究经验丰富，成绩一等，全世界除了苏联就要算我们了，但缺乏综合性和系统性。在革命战争年代，由于历史环境和具体条件的限制，没有把思想政治教育作为真正意义上的学科来建设的可能。新中国成立以后，应该说思想政治教育迎来了发展的机遇。可惜由于党的工作在1957年后出现了严重的"左"倾错误，导致教条主义盛行。而1966年又开始了长达十年的"文化大革命"，一切"以阶级斗争为纲"，片面夸大政治的作用，进一步严重损害了思想政治教育在人们心中的形象和地位，思想政治教育的声誉也遭到严重的损坏，使得思想政治教育建设与发展处于畸形和萎缩状态。

改革开放开创了中国历史新时期，也开启了思想政治教育发展的新阶段，可以说，思想政治教育学科建设的每一步发展，都和改革开放密不可分。1978年，党的十一届三中全会在北京召开。此次会议之所以是我党历史上具有深远意义的伟大转折，除了它是一次拨乱反正的会议之外，还在于它重新确立了马克思主义实事求是的思想路线。其后的六中全会通过了《中共中央关于建国以来党的若干历史问题的决议》（以下简称《决议》），重申"思想政治工作是经济工作和其他一切工作的生命线"。《决议》有力地推动了人们思想进一步的解放，推动了我国改革开放的深入和社会主义现代化建设的健康发展。这些都为思想政治工作领域的拨乱反正指明了方向。党的十一届三中全会之后，党中央逐步形成了以经济建设为中心和建设中国特色社会主义的基本路线，使我国走上了改革开放的道路。改革开放新时期出现的新情况、新问题以及市场经济发展带来的新矛盾、新变化，使得提高我党思想政治工作水平成为当务之急，从而促使思想政治教育从单纯实践走向科学研究领域。但是受"片面夸大政治的作用"倾向的影响，仍然有人认为思想政治教育最主要的是突出政治性和意识形态性，构不成真正意义上的"科学"和"学术"，不赞成把思想政治教育作为一门学科来建设。

1980年5月，国家第一机械工业部和全国机械工会联合召开思想政治工作座谈会，提出了"思想政治工作科学化"的新命题。接着，全国围绕"思想政治工作要科学化"这一主题展开了大讨论。当时《人民日报》、《解放军报》、《文汇报》等媒体纷纷发表讨论文章。1981年，山西人民出版社将这次讨论的成果选编为《论思想政治工作科学化》一书出版。学界同行也为思想政治教育的科学化、理论化、系统化做出了努力。例如，1983年出版了由张蔚萍、张俊南合著的《思想政治工作概论》一书。

1983年是思想政治教育学科发展的重要节点。这一年，中共中央批转了《国营企业职工思想政治工作纲要（试行）》，首次提出"现有的全国综合性大学、文科院校、各部、委、总局所属的大专院校，有条件的都要增设政治工作专业或政治工作干部进修班"，"在全国形成一个初级、中级和高级的政治工作干部的教育训练体系"。同年，为贯彻落实中央精神，教育部召开了专家论证会，这次会议确定学科名称为"思想政治教育学"，学科人才培养所依托的专业名称为"思想政治教育专业"，并初步议定了专业的课程设置，委托复旦大学、武汉大学编写部分主干课程教材，并定于1984年开始招生。至此，思想政治教育作为一门真正意义上的学科终于确立了起来，为其后的学科大发展奠定了重要的基础。

阶段二：思想政治教育学科初创试点，学科建设在摸索中前进（1984—1996年）

首批思想政治教育专业的本科生培养开始于1984年。1984年4月，教育部发出《关于在十二所院校设置思想政治教育专业的意见》，批准南开大学、复旦大学、武汉大学、东北师范大学、陕西师范大学、华东师范大学、华中师范学院、清华大学、上海交通大学等12所高校首批增设思想政治教育专业，以本科学制进行招生培养试点。6月，教育部又发出《关于在六所高等院校开办思想政治教育专业第二学士学位的意见》，文件批准清华大学、北京钢铁学院、北京师范大学、大连工学院、西安交通大学、浙江大学这6所高校首批开设思想政治教育专业第二学士学位班，着重培养高校思想政治教育辅导员。文件还对思想政治教育专业的生源、培养方式、毕业去向进行了明确的规定。思想政治教育专业的设立，推动了思想政治教育学科理论研究的逐步深入和高校思想政治教育人才队伍的建设，到1984年底，各省、市、自治区高校思想政治教育研究会也相继成立，进一步夯实了思想政治教育学科发展的学术基础。

1987年有三件事情极大地推进了思想政治教育学科的发展。首先是中共中央发布了《关于改进和加强高等学校思想政治工作的决定》，对思想政治教育的指导思想和根本任务进行了明确的规定："思想政治教育是一门以马克思主义理论为基础、综合性和实践性都比较强的科学，必须有专职人员作为骨干，并且要培养和造就一批思想政治教育的专家、教授和理论家"；其次是国务院学位委员会通过修订研究生专业目录，在政治学一级学科中增设了思想政治教育专业；再有，9月20日，原国家教委印发了《关于思想政治教育专业培养硕士研究生实施意见》的通知，决定从1988年开始培养思想政治教育专业的硕士研究生。最终，人民大学、武汉大学、清华大学、复旦大学、南开大学等10所高校通过了严格审批程序获准招收思想政治教育专业硕士研究生。

1988年，经教育部批准，中国人民大学在其"科学社会主义原理"博士点下设立了马克思主义原理研究方向，这是中国博士生教育层次的第一个马克思主义理论教育研究方向。1990年，有思想政治教育、政治教育这两个本科专业的高校已达到62所。同年，国务院学位委员会第九次会议通过了《授予博士、硕士学位和培养研究生的学科、专业目录》，在法学门类政治学一级学科下设"马克思主义理论教育"和"思想政治教育"两个硕士授权学科专业。这两个专业硕士点的设立和建设，奠定了学科建设前期的重要基础。

1994年，中共中央在《关于进一步加强和改进学校德育工作的若干意见》中明确指出要加强思想政治教育的科研和学科建设。1995年，原国务院学位委员会、原国家教委把"马克思主义理论教育"、"思想政治教育"两个学科整合，统称为"马克思主义理论教育与思想政治教育专业"，隶属于法学门类，为政治学一级学科内的一个二级学科。同年10月，原国家教委制定了《关于高校马克思主义理论课和思想品德课教学改革的若干意见》，明确提出"要把马克思主义理论教育与思想政治教育作为人文社会科学的重点学科进行建设"。此后，思想政治教育专业开始申报博士点。经过严格的学位授权审核，1996年4月29日国务院学位委员会批准武汉大学取得"马克思主义理论教育与思想政治教育"博士学位授权学科、专业点，5月13日国务院学位委员会颁发（学位［1996］12号）文件正式予以公布。同年，中国人民大学"科学社会主义原理"博士点的"马克思主义原理"研究方向免于申请，直接转为"马克思主义理论教育与思想政治教育"博士点。是年秋，清华大学也获得"马克思主义理论教育与思想政治教育"博士学位授权学科。这三个博士学位授权学科点的建立，在我国思想政治教育史上具有重大意义，它标志着思想政治教育学科建设迈上一个新的发展平台，多年来我们所讲的要把高校公共政治理论课提到学科的高度来进行建设的愿望已经得到实现。至此，思想政治教育专业形成了从本科到硕士、博士这样层次完备的正规化人才培养梯队，学科和专业建设在体系上取得重要进展。马克思主义理论与思想政治教育二级学科的正式设立，标志着马克思主义理论与思想政治教育学科开始步入规范化建设的阶段。

总的来说，思想政治教育学科在第二阶段的发展成果是显著的。主要表现为三大方面，一是形成了完善的学科专业体系，拥有思想政治教育专业本科、硕士、博士学位授予点的高校不断增加，既有高度又有广度。二是思想政治教育学科研究得到加强，夯实了学科建设的基础。在这一阶段，主要是探索学科主体理论内容与理论体系，确立学科主干课程。编写出版了专业主干和分支学科教材，主要教材有郑永廷教授主编的《思想政治教育方法论》（高校优秀教材一等奖）、陈秉公教授的《思想政治教育学》（人文社科优秀成果一等奖）等。思想政治教育学科研究也取得了丰硕成果，主要专著有：张耀灿教授的《社会主义市场经济条件下思想政治教育领导研究》以及朱江、张耀灿合著的《大学德育概论》（被评为优秀教育论著）、胡正清教授的《思想规律与思想政治工作》、陆庆壬教授的《人的发展与社会发展——思想政治教育学基础理论研究》、龚海泉的《当代大学德育史论》、思想政治工作研究会组织编写的《新时期思想政治工作丛书》等。据不完全统计，到1990年已出版思想政治教育方面的著作350种，其中有关思想政治教育原理69种，思想政治教育方法论18种，思想政治教育史6种，思想政治教育心理学17种，德育学30种，青年学19种，企业思想政治工作47种，文献论文集36种，等等。而每年还有数百篇思想政治教育的研究论文发表。另外，各省（市、自治区）的思想政治工作研究会、各种思想政治教育类刊物也为学科研究和交流提供了很好的平台和阵地，推动了研究领域的拓展以及研究理论的深化。三是思想政治教育学科在教学和研究的人力资源上获得保证。到1997年学科专业目录调整前，已经有超过70所高校设置了思想政治教育本科专业，马克思主义理论和思想政治教育硕士点共有70个，博士点3个。这些专业课师资人数达到了数千人，另外还有大量高校思想政治工作者和专职辅导员，共同构成了思想政治教育学科建设的主要力量。除了高校之外，党政部门研究所、国家、各省市级社会科学院、军队、企业的政工部门也是重要的学科建设力量。

阶段三：学科建设不断突破创新，学科取得跨越式发展（1997—2004年）

　　这一阶段属于综合深化发展阶段。1997年6月，国务院学位委员会、国家教委颁布新修订的《授予博士、硕士学位和培养研究生的学科、专业目录》，将原"马克思主义理论"和"思想政治教育"两个二级学科整合为一个"马克思主义理论与思想政治教育"二级学科，整合后的二级学科、专业名称加以规范，去掉原有"马克思主义理论教育"名称中的"教育"二字，正式命名为"马克思主义理论与思想政治教育"，隶属于法学门类政治学一级学科。这次整合的目的在于适应学科整合发展的主要趋势，增强专业的适应性，也突出了"思想政治教育学科"与"马克思主义理论教育"的关系，但也留下了整合力度过大过宽，"思想政治教育"学科处于半独立的地位，使得思想政治教育学科的重要性与它在学科体系中的较低地位不太相称的问题：思想政治教育不仅低于理工医农等许多学科，甚至还低于体育的地位。所幸的是，这一问题后来得到党中央、国务院的高度重视，最终于2005年做出了提升学科地位的重大战略决策。

　　2002年是学科发展极具标志性意义的一年。这一年，武汉大学、中国人民大学、中山大学三所高校的马克思主义理论与思想政治教育专业被教育部正式确定为国家重点学科，"马克思主义理论与思想政治教育学科"建设开始进入又一个新的发展时期。2004年春，中共中央《关于进一步繁荣发展哲学社会科学的意见》和中央宣传思想工作领导小组《关于实施马克思主义理论研究和建设工程的意见》，提出要提高对哲学社会科学重要性的认识，提高对马克思主义在意识形态领域中的指导地位重要性的认识，大力繁荣和发展哲学社会科学，大力加强马克思主义理论研究和建设工程。这两个"意见"对于后来的马克思主义学科和思想政治教育学科发展都起到了非常重要的作用。2004年10月，中共中央、国务院发布《中共中央国务院关于进一步加强和改进大学生思想政治教育的意见》（简称16号文件），再次强调要加强思想政治教育学科建设，培养思想政治教育工作专门人才。也是从这一年开始，一大批高学历的专职辅导员充实到了高校思想政治教育的第一线，为高校思想政治教育工作补充了新鲜的有生力量。

这一阶段思想政治教育学科的发展可以总结为力度大、发展快、成绩明显。到2004年年底，全国已有100多所高校设立了思想政治教育专业，包括高等院校、军事院校、党校系统在内，马克思主义理论与思想政治教育专业的硕士学位授予权单位已达近200家，二级学科博士学位授予权单位46家，还拥有3个国家级重点学科。通过调整学科专业口径和培养目标，学科建设更加适应现代化发展要求，而且也使得思想政治教育这门综合性、实践性都很强的应用学科不断实现理论与实践的统一，保证了所培养的人才得到社会的认可。同时，这一阶段的学术成果也非常丰富，而且呈现逐年递增的趋势。

这一阶段发展的特点是思想政治教育的理论与方法通过人才培养、科学研究途径，在各种不同类型的思想教育中运用、探索，扩大了学科成果的运用范围与影响，带动并促进了思想政治教育的学科化与科学化。同时，与其他学科如教育学、管理学、心理学、文化学等学科的专家相配合，进行学科交叉与渗透，形成了一些富有特色的探索领域与研究成果，如以弘扬、开发我国传统文化为特色的思想政治教育文化学；以研究人的全面发展为重点的人格发展理论与方法；以探讨思想教育与行政管理相结合的思想政治教育管理学等。学科的扩展与交叉所形成的研究成果，推进了思想政治教育学科的普及与深化，为思想政治教育学科的发展与发挥作用提供了空间，也体现了学科的综合性特点。这些特点体现在这一时期的代表性研究成果中。如：《思想政治教育理论与实践》（王伟华，广州出版社1997年版），《马克思主义思想政治教育著作导读》（高等教育出版社2003年版），《思想政治教育方法论》（郑永廷，高等教育出版社1999年版），《中国共产党思想政治教育史》（许启贤，中国人民大学出版社1999年版），《思想政治教育环境论》（姜正国，湖南师范大学出版社1999年版），《思想政治教育心理学》（杨芷英等，首都师范大学出版社1999年版），《思想政治教育有效性研究》（沈壮海，武汉大学出版社2001年版），《思想政治教育原理与方法研究》（罗洪铁主编，贵州人民出版社2002年版），《新时期思想政治教育史论》（吴潜涛、刘建军，安徽人民出版社 2004 年版）；教材类的有：《思想政治教育方法论》（郑永廷主编，高等教育出版社 1999 年版），《中国共产党思想政治教育史纲：1919—1949》（王树荫，党建读物出版社 2002 年版），《现代思想政治教育学科论》（张耀灿、徐志远，湖北人民出版社 2003 年版），《思想政治教育学基本原理》（孙其昂主编，河海大学出版社 2004 年版），《新时期思想政治教育史论》（吴潜涛、刘建军，安徽人民出版社 2004 年版）等。

阶段四：学科定位更加明确，学科获得整体良性发展（2005年至今）

马克思主义理论一级学科确立，思想政治教育学科作为其二级学科，有了新的发展平台，获得了新的发展机遇。这一阶段属于学科发展的深化开拓阶段。思想政治教育作为一门学科的发展从 1984 到 2004 年已走过了整整 20 年。2005 年对于思想政治教育学科发展年来说，是一个极其重要一年。是年，随着国务院学位委员会、教育部《关于调整增设马克思主义理论一级学科及所属二级学科的通知》（学位［2005］64 号）的下发，马克思主义理论一级学科设立，思想政治教育作为马克思主义理论学科所属的二级学科，开始走上独立的学科建设道路。相继出台的《中共中央宣传部、教育部关于进一步加强和改进高等学校思想政治理论课的意见》和《中共中央宣传部、教育部关于进一步加强和改进高等学校思想政治理论课的意见的实施方案》，规定了高校思想政治理论课新的课程设置和实施步骤，并对教材编写、师资队伍建设与领导、教学方式多样化和现代化等提出了指导性意见，表明作为思想政治理论课新一轮改革和建设正式启动。思想政治教育学科的大发展、大繁荣局面初步奠定。

当时间跨入 2006 年以后，思想政治教育学科在整体上进入了发展的快车道。是年 1 月，国务院学位委员会在导向上由过去的"在同等条件下向西部倾斜"改为"在保证质量的前提下向西部倾斜"。经过审批，新设马克思主义理论一级学科博士点 21 个，硕士点 73 个；新增思想政治教育学科博士点 20 个，硕士点 144 个。至此，全国高校思想政治教育学科专业新批准和旧有的学科点，共有博士点 66 个，硕士点 253 个，本科点约达 300 个。马克思主义理论一、二级学科就博士点而言还属空白的地区，只剩下西藏、青海、宁夏、贵州、海南等少数省（区）。在保持量的增长的基础上，学科点的建设更注重在质上的提高，如天津师大、河北师大、华中师大、武汉大学等校的思想政治教育专业于 2007 年被教育部、财政部批准为特色专业；2007 年东北师大思想政治教育学科被评为国家重点学科。

面对如此多而复杂的学科布局情况，摸清家底以及在什么样的基础上进行学科战略布局和规划，便成了制约学科发展的前提性问题。为解决这个首要问题，国务院学位委员会"马克思主义理论一级学科建设和人才培养方案研究"课题组应声成立，顾海良教授为负责人，武汉大学及有关单位共同承担。该课题组用了近半年的时间，对全国马克思主义理论一级学科博士点和二级学科博士点的有关材料（截止时间为 2006 年 1 月）进行了调查，对马克思主义理论学科的总体状况、学科点的分布、依托机构、原有学科基础、学科支撑、科研状况、学术队伍、带头人基本情况、研究方向、课程设置等项指标的上万个数据进行了查阅、梳理和核对，弄清了现有一级学科、二级学科博士点建设的基本情况，并以此为据，撰写了《马克思主义理论学科建设调研报告》。该报告指出，当前马克思主义理论学科总体来说发展速度较快、状况良好，这一良好势头既反映了我国社会经济发展、高等学校发展的要求，同时也是这一学科本身发展、积累的必然；同时也存在着博士点发展不平衡、依托机构分散等诸多问题需要解决。针对这些问题，提出在今后五六年内，本学科发展的思路应坚持稳定规模，提升质量，优化队伍，调整结构，完善体系，强化管理。

2007 年以后，整个社会开始进入"庆典年"和"大事件年"，伴随着建军 80 周年、奥运会、改革开放 30 周年、世博会、新中国成立 60 周年、建党 90 周年和纪念辛亥革命 100 周年等诸活动相继而来的是对整个社会的政治、经济、文化、社会等诸方面的在各自历史进程中的审视与反思，在这个背景下，思想政治教育学科在总结自身的经验与教训的过程中，在学科建设、基础理论研究等方面都取得了较大进展。从业人员在专著、论文、课题申请等方面，不仅数量大，而且在质上取得较大进展。例如，在 2006 年年底被评上第四届中国高校人文社科研究优秀成果二等奖的马克思主义类 7 项成果中，思想政治教育研究成果就有：张耀灿等合著的《现代思想政治教育学》，赵存生的论文《关于弘扬培育中华民族精神的几个问题》，郑永廷的研究咨询报告《关于宗教、迷信对高校学生的影响与对策研究》。2007 年，西南大学黄蓉生教授中标正在主持开展的"大学生诚信制度建设与加强思想政治工作研究",思想政治教育专业青年学者申报的"思想政治教育学范畴体系研究"、"比较公民教育研究"、"生命价值观问题研究"等课题均获得了国家社科基金的资助。《思想政治教育发展报告》系列,自2009年开始出版,这个报告成为从事思想政治教育研究和工作人员的必读报告;专著、教材的更新和积累更是体现学科发展的基础和前景的重要衡量指标。

这一时期的研究成果也是最为丰富的,具有代表性的有:《思想政治教育评价论》(王茂胜,中国社会科学出版社2006年版),《中国共产党思想政治教育史论》(张耀灿,高等教育出版社2006年版),《思想政治教育学前沿》(张耀灿等,人民出版社2006年版),《现代思想政治教育学(第一版)》(张耀灿等,人民出版社2006年版),《新中国成立以来中国共产党思想理论教育历史研究》(上、下)(石云霞,中国社会科学出版社2007年版),《思想政治教育探本——关于其源起及本质的研究》(李合亮,人民出版社2007年版),《现代思想政治教育的人性基础研究》(雷骥,人民出版社2008年版),《现代思想政治教育前沿问题研究》(王学俭,人民出版社2008年版),《现代思想政治教育学范畴研究》(徐志远,人民出版社2009年版),《当代国外思想政治教育比较》(苏振芳,社会科学文献出版社2009年版),《中国共产党思想政治教育的理论与实践》(刘建军,中国人民大学出版社2008年版),《思想政治教育与近代社会变革》(李德芳,中国社会科学出版社2008年版),《思想政治教育发展报告2009》(沈壮海,高等教育出版社2009年版),《中国共产党思想政治教育史料选编》(李德芳等,武汉大学出版社2009年版),《网络思想政治教育研究》(张再兴,经济科学出版社2009年版),《当代中国思想政治教育意识形态功能研究》(李辽宁,武汉大学出版社2006年版),《解析与建构:当代中国思想政治教育的哲学反思》(李合亮,人民出版社2010年版),《新中国思想政治教育史纲(1949—2009)》(王树荫等,人民出版社2010年版),《马克思恩格斯思想政治教育理论与实践研究》(李征,北京大学出版社2011年版)等。

这些研究成果涉及广泛的领域,探索与研究了思想政治教育新领域的新问题,体现了进入21世纪以来,国际国内形势对思想政治教育的新要求。既有对思想政治教育学科的基础理论问题研究的深化,也有对重大现实问题、热点难点问题的研究。如思想政治教育意识形态功能研究,马克思主义理论教育目标、内容与方式的研究，网络思想政治教育新领域研究，根据社会、自然风险与危机频发的新情况，研究风险预测、预防以及危机干预理论与方法的研究等。在这一阶段，学科发展的突出特点是围绕当前重要的理论与实际问题，有组织地开展合作研究、集体攻关，力争理论上的突破与创新。

近30年的学科建设的成就与存在问题

近30年的学科建设历程，思想政治教育的学科建设从全面探索到系统建设，取得了巨大的成就。

一是构建了以"思想政治教育学（原理）"为基础的学科知识体系。这一学科体系基本具备了逻辑结构上的严密性、一贯性和合理性，形成了自身特定的"概念"、"范畴"、"原理"，基本形成了思想政治教育的研究对象、基本矛盾、客观规律、途径方法以及现代思想政治教育评价标准体系等方面的基本知识和理论观点。在很大程度上克服了思想政治教育盲目性和主观随意性，其说服力和信誉度有所提高。

二是创立并正在逐步完善思想政治教育学的学科体系，形成以思想政治教育学原理为基础、以思想政治教育发展史、思想政治教育方法论、中国共产党思想政治教育史、马克思主义思想政治教育经典著作研究等为主要内容的主干学科体系；以比较思想政治教育学、思想政治教育管理学、思想政治教育心理学、思想政治教育经济学、思想政治教育社会学等为分支学科体系。

三是培养了大批思想政治教育的教学、科研人员和实际工作者。目前，思想政治教育的学科拥有本科、硕士、博士的培养层次，在国内学科目录中已成为硕士、博士学位授予权数量最多的学科。全国有上千万教育者从事马克思主义理论教育和思想政治工作，为思想政治教育的科学发展做出了重要贡献。

四是学科建设促进了研究机构和专业学术刊物的创立和发展，这些研究机构和学术刊物的创立又为思想政治教育学科进一步发展奠定坚实的基础。1983年，创立的中国职工思想政治工作研究会及其会刊《思想政治工作研究》，此后，全国各地纷纷成立各级各类研究机构并创立研究期刊。如《思想教育研究》、《学校党建与思想教育》、《思想理论教育导刊》《思想政治教育研究》等，而全国人文社科类的学术期刊也均设有"思想政治教育"专栏，极大地促进思想政治教育学科的发展。

思想政治教育学科建设和学术研究面临的问题也不容我们回避，找准存在的问题，分析产生的原因，有利于我们进一步明确今后的研究方向。

第一，思想政治教育研究领域广泛，但极不平衡。目前思想政治教育整体呈现领域广泛、内容多样、成果丰富的特点，但是，领域的覆盖、内容的涉猎、成果的多寡及水平的高低却表现出明显的差异。

第二，实现思想政治教育政治本色与人文关怀的统一尚需努力。从本质上来说，思想政治教育仍然带有并且还将长期带有其鲜明的政治本色，这是思想政治教育之所以被称为思想政治教育的根源所在。忘掉了这一点，片面地强调人文性，或者像以往那样片面地强调政治色彩，都会影响现阶段思想政治教育的健康发展。

第三，对现实问题的对策研究还显单薄、尚缺乏力度。从研究成果来看，论述思想政治教育必要性的内容较多，而对具体措施的研究还显得不够。这一方面是因为对措施和做法的研究容易陷入平面化，另一方面也提醒我们思想政治教育实效性的提高确实存在一定的难度，这将是以后需要努力攻克的难题之一。

第四，有效整合资源、实现思想政治教育效果的最大化尚待加强。从目前的现实情况来看，思想政治教育三支队伍分离的问题依然存在。研究、教学和实践"三支队伍"各司其职，没有有效整合，从而造成教育资源的巨大浪费，极大降低了思想政治教育的实效性。

社科院思想政治教育学科建设情况及初步成绩

为贯彻落实中央《关于进一步繁荣发展哲学社会科学的意见》和中央宣传思想工作领导小组《关于实施马克思主义理论研究和建设工程的意见》，2005年12月26日，在中国社会科学院"马克思列宁主义毛泽东思想研究所"的基础上，成立了"中国社会科学院马克思主义研究院"，这是中国哲学社会科学界的一件大事。马研院成立之初，"马克思主义理论一级学科"下设的二级学科中，只有"思想政治教育学科"没有设立重点学科，也没有专门独立的研究机构。这一现状在一定程度上影响了社科院"马克思主义理论一级学科"的完整性。而实际上马研院很多人都在从事或涉及"思想政治教育研究"方面的研究，整合现有资源、凝聚分散的研究方向和成果，是十分必要的。因此，2009 年 5 月，马研院正式成立"思想政治教育研究室"，2010 年初，《中国社会科学院 2010 年加强马克思主义理论学科建设与理论研究工作计划》中，设立了"马克思主义理论类别研究室"，其中包括"思想政治教育研究室"，同时"思想政治教育学科"被确立为重点扶持学科，纳入中国社会科学院马克思主义学科建设项目。

中国社会科学院马克思主义研究院的"思想政治教育研究室"与"思想政治教育学科"有一定的区别，从研究室的角度讲，我们属于"马克思主义理论类别研究室"；从学科来讲，我们属于"马克思主义理论一级学科"下的一个二级学科。思想政治教育研究室归属马克思主义原理研究部，余斌研究员担任学科带头人，李春华研究员担任研究室主任，研究室现有实际人数为 5 人。学科建设以思想政治教育研究室为主体，依托于马研院马克思主义原理研究部；同时，我们采取了跨部、跨室、跨学科的路线，联合马研院其他研究部门的相关人员，力争实现整合研究资源、增强学科队伍的实力，形成了一个研究人员近 20 人的非实体研究队伍。自研究室成了以来，在马克思主义研究院和马克思主义原理研究部领导的关心和指导下、在学科带头人的具体率领下，学科成员克服困难、努力工作，在仅仅一年的时间里，完成了研究室建设的一系列基础性工作，明确学科的方向定位，确定学科研究重大问题，申报了社科院重点课题，进行一些实地调研，收集积累了文献资料、使学科建设起步阶段的工作初见成效，为学科的进一步发展奠定了坚实的基础。

（一）梳理与回顾思想政治教育学科研究现状，把握学科基本走向和发展趋势

我们以"学科数据库"的建设为平台，以《马克思主义研究与学科建设年鉴（2009 年)》的编写为契机，对思想政治教育学科建立以来，特别是马克思主义理论研究和建设工程实施以来的研究作了认真的梳理与回顾，在把握学科的基本走向和发展趋势的基础上，明确了已经取得的成绩，同时也看到了需要解决的问题。总结性成果以《马克思主义理论研究与学科建设年鉴（2009 年)》（参编）的出版最终确定下来。

(二) 明确学科方向定位和研究领域，积极申报各类课题

中国社科院的思想政治教育研究，要站在应有的高度，其研究要有指导意义。因此，在学科目标定位方面，要落实中国社科院的"三个定位"，坚持"对上"（做党和政府的思想库、智囊团）与"对下"（解决现实思想政治问题）的统一，实现基础理论研究与现实问题研究有机结合，努力发挥国家思想政治教育研究、宣传与政策建议的智库作用。研究室建立伊始，我们经过反复研讨，最终确立了的思想政治教育学科应有的方向定位："马克思主义理论教育和当前思想领域的重大问题研究"。依据本学科的总体发展目标和学科定位，将对以下问题进行重点研究。一是关于马克思主义思想政治教育的基础理论研究。我们计划将对马克思、恩格斯、列宁、毛泽东、邓小平、江泽民、胡锦涛等人的思想政治教育思想、观点和理论进行摘编、梳理和研究，形成系列成果。二是关于思想政治教育重大基本问题的研究，深入研究在今天国际国内形势复杂化、经济利益多元化、中国社会阶层大分化过程中，人们的思想状况所发生的巨大变化。

学科定位确定以后，研究室的课题申报、学术活动等就有了明确的主题和目标。2010年9月，以上述定位为中心，研究室申报了中国社科院重点课题"当前思想政治教育的重大问题研究"，2011年研究室成员申报马研院课题（所课题）大部获批。余斌主持的"马克思主义经典作家关于灌输理论的思想及现实意义研究"、朱亦一主持的"马克思主义的形象：基于受众视角的研究"、梁海峰主持的"日本马克思主义文本研究的路径及启示"课题，都紧紧围绕本学科方向定位。

(三) 采取院内联合方式，初步形成学科建设队伍

在队伍建设上，坚持"不为所有、但为所用"的原则，采取院内联合、整合实力、共享资源的路线，建立一支实体与非实体相结合的研究队伍，以研究室为主体、以马克思主义原理研究部为依托、联合马研院其他研究部门的相关人员共同进行。并于2010年9月和2011年5月，召开两次思想政治教育学科建设研讨会。来自马研院各研究部的近20位科研人员围绕学科建设进行了深入研讨。

(四) 以学术活动为平台，初步建立了与相关单位的联系

自研究室成立以来，我们共举办了7次学术研讨会，其中，全国性的有1次，跨部、跨室的有2次，研究部、室内的有4次。目前已初步探索了一条学术研讨的模式。2010年4月，在南京财经大学召开了"马克思主义党建理论与思想政治教育"的学科首次全国学术研讨会；2011年6月，学科举办了建党90周年："中国共产党90年思想政治教育党的历史经验"的专题学术研讨会；2011年7月，在内蒙古师范大学举办了"2011年全国思想政治教育学术研讨会"。2010年，我们参加了中宣部思政研究所课题"思想政治工作评价标准指标体系"的研究；参与了人民出版社的"中国共产党思想理论资源数据库的语义标注"工作。另外，自2009年以来，我们坚持开展《马克思恩格斯全集》读书研讨会，每年举办10期，研讨会成果简报得到中国社科院领导的肯定，并要求每期上报。原著研读活动已成为宣传和传播马克思主义的载体和途径，产生了很大影响力，吸引了很多高校硕士、博士和外地进修老师来旁听，他们也积极参加讨论，共同分享研读心得，取得了较好效果。

(五) 学术研究取得了学科起步阶段的成果

一年来，研究室依据学科定位，紧紧围绕学科确立的中心，与整合的学科队伍一道，全力展开学术研究，取得了学科起步阶段应有的成果并产生了一定影响。撰写了2009年和2010年《马克思主义理论研究与学科建设年鉴》中的"思想政治教育学科"部分；2010年底汇编成的《2010年思想政治教育学科简报》，全面反映了研究室成立一年多来的工作和研究成果。到目前为止，已发表论文30余篇，代表性的成果主要有：《试论思想政治教育的目的、本质、原则和方法》（《中国高等教育》2011年第7期），《当前思想政治教育的重大基本问题探析》（《思想理论教育》2010年第9期，人大复印资料《思想政治教育》2010年第8期全文复印；中国社科院科研局《学术动态》2010年第27期全文转载），《创新群众工作机制、促进社会和谐稳定》（《学校党建与思想教育》2010年第9期），《从巩固执政党地位的高度认识加强和改进新形势下国企思想政治工作的重要性和紧迫性》（《理论研究动态》2011年第27期），《论思想政治教育学科建设中思想性与知识性的关系》（《学校党建与思想教育》

2011年第4期，人大复印资料《思想政治教育》2011年第8期全文复印）、《关注员工的精神利益　构建和谐的劳动关系》（《思想政治工作研究》2011年第9期）、《美国大学生学术不端防治研究》一文（《中国教育管理评论（第6卷）》教育科学出版社2010年9月），《祖国母亲，为我们骄傲——千名清华学子感言录》（河南大学出版社2011年3月出版）。

这些成果突出了我们的学科研究方向的两大定位。

一是研究马克思主义关于思想政治教育思想，深入发掘马克思主义经典著作中的思想政治教育思想，是我们学科定位和特色之一。学科第一带头人余斌发表的《试论思想政治教育的目的、本质、原则和方法》一文，通过对马列经典原著的研究考察，认为思想政治教育的目的是掌握群众，是使马克思主义理论掌握群众并转化为改变世界的物质力量；思想政治教育的本质是宣传，是向广大人民群众宣传马克思主义，使人民群众正确了解人类社会发展的规律，了解自己的历史任务和对于资本主义与社会主义所应采取的态度；思想政治教育的原则是说服，是以彻底的马克思主义理论说服广大群众；思想政治教育的方法是灌输，是同一切散布非社会主义思想体系的企图作斗争，使马克思主义理论能够持续和高强度地接触广大人民群众。

二是落实"三个定位"，着力研究当前重大现实问题，发挥思想政治教育的政策宣传解读作用。学科第二带头人李春华重点研究了思想政治教育现实问题。在《当前思想政治教育的重大基本问题探析》一文中，针对当前思想政治教育研究的基本问题不明确、不突出的问题，指出了"马克思主义还灵不灵"、"社会主义道路还通不通"、"共产党的领导还行不行"的问题，构成了当前我国思想政治教育的重大基本问题。在《创新群众工作机制、促进社会和谐稳定》一文中，研究了在新形势下，以信访工作为主要载体的群众工作体制显示出的不适应，因而探索适合新形势下做好群众工作的有效机制势在必行，并认为提高领导干部、特别是基层领导干部以及广大群众的素质是做好新时期群众工作的关键。在中办、国办转发《中央宣传部、国务院国资委关于加强和改进新形势下国有及国有控股企业思想政治工作的意见》之后，撰写了《从巩固执政党地位的高度认识加强和改进新形势下国企思想政治工作的重要性和紧迫性》，并从巩固党执政的物质基础、阶级基础和思想基础三个方面，阐述了加强和改进新形势下国企思想政治工作的必要性和紧迫性。在《关注员工的精神利益、构建和谐的劳动关系》一文中，阐述了当前构建和谐劳动关系，应加强包括思想政治工作在内的精神文明建设，真正关注员工的精神需求、切实满足员工的精神利益。

当然，学科建设存在的问题是明显的，我们学科的地位、特色、作用、影响还远远没有发挥出来。这一方面是由于学科建设起步较晚、学科积累尚不足，学科的专职研究人员严重不足；同时，还要进一步加强学科自身的建设。研究人员要增强责任感和使命感，要练好内功。本学科科研队伍中有很多青年学者，他们思维活跃，有很多创见和闪光点，但是科研经验积累尚显不足，还需要在科研实践中历练，加强马克思主义经典原著的研读，加强学科基础理论的研究，加强研究方法的研究，方可在本学科建设发展中大有作为。

（余斌，中国社会科学院马克思主义研究院马克思主义原理研究部副主任，研究员，博士生导师。李春华，中国社会科学院马克思主义研究院思想政治教育研究室主任，研究员）

中国近现代史基本问题研究学科的建立

龚 云

中国近现代史基本问题研究学科是 2008 年新设的一个政治性现实性极强的马克思主义理论的二级学科。为什么要建立这个二级学科，它同中共党史学科的异同点是什么，它的学科内容体系是什么，马克思主义研究院为该学科采取的新举措有哪些，这个学科如何建设。笔者结合自己对该学科建立的前前后后的了解，谈谈对上述问题的认识。

一 建立中国近现代史基本问题研究学科的必要性

中国近现代史基本问题研究学科的设立，是我国在新时期加强马克思主义理论建设的需要，特别是服务于高校思想政治理论课建设的需要。

（一）加强马克思主义理论建设的需要

马克思主义是我们立党立国的根本指导思想，是全党全国人民团结奋斗的共同思想基础。高等学校思想政治理论课承担着对大学生进行系统的马克思主义理论教育的任务，是对大学生进行思想政治教育的主渠道。高校思想政治理论课在引导大学生坚定对马克思主义的信仰、对社会主义的信念、增强对改革开放和现代化建设的信心、对党和政府的信任等方面，发挥了重要的作用。充分发挥思想政治理论课的作用，用马克思列宁主义、毛泽东思想、邓小平理论、"三个代表"重要思想、科学发展观武装当代大学生，是党的教育方针的具体体现，是社会主义大学的本质特征，是党和国家事业长远发展的根本保证。中国近现代史纲要作为高校马克思主义理论课的重要组成部分，加强作为其学科支撑的中国近现代史基本问题的研究，有助于加强马克思主义理论建设。

（二）完善马克思主义理论学科体系的需要

马克思主义是一门科学，需要用科学的态度对它进行研究。新中国成立以后，中国共产党非常重视马克思主义理论的教育。但是对作为高校公共政治理论课的马克思主义理论，缺乏充分的学术研究。长期以来，高校思想政治理论课教学缺乏应有的学科支撑，科学性不足，影响到教学实效。

2005年2月7日，《中共中央宣传部、教育部关于进一步加强和改进高等学校思想政治理论课的意见》指出，"学科建设是加强和改进思想政治理论课的基础。思想政治理论课教育教学所依托的学科是我国特有的一门政治性、科学性和实践性很强的学科，只能加强，不能削弱。设立马克思主义一级学科，开展马克思主义理论体系研究，开展马克思主义发展史、马克思主义中国化研究，开展思想政治教育研究，为推进党的思想理论建设和巩固马克思主义在高等学校教育教学中的指导地位，为加强高校思想政治理论课建设，培养思想政治教育工作队伍提供有力的学科支撑。"

2005年12月23日，国务院学位委员会和教育部发出《关于调整增设马克思主义理论一级学科及所属二级学科的通知》，增设马克思主义理论一级学科，下设五个二级学科：马克思主义基本原理、马克思主义发展史、马克思主义中国化研究、国外马克思主义研究、思想政治教育。

2005年增设的马克思主义理论学科缺少马克思主义在中国的实践研究，特别是缺少马克思主义中国化的实践研究，缺乏从中国历史的层面去论证近代中国为什么会选择马克思主义指导、社会主义道路和中国共产党的领导。马克思主义的真理性、马克思主义的生命力、马克思主义的说服力，是由中国近现代历史证明的，是建立在中国革命、建设和改革开放实践中的。显然，2005年增设的马克思主义理论一级学科是不完整的。而现实的教学实践也证明了这一点。高校思想政治理论课教师普遍反映仅从理论上证明马克思主义的科学性是不够的，缺乏历史实践的证明。学生也有这种要求。同时，2005年中央批准的高校思想政治理论课"中国近现代史纲要"缺乏相应的学科支撑,影响到这门课的教学效果和这门课教师队伍的稳定。

从完善马克思主义理论学科体系的需要出发和服务于高校思想政治理论教学出发,2008年4月2日,《国务院学位委员会、教育部关于增设"中国近现代史基本问题研究"二级学科的通知》说,"为进一步加强和完善马克思主义理论一级学科,逐步形成一个研究对象明确、功能定位科学的马克思主义理论学科体系,同时,为进一步强化高等学校思想政治理论课'中国近现代史纲要'课程功能和教师队伍建设,经专家论证,决定在马克思主义理论一级学科下增设一个二级学科。"这个学科就是"中国近现代史基本问题研究"。

(三) 加强高校中国近现代史教育的需要

通过马克思主义理论学科建设,使其真正能为提高思想政治理论课教学质量、提高教师的科研水平以及为培养人才和提高思想政治理论课教师的业务素质服务。

增设"中国近现代史基本问题研究"二级学科,是新中国加强高校中国近现代教育的必然要求。中国近现代史由于包含丰富的政治教育内容,新中国成立以来一直高度重视中国近现代史教育。

1949年10月8日,华北人民政府高等教育委员会颁布的《华北专科以上学校一九四九年度公共必修课过渡时期实施暂行办法》规定开设的"新民主主义论"中就包括近代中国革命运动史。

1950年10月4日,《教育部关于全国高等学校暑期政治课教学讨论会情况及下学期政治课应注意事项的通报》指出,新民主主义论的内容重点包括:中国革命的历史特点,中国革命的主要经验,新民主主义的政治,新民主主义的经济,新民主主义的文化,中国革命的前途。

1953年6月17日,《中央人民政府高等教育部关于改"新民主主义论"为"中国革命史"及"中国革命史"的教学目的和重点的通知》指出,从1953年开始,改"新民主主义论"为"中国革命史"。

1956年9月9日,《中华人民共和国高等教育部关于高等学校政治理论课课程的规定(试行方案)》规定大学二年级开设中国革命史。

1961年4月8日,《中华人民共和国教育部关于改进高等学校共同政治理论课程教学的意见》规定"中共党史"作为马克思列宁主义基础理论课的一门课开设。

1964年10月11日,《中央宣传部、高教部党组、教育部临时党组关于改进高等学校、中等学校政治理论课的意见》指出,《中共党史》以党的历史为线索,以党内两条路线斗争为中心,学习毛主席著作,使学生初步领会毛泽东同志如何把马克思列宁主义普遍真理和革命的具体实际相结合从而发展了马克思列宁主义,并且认识中国共产党是光荣的、伟大的、正确的,使学生更加热爱党、热爱毛主席。

1970年5月27日,《北京大学、清华大学招生(试点)具体意见(修改稿)》提出,设置"以毛主席著作作为基本教材的政治课"。

1978年4月,《教育部办公厅关于加强高等学校马列主义理论教育的意见》提出,高等学校的马列主义理论课程,一般开设辩证唯物主义与历史唯物主义、政治经济学、中国共产党党史和国际共产主义运动史四门课。

1982年10月9日,《教育部关于在高等学校逐步开设共产主义思想品德课程的通知》中指出,"有些学校还举办中国近代史专题讲座,对学生进行爱国主义教育"。

1985年8月1日,《中共中央关于改革学校思想品德和政治理论课程教学的通知》要求,大学"进行以中国革命史为中心的历史教育,使学生了解具有悠久的历史文化传统的中国,是怎样根据历史的必然走上以共产党为领导力量的社会主义道路的"。

1986年3月20日,《国家教育委员会关于在高等学校进一步贯彻〈中共中央关于改革学校思想品德和政治理论课程教学的通知〉》中说,"国家教委首先抓了'中共党史'课的教学改革,召开了座谈会,明确了'中国革命史'课的步骤、做法;接着又委托清华大学举办'中国革命史'教学研讨班,介绍清华大学五年来开设'中国革命史'课的经验"。还提出开设"中国革命史"的具体步骤:1986年,总结清华大学等校改"中共党史"课为"中国革命史"课的试点经验;组织编写供不同类型院校使用的示范性大纲,推动教材建设。1987年,在较多的院校开设"中国革命史"课,评审推荐全国试用教材。1988年,在全国大多数高等学校开设"中国革命史"课。

1987年3月17日,《国家教育委员会关于进一步改革高等学校马克思主义理论课(公共课)教学的意见》中说,1987年已有11所高等学校设置了"中国革命史"本科专业或第二学士学位班；中国人民大学、北京大学、清华大学、上海交通大学、哈尔滨工业大学试办了"中国革命史"研究生班。

1991年8月3日，《国家教育委员会关于加强和改进高等学校马克思主义理论教育的意见》，要求四年制本科继续开设"中国革命史"，保持课程的相对稳定。

1993年8月13日，《中共中央组织部、中共中央宣传部、国家教育委员会关于新形势下加强和改进高等学校党的建设和思想政治工作的若干意见》，要求进行近代史、现代史和中华民族优秀文化传统的教育。

1994年8月31日，《中共中央关于进一步加强和改进学校德育工作的若干意见》，要求爱国主义教育要以中国近、现代史和国情教育为依托。

1995年10月24日，国家教育委员会关于印发《关于高校马克思主义理论课和思想品德课教学改革的若干意见》的通知，要求进行以中国革命史为中心的近现代历史教育、优秀革命传统教育和国情教育，培养和弘扬民族自尊、自信、自强的爱国主义情感和艰苦奋斗精神。还规定四年制本科马克思主义理论教育仍设置马克思主义基本原理课程、有中国特色社会主义建设课程、中国革命历史课程。

1995年11月23日，国家教委关于颁布试行《中国普通高等学校德育大纲》的通知说，要把"中国革命的理论和历史教育"作为马克思列宁主义、毛泽东思想和邓小平建设有中国特色社会主义理论教育重要内容，把中国近、现代史教育作为爱国主义重要内容。提出本科马克思主义理论课应设置马克思主义基本原理课程、有中国特色社会主义建设课程、中国革命史论课程。

1998年6月10日，《中共中央宣传部、教育部关于印发〈普通高等学校"两课"课程设置的规定及其实施工作的意见〉的通知》规定，本科马克思主义理论课设置：马克思主义哲学原理，马克思主义政治经济学原理，毛泽东思想概论，邓小平理论概论，当代世界经济与政治（文科类开设）。还说明，"毛泽东思想概论"主要是进行毛泽东思想基本原理的教育，帮助学生理解毛泽东思想是马列主义同中国实际相结合的第一次历史性飞跃的伟大成果，掌握毛泽东思想的主要内容和活的灵魂，懂得中国近现代社会历史发展和革命运动的规律，认清只有在中国共产党领导下，坚持社会主义道路，才能救中国和发展中国。

2005年2月7日，《中共中央宣传部、教育部关于进一步加强和改进高等学校思想政治理论课的意见》指出，完善高等学校思想政治理论课的课程体系，"开展中国近现代史的教育，帮助学生了解国史、国情，深刻领会历史和人民是怎样选择了马克思主义，选择了中国共产党，选择了社会主义道路"，决定把"中国近现代史纲要"作为全国本科生开设的四门必修政治课之一。

2005年3月9日，中共中央宣传部、教育部关于印发《〈中共中央宣传部、教育部关于进一步加强和改进高等学校思想政治理论课的意见〉实施方案》的通知指出，"中国近现代史纲要"主要讲授中国近代以来抵御外来侵略、争取民族独立、推翻反动统治、实现人民解放的历史，帮助学生了解国史、国情，深刻领会历史和人民是怎样选择了马克思主义，选择了中国共产党，选择了社会主义道路。还提出，抓紧开展设立马克思主义一级学科的有关工作，积极开展中国近现代史研究。

为了科学地传播马克思主义，传播科学的马克思主义，必须加强马克思主义理论教育的研究，提高从事马克思主义理论教育的人的学术水平。笔者1996年从南京大学中国近现代史专业硕士研究生毕业后，在中国农业大学先后从事中国革命史、毛泽东思想概论、中国近现代史纲要教学，一直到2009年正式调入中国社会科学院马克思主义研究院。在13年的马克思主义理论教学生涯中，笔者深深地感到，马克思主义理论学术水平的高低，直接决定着马克思主义理论教育的效果。增设"中国近现代史基本问题研究"二级学科是长期以来中国近现代史教育的要求，也是提高"中国近现代史纲要"教学水平的根本保证。

二　中国近现代史基本问题研究
同中共党史学科的异同点

作为马克思主义理论的二级学科，"中国近现代史基本问题研究"的主要相关学科包括：马克思主义基本原理，马克思主义中国化研究，思想政治教育，中国近现代史，中共党史（含党的学说与党的建设），科学社会主义与国际共产主义运动。

"中国近现代史基本问题研究"与"中共党史"学科是两门关系非常

密切的学科。相同点远大于不同点。

二者的相同点为：

从性质上讲，都是政治性、现实性和意识形态性非常强的两门学科。在很长时间里，中共党史是作为政治理论课在高校开设的。虽然现在学术界普遍认为"中共党史"是历史学的一个专门史，但这仍然改变不了它的政治性、意识形态属性。

从内容上讲，二者的内容存在很大重合性、交叉性。1919年五四运动后一直到今天的历史，都属于这两门学科研究的内容。

从学科目的来看，都服务于中国共产党意识形态建设的需要，属于党的思想理论建设的重要组成部分。

二者不同点为：

从学科性质上讲，"中国近现代史基本问题研究"属于马克思主义理论学科，"中共党史"属于政治学一级学科下的二级学科。

从研究对象来看，是围绕历史和人民怎样选择了马克思主义、中国共产党和社会主义道路，即中国的发展举什么旗、走什么路、由谁来领导等中国近现代史的基本问题，专门系统研究中国近现代的历史进程及其基本规律和主要经验；"中共党史"研究中共党的历史，具体就是2010年6月19日发布的《中共中央关于加强和改进新形势下党史工作的意见》指出的："党的历史，是党领导全党同志和全国各族人民不断为实现民族独立、人民解放和国家富强、人民幸福而不懈奋斗的历史；是党坚持把马克思主义基本原理同中国具体实际相结合、不断探索适合中国国情的革命和建设道路，推进改革开放和社会主义现代化建设，推进马克思主义中国化、推进理论创新的历史；是党加强自身建设、保持和发展党的先进性，不断经受住各种风险和挑战考验、发展壮大的历史。"

从内容来讲，"中国近现代史基本问题研究"的时间跨度更大、范围更广泛，它还包括从1840年鸦片战争到五四运动前的历史，而且除了涵盖中共党史内容外，还包括人民群众、近代中国统治阶级的历史。中共党史的研究内容是五四运动后党的创建及以后的中共的历史。

2010年7月21日，中共中央首次召开的全国党史工作会议提出中共党史应该成为"中国近现代史基本问题研究"学科的学科支撑。在这次会议上，习近平同志代表中央做了重要讲话。

习近平指出，中国共产党是经历革命、建设、改革长期考验，在异常复杂环境中团结带领我国各族人民创造了伟大奇迹的党。建党89年来，我们党为民族独立、人民解放和国家富强、人民幸福付出最大牺牲，做出最大贡献。深入研究党的历史，认真学习党的历史，全面宣传党的历史，充分发挥党的历史以史鉴今、资政育人的作用，是党和国家工作大局中一项十分重要的工作。今天，党和国家的事业正沿着中国特色社会主义道路不断向前迈进，新的形势对党史工作提出新的任务，要求党史工作进一步提供历史经验，更好地为现实服务。

习近平强调，坚持实事求是研究和宣传党的历史，要牢牢把握党的历史发展的主题和主线、主流和本质，旗帜鲜明地揭示和宣传中国共产党在中国的领导地位和核心作用形成的历史必然性，揭示和宣传中国人民走上社会主义道路的历史必然性，揭示和宣传通过改革开放和社会主义现代化建设实现中华民族伟大复兴的历史必然性，揭示和宣传党在革命、建设、改革各个历史时期领导人民所取得的伟大胜利和辉煌成就，揭示和宣传党在长期奋斗中积累的宝贵经验、形成的光荣传统和优良作风，坚决反对任何歪曲和丑化党的历史的错误倾向。这是党史工作必须遵循的党性原则，也是每一个党史工作者应该履行的政治责任。

习近平指出，党史研究是一门研究中国共产党的历史、从中国共产党的活动揭示当代中国社会运动规律的科学，要坚持党性和科学性的统一，党史研究工作者遵守党的政治纪律、宣传纪律和充分发挥个人创造性的统一。既要坚持和发展马克思主义史学研究的优良传统，坚持和发展党史工作积累的成功经验和方法，也要吸收借鉴古今中外史学研究的有益经验和方法，还要积极运用现代科学技术，创新党史研究的手段、方法、载体。要注重发挥互联网等现代传媒在人们工作和生活中的独特作用，加大党史宣传教育和党史知识普及力度。

习近平的讲话虽然是针对党史工作来讲的，但因为"中国近现代史基本问题研究"这个学科与"中共党史"这个学科在内容上有很大的重合性，这两个学科的目的是一致的，而且中央党史工作会议明确指出"中共党史"要作为高校"中国近现代史纲要"课程的学科支撑，所以习近平的讲话也是指导"中国近现代史基本问题研究"学科建设的纲领性文件。

三 中国近现代史基本问题研究的学科体系

学科的研究对象，是围绕历史和人民怎样选择了马克思主义、中国共产党和社会主义道路，即中国的发展举什么旗、走什么路、由谁来领导等中国近现代史的基本问题，专门系统研究中国近现代的历史进程及其基本规律和主要经验。

学科的研究内容，是要在广泛了解中国近现代经济、政治、文化及社会发展历史的基础上，深入研究中国近代以来抵御外来侵略、争取民族独立、推翻反动统治、实现人民解放和国家现代化的历史，在全方位的分析和比较中阐明历史和人民是怎样选择了马克思主义，选择了中国共产党，选择了社会主义道路；要从历史和理论相结合的角度，深入开展中国共产党的基本理论、基本路线、基本纲领、基本经验研究，深入开展中国改革开放历史研究，深刻认识高举中国特色社会主义伟大旗帜是实现中华民族伟大复兴的必由之路，进一步增强坚持改革开放不动摇的自觉性和坚定性。

学科研究范围，主要包括：中国近现代史"三个选择"问题研究，中国特色社会主义道路历史规律研究，中国改革开放历史规律研究，中国近现代史基本规律和主要经验研究，马克思主义中国化的历史背景研究，高校思想政治理论课"中国近现代史纲要"课教学重点、难点、热点理论问题和教学实践研究，科学的历史观教育研究。

"中国近现代史基本问题研究"的学术研究和学科建设，目前还处于基本的学术规范和学科体系建构的初始阶段。关于它的学科定位和建设思路，还缺乏一个明确而统一的成型意见。对本学科学科体系的探讨以沙健孙的《关于增设"中国近现代史基本问题研究"二级学科的几个问题》（《思想理论教育导刊》2008 年第 8 期）和齐鹏飞的《关于"中国近现代史基本问题研究"二级学科建设若干问题的思考》（《教学与研究》2009 年第 2 期）为代表。学术界主要围绕下面几个问题进行了探讨。

首先，关于学科性质和学科的社会功能的界定问题。

"中国近现代史基本问题研究"，与设立于历史学一级学科中的"中国近现代史"二级学科，有着明显不同的学科归属和学科性质。它的学科定位和学科体系在总体上、主体上而言，是马克思主义理论学科的学科性质和学科的社会功能定位，是思想政治理论学科的学科性质和学科的社会功能定位。

其次,关于学科建设的逻辑结构和科学体系问题。

一方面需要借鉴和吸收"中共党史"二级学科、"马克思主义中国化研究"二级学科,尤其是"中国近现代史"二级学科的学科建设经验,吸收"中国近现代史"学科的积极成果,并对这些成果进行提升;另一方面,以已经初步规范化、体系化的"中国近现代史纲要"的课程建设——包括教材建设的内容,作为最直接、最主要的参照系——包括目前本科生阶段的"中国近现代史纲要"之"教学目的和教学要求"的"四方面说"以及基本框架设计的"三编、三综述、十章"结构。

再次,关于"中国近现代史基本问题研究"与"中国近现代史纲要"的关系。

关于"中国近现代史基本问题研究"二级学科与思想政治理论课"中国近现代史纲要"的关系,学者认为要注意到二者之间学科建设与课程建设的不同和相对独立性。思想政治理论课"中国近现代史纲要"的课程建设必须提升到"中国近现代史基本问题研究"之马克思主义理论学科的学科建设的高度来进行,"中国近现代史基本问题研究"的学科建设不能降低到思想政治理论课"中国近现代史纲要"之课程建设的程度和范围来进行。简单、机械地将"课程学科化"或将"学科课程化"均是不可取的。

总的来看,关于本学科的学科体系的探讨,目前研究不足。对该学科的研究目前主要围绕《中国近现代史纲要》教学展开,集中在如何把教材体系转化为课程体系上,充分体现了本学科为教学服务的特点。学科体系探讨不充分,将极大地制约本学科的发展和功能的发挥。

四 马克思主义研究院关于中国近现代史基本问题研究的成果和举措

2005年12月26日,马克思主义研究院成立后,一直非常重视中国近现代史基本问题研究学科的研究,并采取了一些新举措。

2007年,马克思主义研究院李伟研究员的《毛泽东与中国社会改造》一书得到了全国哲学社会科学规划办的表扬。

2008年1月,龚云的专著《中国近代史学科体系形成的评析(20世纪30—60年代)》,被作为北京高校思想政治理论课学者文库之一,由北京出版社出版。该书出版后得到同行专家的好评。南京大学文科资深教授茅家琦专门来函，称该书"论述全面，评价客观"。南京大学历史系方之光教授在《江苏文史研究》2008年第4期发表长篇书评，称该书是"一本研究马克思主义中国近代史学科体系的学术力作"。这本书对于中国近现代史基本问题研究学科建设具有重要资料和理论价值。

12月，为了纪念改革开放30年，马克思主义研究院赵智奎研究员主编，李红岩、金民卿、龚云副主编，12名学者参加的，中国社会科学院A类重大课题结项成果《改革开放三十年思想史》，被中宣部、新闻出版总署列入向改革开放献礼的图书，在人民出版社出版后，得到许多著名专家的好评。中共中央党校中共党史教研部原主任郭德宏教授认为该书是改革开放以来中共党史研究的重要成果之一。

2009年，为了纪念新中国成立60周年，马克思主义研究院出版了：《36位著名学者纵论新中国成立60周年》，赵智奎研究员主编的《中国社会主义60周年》，被中宣部、新闻出版总署列入向新中国成立60周年献礼的图书；金民卿研究员主编的"共和国起步丛书"：《理论中国化马克思主义的初步形成》（金民卿著），《道路：中国特色革命道路的开辟》（陈亚联著），《政权：人民共和国的雏形》（贾可卿著），《军队：中国工农红军的创建》（李建国著）和《路线：中国共产党的磨难》（龚云著）。龚云的《路线：中国共产党的磨难》在2011年建党90年时，被西单图书大厦作为纪念建党90年"特别推荐书目"和一些高校作为纪念建党90年"阅读书目"。

2010年，中央召开的党史工作会议提出把"中共党史"作为高校马克思主义理论课"中国近现代史纲要"的学科支撑。为了加强中国近现代史基本问题研究的学科建设，马克思主义研究院专门设立党建党史研究室，作为发展中国近现代史基本问题研究学科的组织依托。并把党建党史学科列入社科院重点学科和马工程进行建设，每年拨付7万元进行专项建设。

为了把握本学科的前沿、引领本学科发展，在《中国特色社会主义年鉴》每年编写的党建党史学科年度综述基础上，从2010年开始，在由《中国特色社会主义年鉴》改名的《马克思主义理论研究与学科建设年鉴》中，专门组织编写中国近现代史基本问题研究学科前沿报告，由党建党史研究室负责撰写。

同年5月，为了深入探讨党建党史学科建设的发展规划，马克思主义中国化研究部邀请了中央党校、中央社会主义学院等专家，召开了学科建设的研讨会，分析了优势、劣势，探讨了当前党建党史研究的一些热点难点问题，确定了以"党的思想理论建设史"、"党的执政规律研究"、"基层党建研究"作为学科的主要研究方向，组织党建党史研究室集体撰写《马克思主义党建学说史》。

同年8月，为了落实中共中央召开的党史工作会议和习近平在党史工作会议上的讲话精神，受中国社会科学院领导委托，金民卿研究员撰写了《中国社科院贯彻落实全国党史工作会议的情况汇报》。马克思主义研究院召开了相关会议，研讨了党建党史学科规划。

为了加强与国外学者的学术交流，10月22日—11月2日，金民卿研究员应日本社会主义协会邀请，率团到日本进行学术访问。

2011年1月，《中共党史》（第二卷）出版后，引起了社会的广泛关注。龚云按照中宣部的要求，写了《〈党史〉二卷舆情要报》一文，上报中宣部，并被采用，并获2011年中国社科院信息对策类三等奖。

3月，针对纪念建党90周年中思想理论界出现的一些思想苗头问题，龚云写了《纪念建党90周年中的若干思想苗头问题》一文，参加了教育部社科中心召开的党史舆情座谈会，相关观点被整理上报中央主管领导，并得到中共中央政治局委员刘延东的批示。4月，该文又以信息要报的形式，通过社科院办公厅，上报中宣部。

为了庆祝建党90周年，马克思主义研究学部编写和出版了《36位著名学者纵论中国共产党建党90周年》；安徽人民出版社出版了侯惠勤教授主编的《新中国意识形态史论》；党建党史研究室承担了中国社会科学院党组交办课题"中国共产党90周年领导哲学社会科学的辉煌成就与基本经验"，由陈志刚副研究员和龚云研究员完成，文章得到了社科院领导和专家的好评。

6月，针对党史宣传和研究中存在的问题，落实中央领导的批示精神，在中国社会科学院副院长李慎明研究员的主持下，在马克思主义研究院召开了中国社科院相关学科专家的座谈会，提出了相应建议。

同月，龚云应《中共杭州市委党校学报》约稿，撰写了"中国共产党新民主主义革命时期领导哲学社会科学的成就与经验"一文。文章先后被人民网、中国社会科学网、高校人文社科信息网、求是理论网、光明网等网站转载。同年 12 月，该文获中国社会科学网纪念建党 90 周年优秀论文二等奖。

为了纪念辛亥革命 100 周年，针对辛亥革命 100 周年纪念中出现的偏离马克思主义的各种杂音、噪声，发出马克思主义学者关于辛亥革命的声音，龚云受《马克思主义研究》编辑部之托，采访了中国社会科学院副院长朱佳木研究员和中国史学会会长、中国社会科学院学部委员、近代史研究员张海鹏研究员，分别以《把辛亥革命开启的中华民族复兴事业进行到底》和《实事求是地评价和研究辛亥革命》为题发表在《马克思主义研究》2011 年第 10 期和第 9 期。

2012 年，龚云作为第二作者撰写的国务院新闻办 2011 年重大招标课题《中国道路》（黄山书社 2011 年版），得到中央领导和国外读者的好评，中共中央政治局委员刘云山亲自调阅一套。

马克思主义研究院作为全国最大、最权威的国家级马克思主义研究机构，应该加大对中国近现代史基本问题研究学科的建设力度，整合社科院相关学科力量，提升本学科水平，发挥在本学科的引领和示范作用。

五　关于中国近现代史基本问题研究学科建设的建议

从整体来看，中国近现代史基本问题研究学科还处于初步建设阶段，任重而道远。

本学科面临的最大问题是队伍建设。现有的队伍主要是高校原来从事毛泽东思想概论教学的政治课教师，这些教师主要是党史专业毕业。最近几年从高校历史系中国近现代史专业补充了一批青年教师。从全国来看，缺少本学科的知名学者和带头人。目前，在本学科一些重大理论问题研究中担当重任的还是一些老学者。全国从事高校"中国近现代史纲要"课教学的教师，从整体来看，要么历史学训练不足，要么马克思主义理论素质需要提高。而中国近现代史基本问题研究学科的队伍要求既要有丰富的中国近现代史专业知识，又需要比较高的马克思主义理论，特别是对唯物史观有比较深的理解和掌握。目前这方面的培训是不够的，造成本学科的队伍建设显得非常迫切。

本学科建设中另外一个迫切问题是关于中国近现代史基本问题研究的

学科定位。应该说，本学科的一些基本问题还没有展开研究，如中国近现代史基本问题研究的学科对象、范围，与相近学科、特别是中国近现代史学科的关系，等等。当前主管部门和高校主要围绕"中国近现代史纲要"课建设在展开。如果这样，中国近现代史基本问题研究就不能充分为"中国近现代史纲要"提供学科支撑。毕竟课程建设不能代替学科建设。而且，现在"中国近现代史纲要"教学中存在的问题，更主要的是教学内容问题和教学主体——教师还不能充分胜任问题。

如何在未来加强中国近现代史基本问题研究学科，建议从以下几个方面着手。

第一，学科建设应把人才队伍建设放在首位，提高队伍的整体学科素养，提升科研能力。改变现有的培训模式，注重人才的学科能力质量，制订切实有效的培训方案。针对队伍中存在的问题，加强马克思主义史学理论训练和史学基本功训练。

第二，加强对学科体系的探讨。增强学科规范意识，提升学科建设地位；优化学科发展，确保学科建设质量。学科建设要提倡学术自由、学术规范和学术交流。加强学科建设评估，制定评估体系。

第三，加强与相近专业交流，加强与国外"中国学"交流。特别是加强与中国近现代史专业和党史专业交流，充分利用这两个专业的积极成果，并对这些成果进行理论提升和转化。特别是加强与党史学科的联系，真正使党史学科成为本学科的支撑。

第四，提高本学科建设的学术影响力，增强学科建设服务功能。学科建设要体现面向的丰富性，不仅要面向学生、学术、学科、学界，还要面向政府的决策、面向社会、面向世界。本学科要提高对全社会历史素质的影响力。作为加强对全社会历史教育的主渠道。

第五，处理好中国近现代史基本问题研究学科建设与"中国近现代史纲要"课程建设的关系。不能完全割裂，也不能完全等同。对年轻学者来说，要处理好教学与研究的关系，政治性与学术性的关系。老一辈学者在这方面树立了典范。

（龚云，中国社会科学院马克思主义研究院邓小平理论研究室原主任，现为党建党史研究室研究员）

从马列所到马研院重大活动及学术研究部分成果的回顾

传承、创新与弘扬、建设马克思主义的坚强阵地

程恩富

在中国共产党和新中国的缔造者、中国化马克思主义的创立者——毛泽东同志诞辰112周年的时候，中国社会科学院马克思主义研究院正式成立了。中共中央政治局委员、中共中央宣传部部长刘云山同志出席成立大会，发表重要讲话，并就加强马克思主义理论研究和建设，办好马克思主义研究院做出重要指示。中国社会科学院院长陈奎元同志主持成立大会，并就做好马克思主义研究院的工作提出了总的要求。中国社会科学院常务副院长兼马克思主义研究院院长冷溶同志就马克思主义研究院的重要意义、主要任务和队伍建设做了重要讲话。这充分体现了党中央和社科院对马克思主义研究工作的高度重视和坚强领导。我们一定要认真贯彻刘云山同志重要讲话精神，按照陈奎元同志和冷溶同志关于办好马克思主义研究院的总体要求和部署，抓住机遇，乘势而上，努力做好各项工作，以不辜负党和人民的重托。

一 建立马克思主义研究院的意义

马克思主义研究院是中国社会科学院新组建的专门从事马克思主义研究的科研机构，主要任务是立足国情，放眼世界，立足当代，面向未来，研究马克思主义经典著作和基本原理，研究中国化的马克思主义——毛泽东思想、邓小平理论和"三个代表"重要思想，以及党的十六大以来的

2005年12月26日刘云山、陈奎元在马克思主义研究院成立大会上与社科院、马研院领导合影

2008年1月9日王伟光考察马克思主义研究院——仲河滨摄

最新理论成果，研究中国特色社会主义的基本理论、基本路线、基本纲领和基本经验，研究国际共产主义运动的历史经验和教训，研究国外马克思主义和当代世界的社会主义实践和思潮。我们必须站在党和国家事业发展全局的高度，把建立马克思主义研究院作为一项重大而紧迫的任务，切实抓紧抓好。

（一）建立马克思主义研究院是坚持和发展马克思主义理论、巩固社会主义学术阵地和意识形态的迫切需要

马克思主义诞生一个半世纪以来，在同工人运动相结合，指导社会主义革命和建设的过程中，既取得了辉煌的成就，也出现过严重的挫折；既得到工人阶级和劳动人民的拥护，也遭到资产阶级及其代理人的仇视。苏东剧变以后，世界社会主义运动陷入低潮，各种敌对势力大肆进行反共反社会主义的活动，各种反马克思主义思潮甚嚣尘上。特别是西方敌对势力加紧对我实施西化、分化的政治图谋，总想否定马克思主义的指导，推翻共产党的领导和社会主义制度。中国是一个拥有13亿人口的社会主义大国，中国共产党是一个拥有6000多万党员的马克思主义政党，建立一个体现当代中国水平、具有世界领先地位的马克思主义研究院，以捍卫和发展马克思主义理论学说，巩固社会主义思想阵地和学术阵地，是我们义不容辞的责任。进入新世纪新阶段，我国的发展势头很好，综合国力显著增强，国际地位进一步提高，但也必须清醒地看到，当前的国际局势风云变幻，中外各种学术、思想和文化相互激荡，意识形态领域的斗争尖锐复杂。还要看到，当今世界政治、经济、文化、科技、军事等领域出现了一系列新情况、新问题，我国改革发展也面临着一系列新任务、新课题，急需马克思主义理论工作者作出新的研究和探索，用一脉相承和不断发展着的马克思主义指导新的实践和社会科学的研究。今后一个时期既是我国的"发展机遇期"，又是"矛盾凸显期"，热点难点问题增多，统一思想、凝聚力量的任务极其繁重。人们常说，挑战与机遇并存。社会主义要重新振兴，马克思主义要说服群众，必须继续解答当今时代和社会实践提出的各种问题，回击敌对势力和错误学术思潮对马克思主义的挑战，丰富和发展马克思主义理论，给正在为社会主义事业而奋斗的人们以精神动力和理论指导。尽管我国用马克思主义指导的那部分哲学社会科学的研究在国际上处于一流的学术和理论地位，但仍需继续努力。在新形势下，办好马克思主义研究院，对于推进马克思主义理论创新，巩固马克思主义在学术和意识形态领域的指导地位，实现全面建设小康社会的宏伟目标，具有十分重要的意义。

（二）建立马克思主义研究院对于落实《中共中央关于进一步繁荣发展哲学社会科学的意见》，建设我国哲学社会科学创新体系至关重要

邓小平同志明确说过："我们是一个马克思主义的大党，我们自己不重视马克思主义的研究，不按照实践的发展来推动马克思主义的前进，我们的工作还能够做得好吗？我们讲高举马列主义、毛泽东思想的旗帜，不就成了说空话吗？"[①] 党的十六大也强调"实践基础上的理论创新是社会发展和变革的先导"。中共中央《关于进一步繁荣发展哲学社会科学的意见》和胡锦涛同志在中央政治局第十三次集体学习会议上发表的重要讲话中，都强调要以马克思主义为指导，大力推进我国哲学社会科学创新体系建设。而作为近现代哲学社会科学发展的最高成就和新中国哲学社会科学的主体和灵魂——马克思主义的传承、创新与弘扬，对于我国哲学社会科学创新体系建设具有至关重要的地位和作用。早在 2004 年的中国社会科学院工作会议上，陈奎元同志就提出了认真研究如何构建哲学社会科学创新体系的问题，强调建立创新体系的根本要求是坚持和发展马克思主义。2005 年 2 月，中国社会科学院工作会议将实施马克思主义理论研究和建设工程，形成马列主义、毛泽东思想、邓小平理论和"三个代表"重要思想研究中心，发挥马克思主义坚强阵地的作用，确定为我院哲学社会科学创新体系的重中之重，并分别将其列为实施"六项工程"、形成"五大研究中心"、发挥"四大作用"的首位。建好马克思主义研究院，对于落实中国社会科学院"654"发展规划，推进全院哲学社会科学创新体系建设，具有十分重要的意义。

（三）建立马克思主义研究院是实施马克思主义理论研究和建设工程，加强马克思主义理论工作的重要举措

高度重视马克思主义的理论研究，是我们党的传统和优势。毛泽东同志曾经说过："全党都要注意思想理论工作，建立马克思主义的理论

---

① 《邓小平文选》第 2 卷，人民出版社 1994 年版，第 181 页。

队伍，加强马克思主义理论的研究和宣传。"① 正是依靠强有力的马克思主义理论研究和党的思想建设，中国的革命、建设和改革事业才克服各种艰难险阻，取得了举世瞩目的成就。2004年年初，中共中央专门发出关于进一步繁荣发展哲学社会科学的意见，明确提出要实施马克思主义理论研究和建设工程，强调繁荣发展哲学社会科学必须坚持马克思主义的指导地位；强调加强马克思主义基本原理研究是繁荣发展哲学社会科学的一项极为重要的工作；强调加强毛泽东思想、邓小平理论和"三个代表"重要思想的研究对于我国哲学社会科学繁荣发展至关重要。2004年4月，中央专门召开实施马克思主义理论研究和建设工程工作会议，全面推进工程各项工作。胡锦涛同志在会见出席工作会议的全体代表时指出：中央决定实施马克思主义理论研究和建设工程"是关系党和国家事业发展的战略任务，是中央加强党的理论建设的重大举措，意义深远，任务繁重"。为了贯彻中央实施马克思主义理论研究和建设工程工作会议精神，中国社会科学院党组决定在原有马列所的基础上，整合全院乃至全国的力量，新建马克思主义研究院。我们一定要认清马克思主义研究院所担负的责任，在实施马克思主义理论研究和建设工程中发挥更大的作用。

二 马克思主义研究院的发展目标

1994年初，江泽民同志为中国社会科学院题词："加强学习，总结经验，坚持理论联系实际，把中国社会科学院建设成为马克思主义的坚强阵地。"自2004年以来，中央领导同志多次强调，要进一步高扬马克思主义的伟大旗帜，用马克思主义占领意识形态阵地。建设马克思主义的坚强阵地，既是中央对中国社会科学院工作的总要求，也是马克思主义研究院的总目标。我们力争用十年左右的时间，把马克思主义研究院建成人才荟萃、学科齐全、体制完善、机制灵活，在国内外处于领先地位和广泛影响的马克思主义研究机构，努力开创马克思主义学术研究和理论发展的新局面。

---

① 《毛泽东文集》第7卷，人民出版社1999年版，第200—201页。

（一）马克思主义研究院应成为中国的马克思主义学术研究和理论宣传的重要基地

马克思主义不是教条，而是行动的指南。马克思主义只有被广大人民群众所掌握，指导社会实践，才能变成改造世界的巨大物质力量。建立马克思主义研究院，凝聚、培养一支高素质、高水平的马克思主义理论队伍，是为了更好地研究和宣传马克思主义，更好地为改革开放和社会主义现代化建设服务。有些同志既对研究、宣传马列主义经典著作没有兴趣，也对研究、宣传中国化的马克思主义没有兴趣，认为这不是学问。这种态度和认识是不正确的。我们要积极动员和组织精干力量，更多地在研究、宣传马克思主义基本原理上下工夫，在研究、宣传邓小平理论和"三个代表"重要思想上下工夫，在研究、宣传科学发展观的理论内涵和指导意义上下工夫，在研究全面建设小康社会和社会主义和谐社会的理论和实践上下工夫，在研究党的执政能力建设和党的先进性建设的理论和实践上下工夫，不断深化共产党执政规律、社会主义建设规律、人类社会发展规律的认识，充分发挥马克思主义指导社会主义物质文明、政治文明、精神文明建设与和谐社会建设的重要作用。马克思主义学者应当成为战略社会科学家。我们要正确处理学术研究、理论宣传和对策研究的关系，以学术研究带动理论宣传和应用探讨，又以理论宣传和应用探讨促进学术研究，使马克思主义研究院真正成为党中央、国务院重要的思想库和智囊团之一，真正成为现代马克思主义学术研究和理论宣传战线上的骨干力量。

（二）马克思主义研究院应成为中国的马克思主义人才培养的重要基地

坚持和发展马克思主义这项艰巨而崇高的事业，要求建设一支宏大的马克思主义理论队伍。办好马克思主义研究院，做好马克思主义理论工作，关键在人。没有一流的人才，就不会有一流的科研成果；没有学术大家，就不会产生创新性的传世之作。胡锦涛同志非常关心人才队伍建设，强调要抓好培养、吸引、用好人才这三个环节，既要完善竞争激励机制，也要营造团结和谐的环境，还要重视抓好思想教育。《中共中央关于进一步繁荣发展哲学社会科学的意见》（以下简称《意见》）也提出："要按照政治强、业务精、作风正的要求，造就一批用马克思主义武装起来、立足中国、面向世界、学贯中西的思想家和理论家，造就一批理论功底扎实、勇于开拓创新的学科带头人,造就一批年富力强、政治和业务素质良好、锐意进取的青年理论骨干。"我们要按照胡锦涛同志关于抓好培养、吸引、用好人才"三个环节"的指示和《意见》中造就"三个一批"人才的要求,抓紧做好马克思主义学术大师和学科带头人的培养和引进工作,抓紧做好马克思主义青年理论骨干的教育和引进工作(包括积极引进持马克思主义观点的海外留学人才),尽快把马克思主义研究院建设成为培养和造就高层次、高水平的马克思主义理论人才的重要基地。

(三) 马克思主义研究院应成为中外马克思主义学术交流与合作的重要基地

马克思主义是全世界工人阶级的"圣经",是国际共产主义运动的理论基础。一百多年来,马克思主义传遍了全世界,为数以亿计的工人阶级和劳动人民所信奉,以马克思主义为指导的社会主义革命和建设也取得了从一国到多国的胜利,开辟了人类历史的新纪元。特别是在信息化和全球化的背景下,世界各国的马克思主义者正在加强思想的沟通和学术的交流,掀起世界性的马克思主义研究新热潮。胡锦涛同志十分关注国外马克思主义的研究态势,最近中共中央政治局第 26 次集体学习的主题就包括世界马克思主义研究这一重要内容。马克思主义研究院不仅要立足中国,扩大同兄弟单位的紧密合作,把国内的马克思主义理论工作者聚集起来,而且要面向世界,将国际上的马克思主义者和其他有识之士联合起来,为世界和平与人类进步事业而共同奋斗。我们要实施"开门办院"和"引进来""走出去"战略,扩大中外马克思主义学术交流与合作研究的范围和规模,提高交流与合作的层次和质量,努力把国外马克思主义研究的优秀成果吸收到国内来,同时将我国马克思主义研究的优秀成果介绍到国外去,扩大中国特色社会主义在世界上的影响力。马克思主义研究院应积极承担对内和对外学术交流与合作的重要任务,努力发挥中外马克思主义学术交流与合作的主渠道和高平台的作用。

三 办好马克思主义研究院的举措

在新世纪新阶段,中国特色社会主义实践的不断推进和国际国内形势的深刻变化,既为马克思主义研究院的发展提供了难得的机遇,又提出了艰巨的任务。我们一定要认清形势，振奋精神，紧紧围绕"建设马克思主义坚强阵地"这个总目标，采取切实有效的措施，尽快把马克思主义研究院建设成为国内领先、世界一流的马克思主义研究机构。

（一）加强思想建设，不断提高思想政治素质

马克思主义研究院不仅以马克思主义为指导进行学术研究和理论宣传，而且直接以马克思主义为研究对象，以坚持和发展马克思主义为己任。邓小平同志在视察南方的谈话中指出："我坚信，世界上赞成马克思主义的人会多起来的，因为马克思主义是科学。""一些国家出现严重曲折，社会主义好像被削弱了，但人民经受锻炼，从中吸收教训，将促使社会主义向着更加健康的方向发展。因此，不要惊慌失措，不要认为马克思主义就消失了，没用了，失败了。哪有这回事！"[1] 尤其值得注意的是，1999年，西方颇有影响的英国广播公司在国际互联网上举行千年最伟大思想家的评选活动，结果马克思名列榜首。这充分显示了马克思主义作为真理和正义的强大生命力和感召力。牢固树立马克思主义信仰，坚定社会主义信念和共产主义理想，坚持正确的政治方向，是党中央对我们第一位的要求。马克思主义理论工作者首先要认真学习马克思主义理论，树立正确的世界观、人生观、价值观，提高分清理论是非、政治是非的能力，增强做好理论工作的责任感和使命感。我们要组织和引导科研人员系统学习马克思主义经典著作，深刻把握马克思主义的科学体系和精神实质，打牢马克思主义理论研究的基本功。要结合思想和工作实际，深入持久地开展"三个代表"重要思想、马克思主义立场观点方法、职业精神和职业道德"三项学习教育"活动，切实提高思想道德修养。要加强理想信念和纪律教育，牢固树立共产主义的理想和坚持走中国特色社会主义道路的信念，自觉地在思想上政治上与以胡锦涛同志为总书记的党中央保持一致。我们只有把加强理论研究与加强主观世界的改造、加强思想道德修养统一起来，增强政治意识、大局意识、责任意识，才能自觉献身马克思主义研究的崇高事业，真正成为马克思主义的学问家和理论家。

---

[1]《邓小平文选》第3卷，人民出版社1993年版，第382、383页。

（二）加强学风建设，以科学的态度对待马克思主义

办好马克思主义研究院，必须大力提倡严谨治学的态度、求真务实的精神，始终坚持理论联系实际的优良学风。恩格斯教导我们："即使只是在一个单独的历史事例上发展唯物主义观点，也是一项要求多年冷静钻研的科学工作。"[①] 我们要想在马克思主义的学习、研究和宣传方面有所造诣、有所创新，没有"下地狱"的勇气，没有严谨治学的态度，不付出艰辛的劳动，是绝无可能的。学风问题，说到底是对马克思主义的态度问题，关系到党和国家事业的兴衰成败。我们要正确处理老祖宗和新发展的关系，既要一脉相承，又要与时俱进。在坚持和发展马克思主义问题上，一定要注意理论联系实际。这是胡锦涛同志特别强调的一点。他在中央政治局第 26 次集体学习会议上指出："只有坚持马克思主义基本原理同中国具体实际相结合，不断在实践的基础上推进理论创新，用发展着的马克思主义指导实践，才能保持马克思主义的强大生命力"；"要自觉发扬理论联系实际的优良学风，坚持以最广大人民的实践为理论创新的不竭源泉"。我们研究马克思主义基本理论，要根据时代的变化和实践的发展，力求做到"四个分清"，即分清哪些是必须长期坚持的马克思主义基本原理；哪些是必须结合新的实际不断丰富发展的理论判断；哪些是必须破除的对马克思主义的教条式的理解；哪些是必须澄清的附加在马克思主义名下的错误观点。要坚持贴近实际，贴近群众，贴近生活，建立若干个经济、文化、党建等方面的基层调研基地，深入研究全面建设和谐的小康社会所提出的全局性、战略性、前瞻性问题，善于将党和人民在实践中创造的新鲜经验升华为理论成果，不断深化对中国特色社会主义本质规律的认识，为实现中华民族的伟大复兴做出我们应有的贡献。

（三）搞好学科建设和队伍建设，提高马克思主义研究的能力和水平

办好马克思主义研究院，必须围绕"出人才、出成果、出影响"的目标，切实抓紧抓好学科建设、队伍建设和其他方面的建设。现在中央已经批准国务院学位委员会把马克思主义列为一级学科，我们要以此为契机，深化和拓展马克思主义的理论研究和学科建设。新建的马克思主

---

① 《马克思恩格斯选集》第 2 卷，人民出版社 1995 年版，第 39 页。

义研究院设立五个研究部，即马克思列宁主义原理研究部、中国马克思主义研究一部（研究毛泽东思想、邓小平理论、"三个代表"重要思想）、中国马克思主义研究二部（研究科学发展观、党建和政治以及文化和国际战略）、国际共产主义运动史研究部、当代世界社会主义研究部（研究国外社会主义实践、国外左翼思想和社会制度比较），基本涵盖了马克思主义的历史与现实、理论与实践的各个方面，有利于我们从整体上对马克思主义进行系统的研究和把握。我们要逐步建立和完善竞争激励机制，实现科研管理的规范化、制度化和现代化，努力营造人才辈出、人尽其才的环境与氛围。要继续整合中国社会科学院现有的马克思主义理论队伍，在院内外、京内外选调学科带头人和科研骨干，聘请一批有较高马克思主义理论素养的专家学者为学术顾问和资深特约研究员并发挥其作用，在建好马克思主义一级学科博士点的基础上，建立和完善马克思主义学科的博士后流动站和国内外高级访问学者制度。要认真完成已立项的《经典作家关于阶级、阶级斗争、无产阶级革命和专政的基本观点研究》、《科学发展观与经济改革和开放》等国家重大课题，继续积极争取和承担党政有关部门委托、国家社科规划和社科院批准立项的一批马克思主义研究重大课题。要办好院刊《马克思主义研究》和《中国特色社会主义年鉴》，筹备出版杂志的英文版，编辑《中外马克思主义文摘》月刊，建立中国马克思主义研究中英文网站和较完整的资料信息库。要筹划出版"世界社会主义研究丛书"等，创办世界级的"国际马克思主义论坛"或"全球思想家论坛"，定期或不定期地举办各种类型的马克思主义、社会主义学术研讨会或思想论坛。2006年1月，我们已邀请美国共产党经济委员在我院主办的"中外马克思主义学术系列报告会"上做精彩的讲演，并与越南排名第一的国家大学马列研究中心签订了合作协议。3月，我们将派学者出席在纽约举办的"国际新左翼论坛"；4月将主办"全国首届马克思主义青年论坛"；5月将召开关于科学发展观的理论和政策的大型研讨会。我们要在五年之内选译出版50本国外马克思主义社会科学代表性著作，出版若干本英文版中国马克思主义社会科学的创新性著作，并力争将其纳入马克思主义理论研究和建设工程，从而扩大马克思主义研究院在国内外的影响，提升中国马克思主义在世界上的学术地位和理论影响。

建好中国社会科学院马克思主义研究院，进一步推动马克思主义理论研究和建设工程，任务艰巨，责任重大。我们一定要紧密团结在以胡锦涛同志为总书记的党中央周围，高举马克思列宁主义、毛泽东思想、邓小平理论和"三个代表"重要思想伟大旗帜，认真贯彻党的十六大、十六届三中、四中和五中全会精神，把马克思主义的传承、创新与弘扬有机地结合起来，为把我院建设成为马克思主义的坚强阵地，为推进马克思主义的理论创新，做出新的更大的贡献！

（程恩富，中国社会科学院马克思主义研究院原院长）

马列所成立的前前后后

龚 云

马克思列宁主义毛泽东思想研究所（简称"马列所"）是中国社会科学院成立初期建立的研究所之一，在推进中国社会科学院马克思主义研究方面发挥了积极的作用。现将马列所成立的前后的基本情况记录如下。

一 成立前

新中国成立后，马克思主义成为执政党——中国共产党的指导思想，成为新中国的国家意识形态。这种情况导致很长时间没有把马克思主义作为科学研究对象进行研究，在很大程度上影响到了执政党中国共产党对"什么是马克思主义，如何对待马克思主义"的认识。著名马克思主义理论家、中国社会科学院第一任院长胡乔木在1977年11月上报国家计划委员会的《中国社会科学院三年（1978—1980）规划初步设想》中指出："多年来我们的研究成果很少，马克思主义的三个组成部分还没有一本专著；还没有写出一本系统地完整地阐述毛泽东思想体系的著作；用马克思主义观点撰写的各门学科的基础理论著作、研究性专著极少。""学科空白和薄弱环节很严重，马克思主义发展史、国际共运史、外国史和现代各个资产阶级学派的研究和批判等，也没有人搞，缺门很多。""中国社会科学院的科学研究，要高举毛主席的伟大旗帜，以马列主义、毛泽东思想为指导，贯彻理论联系实际的原则，系统地研究和阐述马列主义、毛泽东思想，批判修正主义和资产阶级意识形态，总结和研究现实的和历史的经验和问题，在各个具体学科的基础理论和专题研究方面，写出有创造性的马列主义水平较高的专门著作，培养和造就一支有战斗力的有造诣的马克思主义理论队伍。"

根据上述总的方针和任务，提出今后三年的重点研究项目：

在完整地准确地阐述和宣传毛泽东思想体系方面，要写出毛主席在哲学、政治经济学和科学社会主义方面对马列主义的伟大发展，要有一批专著和分门别类阐述毛泽东思想的丛书。

在编写各门学科的基本著作方面，要写出辩证唯物主义和历史唯物主义、政治经济学（社会主义部分）、马克思主义哲学发展史、自然辩证法等专著。①

胡乔木在这个规划里还提出，"为了适应上述要求，我院在今后三年内除充实现有的研究所之外，需要陆续建立一些新的研究机构和业务辅助机构，因此要大量扩充研究队伍。……筹备新建14个研究所，计有：马克思主义史研究所、毛泽东思想研究所、国际共运史研究所……自然辩证法研究所……"②

1978年1月16日，胡乔木在中国社会科学院全院制订科研计划和规划动员会上的讲话中指出："关于社会科学院本身的设想，需要增加一些新的研究所。现有的研究所不够完整，不能代表社会科学发展的需要和国家的需要，许多学科缺门，已有的所本身也有许多缺陷，需要努力弥补。同时还需要增加一些新的研究所。究竟增加哪些新的所，我们还没有正式讨论，大体上可以这样设想：社会科学院应该有马克思列宁主义研究所，毛泽东思想研究所，社会主义研究所。我们研究社会主义，对社会主义从它最早的开端，不管是什么样的社会主义，我们都要研究。从奴隶社会的所谓社会主义到空想的社会主义，到科学社会主义，以及社会主义运动的各种各样的流派，有的是打着社会主义旗号的非无产阶级的派别，不管是什么流派我们都要研究，是敌人也要研究。这样，我们才能对世界史上所有的'社会主义'有一个完整的理解，并且对批判敌人也才有充分的根据。"③"在各所现有计划里，应首先增加关于马列主义、毛泽东思想，关于中国社会主义革命，中国社会主义建设的一些最基本的著作。在这些方

---

① 《胡乔木与中国社会科学院》，人民出版社2007年版，第243—248页。
② 同上书，第243—249页。
③ 中国社会科学院内部刊物《情况反映》第1期（1978年1月16日）。

面我们现有的计划里面很少,几乎没有。关于这方面的著作,希望各研究所以及今天到会的各有关部门,大家都来参加完成这项任务。必须把这项工作放在第一位。"①

1978年2月,胡乔木、邓力群、于光远提出了马克思主义基本著作选题一百例,主要有:毛泽东思想基础、毛主席的哲学思想、毛主席的政治思想、毛主席的经济思想、毛主席的军事思想、毛主席的文化思想(艺术思想)、毛泽东传、马克思主义与现代修正主义、中国的社会主义革命、中国的社会主义建设、现代帝国主义、辩证唯物主义与历史唯物主义(总论)、唯物主义、辩证法、自然辩证法、政治经济学(总论)、政治经济学社会主义部分、科学的社会主义、社会主义史、马克思主义国家学说、国际共产主义运动史等②。

1978年2月21日,胡乔木在"八年内拟新建的研究所(草案)"中提出在八年内社科院准备新建50个研究单位,其中涉及马克思主义的有:"马克思列宁主义研究所、毛泽东思想研究所、社会主义研究所(包括国际无产阶级革命运动史和从古至今的各派社会主义理论与实践)、马恩列斯大辞典编辑处、社会主义大辞典编辑处、毛泽东大辞典编辑处。③"对于胡乔木这个计划,邓小平在1978年3月28日同胡乔木、邓力群谈话时表示"赞成",要他们写报告,并说:"什么事情总得有个庙,有了庙,立了菩萨,事情就可以办了。而且有些事情要赶快立庙,有些有专业水平的人年纪已经大了,如不赶快立庙,过几年立起庙,菩萨也请不到了。先把懂外文的找来翻译也好。党史也要这样,要对一些老同志采访,记下来。要赶快做。过些年,这些同志去世了,很多材料就很难调查了。"④

1978年4月5日《中国社会科学院简报》第13期发表的《中国社会科学院各研究所一九七八年科研计划制定完成》第一条意见就提出"必须把加强对马克思列宁主义、毛泽东思想的理论研究,作为我院的头等重要任务"⑤。

1978年4月,《一九七八——一九八五年全国哲学社会科学发展规划

---

① 中国社会科学院内部刊物《情况反映》第1期(1978年1月16日)。
② 《中国社会科学院简报》1978年第1期(1978年2月22日)。
③ 《胡乔木与中国社会科学院》,人民出版社2007年版,第264、267页。
④ 《邓小平思想年谱》,中央文献出版社1998年版,第59页。
⑤ 《中国社会科学院简报》第13期(1978年4月5日)。

纲要（初稿）》提出，"系统研究马克思列宁主义、毛泽东思想，完整准确地阐述毛泽东思想体系，全面继承毛主席的伟大理论遗产，是我国哲学社会科学工作者的神圣职责和光荣任务。""哲学社会科学工作者经过坚持不懈的努力，在马克思列宁主义、毛泽东思想的研究方面，要写出具有权威性的著作。"[①] 规划初稿还提出，"为适应新时期发展社会科学的需要，社会科学院要在今后三年内新建、扩建15—20个研究所（马列主义研究所，毛泽东思想研究所，社会主义研究所等）。"[②]

二 成立后

1978年经中央批准成立，1979年3月正式筹建马克思列宁主义毛泽东思想研究所。邓力群提名、院党组同意、院务会议决定于光远兼任该所所长负责筹建。胡乔木希望把这个所办成社会科学院的"第一所"。

1979年8月，马列所正式成立，于光远兼任所长，中宣部副部长王惠德兼任第二所长，副所长为苏绍智、冯兰瑞、廖盖隆（兼）。1980年4月成立所学术委员会，9月成立所务委员会。

1980年9月15日上午，马列所在北京市委党校主楼251室召开了全所大会，宣布了马列所的组织机构。

所务委员会是马列所最高权力机构，委员有13人组成，委员是：于光远、王惠德、廖盖隆、苏绍智、冯兰瑞、田杰、石磊、冯修惠、韩佳辰、李成斌、黎光、张显扬、陈步。所务委员设常务委员，委员是：于光远、王惠德、廖盖隆、苏绍智、冯兰瑞、田杰、石磊、冯修惠。

马列所内设机构有：马克思恩格斯研究室、列宁斯大林研究室、毛泽东研究室、当代社会主义研究室、马克思主义百科辞书编辑室、办公室、科研组织处、人事处、编辑出版部、图书资料部和研究生部。

为了便于学术活动的开展，设四个学术会议：哲学会议、经济学会议、科学社会主义会议、政治学和社会学会议。

各部门的负责人为：马恩研究室：冯兰瑞（兼）；列斯研究室：张显扬；毛泽东研究室：廖盖隆（兼）；当代社会主义研究室：苏绍智（兼）；

---

① 《胡乔木与中国社会科学院》，人民出版社2007年版，第289—290页。

② 同上书，第320页。

马克思主义百科辞书编辑室：张显扬、韩佳辰；办公室：黎光；科研组织处：韩佳辰；人事处：田杰；编辑出版部：石磊；研究生部：李成斌；图书资料部：冯修惠。

四个学术会议的召集人：

哲学会议陈步，经济学会议冯兰瑞，科学社会主义会议苏绍智，政治学和社会学会议张显扬。

所务委员会常务委员的具体分工为：于光远、王惠德负责全面工作；苏绍智负责科研、外事、当代社会主义室和研究生部；冯兰瑞负责马恩室；廖盖隆负责毛泽东室；石磊负责办公室、编辑出版部；田杰负责党委、人事处；冯修惠负责图书资料部。

马列所学术委员会委员名单：

主任委员：于光远　副主任委员：王惠德、廖盖隆

委员：苏绍智、冯兰瑞、范若愚、钱俊瑞、马仲扬、黎澍、刘思慕、曾彦修、邢贲思、董辅礽。[①]

当时确立马列所研究方向和任务为：研究马克思、恩格斯、列宁、斯大林、毛泽东及他们同时代的杰出的马克思主义理论家的著作、生平和事业；对马克思列宁主义毛泽东思想进行现状的、理论的、历史的研究；探讨和研究在新的历史条件下马克思主义面临的重大的理论问题和实践问题。

关于马列所的主要研究领域，于光远1979年6月在大连举行的全国马列主义毛泽东思想研究规划会上的讲话中指出："马列主义、毛泽东思想研究有两个方面的任务：一是要对马列主义、毛泽东思想研究本身进行现状的、理论的和历史的研究；一是要从实际出发研究当代马克思主义者面临的重大理论问题和实际问题，并作出科学的回答。回顾30年来，我国培养了不少从事马列主义、毛泽东思想研究、宣传和教学工作的人员；基本上完成了关于马克思、恩格斯、列宁、斯大林的著作的翻译和出版；在某些领域的马克思主义理论研究方面做出了一定的成绩。但是，整个说来，这方面的研究工作还远远不能适应客观形势的发展。因此，制订马列主义、毛泽东思想的研究规划，明确这门学科的努力方向、具体步骤和措施，很有必要。这个规划要求对马克思主义经典著作的内容作深入的研

---

① 马列所《工作简报》第4期（1980年10月14日）。

究，弄清楚其重要论述的本来意思，对某些至今仍具有重大指导作用而没有被人充分注意的重要论述，更要结合当前具体实际加以阐发。同时，规划也要求对当前世界和中国的现实问题，进行充分的调查研究，根据实事求是的原则，作出新的马克思主义的概括和解释。这两个方面的工作都很重要，而后一个方面的要求更为迫切。"

"在近期内迫切需要研究的重要问题有：当代帝国主义国家和不发达国家的社会经济的基本情况及社会中各种矛盾，研究它们发展的趋势，研究在这些国家社会主义革命取得胜利的客观规律性，以及在无产阶级革命取得胜利、建立无产阶级政权和社会主义公有制以后，社会经济进一步发展的客观规律性；从资本主义到社会主义过渡时期的理论。我们还要研究马克思主义关于国家问题外，关于资产阶级民主和无产阶级民主的学术等等。除这些理论问题外，还要研究我国社会主义建设中提出的许许多多实际问题。"[1]

1979年3月19—20日，在北京召开了马列主义、毛泽东思想研究学科规划会议。

讨论制订了1980年的研究计划征求意见稿。从马列所已有条件出发，确定1980年研究计划的重点项目是"科学社会主义理论问题"和着手研究和编写《马克思主义百科辞典》。"社会主义问题研究"提出十四个方面的问题供参考。研究成果将陆续以《百科辞典》条目、论文、专著和资料的形式来表现。

计划提出关于"科学社会主义理论问题"研究的十四个方面问题及其分题：

1. 关于社会主义和共产主义

2. 社会主义学说的历史发展

3. 当代各种社会主义流派（主要指第二次世界大战后）

4. 当代实现社会主义的道路

5. 不发达国家在无产阶级革命胜利后建设社会主义的特点

6. 无产阶级取得政权后社会发展阶段的划分

7. 社会主义的经济基础和上层建筑

---

[1] 《于光远短论集》（1977—2001），第1卷（1977—1983），华东师范大学出版社2001年版，第191—192页。

8. 社会主义和阶级

9. 社会主义和国家

10. 社会主义社会中两类矛盾的问题

11. 社会主义和共产党

12. 社会主义国家的对外关系

13. 各国社会主义制度的比较研究

14. 其他有关社会主义的理论问题和实践问题

计划还指出，关于马克思主义哲学史、马列主义经济史、国际共运史等方面的研究计划，个人可列出项目纳入计划。

关于资料选编，计划提出，资料工作很重要，是研究工作的基础。研究人员都要认真积累资料。同时图书馆（资料室）也要为开展研究工作编选、翻译、出版资料。在1980年到1985年陆续编选的资料有如下几种（暂定）：（一）国外大百科全书有关社会主义和共产主义条目的编译；（二）《马恩列斯论科学社会主义》；（三）《当代社会主义流派》（代表人物、代表著作）选编和介绍；（四）《社会主义学说的历史》（代表人物、代表著作）选编和介绍；（五）《各社会主义国家比较研究》（关于政治结构、经济、文化等方面的资料）选编和介绍；（六）"书展"中有关社会主义的著作，陆续选译若干有代表性的尽快出版。

关于研究工作的开展和组织，计划提出，由于所内研究力量不足，除所内开展研究工作外，要大力组织有关社会力量的协作，共同把社会主义研究工作开展起来。所内研究人员要认真进行全所重点研究项目的研究工作。在"社会主义问题"研究这个总项目下，由每个研究人员自报具体项目开展研究，在年内出版《社会主义研究》集刊。另由本所主持召集北京各研究马列主义的单位举行座谈会，讨论落实有关社会主义问题研究的协作项目。同时讨论提供研究的条件。[①]

马列所成立初期，集中力量开展了社会主义问题研究。"马列所计划这两年先集中力量搞社会主义问题研究。因为我们搞社会主义建设，必须认识和掌握社会主义的客观规律，研究社会主义问题，这是党和国家的需要，也是我们马列主义者的光荣职责。在过去，马克思是从资本主义发展必然趋势中研究科学社会主义；今天我们需要从社会主义的现状和它的发

---

① 《马列研究会通信》第7期（1980年4月10日）。

展趋势中研究社会主义,这是主要的,但也还需要从今天发达的资本主义国家中研究社会主义的现状和发展趋势,对发展中国家的研究,对于研究科学社会主义也是有意义的。通过不同国家的比较研究,认识和掌握科学社会主义的客观规律,为党和国家提供科学有据的方案和建议,供领导参考。现在我们对社会主义问题的研究还不深入、不系统,连社会主义这个词的含义也研究不够。"[1]

于光远还提出深入具体研究社会主义发展阶段问题。

针对马列所成立初期人员较少、任务繁重的局面,马列所充分利用外力,与所外单位开展协作。协作研究社会主义问题,是马列所成立初期对外协作的主要事情。1980年3月13日,根据胡乔木的指示,马列所在中国社会科学院召开了北京地区各马列研究单位研究社会主义问题的协作座谈会。参加会议的有北京大学马列主义研究所、北京大学国际政治系、北京市社会科学研究所、北京市委党校、政治学院、中办研究室、马列编译局、外交部国际问题研究所、团中央研究室、人民出版社、商务印书馆、北京出版社、中国社会科学院哲学研究所、经济研究所、情报研究所、科研组织局、规划联络局等单位近60人(中央党校、中国人民大学、北京师范大学出版社、中国社会科学出版社、近代史研究所、世界经济研究所等单位因接到通知已晚,未到会)。座谈会以马列所提出的《1980年研究计划的重点项目》(征求意见稿)作为座谈会讨论的参考。[2] 时任马列所所长于光远在座谈会上说,"马列所在研究科学社会主义方面,愿作一点发起和推动工作。我们推动有三条:第一,出点题目,出点思想;第二,作一点组织工作;第三,提供一些条件。如组织专题讨论,交流情况和成果,提供有关资料,重点研究项目的资助,推荐研究成果的发表,或向中央有关单位提供有科学根据的方案或建议等等"。"我们在《1980年研究计划的重点项目》中提出十四个方面的问题及其分题,与外单位协作,我们希望各单位或个人愿意承担哪些项目、或打算编辑哪些资料,向马列所通报一下后,由北京科学社会主义学会、大百科全书出版社、人民出版社、商务印书馆、中国社会科学出版社、马列著作研究会和我们马列所一

---

[1] 《于光远短论集》(1977—2001),第1卷(1977—1983),华东师范大学出版社2001年版,第241页。

[2] 《马列研究会通信》第7期(1980年4月10日)。

起，共同组织一个'组织委员会'，进行协调组织工作。"①

马列所成立后，按照第一任所长于光远的设想开始了工作。1978年于光远就提出对做好科学事业大有好处的三件事。

第一件事是组织研究会。"成立研究会同成立一个研究所相比就容易得多了。它用不着把这样的人从原有的工作岗位上调出来，各人仍在原来的工作岗位上工作，但是可以从研究会那里得到推动、得到启发、得到交流，研究工作也就可以得到某种发展。"② 第二件事是办《通信》小报。"一个学科，最好有一个通信小报来沟通这个学科研究工作的进展情况，报导与这个学科发展有关的各种学术活动。办《通信》小报最容易，而出个刊物篇幅比较大，又要装订，不易做到及时。"③ 第三件事是出版油印书籍。

为此，马列所发起成立了中国马克思恩格斯列宁斯大林著作著作研究会和中国国际共运史学会，编辑出版了内部交流刊物《马恩著作研究会通信》《马克思主义研究书讯》《马克思主义研究文选》，出版了《马列著作编译资料》和《马克思主义研究参考资料》。

发起和召开一系列学术讨论会。1979年10月25日，在首都经济学界举行的社会主义经济目标问题座谈会上，二十多位同志第一次提议开展对社会主义生产目的问题的讨论。时任中国社会科学院副院长、马列所所长于光远在座谈会上指出："为了贯彻八字方针，要做的事很多，开展社会主义生产目的的讨论，明确为满足人民的物质文化需要而生产的指导思想，是有重要意义的一项工作。""我们的经济工作是为人民服务的，我们的经济学也是人民的经济学。马克思主义政治经济学的阶级性、党性在今天的中国，首先就表现在，它为满足人民的物质文化需要这一社会主义经济目标提供科学的论证，对达到这个目标的途径和方法提供科学的依据。""我建议，经济学界要认真研究这个问题，大家从各个方面来讨论这个问题。"④ 1979年，还召开了社会主义发展规律讨论会、纪念斯大林100周年座谈会、马克思主义在当代学术讨论会；1980年，召开的会议有

---

① 《于光远短论集》（1977—2001），第1卷（1977—1983），华东师范大学出版社2001年版，第241—242页。
② 同上书，第61页。
③ 同上书，第62页。
④ 同上书，第162—163页。

全国城市集体所有制经济理论问题讨论会、纪念列宁110周年诞辰学术讨论会、全国社会主义生产目的讨论会、纪念恩格斯诞辰160周年学术报告会、举办布哈林问题研究班；1981年，召开的会议有我国现阶段生产资料所有制结构问题讨论会、于光远经济著作学术讨论会；1982年，多次召开《中国大百科全书·科学社会主义卷》编写条目工作会议，筹备纪念马克思逝世100周年学术讨论会；等等。

马列所成立初期的一个重要学术活动就是纪念马克思逝世100周年的活动。早在1980年12月，马列所所长于光远就在马列著作研究会工作会议上指出，"1983年是马克思逝世100周年，为了开展纪念活动，马列著作研究会应该从学术研究方面进行积极准备"。"我建议明年马列著作研究会的年会以'马克思主义和社会主义'为主题。我考虑了17个题目，作为研究这个主题的参考。这些题目是：①马克思主义是科学；②马克思主义的组成部分；③马克思主义的来源；④马克思主义的历史命运；⑤马克思主义发展到现代；⑥马克思主义在今后不太长的时间内获得进一步大发展的可能性和现实性；⑦作为建设社会主义指导思想的马克思主义；⑧为解决中国问题而研究马克思主义；⑨反对对马克思主义的冷淡主义；⑩马克思主义要去掌握广大群众；⑪党的领导干部和理论工作者要努力使自己成为真正的马克思主义者；⑫什么是社会主义；⑬社会主义社会中的矛盾；⑭社会主义的目的；⑮作为手段的社会主义经济、政治和文化；⑯社会主义的主体力量与领导力量；⑰现实的考虑——事物的过渡性质。"[①]1981年7月，马列所与马列著作研究会发起纪念马克思逝世100周年学术活动筹备工作和撰写学术论著工作，共征集、审阅和分送全国纪念马克思逝世100周年学术论文200多篇。后来根据中央书记处批准的中宣部关于筹备马克思逝世100周年纪念活动报告精神，马列所对这项工作作了移交，将征集到的论文按学科移交给新成立的"论文编选小组"。

1982年10月19日，于光远提出在纪念马克思逝世100周年时，应该在发展马克思主义上做些贡献。他说，纪念马克思，"不是去回顾过去，而是向前看。如果不能把马克思开创的事业卓有成效地继续下去，把马克思和他的战友创立的学说在新的历史条件下的实践中加以发展，不能运用

[①] 《于光远短论集》（1977—2001），第1卷（1977—1983），华东师范大学出版社2001年版，第237—238页。

马克思主义的立场、观点和方法来解决当前的问题，推动历史前进，我们怎么配自称这位伟人的追随者呢？马克思主义本身就要求我们这么做，我们马克思主义者就应该这么做。""因此，我们一定要记住我们所处的时代，研究时代的特点、时代的任务，把握住时代的精神，使我们的研究能够解决时代等待着马克思主义解决的重大理论问题和实践问题。""马克思逝世的时候，社会主义制度还没有成为现实，社会主义建设的任务也没有提出。马克思的著作不是为指导社会主义建设而写的。因此指导社会主义建设的马克思主义理论，不能不由后人来发展。在这方面，近几十年来众多的马克思主义研究者进行了大量的工作。但第一，不能说这种研究已经成熟；第二，社会主义建设是不断发展的，马克思主义的研究也必须不断发展才能与建设事业的发展相适应；第三，各国社会主义建设面临的问题各不相同，各国马克思主义者既要研究适合于一切国家社会主义建设的一般的理论，也要能够根据本国的情况，运用指导社会主义建设的一般原理来解决本国的问题。"① 1983年3月14日，马列所所长于光远在《经济学周报》上发表文章，提出"发展政治经济学社会主义部分是马克思主义经济学家，特别是生活在社会主义国家中的经济学家当前的一个重大任务"②。

为了推动纪念马克思逝世100周年的学术活动，马列所和与马列所有关的三个研究会（马列著作研究会、政治经济学社会主义部分研究会、国际共运史研究会）召开了纪念马克思逝世100周年学术讨论会。国际共运史研究会编印了论文集，由人民出版社出版。还同《学习与探索》《天津社会科学》两个刊物编辑出版了两期纪念马克思逝世100周年的专刊。

时任中国社会科学院副院长、马列所所长于光远兼任中国大百科全书出版社总编委副主任。因此，在马列所成立初期，就把编辑出版《中国大百科全书·科学社会主义卷》列为马列所的一项重要任务。由苏绍智负责，张显扬协助，筹组编委会，制定编写框架，确定编写条目，组织编写组。由于编写这样的大型辞书没有先例，缺少经验，为了力求最好地完

---

① 《于光远短论集》（1977—2001），第1卷（1977—1983），华东师范大学出版社2001年版，第525—526页。

② 同上书，第585页。

成这项任务，编写组分别拜访了成仿吾、柯柏年、张仲实、吴亮平等老一辈的马克思主义理论家，听取了他们的意见。同时，在马列所成立了《中国大百科全书·科学社会主义卷》办公室（以下称"大百科办公室"），由李成斌负责，处理日常事务。这样，经一年多的时间，一切准备工作就绪，从1983年开始，即约请全国各地的马克思主义专家学者，根据确定的条目，撰写释文。当工作进行了一段时间，由于国内形势的变化，编写工作受到影响，工作曾一度中断，直到1988年才又恢复工作。到1989年，稿件基本集中。但又因国内形势的变化，对工作造成影响，负责编辑工作的主持人不能到位，工作被迫停顿。1990年，中国大百科全书出版社总编委决定：《中国大百科全书·科学社会主义卷》不纳入中国大百科全书序列，改以知识出版社名义出版，定名为《科学社会主义百科全书》。1993年5月正式出版。

为了宣传、解释、论述党的十二大精神，马列所广泛组织动员研究人员，人人动手写作，集体撰写《在新的历史条件下坚持和发展马克思主义》。该论文集由苏绍智、冯兰瑞主编，共25万字，收论文28篇，其中18篇由马列所人员撰写，1983年2月由人民出版社出版。

马列所成立后，为了了解社会主义实践情况，还进行了广泛的国情调研。仅1982年马列所就进行社会经济调查6人次，调查的内容有劳动就业问题，农业生产责任制问题，集体经济与合作经济及农业现代化问题。

马列所成立初期，开展了国际学术交流。派学者出席了意大利罗马意大利共产党召开的布哈林国际学术讨论会，南斯拉夫"社会主义在世界上"第五届、第六届圆桌会议，多次接待美国、日本、澳大利亚、南斯拉夫、意大利、匈牙利等国的学术访华团。还与国外的有关研究机构和学者建立资料交换关系。到1982年与马列所正式建立资料交换关系的机构达85个（包括学者）。1982年共交换资料250件。

结语

经过一段时间发展，到20世纪80年代中期，马列所成为一个具有初步规模的小型研究所。1985年，马列所科研工作的指导思想和方针、任务（征求意见稿）中首先谈了对马克思主义的认识。"马克思主义（或广义的科学社会主义）是马克思和恩格斯所创立、之后又由为数众多的继承者和拥护者所接受、传播、解释并在实践中发展了的理论体系的总称。这一理论体系包括真正科学的宇宙观和方法论、社会主义革命的科学和社会主义建设的科学,它包括哲学、政治经济学、科学社会主义,并涉及到历史学、社会学和社会政治观点等众多的领域,同时是无产阶级争取解放、发动群众建设社会主义——共产主义的指南。"

"从世界范围的发展来看,马克思主义首先是关于社会发展的学说,然后成为革命的无产阶级的完整的理论体系,然后出现了一系列马克思主义所指导的无产阶级社会革命运动(国际共产主义运动),然后在若干国家经过无产阶级革命的胜利而建立了社会主义制度,并在社会主义制度的基础上逐渐形成了社会主义文化。作为思想体系的马克思主义不仅指导和影响了国际共产主义运动和社会主义制度和文化,并在后二者对前者的反作用中得到发展。因此,马克思主义不是教条,而是随着实践的发展而发展。我们所需要的马克思主义不是教条主义的马克思主义,而是创造性的马克思主义。就中国来说,我们要的必须是同中国的实际相结合的马克思主义。"[①]

从这种认识出发,提出了马克思列宁主义毛泽东思想研究所研究方向和任务:研究马克思、恩格斯、列宁、斯大林、毛泽东及他们同时代的杰出的马克思主义理论家的著作、生平和事业;对马克思列宁主义毛泽东思想进行现状的、理论的、历史的研究;探讨和研究在新的历史条件下马克思主义面临的重大的理论问题和实践问题;研究国际共产主义运动和社会主义制度、社会主义文化的发展史和理论问题与实际问题。目前的研究重点更应该是20世纪80年代马克思主义在国内和国际所面临的重大问题和实践问题,特别是建设有中国特色的社会主义问题。

征求意见稿还提出了马列所进行科学研究的具体任务和主要课题(长期的或理想的)。

1. 图书文献资料的搜集和收藏,包括马、恩、列、斯、毛及其继承者和拥护者的著作、传记和文献资料;国际共产主义运动的图书文献资料和当前信息;马克思主义各个流派的有代表性的图书文献资料;各个方面对马克思主义的评论或批判的图书文献资料;当代对马列主义毛泽东思想的研究信息。

---

① 马列所档案:《马列所科研工作的指导思想和方针、任务》(征求意见稿),1985年。

2. 研究和培养的专家，包括马、恩、列、斯、毛及其继承者和拥护者的生平的研究，并培养某一位马克思主义者生平的研究专家；马克思主义者的著作的研究，并培养某一本著作的研究的专家；国际共产主义史及文献的研究，并培养某一阶段或某一事件的专家；马克思主义发展史及文献的研究，并培养某一阶段的研究的专家；社会主义制度发展史（新学科）和文献的研究，并培养某一国家社会主义制度发展史和比较社会主义体制的研究的专家；社会主义文化的研究，并培养社会主义文化某一方面的研究的专家。

3. 研究的主要课题，包括马克思主义本身的研究对象和质的规定性；马克思主义发展史的某一阶段；国际共产主义运动的某一阶段；毛泽东思想及其国内外对它的评价；当代马克思主义流派和社会主义流派；当代社会主义国家的改革，特别是中国的改革；建设有中国特色的社会主义诸问题；某一马克思主义作家的研究；某一本马克思主义著作的研究。

关于马列所的组织机构，提出实行所长负责制。研究室实行主任负责制。下设四个研究室：马克思主义基本理论与实践研究室，毛泽东思想的理论与实践研究室，当代外国马克思主义与社会主义研究室，国际共运研究室。①

但是，20世纪80年代中后期后，由于原马列所主要负责人在政治方向上犯了错误，致使马列所后来发展走了弯路，留下惨痛的教训。

（龚云，中国社会科学院马克思主义研究院原邓小平理论研究室主任，现为党建党史研究室研究员）

---

① 马列所档案：《马列所科研工作的指导思想和方针、任务》（征求意见稿），1985年。

马克思主义研究院的成立及其影响意义

胡乐明

2005年5月19日，中国社会科学院陈奎元院长代表院党组向中央政治局常委会议汇报工作。中央政治局常委会议根据中国社会科学院的提议，同意成立"中国社会科学院马克思主义研究院"。

2005年12月26日，在毛泽东同志诞辰112周年的时候，中国社会科学院马克思主义研究院正式成立。中国社会科学院院长陈奎元同志主持成立大会，并就做好马克思主义研究院的工作提出了总的要求。中共中央政治局委员、中共中央宣传部部长刘云山同志出席成立大会，发表重要讲话，就加强马克思主义理论研究和建设，办好马克思主义研究院做出了重要指示。中国社会科学院常务副院长兼马克思主义研究院院长冷溶同志就马克思主义研究院的重要意义、主要任务和队伍建设做了重要讲话。

中国社会科学院马克思主义研究院是在马克思列宁主义毛泽东思想研究所的基础上重新组建成立。除专职科研人员外，还在全国理论界聘请了36位著名学者为特聘顾问、72位知名学者为特聘研究员。刘云山同志在成立大会上指出，成立马克思主义研究院，是中国社会科学院的一件大事，也是我国理论界的一件大事。陈奎元院长要求，马克思主义研究院的学者要坚持正确的政治立场和政治方向、坚持理论联系实际的学风，高举马列主义、毛泽东思想、邓小平理论和"三个代表"重要思想伟大旗帜，牢固树立和落实科学发展观，为构建中国社科院哲学社会科学创新体系，进一步把中国社科院建设成为马克思主义坚强阵地，做出新的更大的贡献。

马克思主义研究院是专门从事马克思主义研究的科研机构。她的成立对于发展中国特色社会主义伟大事业，繁荣哲学社会科学，创新马克思主义理论研究，产生了广泛而深远的影响。李长春同志曾指出，中国社科院建立马克思主义研究院，带了一个好头，随后近30所高等院校也都建立了马克思主义研究院，这件事本身就是一面旗帜。

建立马克思主义研究院是坚持和发展马克思主义理论、巩固社会主义学术阵地和意识形态的迫切需要。苏东剧变以后，世界社会主义运动陷入低潮，各种敌对势力大肆进行反共反社会主义的活动，各种反马克思主义思潮甚嚣尘上。特别是西方敌对势力加紧对我实施西化、分化的政治图谋，总想否定马克思主义的指导，推翻共产党的领导和社会主义制度。中国是一个拥有13亿人口的社会主义大国，建立一个体现当代中国水平、具有世界领先地位的马克思主义研究院，以捍卫和发展马克思主义理论学说，巩固社会主义思想阵地和学术阵地，是我们义不容辞的责任。同时，办好马克思主义研究院，对于推进中国的马克思主义理论创新，巩固马克思主义在学术和意识形态领域的指导地位，实现全面建设小康社会的宏伟目标，具有十分重要的意义。

建立马克思主义研究院对于落实《中共中央关于进一步繁荣发展哲学社会科学的意见》，建设我国哲学社会科学创新体系至关重要。作为近现代哲学社会科学发展的最高成就和新中国哲学社会科学的主体和灵魂——马克思主义的传承、创新与弘扬，对于我国哲学社会科学创新体系建设具有至关重要的地位和作用。早在2004年的中国社会科学院工作会议上，陈奎元同志就提出了认真研究如何构建哲学社会科学创新体系的问题，强调建立创新体系的根本要求是坚持和发展马克思主义。2005年2月，中国社会科学院工作会议将实施马克思主义理论研究和建设工程，形成马列主义、毛泽东思想、邓小平理论和"三个代表"重要思想研究中心，发挥马克思主义坚强阵地的作用，确定为我院哲学社会科学创新体系的重中之重，并分别将其列为实施"六项工程"、形成"五大研究中心"、发挥"四大作用"的首位。建好马克思主义研究院，对于落实中国社会科学院"六五四"发展规划，推进全院哲学社会科学创新体系建设，具有十分重要的意义。

建立马克思主义研究院是实施马克思主义理论研究和建设工程，加强马克思主义理论工作的重要举措。高度重视马克思主义的理论研究，是我们党的传统和优势。正是依靠强有力的马克思主义理论研究和党的思想建设，中国的革命、建设和改革事业才克服各种艰难险阻，取得了举世瞩目的成就。2004年初，中共中央专门发出关于进一步繁荣发展哲学社会科学的意见，明确提出要实施马克思主义理论研究和建设工程，强调繁荣发展哲学社会科学必须坚持马克思主义的指导地位；强调加强马克思主义基本原理研究是繁荣发展哲学社会科学的一项极为重要的工作；强调加强毛泽东思想、邓小平理论和"三个代表"重要思想的研究对于我国哲学社会科学繁荣发展至关重要。2004年4月，中央专门召开实施马克思主义理论研究和建设工程工作会议，全面推进工程各项工作。胡锦涛同志在会见出席工作会议的全体代表时指出：中央决定实施马克思主义理论研究和建设工程"是关系党和国家事业发展的战略任务，是中央加强党的理论建设的重大举措，意义深远，任务繁重"。为了贯彻中央实施马克思主义理论研究和建设工程工作会议精神，中国社会科学院党组决定在原有马列所的基础上，整合全院乃至全国的力量，新建马克思主义研究院，这对于加强马克思主义理论研究与建设工作，具有十分重要的意义。

（胡乐明，中国社会科学院马克思主义研究院马克思主义原理研究部主任，研究员，博士生导师）

毛泽东思想研究的回顾与思考

韩荣璋

毛泽东思想是中国共产党的指导思想，是中国共产党和中国人民团结统一的基础，是中华民族的宝贵的精神财富。对待毛泽东思想的态度正确与否，直接关系到毛泽东思想的实践效应和发展。

自毛泽东思想被确立为中国共产党的指导思想后，在开展对毛泽东思想学习、宣传和研究的工作中，有成功的经验，也有失败的教训，走过的是一条曲折前进的道路。

为了总结和探求毛泽东思想研究工作的规律，认清正确开展毛泽东思想研究工作应持的态度和方法，有必要对毛泽东思想的研究状况做一个历史的回顾。

一

毛泽东思想的基本特征，是把马克思列宁主义的普遍真理同中国革命和建设的具体实践相结合，既反对教条主义，又反对经验主义。

以毛泽东为代表的中国共产党人，运用马克思主义普遍原理，考察和解决中国革命建设中的实际问题，在同侵略和压迫中华民族的敌人——帝国主义和封建主义的斗争中，在同党内把马克思主义教条化，把共产国际指示和苏联经验神圣化的倾向的斗争中，逐步把马克思主义中国化，形成了毛泽东思想的科学体系。毛泽东思想形成于20世纪20年代后期和30年代前期，在土地革命战争后期和抗日战争时期得到系统总结和多方面深入展开而达到成熟。伴随着毛泽东思想的形成、发展和成熟，毛泽东提出的关于中国革命的正确理论观点，日益深入人心，为越来越多的人所重视和接受。延安整风时期，中国共产党内兴起了学习马克思主义理论，总结中国革命历史经验的热潮。在这个热潮中，许多党的高级干部和理论工作者，进一步认识到毛泽东的理论和实践贯穿着马列主义普遍原理与中国革命具体实践相结合的原则，认识到毛泽东是把马列主义普遍原理与中国革命具体实践相结合的典范，需要对主要由毛泽东提出的关于中国革命的理论给以恰当的命名和正确的评价。1941年3月，党的理论工作者张如心在《论布尔什维克的教育家》一文中，首次使用了"毛泽东同志的思想"的提法。其后，党的领导人刘少奇、周恩来、朱德、陈毅、陈云、邓小平、王稼祥等在各自的文章和讲话中，进一步提出并论述了"毛泽东思想"这个科学概念。这说明，作为一个理论体系的毛泽东思想，其概念正逐渐为中国共产党人所认识。1945年中国共产党召开第七次全国代表大会，郑重地把毛泽东思想定为党的指导思想。会上，刘少奇在《关于修改党章的报告》中，集中全党智慧，对毛泽东思想的定义和

韩荣璋

内容作了科学的概括和全面的论述。指出毛泽东思想就是"以马克思列宁主义的理论与中国革命实践之统一的思想",提出党面临的一项非常重要的任务,就是全党行动起来,认真学习和宣传毛泽东思想,"用毛泽东思想来武装我们的党员和革命人民,使毛泽东思想变为实际的不可抗御的力量。"毛泽东思想确定为全党的指导思想,这是党和人民在多次失败和胜利的比较之后,在长期革命实践的检验之后,特别是在经过延安整风和对党的历史问题的研究之后所做出的必然历史抉择。而毛泽东思想一经为广大共产党员和人民群众所认识和掌握,就化为巨大物质力量,使中国革命面貌发生深刻的变化。

在七大期间和前后,为着学习、宣传和研究毛泽东思想的需要,各革命根据地陆续出版了一些不同版本的《毛泽东选集》,发表了一些学习和宣传毛泽东思想的论文和著作。这个时期学习、宣传的中心是突出毛泽东思想的基本特征是把马列主义普遍原理与中国革命实际相结合,强调马列主义中国化的重要性,说明提出毛泽东思想的理论意义和实践意义,目的是要在全党乃至全社会树立起中国共产党自己的思想旗帜。这个时期对毛泽东思想的学习和研究的状况是比较好的。

在对待马列主义和毛泽东思想的关系上,比较注意二者的结合和统一,在论述毛泽东思想对马列主义的贡献上,态度比较慎重,对毛泽东思想的评价比较实事求是。

在学习内容上,是把学习毛泽东著作同学习马克思、恩格斯、列宁、斯大林的著作结合起来;学习中,比较注重立场、观点、方法和原理方面,气氛也比较活跃、民主,坚持创造性地运用马克思列宁主义,使之与中国革命的具体实践相结合,因而大大加速了新民主主义革命胜利的历史进程。不足之处是往往把毛泽东思想与毛泽东本人的思想等同起来。毛泽东在"七大"时虽然说过:"你们一定要用毛泽东思想,我也可以同意,因为党总要找个代表。毛泽东思想不是一个人的,都是从大家来的,我把它综合起来,概括起来,你们叫毛泽东思想也可以。"但因为毛泽东在冲破共产国际"左"倾教条主义的束缚,把马克思主义中国化上做出了极其重大的贡献,享有崇高的威信,而作为毛泽东思想主干的马列主义也没有强调它是集体智慧的结晶,加以全党对这个问题还缺少充分的认识,所以当时未能明确地提出毛泽东思想是中国共产党集体智慧结晶这个问题。

在地域上,这个时期的毛泽东思想的学习、宣传和研究工作,主要是在根据地、解放区进行。在敌占区、国统区乃至香港等地，也都不同程度地开展了对毛泽东思想的学习、宣传和研究工作，显示出毛泽东思想的强大生命力。

二

中华人民共和国的成立，标志着中国革命在毛泽东思想指引下，已取得全国胜利，毛泽东思想在新的形势下继续得到发展。然而新中国成立后的毛泽东思想研究工作，走过的却是一条曲折前进的道路，至今大体经历了五个阶段。

第一个阶段是1949—1956年。这一阶段对毛泽东思想的学习和研究是以毛泽东著作为主要内容并结合学习中国革命史进行的。

1951—1953年，《毛泽东选集》第一、二、三卷陆续出版，它是毛泽东应用马列主义基本原理解决中国革命问题的成果的汇集，它的出版是中国人民政治生活中的一件大事。党和国家领导人纷纷撰文阐述毛泽东思想的历史意义和学习研究的重要性，各报刊都发表社论进行宣传，理论界、文化界也发表了不少学习文章。全国开始出现学习、宣传和研究毛泽东思想的热潮。

这个阶段对毛泽东思想学习和研究状况仍然是比较好的。在对待马列主义与毛泽东思想的关系上，仍比较注意二者的结合和统一；对毛泽东思想的评价也比较实事求是。如刘少奇、陈毅、彭真、贺龙、陆定一等人的文章和著作，都一致强调毛泽东思想是马克思列宁主义普遍原理与中国革命的具体实践相结合的产物。

在学习和宣传中注意贯彻理论联系实际的方针，提倡学习理论，联系实际，提高认识，改造思想。强调用毛泽东思想指导实际工作。这对提高广大党员和群众的理论水平，迅速恢复国民经济并开展有计划的经济建设，基本完成对生产资料私有制的社会主义改造，都起到了有力的推动作用。这一阶段研究工作中的缺点是受苏联理论界的影响，对马列经典著作多限于引证、注解，缺少理论上的深入探讨和开拓性研究，对毛泽东思想是全党集体智慧结晶的问题仍认识不足，没有在倡导学习毛泽东思想的同时，辅之出版其他老一辈无产阶级革命家的著作。

这个阶段学习规模已由局部地区扩展到全国领域，但还是侧重在党政军机关和理论界、文化界，尚未普及到工农兵群众中去。

第二个阶段是1957—1966年5月。这个阶段的研究又可分为两段：

从1957—1960年，对毛泽东思想的学习与研究基本上沿着正常的轨道前进，涉及的领域较前深入广阔。1957年《关于正确处理人民内部矛盾的问题》一文的发表，1958年毛泽东提出把哲学从哲学家的书斋里解放出来的口号，1960年《毛泽东选集》第四卷出版，都相继推动了对毛泽东思想学习研究工作的普及和开展。但这时已有一些不好的苗头，出现了过于强调突出毛泽东个人，强调毛泽东思想对马列主义的全面发展，夸大主观意志作用，忽视尊重客观规律的现象。

而在林彪主持中央军委日常工作，抢过学习宣传毛泽东思想的旗子，并提出了一系列"左"的论断、口号后，群众学习毛泽东思想的活动便逐步被引向歧路。

林彪出于个人野心，大搞个人崇拜，一再鼓吹"顶峰论"，说毛主席的话"句句是真理，一句顶一万句"。强调学马列要99%学毛著，而学毛著主要是学"老三篇"和《毛主席语录》，并提出了学毛著"立竿见影"的37字方针。不管时间、地点和原著的特定含意，乱搬、乱套，大搞断章取义、引语摘句、强拉硬扯、对号入座。

那几年，群众性学习毛泽东著作、宣传毛泽东思想的声势很大，也涌现了一些学习毛泽东思想的先进集体和个人。但从总体上看，运用毛泽东思想的立场、观点、方法观察解决实际问题的论著和科学阐释毛泽东思想的文章日见减少；而在学习研究中呼喊要"走捷径""背警句""立竿见影"的声浪却日见增高，毛泽东思想被当作标签的现象已随处可见。面对这种情况，刘少奇、周恩来、邓小平等中央领导同志为坚持马克思主义的基本原则，捍卫毛泽东思想的纯洁性，多次指出正确学习研究毛泽东思想的态度和方法，提出"不能把毛泽东思想同马列主义割裂开来""不能把毛泽东同志的著作和讲话当成教条""应当运用毛泽东思想的精神实质"分析解决具体的实际问题。1961年，中共中央转发了中宣部《关于毛泽东思想、领袖革命事迹宣传中的一些问题检查报告》，试图扭转宣传中的简单化、庸俗化现象，提出不要把一切领域的成果都简单地说成是毛泽东思想的伟大胜利，不要随意滥贴标签。但这一切努力，都收效甚微。理论界也曾有人在一些问题上提出探讨性的意见，都很快遭到声讨和批判。这种趋向，到"文化大革命"前，已经发展成为不可逆转的形势。

这种思想理论上的混乱，使毛泽东思想的科学研究工作面临着深重的危机。

第三个阶段是1966年5月—1976年10月，即"文化大革命"的10年。这10年中，毛泽东思想遭到了厄运，对毛泽东思想的学习和研究陷入了迷途。当时毛泽东思想受到的损害来自两方面。一方面是毛泽东本人晚年在关于社会主义社会阶级斗争的理论和实践上犯了错误，造成了毛泽东思想在人们认识上的混乱。另一方面是林彪、江青反革命集团打着"红旗"反红旗，肆意肢解、歪曲，篡改毛泽东思想。他们打着"高举"的招牌，喊着"大树特树毛泽东思想的绝对权威"的口号，鼓吹天才论、先验论，把毛泽东思想推向极端，说成是不受实践检验的终极真理。把赞成还是反对已被他们歪曲、篡改了的"毛泽东思想"内容，当作是马克思主义与反马克思主义，无产阶级与资产阶级的分水岭、试金石。他们把毛泽东奉为神，把毛泽东思想变成宗教教义，煽起"天天读""早请示、晚汇报""三忠于、四无限"之类的宗教仪式和个人崇拜的狂潮，把毛泽东思想的学习和研究推向了形式主义、庸俗化的顶峰。虽然毛泽东本人对林彪、"四人帮"多次提出批评，否定他们的一些提法，指出绝对权威和大树特树等提法不妥，但因为毛泽东此时在理论上已出现一些偏差，在组织上又不能很好坚持党和国家政治生活中的集体领导原则和民主集中制原则，个人日益凌驾于党中央之上，所以终究未能从根本上纠正。

这个阶段出版和编印的毛泽东著作、语录及专题语录摘编，数量非常之大。"努力学习，大力宣传，誓死捍卫毛泽东思想"的标语、口号到处皆是，但真正研究毛泽东思想的文章却极其稀少。毛泽东思想的科学体系被林彪、"四人帮"搞得面目全非，造成唯心主义盛行，形而上学猖獗，党的形象严重扭曲，社会主义建设事业受到严重挫折。党内许多老一辈无产阶级革命家和许许多多的优秀共产党员仁人志士为了坚持科学的毛泽东思想，曾进行了顽强的抗争，有的甚至付出了血的代价。在严酷的现实面前，广大群众对毛泽东思想的认识，由虔诚的信仰转到困惑不安，再逐步走向深刻的思索。他们以实际行动冲破林彪、"四人帮"设下的思想罗网，开始重新认识毛泽东思想，为粉碎"四人帮"准备了必要的思想条件。

第四个阶段是1976年10月到十一届三中全会以前。毛泽东思想研究在冲破"左"的束缚和排除右的干扰中重又得到开展。围绕着什么是毛泽东思想、要不要坚持毛泽东思想和如何正确坚持毛泽东思想的问题，展开了一场激烈的斗争。

粉碎"四人帮"，为恢复毛泽东思想的本来面目，坚持和发展毛泽东思想扫清了最大障碍。但是，同许多事物的发展是曲折的一样，恢复毛泽东思想的本来面目也不是一帆风顺的。长期以来，由于林彪、江青反革命集团打着毛泽东思想的旗号，肆意歪曲毛泽东思想，他们所造成的思想上、理论上的混乱，不容易在短期内消除；毛泽东晚年提出的一些错误理论，又是被很多人当作对马列主义的发展来接受的，影响很深。因此，对许多重大理论问题、历史问题，一时还分辨不清。而当时党中央的主要领导人，却提出"两个凡是"的错误方针，在毛泽东思想研究工作中继续推行"左"的一套。同时，社会上也存在着贬低、否定毛泽东思想的右的倾向。其中一种情况是因为不能正确认识和区分毛泽东思想和毛泽东个人晚年理论上的某些失误，从对毛泽东晚年一些错误理论的怀疑、否定，到怀疑、贬低毛泽东思想；另一种情况则是少数坚持资产阶级自由化立场的人，通过否定毛泽东晚年理论上的失误，进而否定党和毛泽东建设社会主义的理论与实践，达到否定毛泽东思想、否定社会主义制度、否定中国共产党领导的目的。这一切都给恢复毛泽东思想的本来面目，坚持和发展毛泽东思想带来极大的阻力。

为了克服这些阻力，用科学态度对待毛泽东思想，邓小平等老一辈无产阶级革命家领导全党和全国人民进行了卓有成效的斗争。1977年4月10日，邓小平在写给党中央的信中郑重地提出："我们必须世世代代地用准确的完整的毛泽东思想来指导我们全党、全军和全国人民，把党和社会主义的事业，把国际共产主义运动的事业，胜利地推向前进。"稍后，邓小平又指出，"毛泽东思想是个体系"，"实事求是，是毛泽东思想的出发点、根本点"，"做理论工作的同志，要花相当多的功夫，从各个领域阐明毛泽东思想的体系。要用毛泽东思想的体系来教育我们的全党、来指引我们前进"。邓小平的论述，破除了林彪、"四人帮"所制造的精神枷锁，反对了对待毛泽东思想的两种错误倾向，开了全党解放思想的先导，为正确地开展毛泽东思想的科学研究工作指明了方向。1977年下半年，叶剑英、陈云、徐向前、聂荣臻等相继发表文章，大力宣传党中央、毛泽东一贯倡导的实事求是、群众路线、批评与自我批评等优良传统和作风，开始了全党在思想理论上的大规模的拨乱反正。1978年5月,《光明日报》发表特约评论员文章《实践是检验真理的唯一标准》,引发了理论界为时近一年的关于真理标准问题的大讨论,矛头直指"两个凡是"的错误观点,揭开了全国性的新的马克思主义思想解放运动的序幕。通过这场讨论,"实践是检验真理的唯一标准"这个马克思主义最基本的哲学命题,在新的条件下,又重新为人们所认识,并日益深入人心。这就为重新确立党的辩证唯物主义的思想路线,恢复毛泽东思想的本来面目作了比较充分的思想准备和理论准备。

第五个阶段是十一届三中全会以来。十一届三中全会以来,特别是十一届六中全会以来,毛泽东思想的研究工作步入了一个新的时期。十一届三中全会果断地停止使用"以阶级斗争为纲"等口号,做出了把工作重点转移到社会主义现代化建设上来的战略决策,高度评价了关于真理标准问题的讨论,批判了"两个凡是"的错误方针,重新确立了我党的实事求是的思想路线和政治路线。全会要求全党和全国人民"历史地、科学地认识毛泽东同志的伟大功绩,完整地、准确地掌握毛泽东思想的科学体系,把马列主义、毛泽东思想的普遍原理同社会主义现代化建设的具体实践结合起来,并在新的历史条件下加以发展"。十一届六中全会制订的《关于建国以来党的若干历史问题的决议》(以下简称《决议》),广泛吸取了党内外理论工作者的研究成果,深刻总结了党的工作中正反两个方面的历史经验,实事求是地评价了毛泽东在中国革命中的历史地位,对毛泽东思想的定义、毛泽东思想的形成和发展、毛泽东思想的科学体系、毛泽东思想作为我们党的指导思想的重要意义,都做了科学的阐述。《决议》是在实践中坚持和发展毛泽东思想的典范,标志着对毛泽东思想研究的真正突破,为进一步研究毛泽东思想确立了正确的指导思想。在《决议》的基础上,党的十二大对毛泽东思想的定义做了更加完整和准确的概括。这一切都有力地推动和指导了毛泽东思想研究工作的开展。这个时期的特点是:

第一,研究的风气有所改观,突破了以往教条主义和个人崇拜的禁锢,研究工作走上健康的发展道路。注意马列主义与毛泽东思想的结合与统一,确认毛泽东思想是中国共产党集体智慧的结晶,坚持实事求是地评价毛泽东思想,在若干理论问题上能够进行平等的同志式的讨论和争鸣。

第二,毛泽东著作的出版工作加强了。1983年以来,相继出版了

《毛泽东农村调查文集》、《毛泽东书信选集》、《毛泽东新闻工作文选》、《毛泽东著作选读》、《毛泽东哲学批注集》、《毛泽东早期文稿》和《建国以来毛泽东文稿》等著作,与此同时,《毛泽东选集》一至四卷也修订再版。这一切都为深入研究毛泽东思想提供了条件。

第三,其他老一辈无产阶级革命家周恩来、刘少奇、朱德、邓小平、陈云、瞿秋白、张闻天、任弼时、蔡和森、董必武、王稼祥、彭真等人的著作和十一届三中全会以来重要文献选编陆续出版,为研究作为党的集体智慧结晶的毛泽东思想和研究毛泽东思想的新发展提供了条件。

第四,研究毛泽东思想的专门机构相继成立,有了一支专门从事毛泽东思想研究的理论队伍。全国成立了马列主义毛泽东思想研究会、毛泽东思想理论与实践研究会、毛泽东哲学思想研究会。一些省份已成立或正酝酿成立毛泽东思想研究会。中央文献研究室、中央党校、中国社会科学院成立了专门机构开展对毛泽东思想的研究。一些科研单位、大专院校、党校和军队院校在研究生或本科生中开设了毛泽东思想课程。一些机关和团体出版了《毛泽东思想研究》、《毛泽东思想理论与实践》、《毛泽东哲学思想研究》、《毛泽东军事思想研究》、《毛泽东思想论坛》等刊物。

第五,研究毛泽东思想的论著日益增多。据粗略统计,近几年出版的专著近300册,论文约6000篇。其中大多是对毛泽东思想进行整体研究和专题研究的篇目。这个阶段的研究成果,从总论的角度看,集中表现在对毛泽东思想的定义和毛泽东思想科学体系的新概括。从纵的方面看,集中表现在考察毛泽东思想形成和发展的历史,并形成了毛泽东思想研究中的一个新的分支学科,即毛泽东思想史。从横的方面看,对毛泽东思想的各个领域开展了广泛的研究,对其中一系列符合我国社会主义革命和建设实际的正确思想,进行了理论探讨和阐发。

第六,"毛泽东学"作为一门新兴学科开始建立。其表现是对相关史(毛泽东思想史)、论(思想体系、理论观点)、传(生平事迹)、具(工具书)等领域的总体研究和分层研究均已开拓,并取得一定成果。

第七,毛泽东思想在新的实践中得到丰富和发展。主要表现在坚持以经济建设为中心,坚持四项基本原则,坚持改革开放,走有中国特色的社会主义道路等方面。对这些问题的理论论述,集中地体现在《邓小平文选》和十一届三中全会以来党的一系列路线、方针、政策之中。

十一届三中全会以来的毛泽东思想研究工作，是新中国成立后开展得比较好的一个时期，取得了很多可喜的成果，有力地推动了我国社会主义物质文明和精神文明的建设。但应当看到的是，在大好形势下，也潜存着一股逆流，这就是与四项基本原则尖锐对立的资产阶级自由化思潮。这股思潮在1989年春夏之交的一段时间内，曾泛滥到十分严重的程度。少数顽固坚持资产阶级自由化立场的人，肆意诋毁和否定毛泽东思想，鼓吹所谓"过时论"、"变形论"、"无用论"，把毛泽东思想同"左"倾错误、"思想僵化"等同起来，妄图砍掉毛泽东思想这面旗帜，进而达到否定共产党的领导，否定社会主义的目的。在这股思潮的影响下，毛泽东思想的正常研究工作曾一度受到严重干扰。

三

回顾毛泽东思想研究工作曲折前进的历程，我们可以从中得到很多启示，提高我们对毛泽东思想本身和毛泽东思想研究工作规律的认识，并以此作为今后工作的借鉴。

一、毛泽东思想作为党的指导思想，它是和党的建设、党和国家的命运密切相关的。只有不断加强党的建设，才能保证毛泽东思想研究工作沿着正确轨道前进，而毛泽东思想研究工作的正常开展，又对党的建设产生积极影响，直接关系到党和国家的历史命运。

二、毛泽东思想是马列主义普遍原理和中国革命和建设具体实践相结合的产物，是马列主义在中国的运用和发展。必须正确认识和对待马列主义与毛泽东思想的关系，要把坚持毛泽东思想同学习马列主义的科学著作结合起来，反对任何割裂马列主义与毛泽东思想的错误倾向。

三、毛泽东思想是被实践证明了的关于中国革命和建设的正确的理论原则和经验总结，必须十分珍视这一宝贵的精神财富。要把经过长期历史考验形成为科学理论的毛泽东思想，同毛泽东同志晚年所犯的错误区别开来。反对因毛泽东同志晚年犯了错误，就企图否认毛泽东思想的科学价值，否认毛泽东思想对我国革命和建设的指导作用的错误观念。

四、毛泽东思想是中国共产党集体智慧的结晶，必须从集体智慧的高度认识和研究毛泽东思想。要正确对待杰出个人和群体的关系，既要充分肯定杰出个人的历史作用，又要防止片面突出个人、宣扬个人的倾向。

五、毛泽东思想是完整系统的科学，对待科学必须持老实的态度，既不能把它当成僵死的教条，也不能否定它的基本原则。要树立理论与实际相结合的马克思主义学风，发扬实事求是的精神，反对教条主义或资产阶级自由化的倾向。

六、毛泽东思想是一个科学的思想体系，要完整地准确地掌握这个体系。研究中要注意领会精神实质，掌握立场、观点、方法。反对肢解毛泽东思想科学体系的实用主义，反对研究工作中的简单化、庸俗化倾向。

七、毛泽东思想是在比较和斗争中发展的科学，在研究工作中，要贯彻"双百方针"，发扬学术民主，鼓励人们在坚持四项基本原则的前提下，对现实问题开展广泛的研究和深入的探讨。对不同的理论观点，要防止简单化的做法，也要警惕自由化的倾向。要在比较、鉴别、斗争中，提高人们的分辨能力，加深对真理的认识，促进毛泽东思想的发展。

八、以邓小平为代表的中国共产党人提出的建设有中国特色的社会主义理论，是毛泽东思想在新时期的光辉体现和发展。十一届三中全会以来，以邓小平同志为核心的中国共产党人，以马克思主义的理论勇气、求实精神、丰富经验和远见卓识，在总结新中国成立30多年来正反两方面经验的基础上，在研究国际经验和世界形势的基础上，开始找到一条建设中国特色社会主义的道路，开辟了社会主义建设的新阶段，实现了马克思主义与我国实践相结合的又一次历史性飞跃。当前要深入研究和阐释建设中国特色社会主义理论，推进我国社会主义现代化的建设事业，必须加强对以邓小平为代表的中国共产党人的理论和实践活动的研究与宣传。

九、毛泽东思想是在实践中不断发展的科学。要面对现实，从政治、经济、文化、社会各个方面，研究社会主义建设中的新情况、新经验、新问题，进一步探求建设中国特色社会主义的规律；同时要研究当代世界的新变化。研究当代各种思潮，批判地吸取和概括各门学科发展的新成果。在研究中，要勇于开拓新视野，发展新观念，进入新境界。

当前，国际风云变幻，马克思主义正在世界范围内同形形色色的反马克思主义的思想进行新的较量，经受新的考验。在这种形势下，在毛泽东思想的故乡，在具有众多人口的中国，坚持以马列主义普遍原理同中国革命具体实践相结合为基本特征的毛泽东思想，正确地开展毛泽东思想的科学研究工作，其重要性是显而易见的。我们当在总结以往经验的基础上，加倍努力，以严谨的科学态度、高度的责任心和使命感，进行毛泽东思想的研究工作，保障毛泽东思想正确地发挥实践效应，推动毛泽东思想的不断发展。

（韩荣璋，中国社会科学院原马列所研究员）

编辑出版《科学社会主义百科全书》的回忆与思考

李成斌

一 编辑出版《科学社会主义百科全书》的过程

俗话说：真理被滥用，会变成异端邪说，用来规范行为，不仅会发生过失，甚至会制造罪恶。而且还会使不明什么是真理的人，误认为是真理造成的恶果，最终导致否定真理，使人们的生活失去光明，不得不在黑暗中摸索。

马克思主义是科学，是真理，如果被错误地理解，差之毫厘，失之千里，同样也会变成谬误，用来指导实践，不仅达不到预期的目的，还会造成挫折，最终导致失败的结果。苏联的解体，东欧的剧变，我国长期存在的"左"的错误，以及它的登峰造极的表现——"文化大革命"，究其原因，无一不是由于对马克思主义的错误理解造成的。同时，正因为这一系列的重大历史事件，名义上都是在马克思主义的指导下造成的，这就使那些并不真正懂得什么是马克思主义的人，也认为都是马克思主义造成的结果。因此，对马克思主义的科学性和真理性产生了怀疑，甚至产生否定的态度，使那些坚持马克思主义信仰的人，一时也弄不清什么是真马克思主义，什么是假马克思主义，对如何用来指导实践，也感到无所适从。所以，还原马克思主义的本来面目，把马克思主义真正奠定在科学的基础上，让它放射出真理的光辉，真正成为夜行者辨别方向的"北斗"，航海者回避礁石的"指南针"，就成了党面临的一项迫切需要解决的历史重任。编辑出版《科学社会主义百科全书》就是为了完成这项任务需要做的一项工作。

李成斌

1979年，中国社会科学院成立马克思列宁主义毛泽东思想研究所（以下统称马列所），中国社会科学院副院长于光远兼任马列所所长，同时还兼任中国大百科全书出版社总编委副主任。因此，在马列所成立初期，就把编辑出版《中国大百科全书·科学社会主义卷》，列为马列所的一项重要任务。

大概是1980年下半年的一天，于光远召集苏绍智（时任马列所副所长）、张显扬和我到他家里开会。我们到达时，中国大百科全书出版社负责人阎明复已在座。我们研究了编辑出版《中国大百科全书·科学社会主义卷》的工作。会后，便由苏绍智负责，张显扬协助，筹组编委会，制定编写框架，确定编写条目，组织编写组。由于编写这样的大型辞书没有先例，缺少经验，为了更好地完成这项任务，编委会有关同志还分别拜访了成仿吾、柯柏年、张仲实、吴亮平等老一辈的马克思主义理论家，听取了他们的意见。同时，在马列所成立了《中国大百科全书·科学社会主义卷》办公室（以下称"大百科办公室"），由我负责，处理日常事务。这样，经一年多的时间，一切准备工作就绪，从1983年开始约请全国各地的马克思主义专家学者，根据确定的条目开始撰写释文。但是，当工作进行了一段时间，由于国内形势的变化，编写工作受到影响，工作曾一度中断，直到1988年才又恢复工作。到1989年，稿件基本集中。但又因国内形势的变化，对工作造成影响，负责编辑工作的主持人不能到位，工作又被迫停顿。1990年，中国大百科全书出版社总编委决定：《中国大百科全书·科学社会主义卷》不纳入中国大百科全书序列，改以知识出版社名义出版，定名为《科学社会主义百科全书》。我坚信恩格斯和列宁的话，只因为有了马克思主义才有了真正的历史科学与社会科学，或者说，没有马克思主义也就没有历史科学与社会科学。所以，我认为，把科学社会主义或马克思主义排除在中国大百科全书序列之外，不仅否定了马克思主义与科学社会主义的指导地位，也否定了历史科学与社会科学，是完全错误的。根据总编委的决定，对原科学社会主义卷编委会进行了调整，马列所的工作人员全部退出了编委会。因此也没有再组织编委会，只邀请了原编委部分成员，组织了一个编审组负责审阅部分稿件，进行编辑工作。中国大百科全书出版社阎明复调中共中央书记处任书记后，大百科全书出版社由梅益负责。梅益约我谈话，希望我留下来继续配合中国大百科全书出版社完成这项工作。本来这是马列所分配给我的任务，马列所也并没有决定终止我的工作，我也只能答应下来。在此期间我因病住院两个月，出院后回到马列所，大百科办公室已不复存在，房间清扫一空，几年来积累起来的档案资料荡然无存。当时马列所所长是郑必坚，我问他发生了什么情况，他说也不知情。因此，我给胡绳院长写了报告，问我该怎么办？胡绳院长马上批示恢复大百科办公室，恢复我的工作，直到《科学社会主义百科全书》出版为止。到1991年，《科学社会主义百科全书》印出样本，发给原作者修改，进行复审以便最后定稿。这时马列所的负责人赵忠良找我谈话，说我已超过退休年龄，要我退休。这时到《科学社会主百科全书》出版大概还有两年。胡绳院长的批示他应该知道，但为什么要这样做，直到现在我也不清楚。但是，我想既然马列所的领导不再把编辑出版《科学社会主义百科全书》当成马列所的任务，我感到没有必要再做任何解释，于是我就离开了马列所，回到家中继续工作，直到1993年5月，《科学社会主义百科全书》正式出版。

二 对《科学社会主义百科全书》主要条目释文的反思

恩格斯说，科学社会主义是马克思主义的核心问题。这就是本辞书命名《科学社会主义百科全书》（以下统称《全书》）的理论根据。同时，也就决定了《全书》主要条目释文：（一）诠释什么是马克思主义；（二）诠释什么是科学社会主义；（三）阐述实践马克思主义与科学社会主义的历史状况。由于自马克思主义与科学社会主义诞生以来，苏联和中国代表着实践马克思主义与科学社会主义历史的主流，因此，苏联和中国实践马克思主义与科学社会主义的历史状况，如党的成立、党的重要会议、重要的革命历史事件、主要的领导人物、结合实际创新的理论等，就构成了《全书》的重点条目。

（一）什么是马克思主义

《全书》马克思主义条目的释文，仍是以列宁的"马克思主义的三个来源和三个组成部分"来解释马克思主义。当然，要正确地、全面地特别是要从整体上理解马克思主义，了解马克思主义的三个来源和三个组成部分，是十分必要的。但是，要用"马克思主义的三个来源和三个组成部分"为马克思主义下定义，容易引起人们对马克思主义的误解。就像恩格斯说"生命是蛋白体的存在方式"，因此就有人把构成蛋白体的多种氨基酸成分都说成是生命一样，是荒谬的。但是，就是在这种思想的指导下，《全书》给马克思主义下定义说："它包括科学的世界观、社会发展学说、无产阶级革命理论、社会主义与共产主义理论建设、工人阶级政党的指导思想，"把马克思主义的有机整体，分割成几个独立的部分，就像把一个活人，按照他的生理结构，肢解成几个部分，使其失去生命，但是仍认为被肢解的肢体具有独立的活的机能。这种极其荒唐的理念，在理论上长期支配着人们对马克思主义的理解，使人们不能从整体上理解、运用和实践马克思主义。

所以，《全书》马克思主义条目释文必须按照马克思恩格斯的思想理论重新进行诠释，还马克思主义本来面目。

到底什么是马克思主义呢？

马克思在《资本论》第一卷第二版跋里，肯定《欧洲通报》的一位作家评价《资本论》的科学价值时，着重引用了作者的下面一段话。

"在马克思看来，只有一件事情是重要的，那就是发现他所研究的那些现象的规律。而且他认为重要的，不仅是在这些现象具有完成形式和处于一定时期内可见到的联系中的时候支配着它们的那种规律。在他看来，除此而外，最重要的是这些现象变化的规律，这些现象发展的规律，即它们由一种形式过渡到另一种形式，由一种联系秩序过渡到另一种联系秩序的规律。他一发现了这个规律，就详细地来考察这个规律在社会生活中表现出来的各种后果。所以马克思竭力去做的只是一件事：通过准确的科学研究来证明一定的社会关系秩序的必然性，同时尽可能完善地指出那些作为他的出发点和根据的事实。为了这个目的，只要证明现有秩序的必然性，同时证明这种秩序不可避免地要过渡到另一种秩序的必然性就完全够了，而不管人们相信或不相信，意识到或没有意识到这种过渡。马克思把社会运动看作受一定规律支配的自然历史过程，这些规律不仅不以人的意志、意识和意图为转移，反而决定人的意志、意识和意图。一旦生活经过了一定的发展时期，由一定阶段进入另一阶段时，它就开始受另外的规律支配。总之，经济生活呈现出的现象，和生物学的其他领域的发展史颇相类似。对现象所作的更深刻的分析证明，各种社会机体像动植物机体一样，彼此根本不同。由于各种机体的整个结构不同，它们的各个器官有差别，以及器官借以发生作用的条件不一样，等等，同一个现象却受完全不同的规律支配。生产力的发展水平不同，生产关系和支配生产关系的规律也就不同。马克思给自己提出的目的是，从这个观点出发去研究和说明资本主义经济制度，这样，他只不过是极其科学地表述了任何对经济生活进行准确的研究必须具有的目的。这种研究的科学价值在于阐明了支配着一定社会机体的产生、生存、发展和死亡以及为另一更高的机体所代替的特殊规律。"（《资本论》第1卷第20—23页）

所以，恩格斯在《马克思墓前的演讲》里说："正像达尔文发现了有机界的发展规律一样，马克思发现了人类历史的发展规律。""不仅如此，马克思还发现了现代资本主义生产方式和它所产生的资产阶级社会的特殊的运动规律。由于剩余价值的发现，这里就赫然开朗了。"（《马克思恩格斯选集》第1卷第514页）同时，恩格斯在《社会主义从空想到科学的发展》里又说，由于这些发现，"马克思把社会主义从空想变成了科学"。（《马克思恩格斯选集》第1卷第424页）由此可见，根据马克思恩格斯自己的说法，马克思主义即马克思发现，并科学阐明的，人类自原始社会、奴隶社会、封建社会、资本主义社会和社会主义社会与共产主义社会，由低级到高级依次更替发展客观规律的观点、思想、理论与学说，这也就是说凡是与马克思发现并科学阐明的这个人类社会历史发展的客观规律同一的观点、思想、理论与学说，即马克思主义；凡是与马克思发现的并科学阐明的这个人类社会历史发展的客观规律对立的观点、思想、理论与学说，即非马克思主义。

马克思主义是科学，科学性是它的固有本质。因此，理解和实践马克思主义必须遵守科学的原则。

1. 必须遵守它不以人的意识、意志和意图为转移的客观性

例如，哥白尼的"日心说"告知人们：地球是围绕太阳旋转的，这个旋转的规律是客观存在。所以，只能说是哥白尼发现的，不能说它是哥白尼创造的。

同样，人类社会由原始社会、奴隶社会、封建社会、资本主义社会和社会主义社会自低级到高级依次更替发展的客观规律，也是客观存在，它并不是马克思设想出来的，或者说是马克思创造出来的。所以恩格斯说："正像达尔文'发现'有机界的发展规律一样，马克思'发现'了人类历史的发展规律。"如果有人认为这个人类社会发展的客观规律是马克思设想出来的或创造出来的，可以肯定这种人永远也弄不懂什么是马克思主义。因此，这就要求：

第一，必须承认各社会形态从低级到高级依次更替发展的必然性。原始社会、奴隶社会、封建社会、资本主义社会诸社会形态，已经过去成既定事实。所以，当前最主要是按照这个规律必须承认社会主义社会只能诞生在资本主义发展的尽头。

第二，必须承认较低的社会形态与较高社会形态的依次更替，必须是在较低的社会形态生产力得到充分发展条件下才有可能。所以，马克思

说:"无论哪一个社会形态,在它所能容纳的全部生产力发挥出来以前,是决不会灭亡的,而新的更高的生产关系,在它的物资条件,在旧社会的胎胞里成熟以前,是决不会出现的。"(《马克思恩格斯选集》第 1 卷第 18 页)

第三,必须承认整个历史发展阶段或社会形态,在整个社会历史发展过程中,都具有存在的必然性与不可超越性。所以,马克思说:"一个社会,即使探索到本身运动的自然规律——本书的目的就是揭示现代社会经济结构与运动的规律——它还是既不能跳过也不能用法令来取消自然的发展阶段。"(《资本论》第 1 卷第 10 页)恩格斯也特别指出:"在较低的经济发展阶段上要想解决高得多的经济发展阶段上才能发生的问题和冲突,这在历史上是不可能的,也是荒谬的。"(《马克思恩格斯全集》第 22 卷第 583 页)

2. 马克思主义是科学,科学反映客观事物的本质和规律

自然科学如此,社会科学也如此;有机界的发展规律如此,人类社会历史的发展规律也如此。有机界在它各个不同发展阶段上产生的物种:如微生物、细菌和病毒;植物、花草和树木;动物、鸟兽和鱼虫;等等,都有其必然性、特殊性和普遍性。人类社会历史在发展的各个不同阶段上,产生的各种不同的社会形态,如原始社会、奴隶社会、封建社会、资本主义社会与社会主义社会,也都有它产生的必然性、特殊性和普遍性。不承认它这种必然性、特殊性和普遍性,也就是不承认人类社会历史发展的客观规律,也就是不承认马克思主义。

3. 马克思主义是科学,是真理

真理在一定的时间、地点、条件下,只有一个,不能有两个,更不能有很多个。鹿就是鹿,马就是马,牛就是牛。鹿不能同时是鹿,又是马,又是牛;牛不能同时是牛,又是马,又是鹿。这是由各自不同的质的规定性决定的,是不能混淆的,混淆了它们的区别,就混淆了是非,破坏了科学,否定了真理。那种"指鹿为马"、"点石成金"的说法,一种是政治权术,一种是江湖骗术,都是愚弄群众的。各种不同的社会形态也是如此。

例如封建主义社会。奴隶社会末期,在残酷的压迫和剥削下,大量的奴隶死亡和逃亡,生产力受到极大的破坏。因此一些开明的奴隶主就把土地分给奴隶,并给他们一些人身自由,让他们自己耕种。于是奴隶主变成

了地主，奴隶变成了农民，这就是封建主义社会的诞生，人类社会开始进入封建主义历史阶段。

封建主义社会仍处在自然经济条件下，个体农民使用手工工具在小块土地上劳动，劳动与劳动产品，除部分以地租、税赋与徭役形式交给地主和官府外，多半是自给自足。因此他们取得生活资料来源于自然，而不是来源于社会交往。一小块土地，一个农民，一个家庭，旁边是另一小块土地，另一个农民和另一个家庭。一批这样的单位就形成一个村子。一批这样的村子就形成一个县、一个省。一个国家就是由这样一些同名数相加形成的。由于他们相互隔离，尽管他们利益相同，但形不成共同的关系。因此，他们不能以自己的名义来保护他们阶级的利益，他们不能代表自己，一定要别人来代表他们，他们的代表同时是他们的主宰，他们的最高主宰就是皇帝或者国王，皇帝或国王用等级授权、等级管理、等级分配的政治制度，维护着他们的这种生产方式，这就是封建专制主义国家。

资本主义社会。在封建社会内部，商品经济逐渐发展起来，自然经济开始解体，当商品经济发展到一定程度，货币变成资本，劳动力变成商品，于是就产生了资本主义生产方式，资本家占有生产资料，采取雇佣劳动制度，剥削工人剩余价值，这就构成了资本主义社会经济基础。由于资本主义经济制度是在商品交换的基础上产生的，商品交换的原则要求，交换双方必须相互承认对方的所有权和自主权，这就要求政治上建立民主制度。由于资本主义商品交换主要指的是雇佣劳动制度即资本与劳动力的交换。这种交换体现着资本家对工人阶级的剥削与压迫，这就决定了这种民主制度名义上是全民的，如普选制，人人都有选举权，但被选人只能是资本家和他的代理人。这种民主制度实际上是资产阶级民主制度，是对无产阶级和劳动人民的专政。

社会主义社会。根据马克思揭示的人类社会发展的客观规律，特别是资本主义社会的发展规律，无产阶级将取得国家政权，并以整个社会的名义，即全体社会成员的名义，把全部生产资料变为国家财产，即全体社会成员所有，使全体社会成员在占有生产资料的关系上都具有平等的权利，即平等的管理权、平等的使用权和平等的分配权，从而也就消灭了作为无产阶级的阶级、阶级差别、阶级对立，也就消灭了作为国家的国家，使整个社会变成了一个自由人的联合体。

为了区别这三种不同的社会形态，或不同的社会发展阶段，就生产力不同的发展阶段，马克思概括地又说，手工工具创造的是封建主义社会，机器大工业创造的是资本主义社会，自动机器体系创造的是社会主义社会。就不同社会的国家性质，恩格斯又概括地说，封建主义社会是封建贵族的国家；资本主义社会是资本家的国家；社会主义社会，国家已经消亡。

不难看出，正是在对待这三种不同的社会形态或不同的社会发展阶段，苏联混淆了它们的区别。因此，丢掉了马克思主义。

（二）什么是科学社会主义

恩格斯在《社会主义从空想到科学的发展》一书里说：自从资本主义生产方式在历史上出现以来，由社会占有全部生产资料，常常作为未来社会的理想，隐隐约约地浮现在个别人物和整个派别的脑海里。但是，这种占有在实现它的实际条件已经具备的时候，才能成为可能。由于马克思发现了唯物主义的历史观，揭示了人类社会发展的客观规律，同时又发现了剩余价值的学说，揭露了资本主义剥削的秘密和资本主义积累的规律，从而把社会主义从空想变成了科学，得出了资本主义发展的必然趋势，导致社会主义必然诞生的结论。

1. 资本主义生产力的成分发展

马克思恩格斯在《德意志意识形态》一书里说过："到现在为止，我们都是以生产工具为出发点，所有制是生产工具存在的必然结果。"（《马克思恩格斯选集》第1卷第22页）马克思在《资本论》里又说："各种经济时代的区别，不在于生产什么，而在于怎样生产，用什么劳动资料生产，劳动资料不仅是劳动力发展的测量器，而且是劳动借以进行的社会关系的指示器。"（《资本论》第1卷第204页）马克思在《哲学贫困》一书里进一步又说："随着新的生产力的获得，人们改变着自己的生产方式，随着生产方式，即保证自己的生活方式的改变，人们也就会改变自己的一切社会关系。手推磨产生的是封建主为首的社会，蒸汽磨产生的是工业资本家的社会。"（《马克思恩格斯选集》第1卷第108页）由此可见，马克思恩格斯讲的这三段话说的是一个观点，即有什么样的生产工具就有什么样的生产力，有什么样的生产力，就有什么样的生产关系，有什么样的生产关系，就有什么样的社会。那么，社会主义社会是由什么样的生产力创造的呢？

马克思在考察资本主义机器大工业未来的发展方向时说："当工作机不需要人的帮助就能完成加工原料的一切运动，而只需要人从旁边照料时，我们就有了自动的机器体系。"（《资本论》第1卷第439页）同时又说："到那时，劳动就会表现为不再像以前那样被包括在生产过程中，相反地表现为人以生产过程的监督者和调节者的身份与生产过程发生关系，人不再是生产过程的主要当事者，而是站在生产过程旁边。"（《马克思恩格斯全集》第46卷第325页）不难看出，从20世纪微电脑发明开始的新技术革命，自动化车间、自动化工厂相继产生，智能机器人和电脑在各个生产领域的应用，不但给生产力的飞跃发展，而且为人类最终摆脱物质生产劳动创造了条件。所以马克思恩格斯说："共产主义革命就是消灭劳动。"（《马克思恩格斯选集》第1卷第88页）也不难看出马克思正是以此为根据勾画出未来社会的蓝图。

2. 资本主义生产方式全球化的发展，社会主义革命条件的形成

随着资本主义生产方式全球化的发展，商品市场经济地位在全世界的确立，各个地区、各个民族、各个国家的人民生活趋于一致，并且相互依存，不可分割。与此相适应，资本的积累越来越加集中。国家，不管它存在的形式如何，本质上都是资本主义的机器，即资本家的国家。同时与此相对应，无产阶级即现代雇佣劳动者阶级，越来越成为多数的社会居民即世界历史意义上的无产阶级已经形成。于是，金融危机、经济危机、社会危机、政治危机不断发生，使人们经常处在一种生存危机的条件下，这就迫使人们不得不寻求变革。于是就形成世界无产阶级共同革命的力量。

3. 社会主义共同革命的理论

恩格斯在《共产主义原理》一书中说："这种革命不能单独在一个国家里发生。""单就大工业建立的世界的市场这一点，就把全球各国人民，尤其是文明国家的人民都受着另一个国家的影响。此外，大工业使所有文明国家的社会发展不相上下，以至不论在什么地方，无产阶级和资产阶级都成了社会上两个起决定作用的阶级。它们之间的斗争，成了我们这一时代的主要斗争。因此，共产主义革命，将不仅是一个国家的革命。"（《马克思恩格斯选集》第1卷第221页）因此，马克思恩格斯在《共产党宣言》又说："随着资产阶级的发展，随着贸易自由的实现和世界市场的建立，随着工业生产以及与之相适应生活条件趋于一致，各国人民之间的分

隔和对立，日益消失，无产阶级的统治将使它们更快消失，联合的行动，至少是各文明国家的联合行动，是无产阶级获得解放的首要条件之一。"（《马克思恩格斯选集》第1卷第380页）所以，《共产党宣言》提出的口号是：全世界的无产阶级联合起来，无产阶级在这个革命中失去的只是锁链，他们获得的将是全世界。

4. 社会主义社会的诞生

恩格斯说："到目前为止，在阶级对立中运动着的社会，都需要有国家，即需要有一个剥削阶级组织，以便维护这个社会的外部条件，特别是用暴力把被剥削阶级控制在当时的生产方式所决定的那些压迫条件（奴隶制、农奴制或依附农制、雇佣劳动制）。国家是整个社会的代表，是社会在一个有型组织中的集中表现。但是，说国家是这样的，这仅仅是说，它是当时独自代表整个社会的那个阶级的国家。在古代是占有奴隶的公民的国家，在中世纪是封建贵族的国家，在我们的时代是资产阶级的国家。当国家真正成为整个社会的代表时，它就使自己成为多余的了。"（《马克思恩格斯选集》第1卷第120页）因此，恩格斯又说："无产阶级将取得国家政权，并且首先把全部生产资料，变为国家财产。但是这样一来，它就消灭了作为无产阶级自身，消灭了一切阶级差别和阶级对立，也消灭了作为国家的国家。"所以，这也就是说，国家真正成为整个社会的代表，把全部生产资料归国家所有。把全部生产资料归全体成员所有，即使全体社会成员在占有全部生产资料的关系上都具有平等的权利，即平等的管理权、平等的使用权和对产品的平等分配权。与此相适应，在占有社会公职的关系上，同样都有平等的权利，即平等的选举权、平等的被选权、平等的决策权、平等的执行权、平等的监督权、平等的罢免权。因此，这也就消灭了作为无产阶级的阶级，也就消灭了阶级差别，也就消灭了阶级对立，也就消灭了作为国家的国家。这就是社会主义社会的诞生。

5. 社会主义或共产主义社会的特征

第一，由于自动机器体系的产生，为人们摆脱物质生产劳动创造了条件，从而使人们摆脱了劳动的自然必然性，使人从受自然必然性奴役的地位变为对自然必然性的统治地位，从而成为自然界的主人。

第二，由于全体社会成员，平等地占有了全部生产资料，从而消灭了一切阶级和阶级差别。因此，也就从根本上消除了一切人身束缚、人身依附和人身雇佣的关系，每个人都成了社会的主人。

第三，由于自动机器体系的不断发展，财富像泉水一样地涌现，劳动时间的不断缩短，逐步达到最低限度，于是劳动就改变了性质，由奴役人的手段变为解放人的手段，由一种负担变成一种快乐。用马克思的话说："从谋生的手段变成人生活的第一需要。"

同时，也就消灭了社会分工，使人们能够"随着自己的心愿今天干这事，明天干那事，上午打猎，下午捕鱼，傍晚从事畜牧，晚上从事批判"。(《马克思恩格斯选集》第1卷第19页)使每个人都成为一个全面发展的人、自由的人。所以马克思恩格斯说，社会主义社会或共产主义社会就成为一个自由人的联合体。

（李成斌，中国社会科学院原马列所研究员）

《中国特色社会主义年鉴》的创办与发展

傅青元

《中国特色社会主义年鉴》如果从1994年3月由人民出版社出版《有中国特色社会主义大事典》算起，已经走过了18年的战斗历程。这个先由哲学所的同志们创办、后由马列所的同志们续办的大型资料工具书，已经为读者提供了2000多万字学习、宣传、研究中国特色社会主义的丰富而翔实的参考资料，这不能不说是哲学社会科学工作者对祖国、人民和社会主义事业的一大贡献。

回顾《中国特色社会主义年鉴》创办和发展过程，大体上可以分为四个时期：1993—1994年是编纂和出版《中国特色社会主义大事典》时期（下称《大事典》时期）；1994—2002年是编纂和出版《中国特色社会主义年鉴》时期（以下称《年鉴》时期）；2003—2009年是编纂和出版《中国特色社会主义理论年鉴》时期（以下称《理论年鉴》时期）；2010—2011年是编纂和出版《马克思主义理论研究与学科建设年鉴》时期（以下称《学科建设年鉴》时期）。我之所以把《中国特色社会主义年鉴》创办和发展过程分为四个时期，只从《年鉴》前后变化的名称就可以看出来，它在不同时期论述和反映的内容侧重点是不同的。名称的不断变化，既反映了中国特色社会主义的社会实践和思想体系的日益发展，也反映了人们对中国特色社会主义的认识日渐深刻。

下面，我就根据以上所说的四个时期对《年鉴》的创办、发展、创新做一回顾。

一 《大事典》时期

1992年是中国改革开放历史上具有重大历史意义的一年。这一年发生了两件大事：其一，是中国改革开放的总设计师邓小平南方谈话的发表；其二，中国共产党召开了全国第十四次代表大会。邓小平的南方谈话，以马克思主义为指导，系统总结了改革开放以来的经验教训（如毫不动摇地坚持党的基本路线；抓住时机，发展自己，关键是发展经济；科学技术是第一生产力，经济发展必须依靠科学和教育；坚持两手抓，两手都要硬；社会主义要在对外开放中吸收和借鉴一切有利因素等），同时也科学回答了中国特色社会主义发展的重大问题（如在改革和革命的关系上，对改革的革命性意义作出明确回答，认为革命是解放生产力，改革也是解放生产力；在关于发展的重要性问题上，提出"发展才是硬道理"；在判断各方面工作是非得失的标准上，提出"三个有利于"的标准；在计划与市场的关系上，提出计划和市场都是经济手段，不是两种制度的本质区别；在先富和共富的关系上，提出共同富裕是社会主义的本质要求；在"左"和右的关系上，提出警惕右但主要是防止"左"，等等）。更为重要的是，邓小平还明确提出了社会主义本质的科学论断，成功回答了"什么是社会主义，怎样建设社会主义"这个核心问题，实现了科学社会主义理论发展史上的一次重大飞跃。这次飞跃是马克思主义中国化的第二次飞跃，标志着中国特色社会主义理论框架的初步形成，同时也为中国特色社会主义理论继续发展留下了巨大的创新空间。邓小平南方谈话的发表，在我们全党和全国人民中间，引起了振聋发聩的作用，同时也给哲学社会科学工作者提出一系列重要研究课题。一方面要求哲学社会科学工作者，面向改革开放和社会主义现代化的社会实践，为中国特色社会主义的理论，从学理层面为第二次飞跃提供智力支持，同时也要总结建设中国特色社会主义的现实经验，为中国特色社会主义的理论创新，做出应有的贡献。正是在这种历史背景下，我作为当时哲学所的党委书记，一方面组织哲学所的全体同志认真学习邓小平同志的南方谈话，另一方面又组织哲学所几个原理室（包括历史唯物主义研究室、辩证唯物主义研究室、马克思主义哲学史研究室）的部分同志，分题目撰写学习邓小平南方谈话的体会的文章。正是这些文章汇集成由我任主编、景天魁（时任历史唯物主义研究室主任）任副主编的《改革开放新阶段》一书，于1992年9月社会科学文献出版社出版发行。这本书由于有徐崇温、赵凤岐、王锐生等著名学者参加撰写工作，受到中国社科院领导的高度重视。党委书记郁文同志专门作了批示要求有关部门予以大力支持，胡绳院长为本书题写了书名，汝信副院长还写了序言。这本书的出版在院内外都产生了良好的反应。这是哲学研究为改革开放、为中国特色社会主义服务的一种尝试。这种尝试的成功对哲学所的全体职工、特别是搞马克思主义哲学原理的同志们是个巨大的鼓舞，极大地增强了哲学研究为现实服务的决心和信心，这也就为编纂好《有中国特色社会主义大事典》做好了精神上的准备。

1992年10月，中国共产党召开了十四大。江泽民同志在"十四大报告"中明确指出，改革开放14年来取得举世瞩目的伟大成就的原因，是我们党在实践中坚持把马克思主义基本原理同中国具体实际相结合，形成和发展了建设有中国特色社会主义的理论。他把这一理论概括为九个方面的内容，称这个理论第一次比较系统地回答了中国这样的经济文化比较落后的国家如何建设社会主义、如何巩固和发展社会主义的一系列基本问题，用新的思想、观点，继承和发展了马克思主义。同时，他还在报告中，提出并部署了加速改革开放、推动经济发展和社会全面进步的、包括建立社会主义市场经济在内的10个方面关系全局的主要任务。应该说十四大在中国马克思主义发展史上是具有里程碑意义的一次会议。它不仅总结了建设社会主义的新经验，同时也提出了关于建设社会主义的新思想、新观点、新理论。这也就为哲学社会科学工作者提供了多视角诠释、宣传、研究、探索中国特色社会主义实践和理论的平台，开辟了哲学社会科学工作者发挥作用的广阔天地。

哲学所在学习十四大文件、领会十四大精神基础上，提出了包括"对有中国特色社会主义的哲学分析"等在内的一批"科研"项目。要搞好这样的项目，搜集资料、研究资料，就是绝对必要的。正当我们哲学所酝酿如何搜集资料的时候，当时担任中国社会科学院副院长、研究科学社会主义的权威学者江流同志看到了哲学所研究中国特色社会主义的热情，便向我们提出编一本《有中国特色社会主义大事典》的动议。他认为具体内容可以分为五部分：一是从理论与实践结合上说明建设有中国特色社会主义理论的形成和发展过程；二是辑录邓小平和其他中央领导同志对建设有中国特色社会主义的论述；三是记录党和国家关于建设有中国特色社会主义的重大决策；四是选介在实践中涌现出来的典型模式，展示建设有中国特色社会主义理论的实践形式和生动形象；五是介绍中外学者对中国特色社会主义理论与实践的研究、探讨和评述。应该说，这是一份很好的资料工具书大纲，正好满足哲学所研究项目的资料搜集工作的需要。我们很快就同意了江流副院长的意见，并组成了以江流副院长为首的，由中共中央宣传部、国家体改委、中央文献研究室、国务院经济社会发展研究中心以及哲学所的部分专家学者参加的编辑委员会，具体地讨论编写大纲。我们进而组织哲学所几个原理室研究人员，各个杂志编辑部编辑人员，科研处的行政人员，图书资料人员，共计40多人的队伍，分了五个编写组，开始了搜集资料、编纂工作。每个编辑组都配有著名专家学者作为把关和统稿人。我们决心编出一部以十四大报告精神为指导的、全面系统地反映中国特色社会主义理论和实践的形成、发展的资料工具书。1993年，我们夜以继日地整整工作了一年，翻阅了上千万字的资料，不断地修改编写细纲，还利用全国人大、政协两会时间走访各地代表、委员并约稿，不断走访有关专家学者请教有关观点，不断修改文稿，终于在1993年底完成长达214万字的书稿。1993年10月《邓小平文选》第三卷出版，我们又把引用或辑录的邓小平语录对照第三卷《邓小平文选》做了订正。这里值得提出的是，社会科学院的领导和有关部门对《大事典》工作高度重视，不仅给了经费上支持，副院长江流自始至终参与这项工作，当时科研局的黄浩涛作为这部书编委会的委员审定了部分稿件。在即将出版之时，胡绳还专门抽出时间，为《大事典》写了序言。

1994年3月由江流任主编、傅青元任副主编的《有中国特色社会主义大事典》在人民出版社出版了。胡绳院长在《序言》中对《大事典》给予了很高的评价。他说："编辑者的意图，是通过这些材料显示建设有中国特色社会主义理论的科学性、创造性和实践性，这个意图在一定意义上是实现了的。"还说："我注意到这部大事典既重视理论的形成的过程，又重视实践经验，力图体现理论和实践相结合的科学探索精神。我希望这部书不仅能成为广大读者有用的工具书，也能成为社会科学的一项基础建设。"

《大事典》出版后的事实证明，这部书没有辜负胡绳院长的殷切期望。由于它突出体现理论与实践相结合的科学探索精神，由于它通过大量丰富的材料展示出中国特色社会主义的科学性、创造性和实践性，受到了中国社科院院内外专家学者的普遍好评，也受到社会上的干部和群众的普遍好评。从后来对《大事典》使用的情况看，它至少发挥了4个方面的作用：第一，它为干部和群众学习、领会中国特色社会主义理论和十四大精神，提供了内容准确而丰富的教材。第二，它为理论工作者诠释、宣传中国特色社会主义理论和十四大精神指导下制订的路线、方针、政策、法规、举措提供了理论历史和现实的考证依据；第三，它是社会科学的一项基本建设，它为进一步研究中国特色社会主义提供了丰富的学术资料。后来由我作主编，李景源、吴元梁任副主编、由四川人民出版社出版的《对有中国特色社会主义的哲学分析》一书，就是在研究、分析《大事典》提供的学术资料基础上写成的。《哲学分析》这本书还获得了1998年第十一届中国图书奖。由江流和我为主编的另外两本书（即1998年《建设中国特色社会主义史纲》，2008年《建设中国特色社会主义史纲》增订本）也都是在《大事典》基础上写成的。第四，它为我们后来编纂《中国特色社会主义年鉴》提供了一个很好的编写框架。五个部分的编写内容，尽管根据形势发展的需要小有调整，总体上并没有大的变化。《大事典》编写体例，基本上延续了8年的时间，一直到2002年。《大事典》记录的是1978年党的十一届三中全会到1992年十四大在我们党和国家发生的事情，《年鉴》是1993年以后我们党和国家发生的事情。正是从这个意义上说，《大事典》是1978—1993年《年鉴》的"合卷本"，《年鉴》不过是《大事典》的续篇。《大事典》和《年鉴》是一个不可分割的整体。否则，我们无法解释《中国特色社会主义年鉴》为什么在1995年才有第一本。正因为如此，我把编纂《大事典》作为创办和发展《年鉴》的第一个时期。

二 《年鉴》时期

《大事典》出版以后，我们就开始酝酿创办《年鉴》的事宜。为什么要在《大事典》基础上继续编纂和出版《年鉴》，江流副院长在1995—1996年合刊的第一本《年鉴》的出版序言中说得很清楚。他说："我们曾在1993年编纂了《有中国特色社会主义大事典》。这个大事典记录了党的十一届三中全会到党的十四大期间，以邓小平为核心的党的第二代领导集体和以江泽民为核心的党的第三代领导集体带领我们党和人民进行改革开放和现代化建设伟大实践的主要历史资料。党的十四大以来,在江泽民为核心的党中央领导下,我国改革开放和现代化建设事业进入了一个新的发展时期,建设有中国特色社会主义的理论和实践得到了进一步的丰富和发展,出现了许多新经验、新做法、新成果。为了更好地记录这些,我们准备以年鉴的方式继续这方面的工作,并准备今后一直做下去。"同时,江流副院长还从出版《年鉴》的历史意义和现实意义上作了很好的说明,他说:"中国的社会主义建设,经过长期的探索之后,找到了建设中国特色社会主义正确道路。建设中国特色社会主义,无论从我国社会主义建设的历史来看,还是从世界社会主义运动的历史来看,还是从世界历史的进程来看,都是一个前无古人的伟大创造,都是一个充满艰辛和胜利喜悦的伟大探索。""对于这一伟大的历史进程,如果我们只是从一时一事的角度,孤立地去看,是不可能把握其全貌的。而用一种载体或形式,既从空间上把这一历史进程的各个方面的成果记录下来,又从时间上日积月累、年年岁岁把这一历史进程的发展变化记录下来,并把这些历史记录编纂起来是一件十分必要和极有意义的事情。"他还指出:第一,这项工作可以使我们全面、系统地了解建设中国特色社会主义的历史发展,为中国社会主义的新实践、为中国社会主义制度的生命力留下丰富、可信的历史见证;第二,这项工作也为我们不断的回顾、反思和研究活生生的建设中国特色社会主义的理论和实践,总结经验教训,从而既不断丰富和发展中国特色社会主义理论,又不断地给改革开放和现代化伟大实践以正确的指导提供了一个不可缺少的工具。第三,从世界历史的进程和人类正义事业的发展来看,建设中国特色社会主义的新实践也是值得记录的。在世界社会主义遭受暂时的严重挫折而处于暂时低潮的时期,占世界人口1/5的中国坚持在建设中国特色社会主义的道路上继续前进,这必将大大提高人们对社会主义自信心和自豪感,中国对社会主义的新实践和新探索,也将有助于人们在总结历史经验的基础上,为社会主义的复兴,促进社会主义向更为健康的方向发展提供参考。江流副院长最后还特别加了一句:"可以说,这一工作的意义远远超出了历史上盛世修史的范围。"江流副院长的这些话就是编纂和出版《年鉴》的原因和理由。

《年鉴》的编纂工作是从1995年开始的。需要说明的是,作为《年鉴》"合卷本"的《大事典》的编纂与出版,主要是由哲学所的同志们完成的,当然也吸收了马列所的少数同志参加了。但从专业分工来说,在社科院专门集中研究科学社会主义学说的是马列所,而我本人从1994年起又担任了哲学所和马列所联合党委书记,如果把《年鉴》交给马列所,不仅专业对口,顺理成章,而且交接工作也很简单。所以,《年鉴》确定编纂之始,在征求江流副院长同意的情况下,便将《年鉴》的编纂、出版工作交给了马列所,并在马列所组织了以时任马列所副所长安京同志为首的《年鉴》编辑部。虽然后来《年鉴》编委会和编辑几经变动,但主要的编纂工作还是由马列所的同志们完成的。

关于《年鉴》的名称,1995—1996年合卷的第一本,用的是《中国社会主义年鉴》。这本《年鉴》出版以后,我们就立刻觉察出了问题。问题不是说这个名称错误,特别是在苏东剧变之后,称为中国社会主义,标明中国仍然走在社会主义康庄大道上,具有立场的鲜明性,或许有积极的意义,但却与我们《大事典》开始记录的内容并不相符。中国建立社会主义制度在1956年,而《大事典》记录的内容却是从党的十一届三中全会前后的大事开始的。况且,这个名称与党的十二大以来我们党的规范的"有中国特色社会主义"提法相左,所以在第一本《年鉴》出版之后,我们就考虑修改《年鉴》的名称。当时在编辑部提出三种方案:一是采用邓小平在十二大开幕词中的提法,叫《有中国特色的社会主义年鉴》,二是采用江泽民在十四大报告中的提法,叫《有中国特色社会主义年鉴》,三是去掉"有"字和"的"字,叫《中国特色社会主义年鉴》。后来,我们采用了第三种提法,从1997年到2002年一直沿用了《中国特色社会主义年鉴》。我们之所以采用第三种提法,是我们大家经过反复研究、充分讨论基础上集中了大家的智慧而做出的选择。我们基本思路是:尽管这三种提法没有本质的区别,但第三种提法更精辟、更简练、更符合实际,不易引起歧义。这样的社会主义是与中国的具体国情和具体社会实践紧密结合在一起的,它所从事的改革开放和社会主义现代化建设,包括政治建设、经济建设、文化建设和党的建设等,都是为解决中国的现实问题而开展的,都是总结了中国社会主义建设的实践经验,代表中国人民的根本利益,为中国人民所能接受的方式而进行的。因而,改革开放和社会主义现代化进程中的各个方面,各个时段所采取的各种重大决策和进行的社会实践以及形成的思想、道路、模式、制度无不打上中国的烙印,具有中国的特色。中国特色和社会主义在中国的特定环境中,是合二为一的东西。凡是在中国每一项社会主义的举措都具有中国特色。正是基于这样的认识,所以，从1997年开始，《年鉴》就以《中国特色社会主义年鉴》的名称出版了，后来，我们党在十六大报告中，正式将中国社会主义表述为"中国特色社会主义"。这说明马列所在这个问题上认识还比较早，比较超前。

《年鉴》思想内容和编辑体例，是与《大事典》相同的。从思想内容上讲，都是记录和反映中国特色社会主义事业的历史进程的；从体例上讲，都分五大块：即中国特色社会主义的历史进程；中央领导同志关于中国特色社会主义的重要论述；建设中国特色社会主义的重大决策；中国特色社会主义在各地的实践；中外学者及港澳台有关人士对中国特色社会主义的研究和评价。但随着时间的推移，思想解放的程度日益加深，改革的步伐日益加快，全方位的对外开放的格局渐趋形成。《年鉴》需要记录和反映的内容大大丰富起来，所以从1999年开始，我们在体例上将五编制改成了九编制：前三编是一样的，将原来的第四编中国特色社会主义实践形式，分为两编，即第四编中国特色社会主义在有关地区的实践，第五编中国特色社会主义在有关系统的实践。增加了第六编建设中国特色社会主义的有关统计资料，第七编建设中国特色社会主义大事记，第八编国内对建设有中国特色社会主义理论研究和探讨的文章综述与摘录，第九编为国外有关中国特色社会主义的评述文章摘录。从这个编目中就可以看出，实际上是在原有五编制的基础上，突出地增加了在改革开放的推动下，社会主义现代化建设发展成就的内容，增加了国家综合部门实行宏观调控的内容。与此同时，我们还将版式、装帧加以美化，增加了有关的图片资料，书前增加英文编目，书后增加了附录部分，提供了部分国内当年发表和出版的有关中国特色社会主义的图书和论文目录，为有关读者进一步查考提供了线索。这些情况说明，《年鉴》的编辑工作是十分认真和负责任的，其内容是不断丰富的，《年鉴》的版式、装帧也是不断改进的。

《年鉴》从1995—2002年，一共出版了8年，七大本（其中1995—1996年为合卷本）。每本的字数大约100万字到120万字之间，共提供了700万字到800万字的资料。这些资料是围绕着一个中心即中国特色社会主义历史发展进程展开和有机地组织起来的，换句话说，也是围绕着党的十四大和十五大政治报告中丰富和发展了的中国特色社会主义理论和实践而展开和组织起来的。《年鉴》同《大事典》一样最鲜明的特色是对中国特色社会主义历史进程的记录和反映,是理论和实践相结合加以描述的。它不仅从总体上记述了建设中国特色社会主义的历史进程,记录和反映了江泽民等中央领导同志提出的新观点、新经验、新举措,记录和反映了中国特色社会主义社会实践中所形成政策和法规,同时也记录和反映了建设中国特色社会主义在各部门、各地方的具体实践和实践形式,记录和反映了中国特色社会主义实践成果,还记录和反映了国内外专家学者和有关人士对中国特色社会主义的研究和评述。也就是说,它完整地记录和反映了中国特色社会主义理论不断丰富和发展的过程,中国特色社会主义在改革开放和社会主义现代化建设中的社会实践过程,中国特色社会主义理论和实践的社会效果,记录了国内外专家和有关人士的各种反映和评价。这种理论与实践相结合的记录和反映方式,无论对于人们理解、领会,还是对于人们宣传、研究中国特色社会主义都是有益的。其次一个鲜明的特色就是对中国特色社会主义进行了全景式的记录和反映。中国特色社会主义是一个伟大的创新的系统工程。从空间上说,它不仅涉及经济建设、政治建设、文化建设、社会建设、生态文明建设和党的建设;从时间上说,它也涉及建设的长期性,改革的连续性,以及发展的可持续性。所谓全景式的记录和反映,就是涉及的方方面面的改革、发展都要记录在案。凡是党和国家提出新思想、新观点,采用的新举措、新政策,凡是在社会实践中涌现出新典型、新经验,专家学者在对中国特色社会主义研究中国的一些有见地的新看法、新争论,我们都客观地进行了记录和反映。我们认为这种全景式的记录和反映,才能为后人留下极其宝贵的历史文化遗产,为其他国家借鉴中国的经验提供生动的历史依据。这一点我们编纂《年鉴》时还是比较自觉的。

三 《理论年鉴》时期和《学科建设年鉴》时期

由于年龄问题,2001年下半年免去了我马列所所长兼党委书记的职务,2003年又办了退休手续。《理论年鉴》副主编的栏里虽然还挂有我的名字,但这一改版的酝酿、策划、组稿、编纂、出版、发行,我并没有参与。按说《理论年鉴》和后来的《马克思主义理论研究与学科建设年鉴》两个时期的工作,不应该由我回顾。但为了满足《"中国特色社会主义年鉴"的创办和发展》题目的需要,我只能硬着头皮谈一点看法。

科研成果照片

《中国特色社会主义理论年鉴》的第一本是2003—2004年的合卷本，于2005年出版。这是《中国特色社会主义年鉴》的改进版。第一本的卷首有一个"编辑说明"。第一条写道："由中国社会科学院邓小平理论和'三个代表'重要思想研究中心主办的《中国特色社会主义年鉴》从2003年改名为《中国特色社会主义理论年鉴》，以中国特色社会主义事业发展的总进程和中国特色社会主义理论研究进程为主要内容。字数由原来100万字压缩到50万字左右。"翻开目录看，共有九个栏目；一是党和国家领导人的重要讲话和重要文献；二是特稿，即理论学术界头面人物或知名学者研究中国特色社会主义理论的重点文章；三是中国特色社会主义事业的发展进程；四是中国特色社会主义理论研究进展；五是热点和学术争鸣；六是成果选介；七是学术活动；八是全国邓小平理论和"三个代表"重要思想研究基地工作情况；九是附录，即学术著作及论文目录索引。从上述的"编辑说明"和《理论年鉴》的编目看，改进版的《年鉴》最大的特点也是最大的优点，是对中国特色社会主义理论的研究状况提供了更多的信息，为理论学术界搭建了一个相互交流、相互促进的平台。既有中央领导对中国特色社会主义的论述，又有学术界高水平文章的展示；既有学术界研究中国特色社会主义的进展情况和成果选介，又有学术界对某些热点问题的争论和分歧；既有学术活动的报道，又有研究基地研究的重点叙述。这样的《年鉴》可以使研究中国特色社会主义学界的朋友们能从中更好地汲取营养，激发创作的灵感，更快地拿出研究的优秀成果。这样，也提高了《年鉴》的利用价值，增强了《年鉴》对学术界的吸引力。

《年鉴》的改进版为学术界搭建一个相互交流的平台，客观地讲，是现实的需要。中国特色社会主义理论是随着改革开放和社会主义现代化建设的社会实践的发展而发展的，特别是江泽民同志在20世纪90年代末提出了"三个代表"重要思想，胡锦涛同志在十六大之后提出科学发展观和构建和谐社会等战略思想，使中国特色社会主义体系的思想内涵大大丰富起来。这本身就需要哲学社会科学界投入更多的力量，付出更大的精力，以学理的视角，为中国特色社会主义理论提供智力支持。尤其是随着理论的与时俱进，马克思主义中国化的历史进程的加速，中国社会主义现代化建设也取得了巨大成就，引发了全世界的广泛关注。在西方世界敌对势力流行"棒杀论""捧杀论"的同时，西方带有资产阶级偏见的理论界，或企图把中国特色社会主义纳入资本主义思想范畴，认为中国的快速发展，是搞资本主义搞出来的；或妄图把中国特色社会主义纳入民主社会主义的框架之内，认为伟大成就是走民主社会主义道路走出来的，以至于造成了思想的极大混乱。在这种情况下，从正面研究阐述中国特色社会主义理论的性质、内涵、体系，就成为时代的需要。中国社会科学院是中国哲学社会科学的最高殿堂，作为这个最高殿堂一部分的马列所或马研院，为正在兴起的用马克思主义立场、观点和方法研究中国特色社会主义理论的思潮发挥引领作用，是自己的职责所在。故而，《年鉴》搭建一个研究中国特色社会主义理论的学术平台，也就成为急需办的事情。也就因为这个缘故，《年鉴》改进版的出版，是《年鉴》进步的表现，促使《年鉴》前进了一步。

但也需要指出，《中国特色社会主义理论年鉴》这个名称并不是很得当。因为这个名称，把原来《年鉴》中有关中国特色社会主义在各地实践的内容统统去掉，更是不得当的。中国特色社会主义如同科学社会主义一样，既是指思想体系、社会制度，同时也是指社会实践（或道路、运动）。它是理论、制度、实践的统一体。理论是在社会实践中产生的，也需要在实践中验证、补充和发展。研究中国特色社会主义理论，也必须联系社会实践，特别是社会实践的结果。否则，只能是从概念到概念，从理论到理论，玩弄文字游戏。胡绳同志在评价《年鉴》前身《大事典》时，特别着重的说，《大事典》是从理论和实践结合上说明中国特色社会主义的。在《大事典》基础上续办《年鉴》继承了《大事典》这个优良传统，保持同样的体例和内容安排。所以改版前的《年鉴》其优点恰恰也在于理论与实践的结合。所以，《理论年鉴》主办者在这点上是考虑欠周的。其实，在我看来，改进版的《年鉴》仍然叫《中国特色社会主义年鉴》，或许更合适一些。在《中国特色社会主义年鉴》框架下，也完全可"搭建一个研究中国特色社会主义的学术平台"，因为原来的《年鉴》和《大事典》就有国内外学者和有关人士对中国社会主义的研究的一编，只是从内容编排上作些扩充和调整而已。后来的事实也证明了我的想法的正确。

《理论年鉴》生命力并不强，只出了两本，即2003—2004年合卷本和2005年卷。2005年12月在原来马列所基础上成立了马克思主义研究院，马研院的领导班子经过慎重研究，从2006年开始，又将《理论年鉴》恢复为《中国特色社会主义年鉴》。在内容上，继承了《理论年鉴》搭建的学术平台，又恢复了原创《年鉴》的三部分内容，即"国家在中国特色社会主义建设事业各领域颁布的重要法规，法律以及各领域一些重要或有代表性的论述文章"；"中国特色社会主义建设在各地区的探索与实践"；"中国特色社会主义建设事业大事记"，这就把原创《年鉴》和《理论年鉴》的优点结合了起来。再加之主办者力图办成集权威性、政策性、参考性、资料性、可读性为一体，既注意利用价值、又重视收藏价值，这就使这个《年鉴》进入了一个最好的时期。

恢复后的《中国特色社会主义年鉴》出版了三大卷。即2006—2007年的合卷本，2008年卷和2009年卷。据我的观察和体会，《年鉴》创办以来，最初的《大事典》和这最后的三卷，是办得最好的。不过随着时间的推移，形势的发展变化，特别是2004年我们党实施了马克思主义研究和建设工程，国务院学位委员会和教育部2005年64号文件又把马克思主义理论定为一级学科，包括五个二级学科，即马克思主义基本原理、马克思主义发展史、马克思主义中国化研究、国外马克思主义研究、思想政治教育，2008年又增加了中国近现代史基本问题研究为二级学科。这就意味着马克思主义研究院担负的任务不仅仅是研究中国特色社会主义理论，而且在马克思主义中国化研究的二级学科中，它也只是一个部分，尽管是最重要的部分。《年鉴》只搭建研究中国特色社会主义的学术平台，那服务面就太小了。正是在这种状况下，以程恩富同志为首的领导班子，经过反复酝酿仔细研究，把马克思主义研究学部、马克思主义研究院主办的《中国特色社会主义年鉴》改名为《马克思主义研究与学科建设年鉴》。这一动议很快得到了中国社会科学院批准。这部新《年鉴》是从2010年出版的，到现在为止，已经出版了2010年卷和2011年卷，2012年卷也即将出版。这是一部很有特色的《年鉴》。它填补了新中国成立以来还没有全面反映马克思主义理论和学科建设成就的综合性年鉴的空白，是党中央实施马克思主义研究和建设工程的一项重要成果，是马克思主义研究院成立后取得的重大成就，同时，也将江流和我创办的《年鉴》事业推向了一个历史新阶段。为此，我感到十分欣慰。至于《学科建设年鉴》的体例和内容安排，2010年卷的"编辑说明"共有八条，说得很清楚。关于为什么《中国特色社会主义年鉴》更名为《马克思主义研究与学科建设年鉴》，具有什么意义，它要发挥什么作用？程恩富同志在马研院成立五周年时（即2010年12月），在《马克思主义研究与学科建设年鉴》发布会上的讲话，已经说清楚了。这记录在《庆祝中国社会科学院马克思主义研究院成立五周年文集》上，这里就不再赘述了。

回顾《中国特色社会主义年鉴》的发展历史，从无到有，从创办到改进，越办越好，是与近20年中的不同时期组成的一个热心《年鉴》事业的团队有关。江流、冷溶、李慎明、李崇富、程恩富等同志在《年鉴》创办的指导思想上起了重大作用，在编纂过程中哲学所的徐崇温、赵凤岐、王锐生、李景源、景天魁、吴元梁、王兆芬、范进等同志，马列所的安京、曲熹光、陈有进、翟胜明等同志也发挥了不小的作用。我作为《大事典》和《年鉴》的创办者之一，对他们表示深切的谢意。这里特别提到的是原浙江省委副书记、省政协主席刘枫同志，在《年鉴》初创时，社科院没给经费的情况下，是他热心社会主义文化事业，给筹集了必须的经费，帮助我们渡过了难关，谢谢您，刘枫同志。

（傅青元，中国社会科学院原马列所所长）

《中国特色社会主义理论体系研究》(1998年版)的创作过程及其开创性的意义

王 煜

一 《中国特色社会主义理论体系研究》的创作过程

一提起《中国特色社会主义理论体系研究》一书的创作过程，就会立刻想到时任所长靳辉明教授对该书策划、编写、出版所付出的辛劳；就会回忆起20世纪90年代中期以来，以靳辉明教授为首的课题组及课题组所在的研究室为建设和发展中国特色社会主义理论学科所付出的不懈努力。

靳辉明教授是我国马克思主义研究领域中的著名学者，长期从事马克思主义理论研究工作。1994年2月，他从中央宣传部理论局局长的领导岗位上卸任后，来到中国社会科学院马列研究所担任第四任所长。他的到来，开创了马列所科研工作的新局面。在到任后的全所大会上，他提出了从严治所的方针，确立"坚持、研究、发展、创新"马克思主义的科研工作方向，为自己提出"一年打开局面，三年打好基础，五年取得成绩"的发展要求和工作计划，具体措施是"抓方向、抓课题、抓队伍"。靳辉明教授以他对党和国家高度负责的精神，以他忠诚于马克思主义的科学态度，以他正确的办所方针，开创了马列所科研工作的新局面。

20世纪90年代初期，国内马克思主义研究正处于一个非常时期。一是苏联解体东欧剧变，世界社会主义运动遭到严重挫折所引起的社会震荡还在继续蔓延。二是国内马克思主义过时论还很有市场，一部分人怀疑改革开放的社会主义性质，姓"社"姓"资"争论不休。在这种情况下，为了更好地坚持和发展马克思主义，靳辉明所长的一项重要措施，就是抓紧开展对中国特色社会主义理论的深入研究。来所不久，1994年4月正式组建有中国特色社会主义理论研究室。靳辉明教授亲自兼任研究室主任。可见他对这个研究室的重视。当时，在国内的研究机构中，成建制地成立专门的研究机构来研究中国特色社会主义理论可能是第一个。在组建研究室的会议上，靳辉明教授为研究室确立了三个研究方向：研究中国社会主义建设的历史经验；研究有中国特色社会主义理论形成、发展、基本内容及其科学体系；研究建设中国特色社会主义的实践经验与实践形式。为了落实这三个研究方向，很快形成和上报了两个研究课题：有中国特色社会主义理论形成及其科学体系研究和有中国特色社会主义实践形式研究。这两个姐妹课题很快就得到了中国社会科学院领导的大力支持，7月中旬就获得了批准，并把第一个课题作为社会科学院的交办项目，下拨了2.5万元的资助经费。

从1994年7月底课题被正式批准立项到1998年12月由海南出版社正式出版，《中国特色社会主义理论体系研究》一书的写作经历了四个春秋。具体来说，分四个阶段，做了四个方面的工作。

一是组织精兵强将，成立课题组。当时，马列所在中国社会科学院内是一个新所、小所，科研力量不足不强，全所只有30多位科研人员。为了完成中国特色社会主义理论体系研究工作，以有中国特色社会主义理论研究室的科研人员为主，组成了以靳辉明教授为课题主持人的课题组，成员有李崇富研究员、马国泉研究员、王煜副研究员、郭志鹏副研究员、赵智奎副研究员、周晓英副研究员、罗文东博士。这样一支以副高职称以上为主体的研究队伍，在马列所应该算是精兵强将，为打造《中国特色社会主义理论体系研究》一书打下了扎实的基础。

二是精心构思，反复酝酿写作的指导思想和写作大纲。为了准确、完整、系统表述中国特色社会主义理论体系，一个重要的前提就是需要有一个正确的指导思想和一个完整的写作大纲。为此，课题组开列了一些讨论题，如：什么是科学体系？为什么要研究科学体系？中国特色社会主义理论体系的基本框架有哪些内容？邀请所内外和院内外知名学者参加讨论。经过将近一年的深入讨论，到1995年5月，课题组最终确定了写作的指导思想和写作大纲。首先，要从研读邓小平的著作，特别是《邓小平文选》第三卷和党的十一届三中全会以来的文献资料入手，搞清楚中国特色社会主义理论形成的发展过程。其次，要从总体上把握在中国这样一个落后的国家，建设社会主义的规律性，要通过对科学体系的研究，把这种规律性显现出来。再次，要围绕有中国特色社会主义理论主题，即什么是社会主义，怎样建设社会主义这个基本问题，把握好中国特色社会主义理论体系的内部结构，要十分强调理论的层次性和逻辑性，在什么是社会主义这个理论层次上要包括理论精髓和理论基石两个层次。在怎样建设社会主义这个实践层次上要包括党的基本路线和基本纲领。最后，具体论证。

三是认真研讨、攻克难点、潜心写作。根据"科学化、规范化、明晰化"的写作要求，课题组采取了边研讨边写作的方法。一共列出了十个需要攻克的难点：如何认识当代时代主题；如何认识中国特色社会主义理论"始于毛、成于邓、丰富发展于江泽民"的具体发展过程；如何认识新的科学技术革命对社会主义发展的影响；如何认识社会主义胜利和挫折的历史经验与中国特色社会主义理论的关系；在改革开放实践中，是如何发展中国特色社会主义理论的；其他社会主义国家兴衰成败的历史经验与中国特色社会主义理论的关系；为什么说实事求是的思想路线是中国特色社会主义理论体系的精髓；为什么说社会主义初级阶段理论、社会主义本质理论、社会主义市场经济理论、改革开放理论是中国特色社会主义理论体系的四块基石；为什么说1992年初邓小平的南方讲话和1992年的党的十四大是中国特色社会主义理论形成的标志；为什么说"什么是社会主义，怎样建设社会主义"是中国特色社会主义理论的主题。以上十个问题都是写作过程中必须回答的问题。经过多次所内外的研讨，加深了课题组成员对这些问题的认识。

在研讨的过程中，课题组成员从1995年下半年到1998年上半年，写出了一批专题论文，作为这个项目的阶段性成果，主要有：

王煜：《试论建设有中国特色社会主义理论体系的基石》，《马克思主义研究》1995年第4期；

靳辉明：《中国特色社会主义理论体系形成与逻辑结构》，《马克思主义研究》1997年第4期；

郭志鹏：《〈哥达纲领批判〉与社会主义初级阶段理论》，《马克思主义研究》1997年第2期；

罗文东：《高举邓小平理论伟大旗帜，将中国特色社会主义理论体系研究提高到新水平》，《马克思主义研究》1998年第1期；

王煜：《十五大报告对研究中国特色社会主义理论体系的指导意义》，《马克思主义研究》1998年第2期；

赵智奎：《马克思主义范畴体系与中国特色社会主义理论体系重要范畴》，《马克思主义研究》1998年第2期；

周晓英：《党的基本路线与中国特色社会主义理论》，《马克思主义研究》1998年第2期。

四是反复修改，努力打造精品力作。经过近两年的潜心写作，到1997年夏秋之交，本课题的初稿完成之际，正值党的十五大召开。十五大报告进一步扩展了中国特色社会主义理论体系的内容，有许多新思想、新观点，如更加突出社会主义初级阶段理论在中国特色社会主义理论体系中的地位和作用，更加系统、更加全面论述了社会主义初级阶段所要完成的基本任务。又如，十五大报告将建设有中国特色社会主义经济、政治、文化的基本目标和基本政策列为党在社会主义初级阶段的基本纲领，使理论体系的结构更加完整。再如，十五大报告把以公有制为主体、多种所有制经济共同发展的重大方针政策提升为社会主义初级阶段的基本经济制度；对公有制经济的认识也有了新的发展，第一次提出了公有制的实现形式可以而且应当多样化，对股份制经济的认识也有了新的突破……为了吸取这些新思想新观点，课题组成员对自己的初稿做了一次重大的修改和补充。在此基础上，1997年10月29日到11月1日，课题组在北京丰台公安部干警招待所召开了一次中国特色社会主义理论体系研讨会，邀请一些省市社会科学院和北京大学的学者专家与会。课题组成员每人根据讨论的意见进行了修改。

为了最后消灭差错，1998年3—4月，出版社和课题组作了两方面的工作，一是海南出版社为保证书稿的高质量、高水平，特在北京聘请原《工人日报》的资深编审周奇同志为本书的特约编审，他仔细地通读了全部书稿，并在我所会议室专门召开课题组会议，对书稿提出了许多宝贵意见，包括文字、标点、错别字、注释都做了规范性的修改。让人看到了一个资深编辑是如何审读、修改稿件的。经他修改的书稿，非常规范、漂亮。那蝇头小字，犹如一件书法作品。二是课题主持人靳辉明教授把课题组的一些成员召集起来，以读稿的形式，由课题组成员周晓英和罗文东两人一句一句地读，大家一起听，一起审读，做最后的把关。到6月，书稿最终定稿，交海南出版社出版。海南出版社在北京聘请了封面设计师尚佩芸女士，她设计了三个封面，交课题组选定。1998年12月，一本由靳辉明教授主编的39.9万字的《中国特色社会主义理论体系研究》终于问世。该书的问世，离不开中国社会科学院邓小平理论中心、院科研局的大力支持和热情关心。

二 《中国特色社会主义理论体系研究》的学术贡献

1. 以开创性、前瞻性的理论勇气和理论素养，将建设有中国特色社会主义理论概括为中国特色社会主义理论；将建设有中国特色社会主义理论体系概括为中国特色社会主义理论体系。这两个概括，表面上看，仅仅去了"建设有"三个字，实质上表现出靳辉明教授和本课题组的理论工作者对实践和理论发展的前瞻性的认识。中国特色社会主义理论和中国特色社会主义理论体系这两个命题既简洁明了，又具有更大的包容性和开放性。为以后党中央对这两个命题的科学决策提供了理论支撑。党的十六大、十七大文件正式使用了这两个命题，成为全党和全国人民对新的历史时期马克思主义中国化新成果的共识。这是《中国特色社会主义理论体系研究》一书的重大理论贡献。

2. 系统地阐述了党的三代领导集体对中国特色社会主义理论及其科学体系"始于毛、成于邓、丰富和发展于江泽民"的艰辛的探索历程。这种探索集中表现为把马克思主义基本原理与中国具体实践相结合，把马克思主义不断中国化的过程。以毛泽东为首的第一代领导集体，提出了"以苏为鉴"的口号，开始探索一条适合中国国情的社会主义建设道路。在探索过程中，既有重大的成就，又有沉痛的教训。但也给以后的领导集体的成功探索提供了许多有价值的思想成果。以邓小平为核心的第二代领导集体，通过对历史经验的科学总结，以及对改革开放实践的理论概括，回答了什么是社会主义和怎样建设社会主义的根本问题，创立了中国特色社会主义理论。以江泽民为核心的第三代领导集体，在解决新问题总结新经验的基础上，进一步丰富和发展了中国特色社会主义理论及其科学体系。

3. 准确地梳理了中国特色社会主义理论体系随着改革开放实践发展逐步形成的历史轨迹。从党的十三大到党的十五大的十年间，党的有关文献对中国特色社会主义理论体系的具体内容有过五次理论概括。从对这五次概括的分析和比较中,梳理出中国特色社会主义理论体系形成和发展的历史轨迹。

4. 集思广益、博采众长,从理论层次、实践纲领、范畴体系三个方面,科学地揭示了中国特色社会主义理论体系的逻辑结构和它的鲜明特征。中国特色社会主义理论体系是反映中国社会主义建设规律的一系列基本原理、基本观点以及表述这些原理观点的各种范畴概念所构成的逻辑体系。由于研究工作者的研究思路和研究方法的不同,在构筑这个理论体系时,就会有不同的设计和不同的主张。课题组经过反复地考虑,刻苦地钻研,广泛吸收各家之长,从理论层次、实践纲领、范畴体系三个方面来构筑中国特色社会主义理论体系。

理论层次包括理论精髓和理论基石。理论精髓指中国特色社会主义理论体系赖以存在和发展的哲学基础,即以实事求是的思想路线为精华的马克思主义的世界观和方法论。理论基石即理论体系中具有统率性的根本性的原理,具体包括社会主义初级阶段理论,社会主义本质理论,社会主义市场经济理论,改革开放理论。它们是构成中国特色社会主义理论体系最基础性的理论内容。

实践纲领,这是理论体系在实践中的具体应用,它是实践化的理论。主要包括党在社会主义初级阶段的基本路线和经济、政治、文化三个领域的基本纲领和基本政策。因为理论本身并不能实现什么,要实现理论,必须通过路线、方针和政策作为行动的纲领。因此,实践纲领理所当然地成为理论体系的组成部分。

范畴体系既有相对的独立性,又是理论体系不可缺少的部分。所谓范畴,就是人的思维通过概念对客观事物属性的抽象和概括,是理论体系中整个网上的纽结。中国特色社会主义理论体系中的范畴,就是对一些重大问题和矛盾关系的概括。范畴体系的提出,使中国特色社会主义理论体系的内涵更加具有科学性。

从理论层次、实践纲领、范畴体系三个方面的结合来构筑中国特色社会主义理论体系具有开创性的意义。因为它做到了体系论、范畴论、方法论三者的统一。比较完整全面地反映了中国特色社会主义理论体系的内在逻辑,揭示了中国特色社会主义内在的发展规律,具有科学的完整性、系统性、革命的实践性和发展的开放性等鲜明特征。

5. 深刻揭示了中国特色社会主义理论体系的重大理论意义和实践意

义。它在理论上向前发展了马克思主义,在马克思主义发展史上解决了在经济文化比较落后的国家如何巩固和发展社会主义的历史性课题,对世界社会主义运动产生了深远的影响。从实践上它开辟了建设有中国特色社会主义道路。对我国社会主义现代化建设,对中华民族的伟大复兴,具有巨大的推动作用和指导意义。

6. 阐述了中国特色社会主义理论体系是一面伟大旗帜的思想。高扬这面旗帜,我们已经走出了一条建设社会主义的康庄大道。展望未来,在这面旗帜的指引下,终将会把我国建设成富强、民主、文明的社会主义国家,为世界社会主义事业,为世界和平与发展做出更大贡献。

让人欣喜地看到,以上六个方面的贡献,和在十年之后召开的党的十七大报告中关于旗帜、道路、理论体系的阐述,具有相当多的一致性。所以,这部近40万字的著作所具有的意义,已被以后的理论发展所证明。

《中国特色社会主义理论体系研究》出版于1998年,当然不可能预见理论在以后的新发展。进入21世纪以来,中国特色社会主义理论体系有了新的发展。它不仅包括邓小平理论,而且又增添了"三个代表"重要思想和科学发展观等重大战略思想。在社会主义建设总体布局方面,增加了社会建设的新内容,由"三位一体"的布局扩展为"四位一体"。富强、民主、文明的三大目标扩展为富强、民主、文明、和谐的四大目标。中国特色社会主义理论体系发展有一个明显的规律,它始终是围绕重大命题而展开的。邓小平理论主要围绕"什么是社会主义,怎样建设社会主义"而展开的;"三个代表"重要思想主要围绕"建设什么样党,怎样建设党"而展开的;科学发展观主要围绕"为什么要发展,怎样发展"而展开的。可以说,中国特色社会主义理论体系越来越成熟,越来越完整,越来越成为推动社会主义事业发展的巨大力量。

三 《中国特色社会主义理论体系研究》的社会影响

《中国特色社会主义理论体系研究》出版以后,产生了广泛的社会影响。中央文献研究室冷溶研究员在《人民日报》发表了介绍和推荐该书的文章。出版第二年,1999年该书获得中宣部第七届精神文明建设"五个一工程奖"。这是以靳辉明教授为首的课题组坚持"坚持、研究、发展、创新马克思主义"正确方针的优秀科研成果。也是马列所成立以来,第一次获得中央一级奖励的科研成果。具有标志性的意义。中央党校沈宝祥教授在为纪念邓小平诞生 100 周年而写作的述评文章中,把该书和赵智奎著的《邓小平理论的范畴体系》作为中国特色社会主义理论体系研究中两本代表作品,予以重点介绍。一些高校和科研单位把这两本著作作为报考研究生用来研读的参考书籍。《中国特色社会主义理论体系研究》还为数字图书馆所收藏。

除了广泛的社会影响以外,更具有实际意义的是推动刚刚起步不久的中国特色社会主义理论学科的建设与发展。在开展对中国特色社会主义理论体系研究的过程中,马列所中国特色社会主义理论研究室(十五大后改名为邓小平理论研究室)始终坚持正确的科研方向,结合改革开放的实践,发扬理论联系实际的优良学风,不说空话,扎实研究,努力形成自己学科的优势,产生了一批具有相当水平、获得过各种奖励的科研成果。如前面提到的赵智奎著的《邓小平理论的范畴体系》(河南人民出版社 2001 年版),获得河南省优秀科研成果二等奖。王煜撰写的论文《邓小平哲学思想和方法论初探》一文,获马列所科研成果优秀奖,同时被收入庆祝中国社会科学院成立 30 周年《马克思主义研究论丛》一书。王煜撰写的《生产力标准与执政党建设》,获中国社会科学院党委举办的"三个代表"重要思想征文活动二等奖,后被收入中国社会科学院成立 30 周年论文集《马克思主义研究院卷》。邓小平理论研究室还应国家机关党工委的委托,集体撰写了《邓小平理论青年读本》,《"三个代表"重要思想青年读本》两本普及读物,这两本书均获得团中央"五个一工程奖"。

在推出一批有一定影响的科研成果的同时,一些年轻的科研人员从中得到了锻炼和提高,很快地成长为科研骨干。到现在为止,中国特色社会主义理论这个学科已经建设成为中国社会科学院重点发展的学科,在学术界产生了重大影响。2005 年马列所扩充为马克思主义研究院。中国特色社会主义理论研究室也扩充为马克思主义中国化研究部。马克思主义中国化研究部的成立,为这个学科的发展注入了新的活力,出现了新的生机。

(王煜,中国社会科学院原马列所邓小平理论研究室主任,研究员)

《中国社会主义六十年》出版前后

赵智奎

青岛出版社资讯："2009年9月1日，由当代马克思主义研究专家赵智奎主编的《中国社会主义六十年》（第1版）一书，由青岛出版社正式出版。"[①]

我主编的这本书是由中国社会科学院马克思主义研究院的学者和中国社会科学院研究生院的部分师生共同完成的。现将该著出版前后的经过回忆如下。

一　写作背景

2009年10月1日，中华人民共和国迎来了60华诞。

60年前这一天，毛泽东在天安门城楼上向全世界庄严宣告："中华人民共和国中央人民政府今天成立了！"从此，中国人民真正站立起来，真正结束了帝国主义对中国的长期压迫，推翻了封建落后独裁专制的统治，实现了国家独立、民族自由、人民解放，翻开了新中国历史的第一页。

沧海桑田，60年过去了。中国取得了举世瞩目的辉煌成就。中国的经济总量已位居世界第二。中国经济高速增长，从一个农业大国发展成为工业大国，进入了从工业经济大国向工业经济强国转变的新阶段；中国共产党带领中国人民经过反复探索，终于成功地建立起了一整套符合中国国情和社会发展要求的社会主义民主政治制度；中国特色社会主义文化建设

---

① http://www.qdpub.com/grstemp/BasicModule/pub/showterrace/category/index.jsp.

繁荣发展；社会建设全面展开，和谐社会建设成效显著；党的建设新的伟大工程全面推进；中国成功地实施"一国两制"基本方针，祖国和平统一大业迈出重大步伐；社会主义中国巍然屹立在世界东方。

这一切，都缘于中国选择了社会主义。只有社会主义才能救中国；只有中国特色社会主义才能发展中国、富强中国。

这就是中国社会主义60年波澜壮阔的历史进程，是中国人民在中国共产党的领导下，进行社会主义建设的60年；是在理论与实践中不断推进马克思主义中国化的60年。

二 写作缘起和作者遴选

本书是中国社会科学院马克思主义研究院的部分学者与中国社会科学院研究生院马克思主义研究系的部分师生合作的成果。它属于自选课题，是应青岛出版社之邀完成的。课题组谨以此书，作为自己的心愿，献给中华人民共和国60华诞。

此前的2008年12月，正逢中国改革开放30年，在我的主持下，马克思主义研究院的12名学者联合攻关，完成了中国社会科学院重大课题——《改革开放30年思想史》。这部108万字的专著分为上、下两卷，由人民出版社出版。该著出版后不久，我作为高级访问学者（客座教授），应邀到德国不来梅大学进行了为期两个月的学术交流。这期间，曾陆续收到国内一些读者和有关专家的邮件和电话，他们对该著的评价较高，希望作者们再接再厉，一鼓作气，将共和国前30年社会主义思想史也写出来，以飨读者。

在德访问期间，我的一位德国朋友正在用中文翻译德国前总理施密特的新著《不在其位》(Ausser Dienst)，请求帮助他联系国内的出版社，出版该著的中文译本。我应德国朋友的请求，与国内几家出版社联系此事。当我与青岛出版社的曹永毅主任说明此事时，他在爽快答应出版的同时，却要求我完成另一部专著《中国社会主义60年》，希望以此书向2009年10月1日中华人民共和国成立60周年献礼。我考虑再三，答应了下来。

我的想法是，首先，这是青岛出版社对自己的信任和期望，作为一个从事马克思主义研究的学者，不能辜负这片心意。其次，我们确实有一定的条件和基础，经过努力，完成这一任务是可能的。再次，以学术成果，向共和国献礼，这是学者的光荣。我们马克思主义者，对于研究和宣传中国社会主义，这是义不容辞的职责。

回国以后，我决定组织马克思主义研究院的学者和研究生院的同学合作完成。我们 11 名作者中有 4 名博士、4 名博士研究生、3 名硕士研究生，主要采取由我讲授《马克思主义中国化的历程及其基本规律》这门专题课的形式，大家共同学习、讨论、交流。大家的热情很高，讨论也很热烈，且思想观点敏锐，这就大大增强了我完成该著的信心。接着由我拟出本书的大纲，供大家讨论。大提纲确定之后，进行分工，再由分作者写出分提纲，最后讨论确定。

本书作者分工如下：赵智奎：导论、第四章；彭海红：第一章；谢添：第二章；刘艳：第三章；李龙强：第五章；郭纯平：第六章；沈阳：第七章；刘晓辉：第八章；王永浩：第九、十章；陈学强：第十一、十二章（一、四、五节）；周东：第十二（二、三节）、十三章。全书由我统稿、定稿；我的博士生谢添做了大量的组织工作。

本书在写作期间，欣闻被列入中宣部和国家新闻出版总署"纪念中华人民共和国成立 60 周年 100 部丛书"，我们既非常高兴，又诚惶诚恐。这表明完成写作任务的光荣，但更多的是肩上沉甸甸的责任。当时北京的 7、8 两月，气候异常炎热，大家挥汗如雨，笔耕不辍。他（她）们的拼搏精神，面对祖国的拳拳之心，着实令人感动。写作期间，出版社曹永毅主任曾亲自来京看望作者，给作者们带来了很大的鼓励。此外，出版社的编辑同志们为本书的出版，付出了大量心血。

本书完成以后，我和课题组的作者认为，该著重点写的是新中国成立以来社会主义建设的 60 年，是从中国共产党不断推进马克思主义中国化的视角写作的。因此，严格地说，它可视为《中国社会主义 60 年》（简本）。希望以后再有机会，真正完成《中国社会主义 60 年》（全本），弥补其中的缺憾。

三 本书的主要观点

一部中国社会主义 60 年波澜壮阔的历史，紧紧围绕着什么是马克思主义、怎样对待马克思主义，什么是社会主义、怎样建设社会主义，建设什么样的党、怎样建设党，实现什么样的发展、怎样发展等重大理论和实际问题，进行了艰辛的探索。我们党有过失误的教训，更积累了成功的经验。社会主义建设的60年，大体可以将1978年的改革开放作为伟大历史转折的标志，分为前后大约两个30年。在前一个30年里，我们党确立了社会主义基本制度，建立了独立的比较完整的工业体系和国民经济体系，使社会主义中国在世界中占有重要的一席之位。在后一个30年中，自党的十一届三中全会以来，我们成功开辟了中国特色社会主义道路，使中国特色社会主义建设的伟大事业，充满了生机活力，中国特色社会主义道路，越走越宽广。这里需要指出，社会主义60年一脉相承，我们既不能用前30年否定后30年，也不能用后30年否定前30年。中国社会主义建设如果没有前30年打下的基础，就不会有后30年的飞速发展；后30年的改革开放，是在前30年社会主义建设的基础上前进的，是对前30年社会主义建设事业的继承、创新、丰富和发展。社会主义辉煌的60年不能割断，一脉相承的党的思想路线、方针、政策，体现在社会主义60年不同的历史时期。尽管社会主义建设中的每个时期都难免出现这样和那样的错误和曲折，但伟大的成就和巨大的进步从来都是历史的主流，错误和曲折只是支流。回顾中国社会主义60年的历史，就是要从中汲取经验教训，不能因为错误和曲折否定共和国60年的历史，不能用支流否定主流，不能以偏概全，更不能搞历史虚无主义。

60年的全部历史经验证明了这样的真理：没有共产党，就没有新中国；没有共产党就没有中国社会主义；没有共产党的领导，就没有中华民族的伟大复兴。同时，只有社会主义才能救中国，只有中国特色社会主义才能发展中国，只有中国特色社会主义才能富强中国。

四　出版后主要反响

该著出版后，反响很好。

2010年3月19日，《中国新闻出版报》发表了杨成舜撰写的文章《展现六十年光辉历史》，认为《中国社会主义60年》"是一部既有理论深度又有较强可读性的学术著作"，主要有三大特点。

一是作者理论背景深厚，巧妙地把理论阐述寓于历史背景的交代之中；实现了很好的社会效益和经济效益。

二是敢于打破常规，深刻分析重要事件背景及经验教训。

三是条理清楚,用词准确简练,紧跟时代,重点突出。

曹理宣撰文指出:《中国社会主义六十年》是学习和理解中国社会主义革命、建设、改革历程和经验的著作,帮助读者理解和把握马克思主义为什么要中国化,是怎样中国化的,进一步坚定中国特色社会主义的理想信念,始终高举中国特色社会主义伟大旗帜,坚定地走中国特色社会道路,坚持中国特色社会主义理论体系。该著适合于理论工作者、大学生和中专文化以上读者阅读,供各图书馆收藏。

该著出版后,马克思主义研究院彭海红也曾撰文发表书评,刊登在我院的《科研通讯》上。

翌年,该著还荣幸地得到了中国版本图书馆的垂青,入选该馆馆藏签名本收藏书目,并向我颁发了一份证书,证书上的姓名:赵智奎 编号20100016A 写有:"赵智奎先生:您主编的《中国社会主义六十年》签名本具有版本收藏价值,现由我馆作为重要版本收藏。特颁此证。中国版本图书馆馆长艾立民2010年4月20日。"

(赵智奎,中国社会科学院马克思主义研究院马克思主义中国化重点学科负责人,研究员,博士生导师)

回顾社会主义市场经济的研究

——兼论社会主义市场经济与资本主义市场经济的差异性

吕薇洲

新中国成立后,围绕社会主义社会应当实行何种经济体制、市场经济与社会主义能否结合怎样结合、社会主义市场经济与资本主义市场经济有何本质区别等问题,思想理论界进行了积极探索。从酝酿到突破社会主义商品经济消亡的传统理论最终形成社会主义市场经济理论,社会主义市场经济的研究在我国经历了一个漫长曲折的发展过程,并取得了比较丰硕的研究成果。

一 社会主义市场经济研究的早期萌芽、初步探索阶段(新中国成立初期到改革开放前)

早在新中国成立初期我国高度集权计划经济体制尚有一定成效时,理论界就认识到这种经济体制的弊端并对社会主义经济中能否存在商品货币和市场等问题进行了初步探索,出现了"1956年至1957年关于社会主义条件下要不要市场的讨论,1958年至1959年关于社会主义经济中价值规律的讨论,1961至1964年关于价格形成机制的探讨"[1]。虽然从总体上说,这些讨论既没有超出传统的社会主义计划经济理论的框框,也没有能够在实践中得到实施。但这些思想观点对于社会主义市场经济理论的形成

---

[1] 魏杰、张宇:《社会主义市场经济论》,中国青年出版社1993年版,第36—37页。

起过重要作用。正是在继承毛泽东商品经济理论,顾准、孙冶方价值规律思想以及陈云、卓炯等人市场调节观点的基础上,社会主义市场经济理论才得以形成和发展起来的。

吕薇洲

(一) 毛泽东的社会主义商品经济思想

针对当时"大跃进"和人民公社化运动中要求直接过渡到产品经济的做法,毛泽东提出:在社会主义时期废除商品是违背经济规律的,我们不能避开一切必须使用的,还有积极意义的诸如商品、价值规律等经济范畴来为社会主义服务。中国是商品生产很不发达的国家,商品生产不是消亡的问题,而是要大大发展。[①] 商品生产是"有利的工具",是一种经济手段,它同社会生产力的发展水平密切相关。即使过渡到了单一的社会主义全民所有制,如果产品还很不丰富,商品生产和商品交换就仍有可能在

---

① 苏星:《论社会主义市场经济》,中共中央党校出版社1994年版,第17—18页。

某些范围内继续存在。毛泽东还明确指出：价值法则"是一个伟大的学校，只有利用它，才有可能教会我们的几千万干部和几万万人民，才有可能建设我们的社会主义和共产主义"①。上述认识在相当程度上突破了商品经济和价值规律只属于某种社会制度的传统观念，为社会主义商品经济的发展奠定了理论基础。

（二）陈云的"三个主体、三个补充"理论

20世纪50年代中期，陈云就提出过"不要把市场搞死"② 等思想。在党的"八大"上，陈云提出了"三个主体，三个补充"的社会主义经济模式，即"在工商业经营方面，国家经营和集体经营是工商业的主体，但是附有一定数量的个体经营。这种个体经营是国家经营和集体经营的补充。至于生产计划方面……计划生产是工农业生产的主体，按照市场变化而在国家计划经济许可范围内的自由生产是计划生产的补充。因此，我国的市场，绝不会是资本主义的自由市场，而是社会主义的统一市场。在社会主义的统一市场里，国家市场是它的主体，但是附有一定范围内国家领导的自由市场。这种自由市场，是在国家领导之下，作为国家市场的补充，因此它是社会主义统一市场的组成部分"③。这一构想对于当时的经济改革工作有着重要指导意义。尤其是在大多数社会主义国家仍实行社会主义计划经济模式，人们囿于传统经济理论和计划经济体制不敢越雷池一步的情况下，能够在理论上明确提出社会主义国家允许自由市场存在，并将其作为社会主义统一市场的一个有机组成部分，是对传统观念的一大突破。

（三）顾准、孙冶方关于社会主义条件下价值规律作用的观点

我国著名经济学家顾准和孙冶方早在20世纪50年代中期就阐述了价值规律对社会主义经济的调节作用。

顾准在其1957年发表的《试论社会主义制度下的商品生产和价值规律》一文中，提出了"如若经济工作违背了价值规律，就必然会遭到惩

---

① 《党的文献》1990年第4期，第27页。
② 《陈云文选》第2卷，人民出版社1995年版，第335页。
③ 《陈云文选》第3卷，人民出版社1995年版，第13页。

罚"的观点，他说："社会主义是实行经济核算的计划经济，研究社会主义社会内价值规律的作用时，如果局限在交换范围内，那就是在研究供求关系对价格变动的影响，而不是研究价值规律的作用了。社会主义生产是价值生产，价值规律的作用不能不影响及于经济生活的全部过程。"①

孙冶方1956年就阐述了价值规律在社会主义经济中的作用："在共产主义社会的社会化生产中，仍然存在着并起着作用的'价值决定'或'价值规律'。"在此基础上，他果断提出了"一切经济问题的秘密就在于如何以更少的劳动获得更多的产品"的观点，主张"以最少的社会劳动消耗，有计划地生产最多的满足社会需要的产品"②。并将之视为消除原有经济体制片面追求总产值增长，忽视经济效益弊端的关键。20世纪60年代，孙冶方又相继撰写了《关于全民所有制经济内部的财经体制问题》、《关于等价交换原则和价格政策》、《社会主义计划经济管理体制中的利润指标》等论文，主张重视资金使用效果，恢复社会主义利润的名誉，按资金利润率即按生产价格定价。

（四）卓炯的社会主义有计划商品经济理论

1961年卓炯在其《申论社会主义制度下的商品》一文中提出了"社会主义经济是计划商品经济"的命题，他说："现在的事实很明显，在公有制度下，不论是全民所有制的产品也好，集体所有制的产品也好，只要社会分工存在，产品就要进入交换过程，就要成为商品。……这种商品经济的特点就是计划商品经济，它和私有制下的自由商品经济完全不同。"对于商品经济和市场经济的关系以及市场经济的重要性等，卓炯也作了阐述："商品经济的集中表现形式是市场，而市场是人类经济生活一种进步的表现。……在人类社会中，没有一种东西比市场对人的吸引力更大，它既经常而又持久。……建设共产主义的任务并不是要消灭市场，而是要把无政府状态的市场（也就是自由市场）改变成为有计划的市场。"③这些思想突破了传统的产品经济理论及其僵化体制模式，开了中国市场化改革理论之先河。

---

① 《顾准文集》，贵州人民出版社1994年版，第44页。
② 孙冶方：《把计划和统计放在价值规律的基础上》，《经济研究》1956年第6期。
③ 卓炯：《论社会主义商品经济》，广东人民出版社1981年版，第6、116页。

虽然由于受到"左"的指导思想的不断干扰，上述理论探索都未见有多少成效。但毕竟其中隐含了社会主义经济能够而且应当存在商品货币关系和市场的观点，是我国对社会主义和市场经济相结合的最早探讨。这些思想观点，为十一届三中全会以后社会主义商品经济、社会主义市场经济的提出和确立，提供了宝贵的思想材料。

二 社会主义市场经济研究的广泛争论、全面展开阶段（改革开放启动到市场经济体制目标确立前夕）

党的十一届三中全会拉开了中国市场化进程的序幕。改革开放的实行，给思想理论界突破传统社会主义计划经济理论框框的束缚、开始探讨新的社会主义经济体制提供了思想基础。社科理论界开始呈现出"百家争鸣"的气氛，社会主义市场经济的研究也随之趋向活跃，进入了广泛争论、全面展开阶段。在这一阶段，经济学界开展了有关价值规律、计划与市场关系的大讨论，提出了发展社会主义商品经济的理论主张。

（一）改革开放初期关于商品、市场与社会主义关系的探讨

改革开放伊始，邓小平、陈云等国家领导人就对市场与社会主义的关系问题作了明确阐述。1979年3月，陈云在其《计划与市场问题》的著名讲话中，阐述了计划与市场问题的见解。认为计划经济部分是基本的主要的，市场调节部分是从属的次要的，但又是必需的。这一观点在当时是十分新颖和颇具胆识的，"对推动全党解放思想、实事求是，进行突破高度集中的计划经济体制的改革，产生过广泛而深刻的影响"[①]。1979年11月，邓小平更加明确地指出："市场经济不能说只是资本主义的。市场经济，在封建社会时期就有了萌芽。社会主义也可以搞市场经济。"[②] 这番谈话第一次从理论上对市场经济和社会主义的关系作了系统阐述。

[①] 朱佳木等：《陈云和他的事业——陈云生平与思想研讨会论文集》（上），中央文献出版社1996年版，第4页。

[②] 《邓小平文选》第2卷，人民出版社1993年版，第236页。

与此同时，在中央关于经济体制改革方针的指导和改革任务的促使下，思想理论界围绕社会主义能否搞商品经济和市场经济等问题进行了广泛讨论，提出了"有计划商品经济"的理论和"社会主义市场经济"的概念。在这一阶段的研究中，特别需要提及1979年3月和4月分别在成都和无锡召开的两次关于"价值规律的理论研讨会"。在这两次会议上，经济学界批判了否定商品经济、违背价值规律的做法，肯定了商品生产在社会主义阶段的历史作用，一些经济学家还提出了"社会主义市场经济"的概念，认为社会主义的商品经济就是市场经济。譬如：袁文平在成都召开的会议上就明确提出了"社会主义市场经济"的概念，主张计划经济与市场经济的结合：实行在计划指导下的市场，在市场基础上的计划。① 在无锡会议上，卓炯、于祖尧、顾纪瑞、许柏年等人也提出了进行社会主义市场经济体制改革的主张，认为"社会主义经济在本质上不能不是一种特殊的市场经济"②，即建立在公有制基础上的市场经济。

上述观点引发了社科理论界对社会主义与市场经济或商品经济是否兼容、公有制如何在市场经济或者商品经济中实现等问题的持续广泛讨论。薛暮桥、林子力、刘国光、桂世镛、吴敬琏、何伟、王珏、何建章、张卓元、刘明夫等知名经济学家都加入其中，从不同角度论证实行商品经济、市场经济的必要性，阐述计划和市场的关系。有学者指出："商品经济是人类社会发展到一定历史阶段的产物。如果人类社会的经济发展可以划分为自然经济、商品经济和计划经济三个阶段的话，那么，目前全世界还在商品经济阶段。"③ 有学者强调计划经济"还只能够建立在商品经济的基础上。这是一个不可逾越的历史过程，又是不可违反的客观规律"④。刘国光等人则从市场与需求脱节、计划价格脱离实际等方面，论证了社会主义经济中计划与市场相结合的必然性。⑤ 薛暮桥

---

① 袁文平：《社会主义经济发展的客观要求——谈谈社会主义计划经济同市场经济结合的客观必然性》，《四川日报》1979年3月13日。

② 于祖尧：《试论社会主义市场经济》，《经济研究参考资料》1979年第3期。

③ 何伟：《论社会主义制度下的商品经济兼论企业的独立性问题》，《经济学动态》1979年第3期。

④ 刘明夫：《社会主义经济的经济形式问题》，《经济研究》1979年第4期。

⑤ 刘国光、赵人伟：《论社会主义经济中计划与市场的关系》，《经济研究》1979年第5期。

等人明确提出:"我国现阶段的社会主义经济,是生产资料公有制占优势,多种经济成分并存的商品经济。"① 何建章、张卓元强调:"社会主义的基本特征在于它既是计划经济,又是商品经济,一句话,是有计划调节的商品经济。"② 上述关于社会主义商品经济或市场经济的思想理论,在当时遭到了多方面的指责或批评,直到 1984 年党的十二届三中全会明确提出社会主义计划经济"是在公有制基础上的有计划的商品经济",社会主义商品经济论才开始在社科界占据主导地位。

(二) 20 世纪 80 年代末 90 年代初市场经济体制改革目标确立前的探讨

在"社会主义有计划商品经济"理论指导下,我国经济体制改革全面展开,市场机制开始在国民经济中发挥调节作用。但是双轨经济体制在实践中既加剧了社会经济运行的无序性,又造成了各经济主体间的不公平竞争。经济生活中出现的各种问题,也使理论界出现了混乱现象。1989年下半年始,出现了一股否定和批评社会主义市场经济的思潮,主张"市场化"的人备受责难、"市场取向"和"市场经济论"备遭攻击。批判者大都把市场化等同于私有化,把市场取向改革和市场经济当作资本主义来看待,借以批判社会主义市场经济,否定市场取向的改革。

在经济学界,针对社会主义市场经济在实践中遇到的困境和理论上出现的反复,吴敬琏、刘国光、厉以宁、白永秀、谷书堂、蒋学模等经济学家克服各种阻力,对诸如社会主义商品经济的必要性及其与公有制的兼容性、社会主义经济体制改革的主要目标和基本框架等理论和现实问题进行了更为系统和深入的研究和探讨,明确提出我国经济体制改革的方向应是"市场取向改革"。譬如,谷书堂等人提出,商品经济根植于公有制经济内部,因此两者是可以兼容的③。厉以宁也明确提出了"二次调节论",认为在社会主义经济中存在着市场机制和政府调节机制两种机制。市场调节是基础性调节,时时处处发挥作用,政府调节是高层次调节,解决市场

---

① 《薛暮桥回忆录》,天津人民出版社 1996 年版,第 356 页。
② 何建章、张卓元:《论社会主义经济中的生产价格》,黑龙江人民出版社 1981 年版,第 5 页。
③ 谷书堂、常修泽:《社会主义商品经济论纲》,《经济研究》1990 年第 6 期。

调节解决不了或解决不好的问题。① 刘国光在20世纪80年代中后期主编的《中国经济体制改革模式研究》② 一书，汇集了当时多位经济学家对于社会主义市场经济的研究成果。

在我国领导层，为了澄清理论界存在的混乱，邓小平同志在1990—1992年间多次强调："资本主义与社会主义的区分不在于是计划还是市场这样的问题。社会主义也有市场经济，资本主义也有计划控制。"③ "不要以为，一说计划经济就是社会主义，一说市场经济就是资本主义，不是那么回事，两者都是手段，市场也可以为社会主义服务。"④ 在1992年春天的南方讲话中，邓小平明确指出，计划和市场都是经济手段，计划经济不等于社会主义，资本主义也有计划；市场经济不等于资本主义，社会主义也有市场。小平同志的这些论述从根本上解除了把计划经济和市场经济视为社会基本制度范畴的思想束缚，使社会主义中国对市场经济的效率也有了一个比较成熟的认识和把握，为建立社会主义市场经济体制提供了理论依据，为在我国发展市场经济、建立市场经济体制扫清了道路，使"社会主义也可以搞市场经济"的观点逐步为越来越多的人所接受。

三 社会主义市场经济研究的整体推进、纵深发展阶段（社会主义市场经济体制目标确立至今）

根据"南方讲话"的有关精神，1992年召开的党的"十四大"正式将建立社会主义市场经济确立为我国经济体制改革的目标，这就从根本上改变了把市场经济视为制度特征的传统观念，在理论、实践乃至思想观念上，都澄清了社会主义与市场经济不能结合的传统观点。至此，社会主义市场经济作为我国经济体制改革的目标模式，得到了全党的确认，社会主义市场经济的研究也随之进入了一个全新的发展时期——整体推进、纵深发展阶段。

---

① 厉以宁：《非均衡的中国经济》，经济日报出版社1991年版，第75—76页。
② 刘国光主编：《中国经济体制改革的模式研究》，中国社会科学出版社1988年版。
③ 《邓小平文选》第3卷，人民出版社1993年版，第364页。
④ 同上书，第367页。

（一）社会主义市场经济体制建立阶段的探讨

社会主义市场经济体制改革目标的确立，平息了当时理论界关于"姓社姓资"的争论，使社会主义市场经济的研究获得了长足发展。20 世纪 90 年代尤其是 1992—1993 年前后，围绕社会主义市场经济的内涵、社会主义条件下计划与市场的关系、社会主义市场经济体制确立的意义、社会主义市场经济体制的框架以及如何建立社会主义市场经济体制等问题，思想理论界进行了深入探讨。包括于光远、肖灼基、刘国光、晓亮、高尚全、吴敬琏、于祖尧、张卓元、周叔莲、张朝尊、范恒山等在内的许多经济学家都参与到讨论中（中国社会科学院经济学科片还成立了以刘国光为总负责人，以张卓元、戴园晨、陈佳贵、钟朋荣、李扬为主要执行人的课题组）。两年内社科理论界出版发表了大量相关研究成果。主要包括：于光远主编的《社会主义市场经济的理论与实践》（中国财政经济出版社 1992 年版），日山编的《著名学者论社会主义市场经济》（人民出版社 1992 年版），曾国祥主编的《社会主义市场经济重点疑点难点问答》（中国经济出版社 1992 年版），曾牧野主编的《社会主义市场经济与市场体系研究》（暨南大学出版社 1992 年版），何炼成主编的《中国市场经济理论与实践》（西北大学出版社 1992 年版），魏作凯等著的《社会主义市场经济通论》（地质出版社 1993 年版），吴敬琏主编的《社会主义市场经济全书》（新华出版社 1993 年版），何炼成、邹东涛主编的《中国市场经济发展的无序与有序》（西北大学出版社 1993 年版），李炳炎著的《社会主义市场经济研究》（东南大学出版社 1993 年版），魏杰、张宇著的《社会主义市场经济论》（中国青年出版社 1993 年版），王维澄，李连仲著的《社会主义市场经济理论和实践》（中共中央党校出版社 1993 年版），张维达主编的《社会主义市场经济导论》（中国财政经济出版社 1993 年版），刘炳瑛主编的《社会主义市场经济运行》（经济科学出版社 1993 年版）等。此外，《光明日报》、《经济日报》、《经济参考报》、《金融时报》、《中国社会科学》、《经济研究》、《财贸经济》等重要报刊还发表了大量相关论文。

这一时期，着眼于为我国社会主义市场经济体制改革的实践提供必要的理论支撑，理论界对社会主义市场经济的研究重点，由过去侧重研究社会主义是否可以发展市场经济，转变为重点探讨如何建立社会主义市场经济新体制；研究的范围也由原来单纯从理论上研究什么是商品经济、市场经济，社会主义能否实行市场经济，计划和市场的关系如何，转变为全面探讨建立社会主义市场经济体制的目标框架和根本要求、社会主义市场经济的基本特征和微观基础等。并在研究中达成了诸多共识，包括在社会主义市场经济体制建立过程中必须采取积极渐进的改革战略以避免大的社会冲突和经济震荡，必须转变企业经营机制使企业成为自主经营自负盈亏的市场主体，必须坚持公有制经济为主体同时大力发展非公有制经济成分，必须建立统一、完善的市场体系；必须规范政府职能加强国家对经济的宏观调控等，上述研究成果为我国社会主义经济体制的建立提供了有力的理论指导。

（二）社会主义市场经济体制完善阶段的探讨

从1992年市场取向的经济体制改革正式启动以来，我国整个经济制度结构进行了广泛而深刻的变革，在理论和实践的交互演进、共同发展中，社会主义市场经济在经济发展、人民生活水平和综合国力等方面取得了堪称奇迹的伟大成就。但是，在成效不断显现的同时，社会主义市场经济体制所带来问题和矛盾也开始明显地显露出来。这些矛盾和问题既包括诸如经济结构不合理、分配关系尚未理顺、农民收入增加缓慢、就业和社会保障压力增大、经济整体竞争力不强等诸多深层次的矛盾问题；也包括诸如城乡差距、地区差距、行业差距持续扩大，产权制度不健全、国有资产流失严重，经济发展与生态环境、自然资源的矛盾加剧，政府职能转变还不到位等，所有这些矛盾和问题不能不引起理论界的高度重视和认真反思。

立足于十五届五中全会（2000年10月召开）提出的"社会主义市场经济体制初步建立"的基本判断，着眼于2002年11月党的"十六大"明确提出的"建成完善的社会主义市场经济体制"的战略部署和2003年10月十六届三中全会提出的完善社会主义市场经济体制的重大课题，理论界对社会主义市场经济展开了更加深入的研究，不同学科背景的学者都参与到社会主义市场经济理论的研讨中，从不同角度为社会主义市场经济体制的完善建言献策。

社会主义市场经济的研究在这一时期更加偏重于一些具体的实际问题，研究目的更具针对性，研究内容也更为全面。对于社会主义市场经与所有制结构的调整、收入分配制度的改革、政府经济职能的转变、社会主义精神文明建设的发展等一系列问题都进行了比较深入的探讨。这一时期的研究成果涵盖了社会主义市场经济的宏观、中观和微观三个层面的内容。专著主要有：张大军、白津夫主编的《社会主义市场经济的基本理论问题》（人民出版社 2002 年版），刘国光、桂世镛主编的《社会主义市场经济概论》（人民出版社 2002 年版），白和金主编的《社会主义市场经济体制若干重要问题研究》（中国计划出版社 2002 年版），郭润宇主编的《社会主义市场经济条件下的个人分配问题研究》（中国文联出版社 2002 年版），吴齐林著《社会主义市场经济导论》（东南大学出版社 2002 年版）、张书琛等著《社会主义市场经济中的社会公正问题》（广东人民出版社 2002 年版），刘诗白主编的《社会主义市场经济理论》（西南财经大学出版社 2004 年版），崔建华著《社会主义市场经济》（经济科学出版社 2004 年版），顾钰民著《社会主义市场经济论》（复旦大学出版社 2004 年版），李兴山主编《社会主义市场经济理论与实践》（中共中央党校出版社 2004 年版），邹东涛主编的《社会主义市场经济学》（人民出版社 2004 年版），张作云、陆燕春著的《社会主义市场经济中的收入分配体制研究》（商务印书馆 2004 年版），陈东琪、李茂生著的《社会主义市场经济学》（湖南人民出版社 2004 年版），王克忠著《社会主义市场经济及其体制研究》（复旦大学出版社 2005 年版），杨圣明主编的《社会主义市场经济基本理论问题研究》（经济科学出版社 2008 年版），王军旗、白永秀主编的《社会主义市场经济理论与实践》（中国人民大学出版社 2009 年版），丁兆庆主编的《社会主义市场经济概论》（经济科学出版社 2009 年版），鲍银胜著《社会主义市场经济理论研究与运用》（人民出版社 2010 年版），崔建华著《社会主义市场经济》（经济科学出版社 2010 年版），等等。

四 社会主义市场经济与资本主义市场经济的差异研究

社会主义市场经济的基本特征是什么？它与资本主义市场经济存在哪些根本差异？对于这些问题的解答，贯穿于社会主义市场经济研究的全过程。

早在社会主义市场经济这一概念尚未提出、理论界仍在论证商品经济在社会主义条件下是否具有存在的必要性时,一些学者就对社会主义商品经济和资本主义商品经济的区别进行过阐述,卓炯曾指出:"社会主义的商品经济是有计划地进行的,而资本主义的商品经济是无政府状态的进行的","我把社会主义的商品经济(包括共产主义在内)称为计划商品经济,而把资本主义的商品经济称为自由商品经济"。[①]

社会主义市场经济体制改革目标正式确立后,我国著名经济学家苏星曾指出:"社会主义市场经济能否成功,关键就看能否保持公有制为主体。如果不能保持公有制为主体,那就和其他国家的市场经济没有区别了。"[②]张朝尊也曾强调两者的根本不同是,社会主义市场经济建立在生产资料公有制基础上,资本主义市场经济则以私有制为基础。社会主义市场经济是为发展社会主义社会的生产力和提高人民生活水平服务的,资本主义市场经济是为资产阶级剥削工人阶级和广大人民群众服务的。[③]我国领导人更是多次强调:"坚持公有制的主体地位,是社会主义的一条根本原则,也是社会主义市场经济的根本标志。""我国经济体制改革的目标是建立社会主义市场经济体制,而不是搞资本主义市场经济,重要的是要使国有经济和整个公有制经济在市场竞争中不断发展壮大,始终保持公有制经济在国民经济中的主体地位,充分发挥国有经济的主导作用。"[④]

经过多年的探讨,理论界普遍认识到,社会主义市场经济不仅具有市场经济的一般特征,而且也具有社会主义制度的本质特点,有着其自身特殊的本质和规律,与资本主义市场经济有着根本差异。有学者把社会主义市场经济与资本主义市场经济的差异归纳为所有制结构有所不同和收入分配有所不同两个方面[⑤],有的将两者之间的区别归结为所有制不同、计划指导和调节方式不同以及群众基础不同三个方面[⑥];有的将两者的差异和社会主义市场经济的特征概括为社会主义市场经济是有国家宏观计划调

---

① 卓炯:《论社会主义商品经济》,广东人民出版社1981年版,第71、139页。
② 苏星:《论社会主义市场经济》,中央党校出版社1994年版,第79页。
③ 张朝尊等:《论社会主义市场经济》,《中国社会科学》1992年第4期。
④ 江泽民:《论社会主义市场经济》,中央文献出版社2006年版,第244、269页。
⑤ 董辅礽:《对社会主义市场经济的几点看法》,《金融时报》1992年8月17日。
⑥ 唐丰义:《革命性辨析:走向社会主义市场经济》,《财贸经济》1992年第8期。

控、是以社会主义初级阶段的基本经济制度为基础的市场经济两个方面[①]；有的把两者的差异和社会主义市场经济的特征归结为，社会主义市场经济是以公有制为主体、以按劳分配为主体、以共同富裕为目标、是市场机制和宏观调控有机结合的市场经济四个方面[②]。

尽管学界的概括不尽相同，但最基本内容上却大体一致。总的看来：理论界公认的社会主义市场经济与资本主义市场经济之间的根本差异主要有两个：第一，两种市场经济的所有制基础不同。资本主义市场经济建立在生产资料私有制的基础上；社会主义市场经济建立在生产资料公有制为主体、多种所有制经济共同发展的基础上。二是两种市场经济的宏观调控模式不同。资本主义市场经济所能调节的范围和内容都非常有限，主要对局部供求关系、物价和财政收支等做一些干预；社会主义市场经济的宏观调控则是根据经济社会发展的基本规律和总体要求，制定经济社会发展的各种规划并调节国民经济的基本平衡、监督经济发展的关键环节、解决经济运行中出现的重大矛盾等。[③]

综上所述，经过几十年艰难曲折的探索，我国理论界关于社会主义市场经济的研究取得了比较明显的成效，特别是从理论上解决了社会主义与市场经济结合的历史必要性和现实可能性问题，对于诸如什么是社会主义市场经济、社会主义市场经济与资本主义市场经济具有哪些相似之处和根本区别、如何建立社会主义市场经济新体制等一系列问题，都进行了比较深入的探讨，这些研究对我国社会主义市场经济体制的建立和完善起到了积极的指导作用。

但是，不可否认，社会主义市场经济的研究中依然存在不少问题，其中最为突出的有两点。第一，在研究过程中没有把理论研究和对策研究有机地结合起来。譬如，在社会主义市场经济研究的早期探索阶段，理论界非常重视基础理论方面的研究，而忽视了应用对策性的研究。而到了社会主义市场经济全面展开和纵深发展阶段，又走向了另一个极端。理论和实践的脱节，致使在理论界存在着盲目宣传发展市场经济、一味注重引进和

---

① 刘国光：《社会主义市场经济与资本主义市场经济的两个根本性区别》，《红旗文稿》2010年第21期。

② 吕薇洲：《市场社会主义与社会主义市场经济——模式·比较·借鉴》，研究出版社2005年版，第182—187页。

③ 宗寒：《两种市场经济的三个重要区别》，《红旗文稿》2011年第24期。

学习西方国家的市场经济理论的现象，而忽视了对社会主义市场经济的根本特点及其运行规律的研究。新自由主义的一些核心观点，例如经济人假设、私有制永恒、市场经济万能、国家职能最小化等，在一些人眼里几乎成为不言而喻的真理，到处搬用。在市场取向的改革中，有人根据新自由主义的理论，要求实行私有化，主张建立以私有制为基础的资本主义市场经济；宣扬市场经济万能论，否定国家的宏观调控，甚至主张非经济领域（例如医疗卫生、教育、政治等领域）也实行市场化。这些观点曾经被当作"创新"大肆宣传，并在一定范围内付诸实践，搞乱了人们的思想，严重干扰了我国改革的进程，引起了人民群众的不满。第二，在目前关于社会主义市场经济的研究中，很少有学者根据我国不同地区和不同行业的发展状况，研究各具特色的社会主义市场经济体制，存在过多地用一个模式衡量不同条件下的经济发展状况，而不是采取不同的方式和路径，控制好改革的速度和节奏，这就造成了地区之间、行业之间差距不断拉大的现象。

因此，进一步探索社会主义制度和市场经济体制有效结合的途径和方式、探索社会主义市场经济的规律性、探索如何发挥社会主义制度和市场经济体制的双重优越性，是当前理论和实际工作中亟待解决的重大而紧迫的任务。正如党的十七大报告明确提出的："要深化对社会主义市场经济规律的认识，从制度上更好发挥市场在资源配置中的基础性作用。"只有这样，才能走出社会主义市场经济理论研究的误区，更好地推动社会主义市场经济理论的发展和社会主义市场经济体制的完善。

（吕薇洲，中国社会科学院马克思主义研究院国际共产主义运动研究部副主任，研究员，博士生导师）

开拓创新进取，又好又快发展

——在中国社会科学院马克思主义研究院成立五周年庆祝大会上的讲话（2010年12月26日）

程恩富

尊敬的各位领导、各位来宾、同志们：大家上午好！

今年12月26日，是中国社会科学院马克思主义研究院成立五周年的日子。五年来，在社科院党组的直接领导下，在院内外各相关部门和单位的大力支持下，在马研院特邀顾问、特聘研究员、离退休老干部的始终关心下，马研院认真落实中央对社科院的"三定位"在学术研究、理论宣传和政策探讨三方面，均取得了显著的进展。

在此，我代表马研院全体人员，对一贯关心和支持马研院的院内外各单位的领导和有关人士，表示衷心的感谢！

下面，我简要地回顾和汇报马研院发展的有关情况。

一 东方风来满眼春

进入新世纪以来，党中央对哲学社会科学的地位和作用越来越重视。2005年5月19日，陈奎元院长代表院党组向中央政治局常委会议汇报工作。中央政治局常委会议根据社科院的提议，同意成立"中国社会科学院马克思主义研究院"。

2005年12月26日，马研院在马克思列宁主义毛泽东思想研究所的基础上重新组建成立。除专职科研人员外，还在全国理论界聘请了108位著名学者为特聘顾问或特聘研究员，产生了重要的社会影响。

中国社会科学院马克思主义研究院成立五周年庆祝大会（2010年12月24日）

  刘云山同志在成立大会上指出，成立马克思主义研究院，是中国社会科学院的一件大事，也是我国理论界的一件大事。

  陈奎元院长要求，马研院的学者要坚持正确的政治立场和政治方向、坚持理论联系实际的学风，高举马列主义、毛泽东思想、邓小平理论和"三个代表"重要思想伟大旗帜，牢固树立和落实科学发展观，为构建中国社科院哲学社会科学创新体系，进一步把中国社科院建设成为马克思主义坚强阵地，做出新的更大的贡献。

二　风展红旗如画

  2006年8月，马克思主义研究学部成立，首批学部委员为冷溶、江流、靳辉明、李崇富、程恩富，马研院成为马克思主义研究学部的唯一依托单位。五年来，马研院在人才队伍、研究机构、学科建设等方面不断发展，成为一所具有很强实力的马克思主义研究机构，国内国际影响不断扩大。

马研院现有人员144人,其中研究岗位132人,硕士以上人员121人,正高职称25人,副高35人,拥有英语、俄语、日语、法语、德语、西班牙语、越南语、朝鲜语、老挝语、意大利语等10国语言能交传口译的科研人员15人左右。

马研院现设马克思主义原理研究部、马克思主义中国化研究部、马克思主义发展研究部、国际共产主义运动研究部、国外马克思主义研究部等5个研究部、18个研究室,研究领域覆盖马克思主义理论一级学科下全部二级学科,以及政治学的若干二级学科。现拥有马克思主义基本原理、马克思主义发展史、马克思主义中国化研究、国外马克思主义研究、国际共产主义运动5个重点学科,以及党建党史、思想政治教育、马克思主义无神论3个重点建设学科。

一些学科的带头人在相关领域引领国内外的研究前沿,成为中央马克思主义理论研究和建设工程若干项目的第一首席专家或首席专家,还担任世界政治经济学学会、中华外国经济学说研究会、中国经济规律研究会、历史唯物主义学会、中国马克思主义哲学史学会等的会长或副会长,在国内外发挥着日益重要的学术影响。

马研院拥有马克思主义理论一级学科博士、硕士学位授予权,2007年设立马克思主义理论博士后流动站,现有在站博士后研究人员30人。2006年起,主要面向全国高校、党校和社科院系统接收访问学者,现已接收国内外访问学者40多名。

另外,中国社科院中国特色社会主义理论体系研究中心、中国社科院世界社会主义研究中心、中国社科院经济社会发展研究中心、中国社科院社会思潮研究中心、中国社科院科学与无神论研究中心,以及中国社科院马克思主义理论学科建设与理论研究工作领导小组办公室、中国社科院与宁波市战略合作办公室,均隶属于或设在马研院。其中,中国特色社会主义理论体系研究中心是全国七大中国特色社会主义理论研究基地之一。

三 弄潮儿向涛头立

马研院成立后,一直自觉地站在推进马克思主义理论创新、中国特色社会主义政策创新和思想理论交锋的前沿。

一是组织开展大量学术研究,推出大批学术成果。共立项课题260

项,其中社科院重大课题 8 项、重点课题 19 项;国情调研重大项目 9 项、重点项目 11 项、考察项目 1 项;青年启动基金项目 61 项、青年发展基金项目 7 项;国家社科基金重大招标项目 2 项、重点项目 1 项、一般项目 10 项、青年项目 12 项。

同时,还承担了一系列上级单位和领导委托、交办课题及与其他单位的横向合作课题,如"中海油集团的改革发展道路","广东贯彻落实科学发展观、构建社会主义和谐社会的实践经验与理论思考"等重大调研项目,以及社科院与宁波市政府的战略合作项目。共出版专著 76 部、译著 18 部、论文集 27 部、教材 6 种;发表论文 1432 篇、译文 82 篇、研究报告 128 篇。

与教育部社科中心联合制作的 8 集电视专题片《社会主义核心价值体系纵横谈》,在党的十七大前夕由中国教育电视台播出,后根据李长春同志批示,在中央电视台第十频道重播,产生了良好的社会反响。

这些成果,有些获得了院、所级优秀科研成果奖,有些受到了上级党政部门、有关领导或合作单位的高度评价。面对中外马克思主义、西方理论和国学三大知识体系,我们既反对对西方理论研究的教条主义,也反对对马克思主义和国学研究的教条主义。科研人员在推进理论创新和政策创新的同时,在思想理论战线上若干重大和热点问题上都发出了自己的声音,尤其是针对新自由主义、民主社会主义、历史虚无主义、西方普世价值观和某些僵化思想等进行了科学评析。

二是创办和组织一系列学会、论坛、报告会。主要包括:"北京思想家论坛",已举办 7 次。"全国马克思主义院长论坛",已举办 4 届。"全国马克思主义青年论坛",已举办 4 届。"中国经济社会发展智库高层论坛",已举办 3 届。"世界政治经济学学会"国际论坛,按年度在国内国外轮替举办,已在日本、法国和中国举办 5 届。中越、中俄马克思主义论坛,已举办 3 次。"中外马克思主义学术报告会",每年邀请国内外知名专家学者就重大理论问题或热点问题作学术报告,已举办 64 场。"马克思主义系列研讨会",由马研院各研究部主办,已举办 128 场。这些已成为我们推进理论和应用研究,加强学术交流和思想交锋的重要平台。

三是认真落实学术"引进来"、"走出去"的要求,以我为主,不断加强国际交往,努力站在马克思主义理论研究的国际前沿。我们组织人员到国外进行中短期学术访问近百人次;一些知名学者活跃于重要的国际研讨会和大学讲坛上，努力扩大中国马克思主义理论研究在国际上的影响力和话语权；先后接待来访国际客人上百人次，已与美国、日本、德国、俄罗斯、越南、古巴、尼泊尔、土耳其等国的马克思主义学者和共产党理论家有理论交流和人员来往。在外国发表的文章和出版的著作，也年年增多。

四是加强期刊网络建设，不断完善和扩展理论研究和宣传平台。《马克思主义研究》2006年起改为月刊，2009年起进一步扩大为160页，现已成为思想理论战线坚持和创新马克思主义的一面旗帜。《马克思主义文摘》月刊2006年创办时为内刊，2009年起由中国人民大学书报资料中心公开出版、马研院主编，受到知识界的高度评价影响。《马克思主义理论研究与学科建设年鉴》2010年创刊，由1995年创刊的《中国特色社会主义年鉴》更名而成，是全国唯一一部全面反映马克思主义理论研究和学科建设的综合性年鉴。《国际思想评论》2010年与英国一家具有百年历史的出版社签订合同，并已邀请50名国外研究马克思主义的知名教授为编委会成员，拟于2011年春推出这一国际性学术杂志的创刊号。

马克思主义研究院网2005年底创办，点击率在社科院所级网站中一直名列前茅。为进一步整合力量，自今年起将上述力量组建为马研院"期刊网络中心"。马研院掌握的这些期刊网络，围绕重大的理论和现实问题编发了大批有分量的理论文章，在宣传和发展马克思主义哲学社会科学和中国特色社会主义，掌握意识形态主导权方面发挥了重要作用。

四　为有源头活水来

上述成绩的取得，来自马研院各项工作的不断加强和全体人员的共同努力，来自于各级领导部门、兄弟单位及各界人士的主动关心和积极支持。

五年来，马研院的领导工作、党的建设、机关建设和精神文明建设等不断改进。党委会议、院务会议、院长办公会议制度不断完善，党政班子工作水平不断提高。2009年5月选举产生第一届党委、纪委，随后结合部室调整进行了党支部改选。党政班子经常研究和指导工会、青年、妇女工作和离退休干部工作，经常给予经费支持；始终强调建设一支充满活力、运转高效、服务一流的机关工作队伍，机关工作赢得科研人员的肯定；高度重视精神文明建设，坚持科研工作和职工身心健康。2007年、2008年、2009年马研院连续三年荣获"中央国家机关文明单位"；在不久前社科院第五届运动会上，展现了团结奋进的精神风貌，获得团体总分第二名的好成绩和精神文明奖。

马研院领导班子敢于改革创新、敢于管理和善于管理，特别强调为事业发展提供了持久的制度动力。一是主动要求进行岗位设置和聘任制改革试点，改革用人机制。从2008年10月开始到2009年3月基本完成岗位设置和人员聘任，实现了人事管理的制度调整。二是率先实行研究室主任竞争上岗。通过竞聘，一批年轻有为的科研人员走上研究室主任岗位，实现了业务干部选聘的制度创新。三是实行科研工作的质和量的考核。2008年以来已连续实施三年，有效地推动了"出精品、出人才"的工作。四是实行职称评审科研成果起点制度。2009年底开始试行，并区分一般科研人员、有外语特长的科研人员、编辑人员三种情况提出不同的起点标准，起到了提高评审质量、推动科研工作的双重效果。五是改进课题管理。课题立项时，要求研究部召开会议集体讨论，并形成"课题申报论证会纪要"。课题结项时，实行院内外专家匿名评审的新规定。六是完善人才引进制度。凡应聘科研人员，由领导班子成员和研究部主任签署意见后，才能择优进入面试环节。为防止学术近亲繁殖，自马研院成立起，便开始实行一个导师最多只留院一个学生的制度，班子成员带头严格执行。

五　雄关漫道真如铁，而今迈步从头越

五年来，在中国社科院党组的直接领导和职能部门的大力支持下，马研院认真贯彻科研强院、人才强院、管理强院战略，开拓创新、积极进取，实现了又好又快的大发展，为建设世界一流的马克思主义研究机构打下了坚实基础，迈出了一大步。走过五年，我们逐渐成熟；走过五年，我们更加自信；走过五年，我们更加深刻地理解了自己的社会责任和历史使命。

李长春同志指出，中国社科院建立马克思主义研究院，带了一个好头，以后近三十所高等院校也都建立了马克思主义研究院，这件事本身就是一面旗帜。社科院党组强调，加强马克思主义理论一级学科建设，把该学科建设成国内一流的优势学科，努力办好马克思主义研究院。

我们要走的路还很长,责任和使命重大。我们决心在院党组的领导下,更加自觉地坚持科研强院、人才强院、管理强院,继续开拓创新,为把马研院建设成为世界一流的马克思主义研究机构而努力奋斗!

(程恩富,中国社会科学院学部委员、马克思主义研究学部主任,中国社会科学院马克思主义研究院原院长)